학습동기

이론 및 연구와 적용

김아영 · 김성일 · 봉미미 · 조윤정 공저

MOTIVATION
IN
LEARNING

Theory, Research, and
Applications

학지사

🌱 머리말

교육장면에서 학생들의 학습동기와 관련된 내용은 교육심리학의 어떤 연구 분야보다 가장 많은 관심을 받고 활발히 연구되는 주제이다. 학지사에서 김아영(2010)의『학업동기: 이론, 연구와 적용』이 출간된 지 올해로 12년이 되었다. 책의 머리말에서 저자는 그 당시 교육심리학 연구 분야에서 가장 많이 연구되는 주제가 학업 관련 동기라고 썼다. 10여 년이 지난 지금은 교육심리학을 넘어 심리학 연구 분야 전체에서 동기에 관한 연구가 전 세계적으로 활발히 이루어지고 있다.

2010년『학업동기』출간 시 저자는 국내에 동기이론이 소개되었고, 많은 연구자가 한국 교육현장에서 학생이나 교사를 대상으로 경험적 연구를 진행하고 있었으며, 학부와 대학원에서 동기를 다루는 독립적인 과목이 개설되었음에도 불구하고, 한국어로 한국 학생의 동기적 특성을 다루는 전공 서적이 없다는 점을 지적하였다. 따라서 책의 저술 목적을, 첫째, 주요 동기이론들을 이해하기 쉽게 설명하고, 둘째, 경험적 연구와 교육현장에서의 적용 실제를 요약하며, 셋째, 한국 학생을 대상으로 한 연구결과를 소개하고 서양의 연구결과와 비교함으로써 한국 교육 상황에서 동기이론의 일반화 가능성을 확인하는 것이라고 했다. 이후 10여 년이 지났지만 국내 집필진에 의한 학습동기 관련 전문 서적은 여전히 찾아보기 어렵고, 해외에서 출간된 책의 번역서가 대부분인 것으로 확인된다.

이번에 새로 출간하는『학습동기(Motivation in Learning)』의 목적 또한 2010년의『학업동기(Academic Motivation)』와 크게 다르지 않다. 한국어로 집필된 학습동기 전문 서적을 통해 최근 세계적으로 주목받고 있는 동기이론들을 공부하고 연구하는 데 도움을 주고자 하는 것이 이 책의 가장 중요한 목적이다. 이와 더불어, 한국에서 연구된 결과들을 각각 관련된 이론과 연계시킴으로써 한국 학습자의 특성을 파악하고 이들의 동기 증진을 위한 실질적 방안 마련의 기초를 제공하는 것이 이 책의 또 다른 목적이다.

　최근 학습동기 연구에서는 주요 이론들의 지속적인 변화, 수정, 확대, 융합 경향이 두드러지게 나타나고 있다. 수많은 연구를 통해 기존 이론들이 정교화되는 과정은 마치 유기체의 끊임없는 변화와 성장 과정을 연상시킨다. 동기이론들은 특히 가속화되는 사회적 변화와 교육적 변화 속에서 학습자의 동기를 보다 섬세하고 입체적으로 기술, 설명, 예측할 수 있는 방향으로 발전해 나가고 있다. 이제 국내에서도 학습동기를 집중적으로 연구하는 교육심리학자의 수가 점점 증가하고 있으며, 많은 경험적 연구논문들이 쏟아져 나오고 있다. 2010년에 단독으로 집필을 진행하면서 다양한 동기이론 모두를 심도 있게 다루기에 역부족이었던 상황에서 벗어나, 이번에는 한국의 대표적인 동기이론 전문가들과의 협업으로 진행할 수 있게 된 것을 커다란 행운으로 생각한다. 집필에 함께 참여한 흥미와 호기심 연구의 고려대학교 김성일 교수님, 자기효능감과 성취목표 연구의 고려대학교 봉미미 교수님, 그리고 내재동기와 자기결정성 연구의 성신여자대학교 조윤정 교수님께 깊은 감사의 마음을 전한다.

　이 책은 2010년 판에 기초하였기 때문에 각 동기이론의 기초적이고 핵심적인 내용은 그대로 유지하면서 그간 이루어진 이론적 변화와 최근 연구동향, 그리고 최신 연구결과들을 보충하였다. 또한, 특정 이론보다는 주제 중심으로 내용을 전개하였으며, 현대 기대-가치이론, 자기개념, 실패내성, 흥미, 호기심에 관한 내용이 새롭게 추가되었다. 따라서 이 책은 동기이론을 처음 접하는 사람들에게는 개관의 목적으로, 어느 정도 배경지식을 지닌 동기 연구자들에게는 각 이론에 대한 보다 깊은 이해와 연구동향 파악, 나아가 자신의 연구주제를 탐색하기 위한 목적으로 사용될 수 있을 것으로 기대한다.

　마지막으로 새롭게 수정, 보완된 책의 출판을 도와주신 학지사에 감사드리고, 보다 향상된 내용의 책이 발간될 수 있도록 공동 저술에 참여해 주신 세 분 교수님께 다시 한번 심심한 감사의 마음을 전한다.

2022년 2월
대표저자 김아영

♟ 차례

제7장 **목표설정 • 183**

제11장 자기결정성 • 291

제1장

동기이론 개관

심리학을 인간의 '마음'과 '행동'을 연구하는 학문이라고 정의할 때 '행동' 측면의 핵심은 '왜?'라고 볼 수 있다. 즉, "인간은 왜 행동하는가?" "무엇이 인간으로 하여금 행동하게 만드는가?"는 심리학의 핵심 질문 중 하나이다. 이 '왜?'와 '무엇?'에 대한 질문이 곧 '동기'에 대한 질문이다. 그러므로 동기와 관련된 개념과 이론들은 많은 심리학 연구영역의 기초를 이루고 있다. 이 장에서는 동기와 동기이론을 이해하기 위해서 필요한 관련 개념들과 용어, 개념화를 위한 접근 틀, 인간동기의 구성요소 등을 고찰할 것이다. 그런 다음, 객관적이고 보편 타당한 동기이론을 개발하기 위해 필요한 과학적 연구방법과 동기를 측정하기 위한 방법들을 소개할 것이다.

1. 동기의 속성

1) 개념 및 용어 정의

'동기(motive)'란 단어의 어원은 라틴어 'movere(움직이다)'로 무엇을 움직이게 하는 것이 동기라는 단어의 핵심이다. 동기에 대한 가장 일반적인 정의는 "행동을 시작시키고, 방향을 결정하며, 끈기와 강도를 결정하는 힘"이라고 할 수 있다. 이러한 정의에는 두 가지 차원이 포함되어 있는데, 하나는 각성상태, 즉 유기체의 행동을 가능하게 하는 생리적 에너지 차원이고, 다른 하나는 행동을 조절하는 힘이라는 차원이다. 따라서 동기는 인간을 움직이게 하는 힘의 근원(energizer)으로서 그리고 행동의 조절자(regulator)로서 기능한다.

동기와 관련된 개념으로 욕구(need), 추동(drive), 동기(motive), 동기화 또는 동기 유발(motivation)이 있는데, 이 개념들은 밀접하게 관련되어 있다. Clark Hull(1943)에 의하면 욕구란 생리적 혹은 심리적인 상태로 개인을 목표를 향해 움직이도록 만드는 일종의 내부 결핍상태(inner deficit)이다. 이러한 결핍상태는 유기체의 내적 불균형을 초래하므로 생체항상성(homeostasis)을 깨트리고 긴장상태를 야기한다. 모든 유기체는 생체항상성을 유지하려는 본능 때문에 회복을 위해 노력한다. 추동은 유기체가 이러한 불균형으로부터 회복하게 만드는 힘으로서 욕구 발생의 결과로 생기는 관찰가능한 행동의 변화를 초래한다. 동기는 유기체가 대상행동을 향하게 하거나 멀리하게 만드는 추동으로 행동하게 하는 직접적 원인이다.

따라서 이 세 가지 상태는 연쇄적으로 나타난다고 할 수 있다. 예를 들어, 체내에 수분이 부족하면(내부 결핍상태) 물을 마시고 싶은 욕구가 발생하고, 이러한 욕구는 물을 찾아 움직이려는 추동으로 변하여, 물을 마시는 행동의 직접적 원인인 동기를 유발한다(motivate). 그러므로 욕구, 추동, 동기는 상태를 의미하며 이러한 상태들이 행동으로 나타나는 과정은 '동기유발' 혹은 '동기화(motivation)'라고 한다. 영어의 'motive'와 'motivation'이라는 용어는 '동기'와 '동기유발'(혹은 '동기화', '동기부여')로 번역되나, 'motivation'이라는 용어는 다른 말과 결합되어 사용되는 경우 '동기'라는 용어로 번역되는 경우가 많다. 예를 들어, 'motivation theory'는 '동기유발이론'보다는 '동기이론'으로, 'achievement motivation'은 '성취동기유발'보다는 '성취동기'로, 'academic motivation'은 '학업동기유발'보다는 '학업동기'로 해석하는 것이 국내 동기이론가들의 관례이다. 따라서 맥락에 따라 '동기화'나 '동기유발' 그리고 '동기'라는 용어의 적절한 선택이 필요하다. 한편, 현대 동기이론에서는 욕구나 추동과 같은 초기의 변별적인 개념에 대한 접근은 다소 진화되어 행동을 유발하는 직접적인 원인이 되는 유기체 내부의 심리적 상태를 '동기'라는 개념으로 대표하는 것이 관행이 되었다.

2) 동기 개념화를 위한 접근 틀

'동기'라는 개념에 대한 접근은 몇 가지 분류체계의 틀 속에서 제시할 수 있다. 첫째, 동기를 의식적인 의도로 보느냐 무의식적 기능으로 보느냐(conscious intent vs. unconscious function), 둘째, 동기를 생물학적 조절기능으로 보느냐 목적적인 기능으로 보느냐(regulatory vs. purposive approach), 셋째, 동기의 출처를 내적인 것으로 보느냐 외적인 것으로 보느냐(internal vs. external motivation), 넷째, 근접동기로 보느냐 원격동기로 보느냐(proximal vs. distal motives)의 체계로 나누어 볼 수 있다.

첫 번째 체계로 동기를 개념화한 예는 개인의 소망이나 포부에 대한 지각, 또는 목표에 관심을 둔 포부수준이론이나 목표설정이론에서와 같이 동기를 의식적 의도로 보는 접근과 이와 대비시켜 무의식적 기능을 강조하는 정신분석적 접근으로 구분하는 체계를 들 수 있다. 예를 들어, 정신분석학자 Sigmund Freud는 성적 욕구, 불안, 공격성 등을 인간욕구의 무의식적 근원이며 행동을 결정하는 동기로 보았다.

두 번째 체계는 조건반사이론이나 추동감소이론 등 생물학적 조절기능을 포함하는 개념과 행동의 목표에 의해 방향이 결정되는, 즉 목표주도적(goal-directed) 속성을 강조하는 행동주의이론, 성격이론, 사회심리학적 이론들에서 동기를 구분하는 체계이다(Beck, 1990). Darwin의 진화론에 영향을 받아 배고픔이나 통증과 같은 구체적인 힘에 대한 신체적 반응을 강조하여 생리적 측면을 연구하고, Pavlov 등의 반사반응 연구에서와 같이 자극이 행동의 유일한 원인이며 동기는 불필요하다고 보는 학자들이 조절적 기능 접근을 대표하는 집단에 속한다고 할 수 있다. 이들은 동기가 욕망(desire) 혹은 혐오(aversion)에 기초하여 발생하는 것으로 접근 혹은 회피 반응을 유발하는 개념으로 보았다. 이에 반해서, 행동은 목표에 의해 방향이 결정되는 것임을 강조하는 목적적 기능 접근은 특정 행위를 선택하는 이유를 설명할 수 있는 체계이다. 의지(will)나 의지력(volition)을 행동의 근원으로 보는 독일 심리학자들, Heckhausen(1991)과 Kuhl(1984)의 의지통제이론(Volitional Control Theory)과 보다 최근의 자기조절이론(Self-Regulation Theory) 등은 목적적인 기능을 강조하는 접근의 하나이다.

세 번째 체계는 행동의 원인이 개인 내부에 있는가 외부에 있는가로 분류하는 내적 동기 접근과 외적 동기 접근 혹은 강화이론으로 구분하는 체계이다. 앞에서 제시한 것처럼 동기가 행동을 시작시키고, 방향을 결정하며, 행동의 끈기와 강도를 결정하는 힘이라고 정의할 때, 이 힘의 근원을 개인 내부의 갈증이나 공복감과 같은 생리적 요인과 흥미, 호기심, 의지, 생각 등과 같은 심리적 요인에서 찾는 내적 동기 접근과 외적인 보상이나 벌 혹은 강압 등에서 찾는 외적 동기 접근으로 분류하는 것이다. 내적 동기 접근 중에서도 특별히 어떤 일을 하는 이유가 개인 내부에 있을 뿐 아니라 그 일을 하는 것 자체가 재미있고 즐거움을 주기 때문에 하는 경우 내재적 동기유발(intrinsic motivation)이라고 한다. 반면에 그 일을 누가 시켜서 하거나, 하지 않으면 불이익이 돌아오기 때문에 하는 경우, 또는 그 일을 함으로써 보상이나 칭찬을 받기 때문인 것 같이 행동을 하는 원인이 외부의 어떤 것을 얻기 위해 혹은 피하기 위한 경우를 외재적 동기유발(extrinsic motivation)이라고 한다. 심리학에서 맨 처음 내재(intrinsic)와 외재(extrinsic)라는 용어를 사용한 사람은 Woodworth(1918)였다. 그는 내재를 자체적 추동에 의해 움직이는 행위라고 하고, 외부의 어떤 동기에 의해 움직이는 행위를 외재라고 지칭했다. 그러나 어떤 행동은 그 원인을 내적 혹은 외적 요인 한 가지만이 아니고 두 가지가 함께 작용해서 발생되기도 한다. 재미있는 게임이 있는데 이기면 상품을 받을 수 있는 경우 두 가지 원인이 다 게임을 시작하려는 동기를 유발시키는 기능을 한다.

네 번째 체계는 특정 상황에서의 행동을 결정짓는 동기에 관한 상황특수적 이론(situation-specific theory), 즉 근접동기이론과, 동기를 개인의 행동 선택과정에서 비교적 안정적으로 나타나는 경향성으로 보려는 일반적 이론(general theory), 즉 원격동기이론에서 나타나는 동기의 개념으로 나누어 보는 체계를 말한다.

초기 동기이론들이 본능, 욕구, 추동 등 광범위한 인간행동을 모두 다루기 위한 일종의 대단위 이론(grand theory)이었다면, 최신 이론들은 인간동기의 특수한 측면들을 집중적으로 접근하는 미니 이론(mini theory)으로 볼 수 있다(Reeve, 2009). 이러한 관점에서 앞에서 제시한 네 가지 틀을 분류한다면 첫 번째 틀은 대단위 이론적 접근이고, 두 번째와 세 번째 틀은 두 가지가 혼합된 접근이며, 네 번째 틀은 주로 미니 이론의 접근방식이라고 볼 수 있다.

현대의 대표적인 동기이론들은 모두 앞의 네 가지 틀 속에서 하나의 속성이나 몇 가지 속성의 조합으로 개념화될 수 있다. 예를 들어, 초기의 성취동기이론은 의식적 의도를 강조하였다. Zimmerman 등의 자기조절학습이론은 조절 기능적 관점과 목적적 기능 관점의 통합적 입장을 취하는 것이다. Deci와 Ryan의 유능동기이론이나 자기결정성이론 또는 Csikszentmihalyi의 몰입상태모형(Flow State Model)은 내재적 동기 관점을 취하는 것이다. Bandura의 자기효능감이론은 과제특수적인 측면을 강조하므로 근접동기적 접근이라고 할 수 있고, 일반적 자기효능감이론을 주장하는 사람들은 원격동기적 접근을 취하는 것이라 볼 수 있다. 또한 현대의 성취목표이론(Achievement Goal Theory)은 첫 번째 체계의 의식적 의도 접근과 두 번째 체계의 목적적 접근의 통합으로 볼 수 있다.

3) 인간동기의 구성요소

동기를 행동을 시작시키고 방향을 결정하며 행동의 지속성과 강도를 결정하는 힘으로 정의할 때 이러한 개념적 접근이 포함하고 있는 요소들이 있다. 그러면 인간동기는 어떤 측면들을 담고 있는 요소들로 구성되어 있는가? 심리학에서 인간의 행동을 논의할 때 생물학적 요소, 인지적 요소, 행동적 요소로 나누어 보는 것과 같이 동기이론가들은 인간동기에 대한 논의에서도 생물학적, 인지적, 학습된 행동적 요소를 포함해야 한다고 본다. Franken(1982, 1994)과 같은 학자는 생물학적 요소의 핵심 용어들은 유전성, 본능, 각성상태, 뇌신경계의 보상체계, 변연계나 망상체의 기능 등을 포함하고, 인지적 요소는 사고, 지각, 추론 등을 포함하고, 학습된 요소로서 조건형성과 강화체계를 포함한다고 한다. 이 세 가지 요소에 대해 보다 자세히 살펴보기로 한다.

(1) 생물학적 요소

동기는 행동을 하게 하는 힘의 근원으로서 기능한다고 하였다. 그러면 이러한 힘의 근원을 생물학적 측면에서 설명하는 몇 가지 접근을 고찰할 필요가 있다.

행동생물학(ethology)에서는 특정 행동을 위한 역동적인 에너지 원천을 가지고 있다는 저장고(reservoir) 모형을 제안한다고 Franken(1994)은 주장하였다. 이 저장고는 서서히 에너지로 채워지는데, 저장된 에너지가 많아져 넘치게 되면 행동이 유발되고, 일단 행동이 유발되어 에너지가 소모되면 다시 채워질 때까지 특정 행동이 나타날 확률은 줄어든다는 것이다. 여기서 에너지는 본능적으로 생기는 것일 수도 있고, 생리적인 결핍상태가 만들어 내는 욕구일 수도 있다.

행동생물학에서는 유전구조가 행동을 시작하게 하고 방향을 결정한다고 한다. 따라서 종 특유의 행동은 태어날 때부터 이미 유전자에 기록되어 있기 때문에 변화시키기가 어렵다고 본다. 그러나 모든 행동이 유전적으로 확정되는 폐쇄적 프로그램(closed program)에 의해 결정되는 것은 아니고, 어떤 행동들은 환경의 영향을 받는 개방적 프로그램(open program)을 따르는 경우도 있다고 본다.

동기의 생물학적 요소를 강조하는 다른 분야는 행동학습에 관한 신경조직을 연구하는 학문인 행동신경과학(behavioral neurosciences)이다. 여기서는 두뇌의 아편이라고 하는 엔도르핀을 분비하는 보상중추(reward centers)가 동기와 관련된다는 것을 보여 준다. 또한, 망상활성체에서 일반적 각성을 주관하고 정서를 관장하는 변연계, 특히 시상하부는 종-특수적인(species-specific) 추동의 근원지로 보며, 뇌화학물질인 에피네프린과 노르에피네프린이나 도파민 등의 뇌화학물질이 행동의 근원, 즉 동기를 관장한다고 믿는다.

생물학적 요소를 중심으로 해서 개발된 초기 동기이론들로는 Hebb(1949)와 Berlyne(1960)이 제시한 최적 각성이론(Optimal Arousal Theory)이 있고, James (1884), Lange(1885/1912), Cannon(1927)에 이어 최근의 LeDoux(1996)의 정서(emotion)에 관한 이론들을 들 수 있다. 심리학자들은 정서를 동기적 경향성으로 보는데, 그 이유는 정서가 유기체로 하여금 정서를 유발시킨 대상에 접근하도록 만들거나 회피하도록 만들기 때문이다. 따라서 가장 일반적으로 수용되는 정서에 대한 정의에서도 알 수 있듯이 "정서란 특정한 내적 · 외적 변인들에 대해서 경험적 · 생리적 · 행동적으로 반응하려는 유전적으로 결정되거나 습득된 동기적 경향"(Carlson & Hatfield, 1992)이다. 그러므로 심리학 발전 초기에는 정서에 대한 이론이 바로 생물학적 동기이론이라 보았고, 심리학 영역을 분류할 때 동기와 정서를 함께 묶는 근거를 제공한 것이라고 할 수 있다.

동기를 논할 때 항상 따라다니는 또 한 가지 개념은 흥미(interest)이다. 흥미는 인간의 특정 행동을 유도하는 핵심적인 긍정적 정서로서, 특정 행위를 하기 위한 개인의 능력과 기술들을 만들어 내고 학습하고 발전시키려는 욕구로부터 나온다. 흥미는 개인의 주의집중 정도, 정보처리, 이해 정도, 기억 정도를 결정한다(Renninger, Hidi, & Krapp, 1992). 그러므로 목적적 행위에서 흥미는 그 행위를 시작하고 지속하게 하며, 노력을 투여하게 하는 동기적 속성을 지녔다고 보므로 동기를 다룰 때는 빠질 수 없는 개념이다. 이것이 바로 많은 내재동기이론에서 과제흥미를 종속변인으로 조작적 정의를 내려 측정하는 이유이다.

이렇듯 흥미와 동기는 불가분의 관련성을 가지고 있으나, 둘 중에 어느 것이 선행하는 개념인가, 즉 흥미가 있어야 동기가 생기는 것인가, 동기가 있으면 흥미는 그에 수반하는 정서인가에 대한 논의에서는 정답을 쉽게 찾을 수 없다. 이러한 논쟁은 인지와 정서 간의 관계에서 대두되는 쟁점과 마찬가지로 대안적 가설과 경험적 연구들이 가능한 영역이라고 하겠다.

(2) 학습된 요소

동기의 학습된 요소는 본능과 같은 생물학적으로 주어진 것이 아닌 성장하면서

서서히 획득되는 추동, 즉 권력, 성, 성공에 대한 욕구 등과 관련된 것이다. 이러한 학습된 요소는 물론 행동주의 학습이론가들이 중시하는 것으로 고전적 조건화에 의해 형성된 공포감을 대표적인 예로 들 수 있다. 공포감은 학습된 정서로서 행동의 근원이 되는 요인이다. 또한, 도구적 조건화나 조작적 조건화에서 말하는 일차적·이차적 강화라든가 내재적·외재적 보상 등은 행동의 근원이 되는 동기의 학습된 요소라고 할 수 있다.

(3) 인지적 요소

동기 개념에 대한 탐색 경향은 심리학이라는 학문 자체의 기본 패러다임과 분리시켜 볼 수 없는 것이어서, 초기에는 생물학적 요소를 중심으로, 그 후에는 행동주의의 주도로 학습된 요소를 중심으로 탐색이 진행되었다. 그러다가 Tolman(1932)의 '기대(expectation)'라는 인지적 개념에 기초하여 시작된, 1950년대에서 1960년대에 걸친 '인지혁명'이라 일컫는 심리학의 패러다임 전환과 더불어 동기의 개념 탐색에서도 인지적 요소가 강조되기 시작하였다. 이에 대한 초기의 시도를 대표하는 것으로 Festinger(1957)의 인지부조화이론, Heider(1958)의 귀인이론, Schacter와 Singer(1962)의 정서에 대한 이요인설(two-factor theory) 등을 들 수 있다.

이 이론들의 공통점은 모두 인간의 사고나 신념, 태도가 동기를 결정한다는 것이었다. 이와 같은 동기에 대한 인지적 요소를 강조하는 경향은 현대의 거의 모든 동기이론에서 나타나고 있다. 앞으로 이 책에서 중점적으로 다룰 학업동기이론들도 대부분이 인지적 요소를 강조하는 이론들이다.

4) 관련 개념

앞 절에서 동기를 정의할 때 적용할 수 있는 접근의 틀에 대한 논의와 동기의 구성요소에 대한 논의에서 이미 시사한 바와 같이, 동기는 접근하는 방식과 개념에 대한 정의에 따라 다양하게 연구된다. 여기에서는 동기연구에서 흔히 나타나는 개념들을 정리하여 앞으로 이 책을 공부하는 데 필요한 기초를 제공하고자 한다.

(1) 욕구와 추동

인간은 내부적으로 어떤 결핍이 생겨 생체항상성이 깨지게 되면 이를 회복하기 위해 노력하는 긴장상태를 경험한다. 내부적 결핍은 생리적인 것일 수도 있고 심리적인 것일 수도 있다. 예를 들어, 몸속에 수분이 부족하면 갈증을 느끼고, 갈증을 해소하고자 하는 생리적 욕구가 발생한다. 또한, 누군가가 자신의 행동을 통제하면 자율성을 찾고자 하는 심리적 욕구가 발생한다. 이러한 욕구는 개인을 목표를 향해 움직이도록 만드는 원인으로 작용하여 보다 역동적인 추동으로 변한다. 추동은 유기체가 이러한 불균형으로부터 회복하게 만드는 힘으로서 욕구 발생의 결과로 생기는 관찰가능한 행동의 변화를 초래한다(Deckers, 2010).

초기 학자들은 심리적 욕구와 추동을 유사한 동기적 개념으로 간주하였으며, 학자에 따라 욕구에 초점을 맞추거나 추동에 초점을 맞추어 인간의 동기를 설명하기 위한 이론으로 발전시켰다. Murray(1938)와 Maslow(1954)는 욕구에 관한 이론을 발전시켰으나, Freud(1915), Woodworth(1918)와 Hull(1943)은 추동에 관한 이론을 발전시켰다. 그러나 현대의 동기이론에서 추동이라는 개념은 관심에서 멀어졌고 심리적 욕구는 자기결정성이론 체계에서 중요한 동기변인으로 연구되고 있다.

(2) 목표와 기대

동기를 행동의 원인이라고 말할 때의 행동은 목표지향적인 행동을 의미한다. '목표'란 개인이 성취하려고 노력하는 것이며(Locke, Shaw, Saari, & Latham, 1981), 의도적인 행동의 조절자이다. 특정 자극에 대한 자동적인 생리적 반응으로 나타나는 행동은 의도적 목표가 있는 것이 아니다. 동기가 인간의 의도적인 행동의 원인이라고 한다면, 목표는 인간의 의도적인 행동의 원인을 설명하는 가장 기본적인 동기변인이라 할 수 있다(Locke, 1968). 심리학에서 목표와 관련된 연구는 Locke의 목표설정이론(Goal-Setting Theory)을 중심으로 한 조직행동 분야의 연구들이 있고, 인간행동 전체에 대한 이론인 Ford(1992)의 동기체계이론(Motivational Systems Theory: MST)이 있는데, MST에서는 목표의 내용 측면과 과정 측면을 집중적으로 다루고 있다.

최근의 학업동기 분야에서 목표에 관한 연구는 성취동기이론과 접목되어 새로운 이론으로 수정하고 발전된 성취목표이론(Achievement Goal Theory) 체계하에서 진행되고 있다. 특히 성취목표이론은 숙달목표지향성과 수행목표지향성을 포함하는 성취목표지향성을 핵심 주제로 하여 교육장면은 물론이고 다양한 인간행동과 관련된 영역에서 수많은 연구를 양산하고 있다.

McClelland(1958)는 인간은 아직 얻지 못한 어떤 목표를 추구하기 때문에 현재의 행동에 영향을 주는 것은 목표에 대한 기대라고 하였다. 그는 동기는 목표에 대한 기대와 그 목표의 가치가 개인에게 의미하는 바에 의해서 결정된다고 하였다. 이러한 기대의 개념은 Tolman(1932)으로부터 유래된 인지적 개념이며, 성취동기이론은 대표적인 기대×가치(Expectancy-Value 혹은 Expectancy×Value)이론이라고 할 수있다. Tolman은 원래 행동주의 학습이론가로 출발하였으며, 쥐를 대상으로 다양한 학습실험을 수행하였다. 그러나 그는 쥐들이 미로를 달리면서 학습하는 것은 단순한 자극에 대한 반응의 연합이 아니고, 미로 끝에서 기다리는 보상에 대한 '기대(expectation)'라고 주장하며 최초로 인지적 개념을 제시하였다.

한편, Lewin(1935)은 그의 장이론(Field Theory)에서 환경 속의 대상들은 각각이 개인에게 부여하는 특정한 의미 혹은 유인가(valence)를 가지고 있다고 하였는데, 이것이 '가치(value)'라는 용어로 일반화되어 사용되기 시작하였다. 기대×가치이론의 특징은 용어가 말해 주듯이 기대와 가치 간의 관계가 곱하기의 관계라는 것이다. 즉, 기대나 가치의 크기에 따라 결과적으로 나타나는 동기의 강도가 결정되는데, 둘 중에 어느 하나라도 영(0)의 값을 가지면 동기는 생기지 않는다는 특성이 있다.

(3) 자기도식

Woolfolk(2001)는 많은 동기이론이 학생들의 동기에 대한 논의를 할 때 '자기도식(self-schema)'이라는 개념에 기초하고 있음을 상기시킨다. 자기도식은 자신의 능력, 성격, 흥미, 가치관 등에 관한 인지적 구조 혹은 지식의 구조를 의미한다. 따라서 학습자가 스스로에 대해서 어떻게 생각하는가에 따라 동기가 달라질 것이기 때문에 학습자의 자기도식을 파악하려는 동기이론들이 제시되었다. 설득력 있게 받아들여지고 있는 동기이론들의 기본 개념들이 대부분 이 부류에 속한다. 예를 들어, 자기개념(self-concept), 학습된 무기력감(learned helplessness), 자기효능감(self-efficacy), 자존감(self-esteem), 지능에 대한 견해(views on intelligence), 자기가치감(self-worth), 자기결정성(self-determination), 자기조절 신념(self-regulatory belief) 등이 모두 개인의 자신에 대한 생각이나 정서를 나타내는 것으로 이것이 행동과 관련되어 있고, 따라서 이것들을 파악하면 행동을 예측할 수 있다는 것이다.

자기도식은 비교적 안정적인 성격특성, 즉 개인차를 나타내는 원격동기변인(distal motivation variable)으로 보는 경우와 특정 상황이나 맥락에서 특정 과제와 관련된 상황특수적(task-specific 혹은 situation-specific)인 근접동기변인(proximal motivation variable)으로 보는 경우로 나누어 볼 수 있다. 동기변인을 원격동기변인으로 보는 경우는 자기개념, 자존감, 귀인양식이나 일반적 자기효능감 그리고 목표지향성 등으로 연구되며, 개인이 다양한 성취상황을 접할 때 비교적 일관성 있게 성취 관련 행동에 영향을 미치는 변인으로 다루어진다. 일반화 정도는 개인의 가치관이나 능력에 대한 신념을 적용할 영역을 어느 정도로 제한하거나 확대시키는가 하는 문제로서 어떠한 인지 혹은 동기이론에서도 짚고 넘어가야 하는 문제이다. 다시 말해서, 영역의 범위는 어느 정도이며 어떤 수준이어야 하는가를 명시해야 한다(Pintrich & Schunk, 2002). 일반화를 위한 영역을 어느 수준까지 확대하느냐에 따라 학업적 자기효능감, 교사효능감, 사회적 자기효능감 등의 맥락특수적(context-specific) 수준으로 다루기도 하고, 수학 과제, 작문 과제, 탁구 경기 등의 매우 구체적인 과제수행에 대한 자신감이나 효능감을 다루기도 하는 Bandura의 과제특수적 자기효능감 등이 있다.

자기도식 개념을 가지고 학습자들의 동기를 파악하려는 이론들은 이 밖에도 무수히 많은데, 그중에서 가장 많은 연구가 된 대표적인 것이 자기개념, 자존감, 자기가치감 등의 자신에 대한 이미지나 능력에 관한 지각에 초점을 둔 이론들이다. 학습자가 가지고 있는 지능에 대한 견해 혹은 암묵적 이론(implicit theory of intelligence)은 학습동기에 영향을 미친다(Nicholls & Miller, 1984). 즉, 지능에 대한 실체적 견해(entity view; 실체지능이론)를 가진 학습자는 능력이란 안정적이고 통제할 수 없으므로 변화될 수 없는 특성이라고 가정하기 때문에, 일단 자신의 능력이 부족하다고 지각하면 더 이상의 노력을 하지 않는다. 반면에 지능에 대한 증진적 견해(incremental view; 증진지능이론)를 가진 학습자는 능력이란 불안정한 것이고 언제라도 확장시킬 수 있다고 믿는다. 기술과 지식은 연습이나 노력에 의해서 확장될 수 있고, 따라서 능력은 향상될 수 있다고 믿는다. Dweck(2006)은 Nicholls 등의 '지능에 대한 견해' 대신에 마인드셋(mind-set)이라는 새로운 용어를 도입하여 실체지능이론을 고정 마인드셋(fixed mind-set)으로, 증진지능이론은 성장 마인드셋(growth mind-set)이라는 용어로 대체하여 사용하고 있다.

지능에 대한 견해, 혹은 마인드셋은 귀인연구와 학습된 무기력 연구들에서 제시했던 것과 동일한 시사점을 제공한다. 이러한 자기도식들은 원격 동기기제로서 비교적 안정적인 자신에 대한 지각이 성취행동과 관련되어 행동을 개시하고, 목표를 설정하며 지속하는 데 영향을 준다고 본다. 그러나 이러한 자기도식을 적용한 많은 이론은 보다 광범위한 일반화 가능성에도 불구하고, 자기효능감이론에서와 같이 과제특수적 자기효능감이 지닌 수행에 대한 강력한 예측력 때문에 최근에는 일반적인 성격특성보다는 과제특수적 동기변인으로 더 많이 연구되는 경향을 보인다.

2. 동기연구 방법

1) 동기변인

앞에서 동기의 개념적 속성과 연구를 위한 이론적 접근방법들을 검토하였다. 그러면 심리학 연구에서 동기라는 변인은 어떻게 기능하는가를 살펴볼 필요가 있다. 과학적 연구에서는 변인을 그 기능에 따라 다양하게 분류한다. 보편적인 분류에서 사용하는 변인들로는 독립변인(independent variable), 종속변인(dependent variable), 중재변인(intervening variable), 통제변인(control variable), 조절변인(moderator variable) 등이 있다. 이들을 구체적 예를 들어 설명하기로 한다.

한 연구에서 목표가 어떻게 설정되는지, 즉 목표의 출처가 어디냐에 따라 행위자의 실패 후 반응이 달라질 것이라는 가설을 검증하였다(Kim & Clifford, 1988). 이 연구의 독립변인인 목표 출처는 스스로 선택하는 경우(스스로 설정), 타인이 부과하는 경우(타인부과) 그리고 자신과 타인이 함께 의논해서 결정하는 경우(참여설정)의 세 가지 조건으로 조작되었다. 이 연구는 이러한 독립변인의 세 가지 조건이 연구참여자의 실패 후에 보이는 긍정적인 반응경향성(실패에 대한 내성)에 각기 다르게 영향을 미칠 것이라는 가설을 검증하기 위한 것으로 독립변인과 종속변인 모두가 동기변인(motivational variable)이다. 즉, 목표를 누가 설정하는가는 내재동기이론에서의 핵심이 되는 자율성이라는 동기 개념이며, 개인의 실패내성은 이후의 유사한 상황에서 얼마나 긍정적인 행동을 하는가를 결정하는 개인차 관련 동기변인이다. 이 연구에서는 또한 '숙달지향성(mastery-orientation)'이라는 또 다른 동기에 관한 개인차 변인을 도입하였다. 즉, 개인의 숙달지향성이 목표 출처라는 변인의 효과에 영향을 미칠 것이라는 선행연구들에 근거해서 숙달지향성을 조절변인으로 도입하였다. 이를 확인하기 위해 개인의 숙달지향성 정도에 따라 세 가지 목표 출처 조건에서 참여자들의 실패내성이 다를 것이라는 가설을 검증하였다. 따라서 이 연구에서는 세 가지 동기변인이 독립변인, 종속변인 그리고 조절변인으로 도입된 것이다. 이와 같이 동기변인은 다양한 형태로 연구되어 왔다.

2) 동기연구에 대한 접근방법

모든 학문영역에서와 마찬가지로 동기연구에서도 객관적이고 보편타당한 이론을 개발하기 위해서 과학적 연구를 실행한다. 과학적 연구는 현상을 기술하고 설명하기 위하여, 문제해결을 위하여, 이론개발을 위하여, 혹은 기존의 이론과 원리를 정련시키기 위한 목적에서 수행한다. 이러한 목적을 달성하기 위해서는 객관적 자료에 근거해야 한다. 동기연구를 위한 자료수집 방법의 대표적인 것으로 관찰법과 자기보고법(self-report)을 들 수 있다. 관찰법은 자연관찰과 체계적 관찰법으로 구분할 수 있으며, 실험을 통한 자료수집도 일종의 체계적 관찰로 볼 수 있다. 동기연구에서 흔히 사용되는 자료수집 방법인 자기보고법은 일종의 내관법(introspection)으로 개인이 자신의 생각이나 감정, 태도 등을 표현한 응답 자료를 수집하는 것이다.

심리학 연구방법론의 변천을 간략히 살펴보면, 우선 1879년 심리학 실험실을 시작한 현대 심리학의 시조 Wilhelm Wundt 시절에는 실험적 연구방법이 엄격하게 통제된 실험실에서 수행되었고, 이 전통은 행동주의와 인지주의 심리학자들이 계승하여 지금까지 이어지고 있다. 한편에서는 Galton의 연구실에서부터 시작되어 Cattell과 Pearson이 계승한 개인차에 관심을 둔 상관연구가 사회과학의 주요 연구 방법으로 발전하였고, 이와 더불어 심리적 속성을 측정하기 위한 객관적이고 타당한 측정도구 개발에 관한 연구가 사회과학적 연구의 기초를 제공하였다. 이 외에도 최근에는 문화인류학적 연구에서 흔히 사용하는 특정 사례를 대상으로 자세한 사건들에 대한 기술적 자료수집과 이를 해석하는 질적 연구가 심리학과 교육학에서도 도입되어 수행되고 있다. 과학적 연구는 다양한 분류가 가능하지만, 이 책에서는 동기연구에서 많이 사용되는 연구의 유형을 크게 두 가지로 나누어 살펴보기로 한다.

(1) 기술적 연구

기술적 연구(descriptive research)는 매우 광범위한 연구방법들을 포괄하는 말이다. 대개는 과학적 연구를 크게 실험적 연구와 비실험적 연구(기술적 연구)로 나눈다. 자연과학에서 사용하는 엄격한 통제하에서 실시하는 실험적 연구와, 이러한 실험적 연구가 가진 변인들 간의 원인과 결과를 규명하는 기능을 하지 못하고 현상을 있는 그대로 객관적으로 기술하는 기능만 하는 연구방법을 전체적으로 기술적 연구라 지칭한다. 기술적 연구는 민족지학(ethnography)에서 사용하는 관찰이나 면접 결과를 자세하게 기술한 내용을 질적으로 분석하는 방법과 변인들 간의 관련성을 탐색하는 상관분석 등의 양적인 분석을 하는 방법으로 나누어 볼 수 있다.

질적 연구(qualitative research)는 특정 현상에 대한 자세하고 심층적인 분석을 위해서 장기간에 걸친 관찰이나 면접 기록들에 대한 내용분석을 실시하고 그 결과에서 이론 수립을 위한 가설을 도출하기도 한다. 흔히 교실에서 학생들의 동기를 연구하기 위한 방법으로 질적 연구방법의 일종인 참여관찰법(participant observation)을 사용하는데, 이러한 자료수집법은 실제로 교실현장에서 일어나는 다양한 현상들에 대한 구체적인 실태 파악을 가능하게 한다. 또 다른 질적 연구의 한 가지로 상담이나 임상장면에서 많이 사용하는 사례연구(case study) 방법을 들 수 있는데, 이것은 주로 소수를 대상으로 사례사(case history)를 수집하고 장기간에 걸친 심층면접(in-depth interview)을 통해 문제의 원인과 해답을 찾는 조사방법이다.

동기연구에서 수행된 질적 연구의 예로는 Meece(1991)가 교실 내 학생들의 목표구조를 파악하기 위해 초등학교와 중학교 교실에서 수집한 현장노트와 녹음테이프를 분석하여 교사의 목표에 대한 지향성이 학생의 목표구조에 영향을 준다는 것을 보고한 것이 있다. 앞으로는 동기연구에서도 많은 질적 연구가 수행될 것임을 예측할 수 있다.

다수의 연구대상자의 상태나 현상을 파악하기 위한 조사연구(survey)에서는 상관분석을 통해 여러 변인들 간의 관련성을 탐색한다. 상관연구는 두 변인들 간에 어띤 관계가 있는가, 관계의 정도는 얼마나 밀접한가를 알기 위해 수행하는데, 관계는 정적일 수도 있고 부적일 수도 있으며, 정도는 매우 밀접한 관계에서부터 전혀 관계가 없는 경우까지를 −1.0에서 +1.0 사이의 상관계수로 나타내 준다. 가장 일반적으로 사용되는 상관계수는 Pearson의 적률상관계수로서 r로 표시한다. r이 음수이면 한 변인의 값이 증가할수록 다른 변인의 값이 감소하는 것을 나타내며, 양수이면 한 변인의 값이 증가할수록 다른 변인의 값도 증가하는 것을 나타낸다. 또한, 계수 값이 1에 가까울수록 관련 정도가 큰 것을 의미하며, 0에 가까우면 두 변인 간의 관련성이 없는 것을 의미한다. 상관연구 결과는 변인들 간의 관련성을 보여 주는 것 외의 인과관계에 대한 해석은 할 수 없다. 예를 들어, 부모의 사회경제적 지위와 자녀의 학업성취 간의 상관이 높게 나왔다고 해서 부모의 사회경제적 지위가 높은 학업성취의 직접적인 영향이라고 결론짓기는 어렵다는 것이다. 다시 말해서, 사회경제적 지위가 높은 부모는 경제력이 있어 자녀의 학업을 위해 사교육의 기회를 많이 제공해 줄 수 있고 이러한 사교육이 자녀의 학업성취도를 높인 것일 수 있기 때문이다. 즉, 사교육 기회라는 제삼의 변인이 각각 두 변인에 영향을 준 것일 수 있다. 따라서 상관연구 결과만을 가지고 두 변인 중 하나가 다른 변인에 영향을 미쳤다는 결론은 내릴 수 없다.

(2) 실험연구

자연과학에서 사용하는 대표적인 연구방법으로는 실험연구(experimental research)가 있다. 실험연구는 기술적 연구에서 볼 수 없는 몇 가지 특징을 가지고 있다. 첫째, 이론에 근거하여 가설을 수립하고 이것을 검증하기 위해 실증 자료를 수집하고 추리통계를 사용하여 가설검증을 실시한다. 둘째, 독립변인에 대한 조작을 가하고 가외변인(extraneous variable)들이 종속변인에 미치는 영향을 배제하기 위해 통제한다. 셋째, 통제를 위한 방법으로 처치집단의 무선표집(random sampling)이나 무선화(randomization) 기법을 적용한다. 넷째, 종속변인을 위한 측정은 신뢰롭고 타당한 관찰 절차나 측정도구를 사용해야 한다. 다섯째, 실험연구는 다른 연구자에 의해 반복연구(replication study)가 가능해야 한다.

이와 같은 특징을 가진 실험연구는 독립변인을 조작하고 가외변인들을 통제한 상태에서 종속변인의 변화를 측정하였기 때문에, 각 처치조건하에서 나타나는 종속측정치들 간의 차이는 독립변인의 각기 다른 조건들에 대한 처치 때문이라는 결론을 내릴 수 있어서 인과관계에 대한 규명이 가능하다. 실험연구는 반복가능성이라는 특징 때문에 이론 개발과 정련을 가능하게 한다는 장점이 있다. 그러나 실험연구는 제한된 변인들에만 초점을 맞추기 때문에 한정된 정보만을 제공한다. 또한 상황에 대한 과잉 단순화 가능성을 내포하고 있고, 엄격히 통제된 실험상황에서 도출된 결과라서 현장 적용가능성인 생태학적 타당성이 낮을 수 있다는 제한점을 가지고 있다.

3) 과학적 이론의 특징

과학적 연구를 하는 중요한 한 가지 목적은 과학적 이론을 개발하는 것이라고 하였다. 이론에 대해 설명하기 전에 우선 용어 사용을 분명히 할 필요가 있다. 일반적으로 심리학에서 '이론(theory)'이란 말은 협의와 광의의 두 가지로 사용된다. 먼저 특정 현상을 설명하기 위한 좁은 의미의 이론들로 귀인이론, 자기효능감이론, 성취목표이론 등이 있다. 예를 들어, 귀인이론에서는 인간은 자신이 얻은 행동의 결과에 대한 원인을 노력이나 능력, 과제의 속성, 재수 등 자신의 내부 혹은 외부의 조건에서 찾으려 한다고 주장한다. 이때에 이론이라는 용어는 인간특성의 한 측면을 설명하기 위해 좁은 의미로 사용된 것이다. 반면에 심리학에서는 행동주의이론, 인본주의이론, 인지주의이론 등 인간의 사고와 행동에 대한 전 영역을 설명하는 데 적용하는 포괄적인 설명체계 혹은 패러다임을 지칭하는 경우에도 이론이라는 말을 사용한다. 이때의 이론은 넓은 의미를 가진 용어이다. 그래서 어떤 학자들은 좁은 의미의 '이론' 대신에 '원리(principle)'라는 용어를 사용하기도 한다. 따라서 앞으로 이론이라는 용어는 사용 맥락에 따라 광의와 협의를 구분해야 할 것이며, 다음에서 설명할 이론은 협의의 이론을 중심으로 할 것이다.

그러면 '과학적 이론'이란 무엇인가? 이론은 현상 또는 현상들 간의 관련성에 대한 잠정적 설명이다. 여기서 잠정적이라는 의미는 어떤 이론이 현상을 설명하는 것이 그 당시 그 현상에 대한 설명으로는 타당할지 몰라도 다른 상황이나 다른 시대에는 타당하지 않을 수 있다는 것이다. 이론은 현상을 기술하고(describe), 설명하며(explain), 예측하고(predict), 통제하는(control) 기능을 가진다. 뉴턴의 만유인력에 관한 법칙[이론이 오랜 기간 동안 반복적으로 검증되면 법칙(law)이라고 불리는 수준으로 가고 더 나아가 진리(truth)가 될 수 있다.]을 예로 들어 보자. 공중에서 유리컵을 들고 있다가 손을 놓으면 바닥에 떨어져서 깨진다. 이 현상은 만유인력의 법칙으로 설명이 가능하다. 즉, 물체는 허공에 정지해 있지 못하고 바닥으로 떨어지는데, 그 이유는 지구의 중심부로 끌어당기는 힘인 중력 때문이다. 그래서 공중에서 유리컵을 들고 있다가 손을 놓으면 바닥에 떨어질 것이라는 것을 예측할 수 있고, 유리컵을 들고 있는 손을 놓는 행동은 하지 않는다. 즉, 행동의 통제를 가능하게 한다. 만유인력에 관한 이론은 법칙이 되었는데, 그 이유는 뉴턴 시대에도 그 이론은 현상을 잘 설명했고, 그 후 100년 후에도 그랬고, 지금도 그렇기 때문이다. 그리고 이 이론은 검증가능하다(testable). 그런데 만유인력의 법칙은 지구에서만 타당한 이론이라는 것이 밝혀졌다. 즉, 무중력상태인 우주공간에 가면 그 법칙은 더 이상 사실이 아니다. 이렇게 이론은 참이 아님으로 반증될 수도 있다(falsifiable).

자연과학에서 다루는 현상에 관해서는 몇 천 년이 지나도록 여전히 받아들여지는 많은 법칙과 진리가 존재한다. 그러나 사회과학에서 다루는 현상에 대한 이론들은 법칙이나 진리에 도달하기가 매우 어렵다. 이것은 인간을 중심으로 벌어지는 현상들은 시대적 배경과 환경이나 조건의 변화에 따라 같이 변화하기 때문이다. 따라서 그 당시에는 현상을 잘 설명하는 이론이 시대와 환경적 조건이 달라지면 더 이상 적절한 설명을 할 수 없게 될 수 있다. 이러한 사회과학이론의 특징은 교육이나 심리학의 동기이론에서도 마찬가지다. 그러므로 초기의 동기이론들은 시대와 환경적 변화에 따라 계속적인 수정이 이루어지고 더 이상 경험적 증거에 의한 지지를 받지 못하는 이론들은 도태되는 것이다.

과학적 이론은 몇 가지 측면으로 특징지을 수 있다. 첫째, 이론이 다루는 현상의 범위(scope)가 크냐 작으냐에 따라 거시적(molar) 이론과 미시적(molecular) 이론으로 나누어 볼 수 있다. 성취동기이론은 광범위한 인간행동의 원인에 대한 설명을 시도하는 거시적 동기이론임에 비해, 자기효능감이론은 특정 행동이나 수행에 관한 상대적으로 미시적인 이론으로 볼 수 있다. 둘째, 이론이 포함하고 있는 용어들과 가설들 간의 관련성(syntax)이 얼마나 논리적인가의 정도에 차이가 있다. 셋째, 이론이 실제 현장과 얼마나 잘 일치하는가에 대한 유의미성(semantics)의 정도, 즉 생태학적 타당성 정도에 차이가 있다. 예를 들어, 실험실에서는 나타나는 결과가 실생활에서는 나타나지 않는 경우에는 생태학적 타당성이 낮은 이론이다. 넷째, 간명성(parsimony 혹은 simplicity)의 차이가 있다. Piaget의 이론은 매우 복잡한 이론임에 비해 강화이론은 매우 단순하다.

Beck(1990)은 좋은 이론의 기준으로 검증가능성, 유용성, 간명성, 포괄성을 들고 있는데, 이러한 기준은 앞에서 제시한 여러 가지 이론에 대한 기능과 특성들에서 거론된 내용의 요약으로 볼 수 있다. 앞으로 이 책에서 제시되는 다양한 이론에 대해서 앞에서 제시한 기능적 측면과 좋은 이론의 특성이라는 측면에서 평가해 보는 것은 이론에 대한 이해를 촉진시키고 비판적 사고를 증진시킬 것이다.

4) 동기 측정

(1) 측정을 위한 개념적 정의와 조작적 정의

과학적 연구는 경험적 자료에 근거해야 하기 때문에 실증적 자료수집이 요구된다. 객관적인 실증적 자료수집을 위해서는 신뢰롭고 타당한 절차와 도구를 사용해야 한다. 사회과학 연구에서 커다란 난제는 우리가 다루는 현상이나 개념들이 추상적이라는 점이다. 예를 들어, 학생들의 학습동기를 증진시키기 위한 프로그램을 개발한다고 하자. 그러면 학습동기가 무엇이고 어떻게 평가해야 하는가를 먼저 결정해야 한다. 이를 위해서 우선 동기에 대한 개념적 정의를 내려야 한다. 그런데 동기에 대한 개념적 정의를 내리기 위해서는 우리가 어떤 동기이론을 기본 체계로 삼을 것인가를 결정해야 한다. 만약 우리가 내재동기이론을 선택했다고 하자. 그러면 학생들이 공부하고 싶어 하는 내재동기는 어떤 형태로 나타날 수 있을까를 생각해야 한다. 다시 말해서, 어떤 행동이나 상태를 내재적으로 동기유발이 된 상태라고 볼 것인가를 생각해야 한다. 내재동기이론가들은 내재동기가 있다는 것을 나타내는 여러 가지 지표들을 제시하고 있다. 그 지표들은 관찰이 가능한 행동으로 나타나는 것과 생리적인 것들이 있을 수 있고, 직접관찰은 아니지만 학생들이 자신의 상태를 보고하는 것이 있을 수 있다.

이러한 지표들을 정리해 보면, 첫째, 행동적 측면의 지표로는 실제 행동의 양과 질, 노력투여량, 끈기, 자유의지에 의한 선택, 자발적 시작, 미래의 선택 의지, 행동으로 표현된 선호도 등이 가능하다. 둘째, 생리적 측면을 나타내는 지표로는 심장박

동수, 뇌화학 전도물질의 분비량, 동공 확대, 뇌영상 촬영 결과로 나타나는 활성화 부위, 피부전기반응(galvanic skin response) 등이 가능하다. 셋째, 자신의 생각이나 감정의 표현을 자기보고한 것이 지표가 될 수 있다.

측정 대상이 되는 추상적 개념에 대해 관찰이나 측정가능한 지표로 변환시키는 것을 '조작화(operationalize)'라고 하고 이렇게 내린 정의를 '조작적 정의(operational definition)'라고 한다. 한 연구자가 학생들의 내재동기를 측정하기 위한 지표로 '끈기'를 사용하기로 했다고 하자. 따라서 연구에서 그는 연구대상 학생들의 능력수준보다 훨씬 어려운 문제를 주고, 학생들이 그 문제의 답을 얻기 위해 들이는 시간을 측정하여 끈기의 정도를 결정하였다. 이것이 이 연구에서의 내재동기를 측정하기 위한 구체화로서 내재동기에 대한 조작적 정의이다. 물론 '내재동기'라는 추상적 개념에 대한 조작적 정의는 앞에서 보여 준 바와 같이 다양할 수 있다. 연구자들은 자신의 연구 상황에 맞는 조작적 정의를 내려서 종속 측정치를 선택할 수 있다.

(2) 동기 평가를 위한 척도

앞에서 제시한 다양한 동기에 대한 지표들은 연구자의 선택에 따라 하나가 사용될 수도 있고, 여러 가지 지표가 동시에 사용될 수도 있다. 때로는 대상 개념을 보다 신뢰롭고 타당하게 측정하기 위해 자기보고식 설문지나 척도를 구성해서 사용하는 경우도 있다.

심리학 연구에서 동기를 측정하기 위한 최초의 시도는 Murray(1943)의 '주제통각검사(Thematic Apperception Test: TAT)'라고 할 수 있다. TAT는 투사적 기법으로서 사람들은 애매한 자극을 해석할 때 자신의 내적 상태, 즉 자신의 욕구를 반영할 것이라는 전제하에 만들어진 척도이다(자세한 내용은 제3장을 참고할 것). Mayer, Faber와 Xu(2007)가 1930년부터 2005년에 걸친 동기연구에서 사용된 척도들에 대한 메타분석을 한 결과, 일반적 동기 측정에서 가장 많이 사용된 도구는 TAT였고, 그다음으로 Jackson(1987)이 Murray의 20가지 욕구를 자기보고식 문항으로 만든 척도와 Edwards(1959)의 'Edward's Personal Preference Schedule(EPPS)'이라는 것을 보여 준다. 연구결과에서는 또한 맥락특수적 동기척도로서 학습동기를 측정하는 데는 Pintrich, Smith, Garcia와 McKeachie(1993)의 'Motivated Strategies for Learning Questionnaire(MSLQ)'가 가장 많이 사용된 것을 보여 준다.

그 외에도 동기연구에서는 많은 설문지나 척도들이 개발되어 사용되고 있는데, Spence와 Helmreich(1983)의 '성취동기척도', Deci와 Ryan(1985a)의 'General Causality Orientation Scale' 등은 개인의 일반적인 동기특성을 측정하는 데 사용되고 있으며, Amabile, Hill, Hennessey와 Tighe(1994)의 'Work Preference Inventory(WPI)'는 직무상황에서의 동기적 경향성을 측정하는 데 사용되고 있다. 이 외에도 Midgley 등이 개발한 'Patterns of Adaptive Learning Survey(PALS; Midgley, Maehr, Hicks, Roeser, Urdan, Anderman et al., 1997)' 자기결정성이론에 근거하여 동기 유형을 분류하기 위한 Ryan과 Connell(1989)의 '자기조절설문지', 김아영(2002a)의 '학업적 자기효능감척도'와 '학업적 실패내성척도' 등 학업상황에서의 동기적 성향과 그 결과를 측정하기 위해 개발된 척도들이 무수히 많다.

이와 같이 특정 개념을 측정하기 위해서 척도를 제작하는 경우에는 대상 개념에 대한 구성요인 혹은 구인(construct)에 대한 충분한 탐색을 하여 단일 구인으로 측정이 가능한지 아니면 몇 개의 하위 측면으로 나누어서 측정하는 것이 적절한지를 판단해야 한다. 대부분의 원격동기변인을 측정하기 위한 경우는 태도척도를 구성할 때와 마찬가지로 단일 측면보다는 인지적, 감정적, 행동적 측면들을 포함하는 복합적인 구인으로 개념화하는 경우가 많다. 반면에 근접동기변인을 측정할 때는 단일 구인으로 개념화하는 경우가 많다.

제2장

동기이론에 대한 역사적 고찰

인간의 동기에 대한 관심은 인류의 학문에 대한 체계적인 탐구가 시작된 때라고 볼 수 있는 그리스 철학자들의 초기 탐구에서부터 관찰된다. 그리스 철학자들의 인간의 동기에 대한 관심은 인간의 본성이나 지식의 기원에 대한 관심과 더불어 시작되었다. 대표적인 예로 인간행동에 대한 쾌락주의원리를 들 수 있는데, 이 원리는 Freud와 Hull의 추동이론과 Lewin의 장이론 그리고 이후 기대−가치이론에도 영향을 미쳤으며, 최근의 일부 동기이론에서도 여전히 찾아볼 수 있다. 현대에 들어서 인지적 개념인 Tolman의 '기대' 개념이 도입되면서 인간의 동기이론은 인지적인 요소를 강조하는 이론들의 발달이 주를 이루게 되었고, 이러한 추세는 현재까지 이어져 오고 있다. 이 장에서는 이와 같은 동기이론의 역사적 발달과 변천을 간략하게 검토해 보기로 한다.

1. 초기 접근

인간동기의 속성에 대한 탐구는 그리스 철학자들에서부터 찾아볼 수 있다. 가장 초기의 접근은 Socrates(B.C. 470~399)로부터 시작되어 Epicurus(B.C. 341~271)로 이어지는 쾌락주의원리(pleasure principle; hedonism)에 기초한 접근을 들 수 있다. 쾌락주의원리에 따르면 인간은 긍정적이고 유쾌한 결과를 초래하는 행위와 부정적이고 불쾌한 결과를 초래하는 행위를 구분하여 쾌락을 추구하는 방향으로 행동한다. Socrates는 인간은 쾌락이 고통을 능가하는 방식으로 행동한다고 주장했고, Epicurus는 쾌락만이 추구할 가치가 있는 것이라고 주장했다. 쾌락주의원리는 철학에서는 영국의 Bentham과 J. S. Mill에 이르러 절정을 이루었고 심리학에서는 Freud와 Hull의 추동이론(drive theory)의 근간이 되었다(Franken, 1994).

그리스 철학자들의 의문이었던 육체와 정신 간의 관계적 속성은 심리학에서 특히 중요한 쟁점이었다. 인간의 육체와 정신은 같이 움직이는 것인가 아니면 분리되어 따로 움직이는 것인가에 대해 그리스 철학자들은 이원론(二元論, dualism), 즉 육체와 정신은 분리되어 있고 육체는 정신에 의해 조종된다고 믿었다. 이원론에서 주장하는 육체의 동물적인 행동의 근원이 무엇인가에 대한 탐색은 그리스 시대에는

Stoic파 철학자들에 의해 '본능(instinct)'이라는 개념으로 설명되었다. 이들은 본능이란 창조주에 의해 동물에게 주입된 개체와 종족 보존을 위해 필요한 목적적 행위들이라고 보았다. 이러한 동물의 행동을 설명하는 본능의 개념은 인간의 행동을 설명하기 위한 현대의 동기이론에서는 추동(drive)이라는 심리적 개념으로 대치되어 받아들여지고 있다(Deckers, 2010).

이원론은 기독교적 사상이 철학을 지배하던 중세기에는 더욱 심화되어, Thomas Aquinas 같은 신학자는 인간의 육체는 동물의 속성이고 정신은 신의 속성으로, 동물적인 속성에 의해 지배되는 행동을 정신적 수도를 통해 억제하는 것이 지적(知的)이고 도덕적이라고 믿었다. 이러한 사상은 Rene Descartes의 이원론에 이르러 육체와 정신은 질적으로 다른 실체로서 하나는 물질적(material)이고 다른 하나는 정신적(immaterial) 혹은 영적인 것으로 정신과 육체는 상호작용하여 인간의 행동을 결정한다는 인과관계론으로 받아들여졌다(Beck, 1990). Descartes는 육체는 생리적 욕구(need)에 반응하는 수동적이고 기계적인 실체이며, 정신은 의지(will)를 가지고 있는 능동적이고 목적지향적인 실체로 보았다. 이와 같은 Descartes의 이원론은 인간행동의 기계적인 측면, 즉 생물학적으로 조종되는 생리적 욕구에 대한 과학적 연구의 시발점을 제공하였으며, 후에 독일 심리학에서 강조하는 의지 및 의지통제(volitional control)에 관한 이론의 기초가 되었다고 볼 수 있다.

현대 과학에 획기적인 변화를 가져온 Darwin의 진화론은 인간과 동물은 근본적으로 같은 기원에서부터 출발하였고, 인간과 동물의 행동을 주관하는 원리는 같다고 주장하여 이원론을 종식시키고 인간행동의 원인과 근원에 관한 지식에서 혁명을 일으켰다. 그뿐만 아니라 인간의 행동을 연구하는 심리학 발전에도 지대한 영향을 미쳤다. 학자들은 인간행동의 생물학적이고 신체적인 결정요인이 무엇인가에 관심을 두게 되었고, 많은 연구자가 동물과 인간의 본능적 행동에 관심을 갖게 되었다.

인간의 본능을 탐구한 초기 학자로는 William James(1890)와 William McDougall(1908)을 들 수 있다. James는 행동에 대한 충동(impulse)이 본능의 중요한 요소라고 주장하고 빨기, 울기, 웃기, 질투, 사랑 등을 포함하는 38가지 광범위한 인간의 본능을 제시하면서 이러한 본능이 동기유발의 원천이라고 주장했다(Deckers, 2010). 반면에 McDougall은 행동의 가장 중요한 결정요인은 본능 그리고 본능과 연결된 정서(emotion)라고 주장했다(Deckers, 2010; Franken, 1994). 그는 도주(flight), 혐오

(repulsion), 호기심(curiosity), 호전성(pugnacity), 자기비하(self-abasement), 자기주
장(self-assertion), 생식(reproduction), 군거성(gregariousness), 획득(acquisition), 구성
(construction) 등의 주요 본능의 목록을 제시하였고, 이들에 상응하는 일곱 가지 정
서를 가정하였는데, 공포(fear), 혐오감(disgust), 의구심(wonder), 분노(anger), 부정
적 자기감정 혹은 복종(subjection), 긍정적 자기감정(positive self-feeling) 혹은 의기
양양(elation), 부드러운 정서(tender emotion) 등이 그것이다. 마지막 세 가지 본능에
상응하는 정서는 제시하지 않았다. McDougall은 대부분의 정서적 경험은 이 일곱
가지 기본 정서의 단순한 합성물이며 여기에 기쁨과 고통, 흥분과 우울이 합쳐져서
이러한 합성물을 수정하는 것이라고 주장하였다. 그는 또한 행동은 대부분 타고나
는 것일 뿐 아니라 충동(impulse)에 의해 발생한다고 보았다. 많은 학자는 이러한 행
동에 대한 그의 견해를 추동(drive)과 같은 개념의 전조로 보았다(Franken, 1994).

충동이나 추동과 같은 개념이 심리학의 주요 개념이 된 것과는 달리, 본능이라는
개념은 행동주의가 심리학을 주도하게 되자 학자들의 관심에서 멀어졌다. 그러나
행동주의가 융성하던 시기에도 행동생물학자들은 생득적인 행동들에 관심을 가지
고 연구를 진행하였다. 행동생물학자들에 관해서는 제1장에서 이미 다루었기 때문
에 여기서는 생략하기로 하고, 이제부터는 앞에서 설명한 개념들에 기반을 두고 발
전한 인간행동의 근원에 관한 이론, 즉 동기이론의 발전에 대해 논의하기로 한다.

2. 현대 동기이론의 배경

일반적으로 심리학이론을 분류할 때는 심리학의 패러다임의 변천에 따라 분류한
다. 즉, 1900년대 초반에서부터 시작된 행동주의적 접근, 1940년대부터 대두된 인
본주의적 접근 그리고 1960년대부터 시작된 인지주의적 접근으로 분류한다. 이러
한 심리학의 주류가 되는 접근이 시작되던 비슷한 시기에 이와는 약간 다른 측면에
서 심리학에 영향을 준 정신분석적 접근에 근거한 동기이론들도 대두되었다. 이 절
에서는 Freud와 Hull의 추동이론과 행동주의 강화이론, 인본주의이론과 초기 인지
주의이론을 개관함으로써 현재 많은 관심의 대상이 되고 연구되는 동기이론들을
이해하기 위한 기초를 제공하고자 한다.

1) Freud의 추동이론

추동(drive)은 Woodworth(1918)가 심리학에 처음 소개한 개념으로 사람들로 하여금 행동을 하게 유도하는 것을 말한다(Deckers, 2010). 추동은 행동을 유발하고 유지시키는 효과를 가지고 있다. 즉, 그것은 결과적으로 행동이 나타날 때까지 우리의 신경계의 어딘가에 남아 있다는 것이다. Freud는 행동의 에너지를 제공하는 것은 생물학적 불균형을 초래하는 신체적 결핍에 의한 욕구를 충족시키기 위해 발생하는 심리적 추동으로 보았다(Weiner, 1992).

초기 저술에서 Freud는 행동의 원천을 '무의식적 추동(unconscious drive)'이라는 개념으로 설명하였다. 그는 많은 행동은 충족되지 못한 강한 충동이나 소망에 대한 상징적 표현이고, 이러한 강한 충동은 두려움이나 죄의식을 수반하는 무의식적 추동으로 작용하여 긴장을 발생시킨다고 주장하였다. Freud는 이러한 무의식적 추동의 대부분은 성적인 충동이나 욕구 때문에 생겨나는 것으로 보고 이러한 힘을 '리비도(libido)'라고 불렀다(Franken, 1994). 이후 Freud(1915)는 다양한 본능이 각각의 에너지 원천을 가지고 있고, 적절한 목표 대상이 있으며, 그것들은 모두 삶의 본능이라고 부르는 일반적 원천인 리비도로부터 에너지를 이끌어 낸다는 수정된 리비도 이론을 제안하였다(Deckers, 2010 재인용). 인간은 리비도를 해소하기 위해 행동하고, 그 행동에 의해 불유쾌한 추동이 감소되어, 균형상태가 회복된다는 Freud의 이론은 쾌락주의적 속성을 가지고 있다.

Freud의 정신분석이론은 심리학자들 사이에서 논란의 대상이 되었다. 정신분석이론은 객관적 자료를 수집하고 분석하기보다는 개인의 꿈을 분석하고 자유연상을 통해 무의식을 탐색하는 등 과학적 연구방법이 갖추어야 하는 특성을 갖추지 못했다는 것이 대표적인 비판의 소리였다. 또한 과학적 이론은 현상을 설명하고 예측하며 통제할 수 있어야 하는데, 정신분석이론으로는 이것이 어렵다. 예를 들어, Freud에 의하면 결벽증은 발달단계 중 항문기에 지나치게 엄격한 배변훈련을 받은 것이 원인이다. 결벽증을 가진 성인의 사례사를 분석한 결과 항문기에 지나치게 엄격한 배변훈련을 받았던 것으로 나타났다. 그러나 엄격한 배변훈련을 받은 모든 아이가 다 결벽증 환자가 되는 것은 아니라는 것이 문제이다. 즉, 정신분석이론은 현재 상태에 대한 원인을 기술하는 데는 유용할 수 있지만, 과학적 이론의 기능인 객관적 자료에 근거해서 인과관계를 파악하여 미래의 현상을 예측하고 통제하는 기능을 하기 어렵다. 그럼에도 불구하고 Freud의 행동의 에너지 원천인 리비도라는 개념의 도입은 본능, 욕구, 추동 등의 현대 동기이론 발달의 기초를 제공한 것으로 평가할 수 있다.

2) Hull의 추동감소이론

Freud의 욕구와 추동 개념은 Hull(1943)의 동기를 설명하는 이론인 추동감소이론(Drive-Reduction Theory)의 기초가 되었다. Hull은 Freud가 인간행동의 근원을 지나치게 성적 욕구나 추동에서만 찾는 것에 문제가 있다고 보고 추동의 개념을 보다 일반적인 맥락으로 확대하였다. 즉, 인간의 행동은 유기체 내부에서 특정한 결핍에 의해 발생하는 욕구를 해소하려는 추동을 감소시키기 위한 목적에서 유발된다는 것이다. Hull(1943)은 추동은 특정 상황에서의 모든 반응을 증폭시킴으로써 행동에 동력을 부여하는 속성을 가지고 있으며 추동의 강도가 높을수록 내적 동기에 대한 강한 원천으로 기능한다고 주장하였다.

Hull(1952)은 추동감소이론에 강화의 원리를 포함시켰고 '생체항상성(homeostasis)'이라는 개념과 연결시켰다. 유기체는 그 자체가 요구하는 몇 가지 생리적 변인들을 조절하는 기제를 가지고 있는데, 이러한 조절이 생체항상성 유지 기능이다. 만약 어떤 생물학적 추동이 생성되어 항상성의 혼란이 야기된 경우, 특정 반응이 그 추동을 감소시키는 결과를 가져오면 항상성의 혼란이 감소하게 되고 그 반응은 강화되고 반복될 것이라는 것이다. 이렇게 해서 유기체는 욕구를 충족시키는 행동을 배우고 습관을 형성하게 되는 것이다. 따라서 Hull에 의하면 행동은 기본적으로 추동×습관에 의해 결정된다. 그러나 생리적 욕구 충족과는 아무 관계가 없는 것으로 보이는 많은 강력한 강화인자가 있다는 사실, 행동은 내적 추동뿐만 아니라 외적 원인에 의한 동기유발에 의해서도 가능하다는 사실 등 때문에 추동감소이론은 오래 지속되지 못했다(Beck, 1990).

3) 최적 각성이론

Freud의 정신분석이론에서 행동의 근원은 긴장이고 행동의 목표는 그 긴장을 감소시키는 것이다. 그러므로 이상적인 상황은 긴장이 전혀 없고 아무것도 일어나지 않는 상태, 즉 생체항상성이 유지되는 상태라고 할 수 있다. Hull의 이론에서도 추동이 전혀 없으면 유기체는 아무 행동도 하지 않고 또 행동할 것을 찾지 않는다. 그리고 유기체가 행동하려는 동기는 추동의 강도가 높을수록 증가한다. 그러나 이와는 다른 견해를 제시하는 '최적 각성이론(Optimal Arousal Theory)'이라는 이론이 인간의 동기를 설명하는 이론으로 등장하였다.

각성상태란 자극에 대해 반응을 하거나 행동할 준비가 되어 있는 상태를 의미한다. 여기서의 '이상적인 상태'란 너무 높지도 너무 낮지도 않은 적정수준으로 각성되어 있는 상태를 의미한다. 그러한 적정수준의 각성상태는 효과적인 행동을 하는 데 가장 적절하고, 쾌감을 제공하며, 유기체가 도달하려 하고 유지하려는 최적 상태이다. 각성수준과 수행수준과의 관계에 대해 Hebb(1955)와 Berlyne(1960)은 중간수준의 각성상태에서 수행수준은 가장 높고, 너무 낮거나 높은 수준의 각성상태에서 수행수준은 낮다고 보고하였다. 이 관계는 [그림 2-1]에서 제시된 것처럼 Yerkes와 Dodson(1908)이 제안한 역 U자형 함수관계(inverted-U function)로 표현된다. 각성수준이 지나치게 높으면 생명을 위협하는 공황상태가 되고, 지나치게 낮으면 감각박탈상태가 되므로 효과적인 행동을 위해서는 각성상태가 중간인 최적 수준으로 유지되어야 한다는 것이다. 이 같은 최적 각성수준은 개인에 따라 다르고 또한 환경

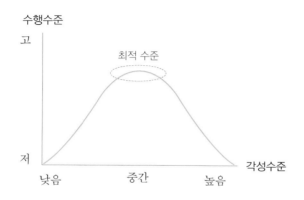

[그림 2-1] 수행수준과 각성수준 간의 관계를 보여 주는 역 U자형 함수관계

적 자극에 따라서도 다르다. Berlyne(1960)은 사람들은 자신의 각성수준을 최적 상태로 유지하려는 성향을 가지고 있다고 주장하였다.

3. 현대 동기이론의 주요 접근

1) 행동주의이론

Skinner(1938, 1953)가 제시한 조건화이론(Conditioning Theory)은 지난 수십 년 동안 광범위한 인간행동에서 학습을 설명하는 이론으로 심리학의 주요 패러다임으로 자리를 차지해 온 행동주의(Behaviorism)이론이다. 따라서 여기서 조건화이론 자체에 대한 자세한 설명을 하는 것은 불필요하고, 다만 행동의 근원이 되는 동기와 관련된 내용, 즉 행동을 개시하고 방향을 결정하며 이미 시작된 행동을 지속하게 하는데 적용되는 내용들을 중심으로 간략하게 다루기로 한다.

조건화이론은 현상을 기본적으로 자극과 반응 간의 연합이라는 개념(S-R paradigm)으로 설명한다. 조건화이론에서는 사전에 학습된 바람직한 반응을 유도해 낼 가능성이 높은 방식으로 자극을 선택하고 배열하며 짝 짓거나 제시하는 것에 주요 관심을 가진다. 이것은 행동을 유발시키기 위한 조건이나 환경을 조성하는 것과 관련되어 '유인물(incentives)' 혹은 '유인체계'라는 개념으로 동기이론에 포함되기도 하였다. 또한 인간의 행동은 강화인자(reinforcer)나 벌을 포함하는 자극들을 주의 깊게 선택하고 통제함으로써 발달, 유지, 변화시킬 수 있으며 미리 방지할 수도 있다고 믿는다. 특히 행동을 유발하고 변화시키는 데 강화인자들에 대한 조작을 매우 중요하게 여긴다. 그러므로 이들에 대한 집중적인 연구를 통해 동기를 설명하는 데 적용되는 조건화이론은 특별히 '강화이론(Reinforcement Theory)'이라고 한다.

정신분석이론, 추동이론, 최적 각성이론 등은 인간행동의 원인이 되는 동기를 유기체의 내부에서 찾으려 한다. 이와 대조적으로 강화이론에서는 동기를 유기체 외부에서 찾는다. 조건화이론가들, 특히 조작적 조건화(operant conditioning)이론을 발전시킨 Skinner(1938)는 유기체의 모든 행동은 학습에 의한 것이며 동기 또한 조건화된 행동이라고 주장한다. Skinner가 생각하는 동기는 '강화'라는 개념으로 설명할 수 있다. 인간이 어떤 자극에 대해 반응할 때 그 반응은 자체적으로 보상이 될 수도 있고 혹은 다른 어떤 보상을 가져올 수도 있다. 이때의 보상은 강화인자가 되어 다음에도 그러한 행동을 반복하게 하는 원인으로 작용한다. 따라서 이러한 강화인자가 외적 동기유발의 원천으로 기능하는 것이다. 동기에 대한 강화이론가들의 관심은 어떻게 하면 유기체의 바람직한 행동을 유도해 내고, 바람직하지 못한 행동은 제거하는가에 있다. 따라서 동기에 대한 행동주의적 접근은 특정 행동을 유발시키는 보상이나 벌의 종류 등 외적 조건에 주로 관심을 두었다.

강화이론은 행동을 조종하는 데 매우 강력하고 효과적이며 단순하다는 장점을 지니고 있어서 교육현장은 말할 것도 없고, 수행과 성취가 요구되는 모든 장면에서 가장 많이 적용되는 동기유발 접근이다. 그러나 강화인자의 외재적 동기로서의 특성은 여러 가지 문제점을 내포하고 있다. 대표적인 예로, 강화인자의 외재적 동기유발 기능은 특정 상황에서는 내재동기를 소멸시키거나 감소시킬 수 있다는 연구결과(Deci, 1971, 1972; Lepper & Greene, 1978; Lepper, Greene, & Nisbett, 1973)가 보고되면서 일부 이론가들에게 강화이론은 교실 속의 필요악과 같은 대우를 받기 시작하였다. 이러한 강화이론에 대한 비판적인 시각은 1970년대와 1980년대에 걸친 내재동기 연구가 진행된 지 약 20년이 지난 후부터 메타분석 연구결과들이 발표되면서 본격적인 논쟁으로 이어졌다. 이 문제에 대해서는 내재동기이론에서 자세히 다룰 것이다. 이와 같은 강화이론의 문제점에도 불구하고 다양한 수행과 성취상황에서 동기유발을 위한 목적으로 외적 강화물의 사용은 여전히 효과적인 방법으로 간주되어 활용되고 있다.

2) 인본주의이론

1940년대에 심리학적 접근은 인간을 마치 성적 욕구의 노예로 보는 것 같은 정신분석학과 수동적으로 움직이는 기계로 보는 행동주의의 커다란 두 주류가 지배하고 있었다. 이러한 인간에 대한 부정적이고 소극적인 견해에 반대하여 나온 것이 Abraham Maslow의 인본주의적 접근(humanistic approach)이다. 인본주의 학파는 정신분석학과 행동주의가 아닌 또 다른 학파라고 하여 제3세력 심리학파라고도 불렸다. 대표적인 학자들로는 Adler, Maslow, Rogers 등이 있으며, 그중에서 특히

Adler와 Maslow의 이론은 중요한 동기적 개념들을 제공하였기 때문에 간단히 살펴보기로 한다.

(1) Adler의 개인심리학

Freud의 동료였고 인본주의 심리학의 선구자였던 Alfred Adler는 정신분석이론에 문제를 제기하였다. 그는 Freud가 주장하는 것처럼 인간의 성격과 행동을 결정하는 데 성(性)이 중심 역할을 한다고 믿지 않았다. 또한 무의식이나 본능적인 추동보다는 의식적으로 만들어지는 목표가 대부분의 인간행동을 설명한다고 주장하였다. Adler(1954, 1968)는 정신분석학에 반발하여 그 대안으로 '개인심리학(Individual Psychology)'에 관한 이론을 개발하였다(Carver & Scheier, 1996 재인용).

개인심리학에서는 모든 사람은 열등감(inferiority feelings)을 가지고 있고, 이러한 열등감은 자연스러운 것이고 보편적이며 잠재적으로 유익한 것이라고 가정하였다. 열등감은 타고나는 것이 아니라 학습되는 것이고, 이것을 해소하는 것을 모든 인간이 관심을 가지는 주요 동기적 목표로 간주한다. 무기력한 신생아는 태어나면서 곧 자신이 타인에 의존해야만 살아남을 수 있다는 사실을 재빨리 학습한다. 그러면서 아이는 서서히 주위의 도움으로 독립심을 획득해 나간다는 것이다. 독립심을 획득해 갈수록 열등감은 감소하게 된다. 아이가 이러한 열등감을 일으키는 상황에 잘 대처하고 극복하지 못하면 열등감 콤플렉스(inferiority complex)를 형성하게 된다(Carver & Scheier, 1996).

사람들은 독립심이나 개인적 통제(personal control)를 얻으려는 목표를 달성하기 위하여 독특한 삶의 방식 혹은 행동계획을 발달시킨다. '권력에 대한 의지(will to power)' 혹은 '우월감 추구(striving toward superiority)'라고 불리는 개인의 목표는 남을 지배하려 한다거나 남보다 더 나아지려는 소망이 아니라, 자신의 잠재력을 충분히 개발시키려는 소망이라는 것이다. Adler(1968)는 또한 우월감(superiority feelings)을 가지고 있다는 것은 자기확장(self-expansion), 자기고양(self-enhancement), 개인적 유능감(personal competence)을 가지고 있음을 시사하는 것이라고 하였다(Carver & Scheier, 1996 재인용). 그가 개인심리학이론에서 사용한 이러한 개념들은 현대 동기이론들에 많은 영향을 미치고 있다.

(2) Maslow의 욕구위계이론

Maslow(1954)는 Adler의 개인심리학에 큰 영향을 받아 인본주의 심리학을 창설했다고 할 수 있다. 그는 행동주의 강화이론에서 외적인 동기화만 강조하고, 개인의 내적인 측면을 무시하는 것에 반발하여 개인의 욕구나 내적 상태를 강조하였다. Maslow는 개인의 자기상(self-image), 자기개념, 사회적 수용이 행동의 개시, 방향 설정, 강도와 끈기를 결정하는 데 중요한 역할을 하며, 삶의 궁극적인 목표는 자기 실현(self-actualization)으로 개인의 잠재적인 능력을 실현하려는 심리적 욕구라고 하였다. Maslow는 이 궁극적 목표에 도달하려는 욕구는 그것을 선행하는 기본적인 욕구로부터 위계적으로 발전한다고 보는 욕구의 위계이론을 제시하였다([그림 2-2] 참조).

Maslow(1954)는 욕구위계를 피라미드식으로 구성하여 가장 낮은 수준에는 원초적인 생리적 욕구가 있고, 다음으로 안전의 욕구, 애정과 소속감의 욕구, 자존감의 욕구로 분류되는 네 가지 결핍 욕구(deficiency needs)가 있으며, 이것들이 충족되고 나면 지적인 성취, 심미적 이해와 자기실현의 세 가지 상위 욕구인 존재 욕구(being needs)가 단계적으로 생긴다고 보았다. 이러한 욕구들은 하위 단계의 욕구가 충족되면 다음 단계의 욕구가 생긴다는 의미에서 위계적이고, 존재 욕구는 완전하게 달성될 수 있는 것은 아니며, 인간의 자기실현을 이루기 위한 동기는 끊임없이 유발된다는 것이다.

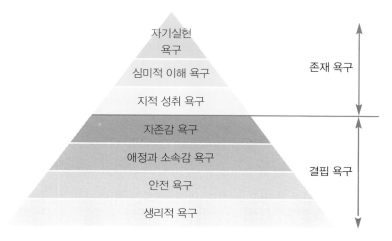

[그림 2-2] 욕구위계(Maslow, 1954)

욕구위계이론은 많은 지지를 받기도 하였으나, Maslow가 제시한 하위 욕구가 충족되지 않은 경우에도 상위 수준의 욕구 충족을 위해 노력하는 많은 사람이 있다는 증거들로 비판을 받기도 한다. 예를 들어, 끼니를 잇기도 어려운 가난한 선비가 어렵게 생긴 돈으로 음식이 아닌 책을 사는 것과 같은 상황은 욕구위계이론으로는 설명하기가 어렵다는 점이다.

인본주의 관점에서 보면 학생들을 동기화시킨다는 것은 그들의 내적 자원, 즉 유능감, 자존감, 자율성, 자기실현 등을 격려해 주는 것을 의미한다(Woolfolk, 2001). 이와 같은 인본주의적 접근은 현대의 내재동기이론(Intrinsic Motivation Theory)에 기초 개념을 제공하여, 개인의 내적 자원 중에서 중요하다고 여겨지는 개념을 중심으로 다양한 동기이론이 발달하게 되었다. 대표적인 예가 White(1959)와 Harter(1978)의 효율동기이론(Effectance Motivation Theory), deCharms(1968)의 개인적 인과이론(Personal Causation Theory), Covington과 Omelich(1979)의 자기가치이론(Self-Worth Theory), Deci와 Ryan(1985b)의 자기결정성이론(Self-Determination Theory) 등을 들 수 있다. 또한, 인본주의적 접근은 Carl Rogers에 의해 상담 분야에서 비지시적, 내담자중심 상담이론으로 발전하여 대표적인 상담이론으로 받아들여지고 있다. 좀 더 나중에 등장한 Csikszentmihalyi(1990)의 출현동기이론(Emergent Motivation Theory)과 긍정심리학(Positive Psychology)도 인본주의적 접근에 기초한 것으로 볼 수 있다.

3) 인지주의이론

인지주의이론 역시 행동주의에 대한 반발로 볼 수 있다. 강화이론가들은 행동은 근본적으로 강화인자의 사용을 포함하는 환경적 자극들에 의해 조종된다고 가정하는 반면에, 인지주의이론가들은 개인의 행동은 단순히 과거에 그 행동이 보상을 받았는가 혹은 처벌을 받았는가에 의해서가 아니라 사고(思考)에 의해 결정된다고 믿는다. 인간의 행동은 계획, 목표, 기대, 귀인 등의 다양한 생각에 의해 시작되고 조절된다. 이와 같은 인지적 접근은 1970년대 이후 급격한 발전을 이루고 있는 현대 동기이론의 특징으로 각 이론이 어떤 인지적 요인에 초점을 맞추느냐에 따라 다양하게 발전하였다. 개인이 기대하는 통제불능성을 중심으로 한 학습된 무기력이론,

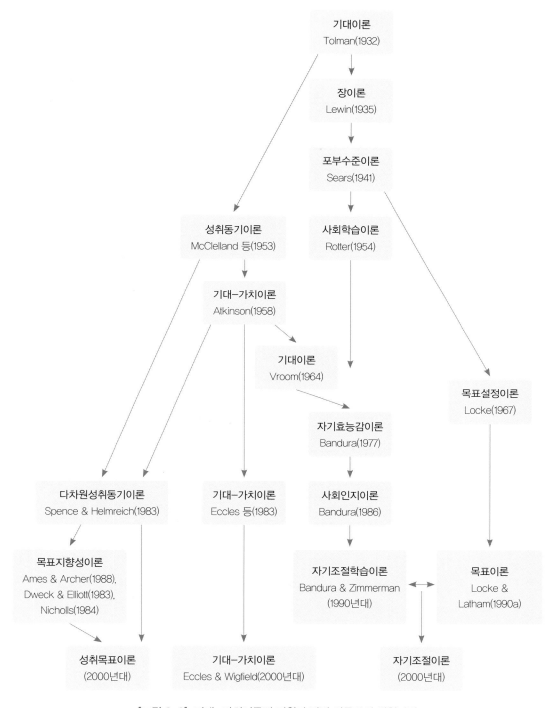

[그림 2-3] 기대-가치이론의 기원과 관련 이론들의 변천과정

성취결과의 원인에 대한 지각에 관한 귀인이론, 학습자의 목표 유형에 근거한 목표
설정이론과 성취목표이론, 그리고 다양한 내재동기이론 등으로 발전되었다.

동기연구에서 인지주의적 접근은 Tolman(1932)의 기대 개념으로 시작된 기대-
가치이론들에서 볼 수 있다. 기대-가치이론은 현대 동기이론들에 상당한 영향력
을 발휘하였기 때문에 여기서 좀 더 자세히 살펴볼 필요가 있다. 기대-가치이론 관
련 다양한 이론의 발전 경로가 [그림 2-3]에 제시되어 있다. Tolman에서 출발한 기
대이론은, 첫째, McClelland 등(1953)에 이은 Atkinson(1958)의 기대-가치이론으로
계승되고, 이 전통은 아직까지 Jacquelynne Eccles를 중심으로 한 미시간 대학교의
동기학자들에 의해 계승되고 있다(Wigfield & Eccles, 2000). 한편에서는 McClelland
와 Atkinson의 단일차원적인 성취동기 개념과 대비되는 다차원적 구조를 주장한
Spence와 Helmreich(1983)의 이론이 나타났다. 이들의 접근은 목표지향성이론을
통해 현대 성취목표이론(Achievement Goal Theory)의 발달에도 영향을 미쳤다. 둘
째, Atkinson의 기대-가치이론은 Vroom(1964)의 기대이론으로 발전되어, Bandura
에게 영향을 준 조직행동 분야에서의 경로로 발전하였다. 셋째, Tolman의 초기 이
론은 Lewin(1935)의 장이론(Field Theory)과 Sears(1941)의 포부수준이론(Level of
Aspiration Theory)으로 발전하였다. 포부수준이론도 두 가지 경로로, 하나는 교육
및 학습 분야를 중심으로 Rotter(1954)의 사회학습이론으로 발전하여 Bandura의 자
기효능감이론을 포함하는 사회인지이론과 이에 기반을 둔 자기조절학습이론으로
발전한 현재에 이르고 있다. 다른 하나는 조직행동 분야에서 Locke(1967)의 목표설
정이론(Goal-setting theory)을 시작시켰고, Locke와 Latham(1990a)의 목표설정이론
과 자기조절학습이론의 통합을 가져오며 현재의 목표이론(Goal Theory)과 자기조절
이론에 이르고 있다. 이와 같이 동기연구 분야에서 기대-가치는 가장 핵심적 이론
적 기초를 제공하는 개념이다. 따라서 이후의 장들에서는 기대-가치 개념을 포함
한 다수의 이론에 관한 논의가 진행될 것이다.

4) 동기이론의 현 상태

이제까지 살펴본 대로 인간의 동기에 대한 관심은 그리스 철학자들부터 시작되
어 계속적인 탐색이 진행되었다. 19세기 말 심리학이 사회과학으로 출발한 이래 현

재까지 많은 심리학 이론 발전과 적용에서 중요한 기초영역으로 기능하고 있다. 동기에 대한 최초의 체계적 이론으로 간주되는 Hull의 추동이론은 과학적 이론이 갖추어야 할 조건인 실험연구를 통한 가설검증에 근거했다. 이 추동이론 이후에 동기연구 분야에서는 행동주의적 접근의 강화이론과 인본주의적 접근의 욕구이론, 생물학적 접근의 최적 각성이론, 그리고 인지적 접근의 기대-가치이론을 비롯한 다양한 인지적 이론이 대두되어 현재에 이르고 있다.

앞서 제1장의 서두에서 동기를 정의할 때의 접근 틀에서 각 이론이 다루는 인간행동의 범위에 따라 일반적 이론 혹은 대단위 이론(grand theory)과 상황특수적 이론 혹은 미니 이론(mini-theory)으로 분류할 수 있다고 했다. 초기 그리스 철학자들의 본능이나 Freud와 Hull의 추동, 그리고 Maslow의 욕구이론 등은 모든 인간행동의 에너지원을 본능, 추동, 욕구라는 개념으로 설명한 대단위 이론이다. 이에 비해많은 현대 동기이론은 개인의 생각이나 신념과 같은 인지적 개념들을 중심으로 특정한 행동이나 구체적 상황을 설명하고자 하는 미니 이론들로 발전하고 있다. 앞으로 이 책에서 다룰 대표적인 미니 이론들로는 성취동기이론, 학습된 무기력이론, 기대-가치이론, 인지평가이론, 효율동기이론, 몰입상태모형(Flow State Model), 내재동기이론, 자기효능감이론, 자기조절이론, 목표이론, 성취목표이론 등이 있다. 귀인이론은 발전 초기에는 대단위 이론으로 출발했으나(Weiner, 2010), 현재의 귀인관련 이론들은 상황특수적 접근에 집중하는 미니 이론으로 전환되는 경우가 많다.

현대 동기연구에서의 새로운 접근은 생물학적 접근으로 뇌와 신경계를 중심으로 하는 신경과학적 접근과 호르몬이나 신경전달물질의 기능을 파악하는 접근이다. 이러한 추세는 심리학 전반에서 관찰되는 것으로 인간의 사고와 행동을 제대로 이해하기 위해서는 생물학적 기능에 대한 이해가 필수적이기 때문이다. 인간의 인지과정뿐만 아니라 행동의 근원을 연구하는 동기연구에서도 뇌의 구조와 동기유발 간의 관계에 관심을 둔다. 동기에 대한 뇌신경과학은 동기를 관장하는 뇌의 부위를 특정하고, 일상적인 사건들이 어떻게 특정 뇌 부위를 활성화시켜서 행동을 시작하고 유지하는지를 파악하는 데 관심을 둔다. 또한, 동기유발에 관련하는 호르몬이나 신경전달물질을 특정하고 기능을 파악하는 연구도 진행되고 있다. 이러한 연구는 현대의 뇌영상 촬영 기술 등 고도의 컴퓨터 공학 기술의 발달로 동기를 관장하는 뇌에 대한 구체적인 탐색으로 가능해졌다. 그동안 동기연구는 대부분 행위자의 자기보고식 측정에 의존해 왔기 때문에 신뢰성과 타당성 문제가 끊임없이 제기되어 왔다. 따라서 이러한 전통적인 연구방법에서 발견된 결과와 새로이 시작된 신경과학적 접근을 통한 연구결과의 비교와 종합을 통해 인간동기의 근원에 대한 보다 객관적인 결과를 기대할 수 있을 것이다. 그러나 아직까지 동기에 관한 생물학적 접근은 여러 가지 방법론적인 제약으로 인해 활성화되지 못하고 있는 상태이다.

한편, 어떤 동기이론들은 앞에서 제시된 여러 가지 접근 중 어느 하나에만 기초를 두기보다 두 가지 이상의 접근의 통합을 시도하는 경우도 있다. 성취동기이론은 조건화와 행동주의와 연결된 추동이라는 개념과 인지적 개념들을 포함하고 있다. Bandura(1977)의 자기효능감이론이나 Zimmerman(1989) 등의 자기조절이론은 행동주의적인 접근과 인지주의적인 접근을 통합하는 이론이라고 볼 수 있으며, Deci와 Ryan의 유능동기이론이나 자기결정성이론 등의 내재동기이론은 인본주의적인 접근과 인지주의적인 접근을 통합한 이론이라고 볼 수 있다.

현재 학업동기 분야에서 많은 연구를 주도하고 있는 동기이론으로는 자기효능감이론, 자기조절학습이론, 성취목표이론, 자기결정성이론 등이 있다. 그러나 최근의 동기 분야 연구에서는 특정 이론을 중심으로 동기를 연구하는 것보다는 특정 행동이나 상황을 복수의 이론적 틀 속에서 분석하고 이해하려는 시도를 볼 수 있다. 예를 들어, 학업동기 분야에서 학습자의 내재동기를 연구하는데 자기효능감이론과 성취목표이론을 동시에 도입하거나 목표설정이론과 자기조절이론을 동시에 도입하여 학습자의 동기유발과 그 결과로 나타나는 학업성취에 대한 예측을 시도하는 연구들을 볼 수 있다.

4. 학습동기이론

제1장의 서두에서 "인간은 왜 행동하는가?" "무엇이 인간으로 하여금 행동하게 만드는가?"라는 심리학의 핵심 질문들의 내용 중에서 '왜?'와 '무엇?'이 곧 '동기'에 대한 질문이라고 하였다. 특히 교육적 맥락에서 중요한 질문은 "공부를 왜 하는가?" "무엇이 학생들을 공부하게 하는가?" "왜 옆집 아이는 시키지 않아도 혼자 공부를 하는데, 우리 아이는 그렇지 못할까?" "왜 누구는 수학을 전공하려고 하는데, 누구

는 심리학을 전공하려고 하는가?" "왜 형은 밤새워 공부를 하는데, 동생은 한 시간을 꾸준히 공부하지 못하는가?" 등으로 이 모두가 다 학습과 관련된 행동들의 원인에 대한 질문, 즉 학습동기(motivation in learning)에 관한 질문이다.

인간의 다양한 행동 중에서도 학습과 관련된 행동은 인간에게 가장 중요한 목표지향적인 성취행동이다. 말할 것도 없이 동기와 학습은 밀접한 관계를 갖는다. 학습이 행동의 습득과 관련된다면, 동기는 새로운 학습을 시작하기 위한 원동력의 제공과 이미 학습한 행동들에 대한 조절과 통제에 관한 것이다. 우리가 "어떻게 하면 학생들이 공부하도록 동기화시킬 수 있을 것인가?"라는 질문을 하는 것은 바로 어떻게 학생들로 하여금 이전에 배운 행동들(관찰하기, 경청하기, 읽기, 공부하기, 노트필기하기 등)을 사용해서 새로운 지식과 기술을 습득하도록 북돋아 줄 수 있을까를 질문하는 것이다. 즉, 어떻게 학생들이 공부하는 내용에 주의를 집중하게 만들 것인가를 질문하는 것이며, 어떻게 어려운 성취과제에 끈기 있게 매달리게 할 것이고, 어떻게 지식습득과 학습을 증진시키는 학습전략이나 과제를 시작하고 선택하게 만들 것인가에 대한 질문이며, 어떻게 그러한 과제에 스스로 열성적으로 헌신할 수 있게 만들 것인가에 대한 질문이다. 이러한 질문에 답하기 위해 다양한 학습동기이론이 개발되었다.

학업동기(academic motivation) 연구 분야에서는 학생들의 동기에 관한 것뿐만 아니라 학생들을 가르치는 교사의 동기에 대해서도 관심을 갖는다. 교사의 학업과 학생에 대한 태도는 학생들의 동기유발에 큰 영향을 미치는 요인이기 때문에 중요한 연구주제인 것이다. 교사는 자신의 동기적 특성을 파악함으로써 학생들의 동기적 특성을 파악하고 그에 따른 교수활동과 지도를 하는 데 필요한 정보를 수집할 수 있다. 따라서 교사의 동기적 특성에 대한 탐색이 학업동기 연구 분야에서 다루어져야 할 중요한 주제의 하나로 자리매김하게 된 것이다.

학업동기이론들은 심리학에서 이미 개발된 인간의 동기이론들을 학업장면에 적용시킨 경우가 있고, 때로는 특별히 학습이나 교수활동과 관련된 현상들을 설명하기 위해 개발된 이론들이 있다. 다음 장들부터는 이제까지 교육심리학 분야에서 학생들의 학업 관련 동기를 설명하는 데 도입된 동기이론들을 중심으로 이론과 현장 적용에 관한 연구들을 논의하고, 교육에 대한 시사점과 적용점을 찾아보기로 한다.

제3장

기대와 가치

심리학의 패러다임이 행동주의에서 인지주의로 전환되면서 행동을 유발하고 유지시키는 요인을 설명하는 동기이론들의 키워드가 변화되었다. 행동주의 동기이론은 외적 보상, 욕구, 추동 등을 행동 변화의 핵심 기제로 보았다면, 인지주의 동기이론은 신념, 지각, 기대, 가치 등을 핵심 동력으로 보았다. 기대-가치이론은 개인의 신념과 지각을 강조한다는 점에서 인지주의 동기이론에 해당되고, 성취와 관련된 학습자의 선택, 수행, 지속성 등을 예측하는 이론적 틀을 제공한다(Wigfield & Eccles, 2000). 기대-가치이론에서는 인간의 성취 관련 동기와 행동을 예측하는 데 두 가지 인지적 신념이 강조된다. 첫 번째 신념은 성공에 대한 '기대'신념으로 개인이 특정 과제를 성공적으로 수행할 수 있다는 주관적 믿음을 의미한다. 두 번째 신념은 과제에 대한 주관적 '가치'신념으로 개인이 과제에 부과하는 의미와 중요성을 나타낸다. 기대-가치이론은 학습상황뿐만 아니라 다양한 상황에서의 성취행동을 설명하는 강력한 동기이론으로서 수많은 연구자에 의해 장기간 주목받아 왔으며, 지난 수십 년에 걸쳐 지속적으로 진화되어 왔다. 이 장에서는 초기 이론인 고전적 기대-가치이론과 현대 기대-가치이론을 소개함으로써 기대-가치이론의 발달 과정과 경험적 연구결과들을 살펴보는 데 목적을 둔다.

1. 고전적 기대-가치이론

고전적 기대-가치이론의 대표적인 학자인 Lewin과 Atkinson이 각각 제안한 포부수준과 성취동기 개념을 통해 기대-가치이론의 초기 모습을 이해할 수 있다.

1) Lewin의 포부수준

Lewin(1935)은 기대와 가치 요소를 포괄하는 개념인 포부수준(level of aspiration) 개념을 제안하였다. 포부수준은 개인이 설정한 성취기준 혹은 목표수준을 의미한다. 당시 연구에서는 일명 고리 던지기 게임(ring toss game)을 활용하여 개인의 포부수준을 측정하였다. 이 게임은 다양한 거리에 위치한 기둥에 고리를 던져 넣는 것

이다. 기둥의 거리가 먼 곳에 목표를 설정할수록 난이도가 높아지므로 개인의 포부
수준을 높게 평가하고, 기둥의 거리가 가까울수록 난이도가 낮아지므로 개인의 포
부수준을 낮게 평가한다. 해당 과제에 대한 개인의 과거 경험과 선행지식이 포부수
준 설정에 영향을 미치므로, 과제난이도와 자신의 과제수행능력을 가늠할 수 있도
록 사전 연습 기회를 제공한 후, 자신이 성공적으로 고리를 던져 넣을 수 있는 거리
를 파악하여 목표점을 정하게 된다. 따라서 포부수준은 개인이 지정한 목표점에 고
리를 정확히 던져 넣을 수 있다는 성공에 대한 '기대'신념과 목표수준(과제난이도)에
반영된 '가치'신념을 통합한 개념이다.

　포부수준 연구를 통해 확인된 주요 연구결과는 다음과 같다. 첫째, 개인이 자율
적으로 설정한 목표에 도달했을 때 성취감이 크다. 둘째, 포부수준은 개인과 집단
에 따라 달라질 수 있으며, 과거의 성공 · 실패 경험이 개인과 집단의 포부수준에
영향을 미친다. 고리 던지기 게임을 활용하여 포부수준을 측정하는 방법은 많은 후
속 연구를 가능하게 했다는 점에서 기여한 부분이 있으나, 게임은 일상에서 경험하
는 성취과제와 성격이 다르다는 점에서 성취동기를 설명하는 데 제한적이라는 비
판이 제기되기도 하였다.

2) Atkinson의 성취동기이론

　Atkinson 역시 기대-가치이론에 기반하여 인간의 성취행동을 설명하고자 하
였다. 그는 인간의 성취행동을 과제에 '접근'하려는 경향과 '회피'하려는 경향으로
구분하였고, 각각의 경향성을 예측하는 세 가지 요인으로 성취동기(achievement
motive), 성공가능성(probability for success), 유인가치(incentive value)를 제시하였
다. 성취동기는 개인의 기질을 나타내는 반면, 성공가능성과 유인가치는 성취상황
에 대한 개인의 인지적 신념을 나타낸다. Atkinson 모형에서는 세 요인의 합이 아닌
'곱'의 관계(성취행동 경향성=성취동기×성공가능성×유인가치)로 성취행동을 정량화
한 점에 주목할 필요가 있다. 이는 세 요인 중 한 요소가 결핍되어 0의 값을 가지면
성취행동이 나타날 가능성이 없음을 의미한다. 즉, 성취행동이 일어나기 위해서는
모든 요인이 어느 정도 충족되어야 한다는 것이다.

　성취행동 경향성을 예측하는 첫 번째 요인인 '성취동기'는 성공에 대한 도전과 실

패에 대한 두려움 간의 갈등을 반영하며(Atkinson, 1964, p. 246), 성공을 이루려는 동기(motive to achieve success)와 실패를 회피하려는 동기(motive to avoid failure)로 구분된다. 전자는 성취를 통한 자부심을 느끼기 위해 과제에 적극적으로 참여하려는 '성공접근동기'를 의미하고, 후자는 실패에 대한 두려움이나 수치심을 경험하지 않기 위해 과제수행을 피하려는 '실패회피동기'를 의미한다. 성취를 통한 자부심(성공접근동기)과 실패를 통한 수치심(실패회피동기)이라는 대립 정서가 갈등할 때 두 가지 중 상대적 강도가 큰 정서에 의해 영향을 받게 된다. 성공접근동기와 실패회피동기는 독립적인 개념으로 가정하므로, 한 개인이 두 유형의 동기를 모두 가질 수도 있고 그렇지 않을 수도 있다. 두 유형의 동기가 어떤 조합으로 존재하느냐에 따라 과잉노력자(모두 높을 때), 성공지향자(성공접근은 높고, 실패회피는 낮을 때), 실패회피자(성공접근은 낮고, 실패회피는 높을 때), 실패수용자(모두 낮을 때)로 구분된다.

'성취동기'는 어린 시절에 형성되며 이후 성취 경험에 영향을 미친다. 성취동기는 성공·실패에 대한 개인의 욕구, 내적 성향, 기질을 나타내므로 개인의 무의식적, 안정적, 성격적 특성이 반영된 개념이다. 이러한 기질적 특성으로서의 성취동기는 부모의 양육행동에 의해 영향을 받는다. 부모로부터 성취 노력에 대한 지원과 격려를 받은 자녀는 성공접근동기를 갖는 반면, 성취 노력에 대해 오히려 비난을 받은 자녀는 실패회피동기를 갖게 된다. 그러나 관련 선행연구들이 일관된 결과를 보이지 않았고(Crandall, 1967), 이에 따라 성취동기의 측정방식에 문제가 있다는 지적이 제기되었다. 성공접근동기는 주제통각검사(Thematic Apperception Test: TAT)를 이용하여 측정하였고, 실패회피동기는 Mandler-Sarason(1952)의 객관식 측정도구인 시험불안검사(Test Anxiety Questionnaire: TAQ)를 활용하여 측정하였다. 주제통각검사는 다양한 해석이 가능한 그림을 피험자에게 보여 준 후 피험자가 해당 그림과 관련하여 만들어 낸 성공 이야기를 분석하는 방법이다. 피험자의 그림 해석에 성공에 대한 희망이나 기대가 많이 포함될수록 성공접근동기가 높다고 본다. 하지만 채점자의 주관적 판단에 따라 검사 점수가 달라질 수 있으므로 검사 점수의 신뢰도와 타당도 문제에 대한 비판이 지속적으로 제기되었다.

성취행동 경향성을 예측하는 두 번째 요인인 '성공가능성'은 개인이 어떤 과제를 성공적으로 수행할 수 있다고 믿는 확률, 즉 과제수행능력에 대한 주관적 신념을 의미한다. 어떤 과제에 대해 성공가능성이 높다고 판단하는 사람은 그 과제를 수행하고자 하는 동기가 높아진다. Atkinson(1957)은 성공기대에 대한 개인의 주관적 믿음이 과제난이도와 밀접한 관련이 있다고 설명하였다. 과제난이도가 낮을수록(쉬울수록) 성공가능성이 높아지고, 과제난이도가 높을수록(어려울수록) 성공가능성이 낮아진다는 것이다. 이러한 관점에 따라 주관적 성공기대와 과제난이도를 유사한 개념으로 간주하게 되었고, 과제난이도(어떤 과제에 대한 개인의 과거 성공 확률)를 기준으로 성공기대에 대한 조작적 정의가 이루어졌다.

성취행동 경향성을 예측하는 세 번째 요인인 '유인가치'는 개인이 과제에 부여한 중요성을 의미한다. Atkinson은 성공하거나 실패했을 때 개인이 경험하는 정서가 유인가치를 결정한다고 설명하였다. 어떤 과제를 성공적으로 마쳤을 때 개인이 경험하는 긍정 정서(성취감, 자부심)는 해당 과제에 대한 유인가치를 높이는 반면, 실패 시 경험하는 부정 정서(수치심)는 유인가치를 감소시킨다. 앞서 살펴본 성공가능성과 마찬가지로, 유인가치도 과제난이도와 관련이 높다고 보았다. 어려운 과제의 성공가능성은 낮지만 유인가치(높은 자부심)는 높다. 반면, 쉬운 과제의 성공가능성은 높지만 유인가치는 낮다. 성공가능성과 유인가치는 모두 과제난이도와 관련이 있다는 점에서 해당 과제를 제공하는 환경이나 맥락에 의해 영향을 받음을 보여 준다.

Atkinson은 유인가치와 성공가능성의 관계가 반비례한다고 가정하였기 때문에 유인가치를 '1−성공가능성'으로 대치하여 측정할 수 있다고 주장하였다[성취행동경향성=성취동기×성공가능성×유인가치 ⇒ 성취행동경향성=성취동기×성공가능성×(1−성공가능성)]. 이러한 측정방식은 추후 연구 방향에 큰 영향을 미쳤다. 유인가치를 '1−성공가능성'으로 대치함으로써 유인가치를 직접 측정할 필요가 없게 되었고, 그 결과 대부분의 연구가 '성공가능성'에 집중하게 되었고, '유인가치'는 상대적으로 소홀히 다루어졌다. 이러한 이유로, Eccles와 동료들의 현대 기대–가치이론이 나오기 전에는 '가치'신념에 대한 경험적 연구가 매우 부족하였다.

Atkinson은 성취동기가 높은 사람은 중간수준의 과제난이도를 선호하고, 성취동기가 낮은 사람은 매우 쉽거나 매우 어려운 과제를 선호한다고 주장하였다. 성취동기가 높은 사람은 성공을 통한 쾌감을 극대화시키는 과제를 선호하는 반면, 성취동기가 낮은 사람은 실패로 인한 혐오감을 피할 수 있는 과제를 선호하기 때문이다. Atkinson과 동료들의 수학적 모형을 검증하기 위하여 성취과제와 관련된 다양한 변인을 중심으로 많은 경험적 연구가 수행되었다(Atkinson & Litwin, 1960; Atkinson & Raynor, 1974; Feather, 1961; Isaacson, 1964b; Karabenick & Youssef, 1968). Karabenick과 Youssef(1968)의 연구결과, 높은 성공접근동기와 낮은 실패회피동기를 가진 피험자들은 중간수준의 과제에서 가장 높은 성취도를 보였고, 쉬운 과제에서 가장 낮은 성취도를 보였다. 반면, 낮은 성공접근동기와 높은 실패회피동기를 가진 피험자들은 중간수준의 과제에서 가장 낮은 성취도를 보였고, 어려운 과제와 쉬운 과제 순으로 높은 성취도를 나타냄으로써 Atkinson 모형을 지지하였다. 그러나 Atkinson 모형과 일치하지 않는 연구결과들도 보고되었다. Atkinson과 Litwin(1960)의 연구에서 성취동기가 높은 사람들이 중간수준의 난이도를 가진 과제를 선택하였으나, 성취동기가 낮은 사람들이 반드시 매우 어렵거나 매우 쉬운 과제를 선택하는 패턴은 확인되지 않았다. 이처럼 성취동기가 높은 집단의 성취행동은 잘 예측하지만 성취동기가 낮은 집단의 성취행동은 잘 예측하지 못한다는 결과가 Hamilton(1974)의 연구에서도 유사하게 나타났다.

성취동기 수준에 따라 과제난이도 선택이 달라지는 이유에 대해 Atkinson은 개인의 쾌락을 극대화하고 두려움을 최소화하기 위함이라고 설명하였다. 감정적, 쾌락주의적 원리에 기반한 그의 설명은 후속 연구자들에 의해 비판을 받았다. 예를 들어, Weiner(1992)는 사람들은 성취동기 수준에 따라 과제난이도를 다르게 선택하는 것이 아니라 대부분의 사람이 중간수준 난이도를 선택하는 경향이 있다고 비판하였다. 즉, 과제난이도 선택은 개인의 성취동기 수준과 상관없다고 보았다. Atkinson 모형에 대한 비판적 관점이 등장하면서 성취동기의 영향력을 낮게 평가하고, 인지적, 맥락적 요인에 해당되는 성공가능성과 유인가치의 영향력을 더욱 중요하게 인식하기 시작하였다. 이러한 변화는 현대 기대-가치이론이 등장하는 발판을 제공하였다.

3) Atkinson 성취동기이론에 대한 비판

Atkinson은 기존의 동기이론을 체계화하여 과학적 검증이 가능한 수학적 모형을 수립함으로써 성취동기연구를 활성화시키는 데 크게 기여하였다(Atkinson & Litwin,

1960; Atkinson & Raynor, 1974; Feather, 1961; Isaacson, 1964b; Karabenick & Youssef, 1968). 또한 Atkinson은 성취행동을 예측하는 데 기대(성공가능성)와 정서(유인가치)의 역할을 강조하였다. Atkinson이 제안한 성취행동경향성(성공접근 vs. 실패회피) 공식은 경험적 연구에 의해 지지를 받기도 했으나, 그 결과가 항상 일관되게 나타나지는 않았다. 이와 관련하여 Atkinson의 동기 모형을 비판하는 의견들이 제시되기 시작하였다. 주요 비판을 정리하면 다음과 같다.

첫째, Atkinson 이론에서는 성공가능성과 유인가치를 반비례 관계로 설정함에 따라 유인가치를 직접 측정하지 않고 '1-성공가능성'에 의해 자동으로 산출한다. 성공가능성이 높은 과제보다는 성공가능성이 낮은, 즉 쉬운 과제보다는 어려운 과제에 성공했을 때 더 큰 자부심을 느끼고 해당 과제에 대한 유인가치가 높아진다는 주장이다. 그러나 이러한 주장은 유인가치의 중요한 측면을 간과하고 있다는 비판이 제기되었다. Atkinson의 주장과는 반대로, 성공가능성이 높은 과제를 더 중요하게 지각할 수 있다는 것이다. 또한, Atkinson 모형에서는 성공가능성이 동일한 경우, 과제의 유형이나 특성과 상관없이 동일한 유인가치를 가진다는 문제가 발생한다. 예를 들어, 게임에서 1등급 승급할 확률과 내신 성적 1등급이 향상될 확률이 동일하다면, 과제유형(게임, 학습)과 상관없이 동일한 유인가치를 가진다고 본다. 이처럼 유인가치를 직접 측정하지 않고 성공가능성의 반대 개념으로 간주하는 것은 지나치게 단순한 접근이라는 비판을 받는다.

둘째, 성취동기를 측정하기 위해 TAT라는 투사적 측정도구가 비일관적 연구결과의 원인들 중 하나라는 비판이 꾸준히 제기되어 왔다. 많은 연구자가 TAT의 신뢰도와 타당도 문제를 지적했음에도 불구하고, McClelland나 Atkinson을 비롯한 대부분의 연구자는 대안적 측정방법을 찾기보다는 이론과 부합하는 일부 실험결과를 도구의 타당성 근거라고 주장하였다(Atkinson, 1964). 성취동기가 높은 집단에서는 이론과 일치하는 연구결과가 보고되었으나 성취동기가 낮은 집단에서는 이론과 불일치하는 연구결과가 다수 나타났음에도 이에 대한 적절한 설명이나 원인 분석이 부족하였다는 비판을 받는다.

셋째, Atkinson의 연구에 사용된 실험과제와 표집에 대한 비판이 제기되었다. 고전적 기대-가치이론에 근거한 연구들이 고리 던지기 게임이나 퍼즐풀이 등의 놀이 상황에서 진행되었기 때문에 그 연구결과들을 다른 성취상황에서 일반화할 수 있는지에 대한 비판이 제기되었다. 또한, 이론 검증을 위해 사용된 대부분의 표본이 남성 집단이라는 비판이 제기되었다. 초기 연구에서는 여성 표본도 사용했으나, 이론이 예측하는 대로 결과가 나타나지 않자 후기 연구에서는 남성만을 대상으로 하였다(Atkinson & Litwin, 1960; McClelland, 1958). TAT에 포함된 그림들이 지적이고 지도력을 강조하는 당시 남성성을 반영한 내용이 많아 여성의 성취동기를 측정하기에 적절하지 않다는 비판을 받는다.

2. 현대 기대-가치이론

1) 이론발달 배경

Eccles와 Wigfield(1995)는 학습상황에서 남학생과 여학생들이 보여 주는 성취행동(과제 선택, 지속성, 수행)의 차이를 설명하기 위해서 현대 기대-가치이론을 제안하였다. Eccles와 동료들은 남학생과 여학생이 수학이나 언어 분야에서 학업성취도와 과제 선택에 유의한 차이를 나타내는 현상에 주목하고, 이를 단순히 성별의 차이로 해석하지 않고, 개인 내 심리적 신념의 차이로 설명하고자 하였다. Eccles와 동료들(1983)은 수학 성취도와 과제 선택에 영향을 미치는 요인이 성공에 대한 기대와 과제가치에 대한 신념임을 확인하였고, 이러한 기대신념과 가치신념이 성별에 따라 차이가 있음을 보고하였다. 즉, 남학생과 여학생이 수학 성취도와 과제 선택에 차이를 보이는 원인은 수학 관련 신념에서 유의미한 차이를 나타내기 때문임을 확인하였다.

여학생들이 남학생들과 비슷한 수학 성취도를 보임에도 불구하고 학년이 올라갈수록 고급 수학을 덜 선택하는 이유를 단순히 생물학적 성별의 차이로 보기보다는 수학을 잘할 수 있다는 기대신념과 수학의 중요성에 대한 가치신념이 성별에 따라 유의미한 차이가 있기 때문이라고 설명하였다. 사회화 과정에서 부모나 교사로부터 수학 분야에서는 남학생이 여학생에 비해 더 우수하고, 언어 분야에서는 여학생이 남학생보다 더 우수하다는 메시지를 듣고 자라난 경우, 학생들은 자신의 실제 능력과 무관하게 해당 분야에 대한 기대신념과 가치신념을 성별에 따라 다르게 형성

한다는 것이다. 즉, 분야별 기대–가치신념은 사회문화적 환경의 영향을 많이 받는
다는 점과 사회화 과정에서 성별 차이가 발생함을 강조하였다. 남자아이들은 당시
사회에서 남성 중심 분야로 여겨지는 수학 분야를 중요하게 생각하고 잘할 수 있다
고 믿는 반면, 여자아이들은 당시 사회에서 여성 중심 분야로 여겨지는 언어 분야를
중요하게 생각하고 높은 성공기대를 갖는다. Eccles와 동료들(1983)이 제안한 현대
기대–가치이론에 의하면, 성별에 따라 분야별 성취행동과 진로선택에 차이가 발생
하는 이유는 해당 분야에 대한 기대신념과 가치신념이 다르기 때문이다.

Eccles와 Wigfield의 기대–가치 이론은 광범위한 분야에 걸쳐 개인의 성취동기
와 행동을 설명하는 데 적용되고 있다(Wigfield & Eccles, 1992, 2000).

2) 고전적 기대–가치이론과의 차이점: 동기 관점의 변화

현대 기대–가치이론은 Atkinson과 Lewin의 고전적 기대–가치이론을 수정, 보
완하여 발전시켰지만, 고전이론과 현대이론은 동기 관점에서 다음과 같은 차이점
을 나타낸다.

첫째, 고전적 기대–가치이론에서 현대 기대–가치이론으로 발전되면서 사회인
지적 관점과 맥락적 특성이 더욱 강조되었다. Atkinson의 고전적 기대–가치이론에
서는 성취행동을 예측하는 세 가지 요인으로 성취동기(achievement motive), 성공가
능성(probability for success), 유인가치(incentive value)가 포함되었으나, 현대 기대–
가치이론에서는 성취동기가 제외되고 성공기대(=성공가능성)와 과제가치(=유인가
치)만 포함되었다. Atkinson 이론에서 성취동기는 쉽게 변하지 않고 안정적인 개
인의 기질적 특성을 나타내는 반면, 성공가능성과 유인가치는 변화되는 맥락적 특
성(예: 과제난이도)을 반영한다. 현대 기대–가치이론에서 성취동기가 제외된 이유
는 성취동기의 설명력이 성공가능성과 유인가치에 비해 부족하기 때문이다. 이에
따라 현대 기대–가치이론에서 Eccles와 동료들은 맥락에 따라 변화되는 '기대'신
념(성공가능성)과 '가치'신념(유인가치)의 영향력을 강조하였다. 또한 다양한 사회인
지적, 맥락적 요인(능력에 대한 신념, 지각된 과제난이도, 과제특수적 신념, 개인의 목표
와 자기도식, 정서적 기억 등)이 기대신념과 가치신념에 영향을 미친다고 강조하였다
(Wigfield & Eccles, 2000).

둘째, 고전적 기대-가치이론에서는 가치신념보다는 기대신념에 상대적으로 많은 관심을 기울인 반면, 현대 기대-가치이론에서는 기대신념과 함께 그동안 소홀히 다루어졌던 가치신념에 주목하였다. 고전적 기대-가치이론에서 유인가치를 직접 측정하지 않고, '1-성공가능성'으로 유인가치를 산출함에 따라 유인가치에 대한 개념 정의와 측정, 연구관심이 감소하였다. 반면, 현대 기대-가치이론에서는 과제가치의 다면적 특성에 관심을 갖는 연구들이 활발히 이루어졌다(Wigfield, 1994; Wigfield & Eccles, 1992). 현대 기대-가치 이론에 따르면, 기대신념과 가치신념은 단일 연속선상에 위치하는 양극점이 아니므로 두 신념을 별개로 개념화하고 측정할 필요가 있다.

셋째, 고전이론에서는 기대신념과 가치신념이 부적 관련성을 갖는 반면, 현대이론에서는 반드시 그렇지 않고 정적 상관을 나타낼 수 있다. 이는 Eccles와 Wigfield(1995)의 연구에서 경험적으로 확인되었다. 즉, 학습자는 자신이 잘할 수 있는 과제(높은 기대)를 더 중요하게 생각(높은 가치)하는 경향이 있다는 것이다(Eccles & Wigfield, 1995). 또한, 학습자가 중요하게 생각하는 과제를 위해 더 많이 노력하므로 가치신념이 높을수록 기대신념이 높아질 가능성이 있다(Eccles et al., 1998). 연령이 증가하면서 기대신념과 가치신념의 정적 관계는 더 강해지는 것으로 나타났으나(Wigfield et al., 1997), 두 신념 간의 인과관계에 대한 연구는 부족한 실정이다.

넷째, 기대신념과 가치신념에 영향을 미치는 다양한 동기 구인을 현대 기대-가치이론에 통합함으로써 고전이론에 비해 보다 포괄적이고 종합적인 모형을 제공하였다. 예를 들면, 목표, 자기도식(자기개념, 자기효능감 등), 과제난이도, 개인의 인지적 과정(사건에 대한 해석과 귀인, 사회적 환경에 대한 지각)과 사회적 환경 등이 기대-가치 신념의 선행요인으로 제시되었다([그림 3-1] 참조).

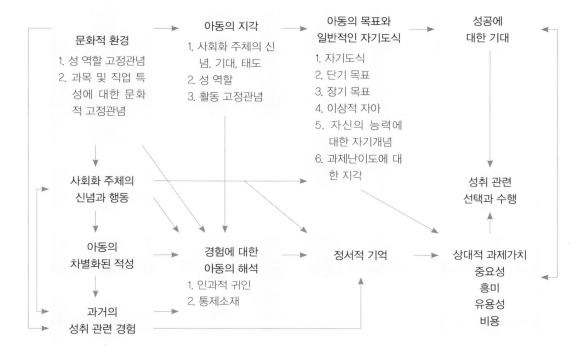

[그림 3-1] Eccles와 Wigfield의 기대–가치 모형(Eccles & Wigfield, 2002)

3) 기대신념과 가치신념

Eccles와 동료들은 기대신념과 가치신념을 성취행동을 예측하는 가장 핵심적인 요인으로 강조하였다. 경험적 연구들을 통해 높은 기대신념과 가치신념을 가진 학습자들이 학업에 적극적으로 참여하고 높은 성취도를 보임을 확인하였다(Wigfield & Eccles, 2000). 기대신념은 성공에 대한 기대를 의미하며, Atkinson 이론의 성공가능성 개념과 유사하다. 가치신념은 과제의 중요성을 나타내며, Atkinson 이론의 유인가치 개념과 유사하다. 두 신념의 개념적 정의와 특성을 보다 구체적으로 살펴보면 다음과 같다.

(1) 기대신념

성취상황에서 "내가 할 수 있을까"라는 질문에 대한 대답은 성공에 대한 기대 신념을 나타낸다. 이 질문을 세분화하면 "내가 이 과제를 성공적으로 마칠 수 있을까"와 "내가 이 과제를 성공하면 원하는 결과(outcome)를 얻을 수 있을까"라는 두 질문으로 나눌 수 있다. 첫 번째 질문은 개인의 능력에 대한 신념(ability beliefs)과 관련된다. 능력에 대한 신념은 성공적인 과제수행(performance)을 위해 개인이 충분한 능력을 가지고 있는가에 대한 믿음을 의미한다. Eccles 등(1983)은 기대신념을 자기개념, 과제난이도, 통제소재, 자기효능감 등과 같은 능력신념을 나타내는 다양한 구인을 포괄하는 광의의 개념으로 소개하였다. 두 번째 질문은 과제수행(performance)과 결과(outcome) 간의 관계를 나타내는 결과기대(outcome expectation)신념과 관련된다. 따라서 성공에 대한 기대가 높다는 것은, 먼저 과제를 성공적으로 수행할 수 있는 능력이 충분하다는 믿음과 성공적인 과제수행을 통해 개인이 원하는 결과를 획득할 수 있다는 믿음을 포함한다. 연구결과, 성공에 대한 높은 기대신념은 성취상황에서의 선택, 지속성, 성취도를 정적으로 유의미하게 예측하는 것으로 나타났다(Eccles & Wigfield, 1995, 2002).

(2) 가치신념

"내가 이 과제를 수행하는 것이 중요한가"라는 질문에 대한 대답은 과제에 대한 가치신념을 나타낸다. 과제가치는 특정 과제의 중요성에 대한 개인의 주관적 신념을 의미한다. 학습자는 과제 자체가 중요하거나, 과제수행의 결과가 가치롭다고 판단할 때 그렇지 않은 과제보다 더 열심히 참여하고 더 많은 노력을 하게 된다. 개인에게 과제가 중요한 이유는 다양할 수 있다는 점에서 과제가치는 다차원적 특성을 갖는다. 누군가에게는 과제가 재미있기 때문에 과제가치를 높게 지각할 수 있고(내재적 가치), 누군가에게는 과제가 흥미롭지 않아도 좋은 결과(성적, 용돈)를 얻을 수 있기 때문에 과제가치를 높게 지각할 수 있다(유용성 가치). 또한, 어떤 과제는 끝까지 완수하는 것 자체로 성취감과 자부심을 느끼기 때문에 과제가치를 높게 지각할 수 있다(달성가치). 이처럼 과제가치를 높여 주는 다양한 긍정적 요인도 존재하지만 과제가치를 감소시키는 부정적 요인도 존재한다. 예를 들어, 어떤 과제에 참여함으로써 발생할 수 있는 부정적 결과에 대한 개인의 지각이 비용(cost)에 해당하며, 이는 과제가치를 낮추는 역할을 한다.

과제가치의 하위요인을 구체적으로 살펴보면 다음과 같다.

첫째, 내재적 가치(intrinsic value)는 학습자가 과제수행 시 경험하는 재미, 즐거움, 호기심, 흥미를 의미한다(Wigfield et al., 1997). 예를 들어, 공부 자체가 즐거워서 공부하거나 게임 자체가 재미있기 때문에 게임을 하는 학생은 해당 과제에 대한 내재적 가치를 높게 인식하는 것이다.

둘째, 유용성 가치(utility value)는 어떤 과제를 수행하는 것이 개인의 단기 목표(기말고사 성적)나 장기 목표(진학이나 진로)를 달성하는 데 도움이 된다고 인식하는 것을 의미한다. 이를 도구적 가치 혹은 수단적 가치로 표현하기도 한다. 예를 들어, 어떤 학생이 의대 입학을 목표로 수학 공부를 열심히 하고 있다면, 수학 공부는 그 학생의 진학목표를 이루는 데 수단적 가치를 갖는다. 또 다른 예로는, 교사자격증을 획득하기 위해 교직과목을 선택한 학생에게 교직과목은 유용성 가치를 갖는다고 볼 수 있다.

셋째, 달성가치(attainment value)는 종종 획득가치라는 용어와 혼용되어 사용된다. 어떤 과제가 개인의 정체성, 자기개념, 자기도식 등과 연관될 때 그 과제를 잘 수행하는 것이 개인의 달성가치를 실현하는 데 중요하다. 개인의 가치체계나 정체성과 잘 부합하는 과제들의 경우 달성가치가 높다고 볼 수 있다. 과제-개인목표 간 연관성이 클수록 유용성 가치가 높다면, 과제-개인정체성 간 연관성이 클수록 달성가치가 높다. 어떤 과제를 잘 수행하는 것이 개인의 목표를 달성하는 데 직접적인 도움이 되지 않더라도 자신의 정체성을 실현하는 데 도움이 된다면 해당 과제의 달성가치가 높다고 볼 수 있다. 학교에서 공부를 잘하는 것이 중요한 학생과 친구들에게 인기가 많은 것이 중요한 학생은 과제에 따라 달성가치를 다르게 인식할 것으로 예상할 수 있다. 예를 들어, 사회적 관계를 중요하게 생각하는 학습자는 또래 관계의 질을 높여 주는 활동이나 과제의 달성가치를 높게 인식하는 반면, 교사나 또래로부터 학습능력을 인정받기를 원하는 학습자는 경쟁적인 활동에서 좋은 성과를 내는 데 도움이 되는 과제의 달성가치를 높게 인식한다.

넷째, 비용가치(cost value)는 과제 참여로 인해 발생하는 부정적 결과에 대한 개인의 지각을 의미한다. 성공적 과제 수행을 위해 필요한 노력과 시간에 대한 부담, 다른 과제에 참여할 수 있는 기회 상실, 불안이나 두려움과 같은 부정적 정서 경험 등이 비용가치에 해당된다(Eccles, 2009; Eccles et al., 1983; Wigfield & Eccles, 2000). 예를 들어, 동아리 활동과 수능공부를 병행하는 학생이 동아리 발표회를 준비하기 위해 너무 많은 노력과 시간을 투자해야 한다면 수능 공부를 위한 시간이 부족한 상

황에 놓이게 된다. 이 학생에게 동아리 활동의 노력비용과 기회비용이 높게 인식
될 수 있다. 앞서 살펴본 다른 유형의 과제가치들과 마찬가지로 비용가치도 개인
의 주관적 신념을 나타내므로, 같은 과제를 수행하더라도 개인이 지각하는 노력, 기
회, 정서 비용에는 개인차가 존재한다. 과제에 참여하면서 개인이 원하는 것을 얻
는 긍정적 측면도 있지만, 원하는 것을 얻기 위해 지불해야 하는 비용도 존재한다.
내재적 가치, 유용성 가치, 달성가치가 과제가치를 높여 주는 긍정적 측면인 반면,
비용은 과제가치를 감소시키는 부정적 측면을 나타낸다(Jiang et al., 2018; Skaalvik,
Federici, Wigfield, & Tangen, 2017). 따라서 과제수행에 필요한 노력, 기회, 정서 비용
이 높을수록 과제가치는 낮아진다. 과제가치의 긍정적 측면들이 과제 참여, 선택,
노력 등을 유의하게 예측하는 반면, 비용은 학습자의 회피 동기와 행동을 예측하는
것으로 나타났다(Jiang, Rosenzweig, & Gaspard, 2018). 제한된 자원과 기회를 효율적
으로 활용하기 위해서 학습자는 어떤 과제를 선택하고 어느 정도 노력을 할지에 대
한 의사결정을 한다. 이때 비용—편익(cost-benefit) 측면에서 과제의 편익뿐만 아니
라 비용을 고려한다. 예를 들어, 대학원 진학이나 취업을 고민하는 대학생에게 두
선택지의 내재적 가치와 달성가치가 비슷하다면, 비용가치가 진로선택에 영향을
미칠 수 있다.

4) 현대 기대-가치이론의 특징

성취행동에 영향을 미치는 것은 객관적 현실 자체가 아니라 현실에 대한 개인의
지각이라는 점에서 현대 기대-가치이론에서는 개인의 주관적 신념을 강조한다. 현
대 기대-가치이론에서 다루어지는 기대신념과 가치신념의 주요 특징을 살펴보면
다음과 같다.

첫째, 기대신념과 가치신념의 합(additive)이 아닌 두 신념 간 곱(multiplicative)의
형태로 성취행동을 예측한다는 점에 주목할 필요가 있다. 이는 기대신념과 가치신
념 중 어느 하나라도 부재(값이 0일 때)하면 성취행동이 유발되기 어렵다. 즉, 성공
에 대한 기대가 높으나, 과제가치를 전혀 인식하지 않는 경우에는 과제를 수행하고
자 하는 동기가 생기지 않는다. 예를 들어, 어떤 학습자가 수학을 잘할 수 있다고 믿
지만 자신의 진로와 아무 관련이 없어서 수학을 공부할 필요가 없다고 생각한다면,

수학 과목에 대한 성취동기가 생기기 어렵다. 높은 기대신념은 성취동기 유발을 위한 필수조건이나 충분조건이 아님을 나타낸다. 반대로 가치신념이 높지만 성공기대가 없는 경우에는 과제에 참여할 동기가 생기지 않을 것이다. 예를 들어, 교사가 되기를 희망하는 학생에게 교원임용시험은 매우 중요하지만(높은 가치신념) 학령인구 감소로 인해 관심 있는 교과 분야의 교사를 선발하지 않는다는 공고를 접한 경우(성공기대=0) 그 학생이 임용시험준비를 포기할 가능성이 높다. 기대신념과 가치신념의 곱셈적 관계는 하나의 신념만 충족되어서는 안 되고 두 신념이 모두 충족되어야 함을 보여 준다. 한 신념이 부재하면 다른 신념이 높더라도 성취행동을 유발하지 못한다는 점에서 기대와 가치를 가산적(additive) 관계로 보는 관점과 구별된다. 즉, 높은 기대신념이 가치신념의 부재를 보완해 줄 수 없고, 높은 가치신념이 기대신념의 부재를 보완해 줄 수 없다.

둘째, 기대신념과 가치신념은 고정적인 것이 아니라 시간의 흐름에 따라 변화가 가능하다. 따라서 적절한 교육적 개입을 통해 기대신념과 가치신념의 발달을 지원할 수 있다. Eccles와 Wigfield(2002)는 기대-가치 모형에서 개인의 배경적 특성(성별, 문화, 사회경제적 특성), 과거의 성공ㆍ실패 경험, 개인의 목표와 자기개념, 사회화 주체(부모, 교사, 또래, 학교) 등이 기대신념과 가치신념에 영향을 미치는 요인으로 제시하였다([그림 3-1] 참조).

셋째, 가치신념은 다른 동기이론들에서 논의되는 가치 관련 구인들(예를 들어, 자기결정성, 흥미, 내재동기, 외재동기, 성취목표)을 포괄하는 광의의 개념으로 정의된다. Eccles(2009)는 기대-가치이론의 과제가치 개념이 자기결정성이론(자세한 내용은 제11장 참고)의 동기 구인들과 매칭될 수 있다고 주장하였다. 예를 들어, 내재적 가치(intrinsic value)는 내재동기(intrinsic motivation), 달성가치(attainment value)는 통합된 조절(integrated regulation)동기, 유용성 가치(utility value)는 확인된 조절(identified regulation)동기, 비용(cost)은 외적 조절(extrinsic regulation)동기와 매칭될 수 있는 개념으로 보았다.

3. 기대-가치이론을 적용한 경험적 연구

1) 기대신념과 가치신념의 독립성

현대 기대-가치이론에 관심 있는 학자들은 기대신념과 가치신념이 독립된 요인으로 구별되는지, 가치신념을 구성하는 다양한 하위요인이 독립적으로 구별되는지, 학습자는 어느 시점부터 이러한 개념들을 구별할 수 있는지에 대한 연구를 수행하였다. 초등학교 1학년 학생들을 대상으로 수집한 경험적 자료를 바탕으로 확인적 요인분석을 실시한 결과, 기대신념과 가치신념이 구별되는 요인으로 나타났다(Eccles et al., 1993). 또한, Eccles와 Wigfield(1995)는 가치신념의 하위요인들이 독립적으로 구별되는지를 살펴보기 위해 요인분석을 실시한 결과, 내재적 가치, 유용성 가치, 달성가치가 개념적으로 구별됨을 확인하였다. 후속 연구들에서도 과제가치의 하위요인들이 독립적인 요인으로 구별되는 것으로 나타났다(Conley, 2012; Trautwein et al., 2012).

하지만 초등학교 1학년 학생이 기대신념과 가치신념을 구별할 수 있었으나 과제가치의 하위요인들을 구별하는 데에는 어려움을 보이는 것으로 나타났다(Eccles & Wigfield, 1995). 초등학교 저학년 학생들은 내재적 가치가 유용성 가치, 달성가치와 다름을 구별할 수 있으나, 유용성 가치와 달성가치의 개념적 차이를 구별하지 못하였다(Eccles & Wigfield, 1995). 과제가치의 모든 하위요인을 구별할 수 있는 것은 초등학교 5학년 학생들부터 가능한 것으로 나타났다. 즉, 연령이 증가할수록 과제가치의 하위요인을 더 뚜렷하게 구별할 수 있음을 의미한다. 낮은 연령기에는 일반적 수준에서 내재적 가치(흥미)를 지각하는 반면, 연령이 높아질수록 이에 대한 지각이 세분화된다. Wigfield와 Eccles(1992)는 발달적으로 볼 때, 초등학교 저학년 시기에 내재적 가치를 먼저 이해하고 초등학교 고학년부터 유용성 가치를 나중에 이해하게 된다고 주장하였다.

현대 기대-가치이론에서 과제가치의 세분화가 이루어졌음에도 불구하고 측정과 분석의 제한점이 관찰되었고, 이로 인해 과제가치의 다양한 유형이 성취행동에 미치는 차별적인 영향력을 탐색하는 연구에도 제약이 있어 왔다. 가치신념의 하위요인들이 구별되는 것으로 나타났지만(Wigfield et al., 1997), 과제가치를 하위요인 별로 측정한 연구는 드물다. 하위요인을 소수의 문항으로 측정하거나, 조작적 정의 와 측정 문항 간 일관성 부족 등의 문제점이 관찰되었다. 과제가치의 하위요인들을 측정한다고 하더라도 하위요인별 점수를 분석에 투입하지 않고 합산 점수를 사용 하는 경우가 많았다(Anderman, Eccles, Yoon, Roeser, Wigfield, & Blumenfeld, 2001). 그러나 최근 연구들은 과제가치의 하위요인들을 독립적으로 측정하고 분석에 투입 함으로써 이들이 학습이나 성취에 미치는 차별적 영향력을 살펴보고 있다(송주연, 정윤경, 강평원, 엘레나손, 2020; 우연경, 김성일, 2015). 송주연 등(2013)의 연구에서는 내재적 가치가 유용성 가치보다 학습행동을 더 강력하게 예측하는 것으로 나타났 다. 따라서 과제가치신념을 하위요인별로 측정하고, 각 하위요인이 학년, 성별, 교 과목에 따라 차이가 있는지를 검증할 필요가 있다. 이를 위해서는 집단별, 영역별 측정동일성(measurement invariance)에 대한 검증이 요구된다(Gaspard et al., 2017).

2) 기대신념과 가치신념의 영역 특수성

기대신념과 가치신념은 영역 특수적 성격을 갖는다. 이는 교과 영역에 따라 학습 자의 기대신념과 가치신념이 다를 수 있음을 의미한다. 실제로 수학과 영어 교과목 에 대한 학습자의 기대신념과 가치신념이 낮은 상관관계를 나타냈고(Bong, 2001; Eccles, Wigfield, Harold, & Blumenfeld, 1993; Trautwein, Marsh, Nagengast, Ludtke, Nagy, & Jonkmann, 2012), 과목별 기대신념과 가치신념이 학습행동과 성취에 차별 적 영향력을 행사하는 것으로 나타났다(우연경, 김성일, 2015). 이러한 연구결과들은 기대신념과 가치신념의 영역 특수성에 대한 경험적 근거를 제공한다. 국내 연구결 과, 자기효능감의 학업 참여와 성취에 대한 예측력은 수학과 영어 교과에서 유사한 반면, 유용성 가치가 학업 참여와 성취를 예측하는 효과는 영어 교과에서만 유의한 것으로 나타났다(우연경, 김성일, 2015).

대부분 수학이나 STEM 관련 과목을 대상으로 기대신념과 가치신념의 영역 특 수성을 살펴본 경우가 많다(Akin, Güzeller, & Evcan, 2016; Gaspard, Dicke, Flunger, Schreier, Häfner, Trautwein, & Nagengast, 2015; Guo, Nagengast, Marsh, Kelava, Gaspard, Brandt, Cambria, Flunger, Dicke, Hafner, Brisson, & Trautwein, 2016; Luttrell,

Callen, Allen, Wood, Deeds, & Richard, 2010). 기대신념과 가치신념의 영역 특수성은 연령이 증가할수록 강해지는 것으로 나타났고(Denissen et al., 2007), 수학이나 언어 과목과 같이 교과 특성의 차이가 클수록 기대신념과 가치신념의 영역 특수성이 강한 것으로 나타났다.

3) 기대신념과 가치신념의 효과

현대 기대–가치이론을 적용한 연구결과들이 축적되면서 기대신념과 가치신념이 개인의 성취동기와 행동(과제 선택, 노력, 지속성, 성취도)에 미치는 영향력에 대한 이해가 깊어졌다. 성공기대가 높은 사람들이 더 열심히 참여하고 노력하는 경향이 있고, 이에 따라 실제로 높은 성취를 이룬다는 결과들이 보고되었다(Eccles et al., 1983; Eccles & Midgley, 1989; Wigfield & Eccles, 1992). 기대신념은 학습자의 참여와 노력, 지속성을 정적으로 예측하고(Miller, Greene, Montalvo, Ravindran, & Nichols, 1996), 시험불안(Putwain & Daniels, 2010), 학업지연, 회피의도와 같은 부적응적 학습을 부적으로 예측하는 것으로 나타났다(Jiang et al., 2018). 성공에 대한 높은 기대와 능력에 대한 긍정적 지각은 수학과 영어 성취도를 가장 잘 예측하는 변인으로 확인되었고, 과거 성취도보다 미래 성취도에 대한 예측력이 높은 것으로 나타났다. 즉, 내가 잘할 수 있다고 생각하는 과제를 수행할수록 목표를 달성할 확률이 높아진다는 것이다. 예를 들어, 내가 수강하고 있는 과목 중에서 자신감이 있는 과목에 더 많은 시간과 노력을 투자하게 되고, 그 결과 좋은 학점을 받을 가능성이 높다. 성공에 대한 기대신념이 학업성취를 정적으로 예측하는 결과는 다양한 교과에서 일관되게 나타났다(Eccles, Wigfield, & Schiefele, 1998).

가치신념 관련 연구들에서는 개인이 지각한 과제가치신념이 과제 선택에 영향을 미치는 것으로 나타났다. 예를 들어, 수강 신청할 때 내가 좋아하고(내재적 가치) 미래 진로에 도움이 되는(유용성 가치) 과목을 선택할 가능성이 높다. 또한 가치신념은 학습방법에도 영향을 미친다. 개인에게 중요한 과제를 수행할수록 효과적인 학습방법을 더 능동적으로 활용하고 고차원적인 인지전략을 적용하는 경향이 있다(Pintrich & Schrauben, 1992). Hidi와 Harackiewicz(2000) 연구에서도 내재적 가치가 높은 과목을 학습할 때 더 많은 시간과 노력을 투자하고, 심층적 학습전략을 사용하는 경향이 있는 것으로 나타났다. 주어진 과제에 대한 유용성 가치를 높게 인식할수록 노력의 지속성과 적절한 자원 활용이 증가하는 것으로 나타났다(Greene & Miller, 1996).

흥미로운 점은 결과변인에 따라 기대신념과 가치신념의 설명력이 차별적 양상을 나타낸다는 것이다. 성공기대는 '성취도'를 상대적으로 더 강력하게 예측하고, 과제가치는 '과제 선택'을 더 강력하게 예측하는 변인으로 나타났다. 유사한 패턴이 많은 연구에서 일관되게 확인되었다(Bong, 2001; Dietrich, Viljaranta, Moeller, & Kracke, 2017; Eccles et al., 1983; Fredricks & Eccles, 2002; Jacobs et al., 2002; Meece, Wigfield, & Eccles, 1990; Wigfield & Eccles, 2000; Wigfield et al., 2006). Eccles(1984)의 연구결과, 수학 과목에 대한 성공기대신념은 과제가치신념보다 수학 '성취도'를 더 잘 예측하고, 과제가치신념은 성공기대신념보다 수학 과목 '선택'을 더 잘 예측하는 것으로 나타났다. 따라서 수강신청은 학습자의 능력에 대한 신념보다는 과목 관련 가치신념에 의해 영향을 받음을 보여 준다(Eccles, Adler, & Meece, 1984). 고등학생들을 대상으로 수학 과목에 대한 기대신념과 가치신념의 영향력을 살펴본 결과, 기대신념은 학업성취를 정적으로 예측하고, 가치신념은 노력을 정적으로 예측하는 것으로 나타났다(Greene, DeBacker, Ravindran, & Krows, 1999). 또한, 독일의 9학년 학생들을 대상으로 수학 과목에 대한 기대신념과 가치신념이 학업성취와 노력에 미치는 영향력을 살펴본 결과, 기대신념은 성취도를, 가치신념은 노력을 유의미하게 예측하는 것으로 나타났다(Guo et al., 2016).

4) 기대신념과 가치신념에 영향을 미치는 요인

학습자의 기대신념과 가치신념이 성취행동을 촉진하는 데 매우 중요한 역할을 한다는 연구결과가 축적되면서 기대-가치 구인의 유용성이 경험적으로 확인되었다. 학습자의 긍정적 기대신념과 가치신념 형성을 돕기 위해 기대신념과 가치신념에 영향을 미치는 개인적, 환경적 요인을 파악하는 것이 중요하다. Eccles와 Wigfield(2002)는 사회인지적 기대-가치 모형에서 기대신념과 가치신념이 성취행동(노력, 선택, 지속성, 수행)에 미치는 영향력과 두 신념에 영향을 미치는 예측요인들을 종합적으로 제시하였다.

Eccles와 Wigfield(2002)는 학습자의 기대신념과 가치신념에 영향을 미치는 요인을 동기적 신념, 인지적 신념, 사회문화적 환경으로 구분하여 제시하였다. 이 중에서 기대신념과 가치신념에 가장 근접하게 직접적 영향을 미치는 요인은 학습자의 동기적 신념이다. 동기적 신념에는 개인의 과제 경험(성공이나 실패) 속에 남아 있는 정서적 기억이 포함되며, 이러한 정서적 기억은 가치신념에 영향을 미친다. 과거 과제수행에서 경험한 긍정 정서나 부정 정서가 과제가치를 높일 수도 있고 낮출 수도 있다. 예를 들어, 외국어를 즐겁게 학습했다면 외국어 학습에 대한 가치신념을 높이고, 수학 공부와 관련하여 지루함이나 수치심을 경험했다면 수학에 대한 가치신념이 낮아질 가능성이 크다. 이 외에도 미래 과제에 대한 목표, 자신의 능력에 대한 판단과 자기도식, 과제난이도에 대한 지각이 동기적 신념에 해당하며, 기대신념과 가치신념에 모두 영향을 미친다. 기대신념과 가치신념은 학습자가 목표를 얼마나 높게 설정했는지, 목표를 달성하기 위해 필요한 능력을 가지고 있다고 판단하는지, 과제가 얼마나 어렵다고 생각하는지에 따라 영향을 받는다. 개인이 설정한 목표 수준이 적절하고, 능력에 대한 자신감이 높고, 과제난이도가 적절하다고 판단하면 성공에 대한 기대와 과제가치를 높게 인식할 가능성이 크다.

그렇다면 기대신념과 가치신념에 영향을 미치는 동기적 신념은 어떻게 형성되는가? Eccles와 Wigfield(2002)는 사회인지적 기대−가치 모형에서 개인의 사회문화적 환경과 과거 과제수행 경험(성공이나 실패)을 동기적 신념에 영향을 미치는 외적 요인으로 제시하였고, 학습자의 사회화와 내면화 과정을 통해 부모나 교사의 생각과 태도가 학습자의 동기적 신념에 영향을 미친다고 설명하였다. 사회환경 자체보다는 이에 대한 학습자의 지각이 동기적 신념에 직접적인 영향을 미치고, 이뿐만 아니라 성공과 실패 경험에 대한 학습자의 인식(귀인신념)이 동기적 신념에 영향을 미친다고 주장하였다.

종합해 보면, Eccles와 Wigfield(2002)의 기대−가치이론은 성취행동(선택, 지속성, 참여, 수행 등)에 영향을 미치는 핵심요인으로 기대신념과 가치신념을 강조하였다. 기대신념과 가치신념이 형성되는 과정을 살펴보면, 개인을 둘러싼 문화적 환경과 사회화 주체(부모, 교사)의 신념과 행동이 학습자의 신념에 영향을 미치고, 이는 다시 개인의 목표 및 자기도식에 영향을 미치며, 궁극적으로 학습자의 기대신념과 가치신념을 형성하는 데 영향을 미친다.

5) 기대신념과 가치신념의 발달

(1) 기대신념의 발달

성공에 대한 기대신념, 능력에 대한 자기지각이 연령이 증가하면서 어떻게 발달, 변화하는지를 살펴보는 연구들이 진행되어 왔다. 연령에 따른 기대신념의 변화를 살펴본 연구들은 초등학교에서 중학교로 올라가는 시기에 유능감이 감소한다는 결과를 일관되게 보고해 왔다(Anderman & Midgley, 1997; Brophy, 2004; Eccles et al., 1998; Harter, 1998; Marsh, 1989; Nicholls, 1978; Wigfield, Eccles, & Pintrich, 1996). 국내 연구에서도 중·고등학생이 초등학생보다 유능감을 낮게 인식하는 것으로 나타남에 따라 학교급 상승에 따른 기대신념의 감소 현상이 동일하게 관찰되었다(김아영, 2002b; 김아영, 박인영, 2001; 신종호, 신태섭, 2006; 안도희 외, 2005).

그러나 기대신념의 감소에 대해 학습자의 유능감이 실제로 낮아진 것이 아니라, 연령 증가에 따라 학생들의 자기지각의 정확도가 높아진 결과로 해석하기도 한다. 어린 아동들은 타인과의 비교에 관심이 낮을 뿐만 아니라(Ruble & Frey, 1991), 자신의 능력을 평가하기 위한 정보와 상대적 비교 기회가 부족하다. 이뿐만 아니라, 이러한 정보를 정확하게 처리할 수 있는 인지능력도 부족하며, 자신의 능력을 실제보다 과대평가하는 경향이 있다(Blumenfeld et al., 1982). 이러한 이유로 연령이 낮을수록 자신의 능력에 대한 평가가 정확하기 어렵다. 반면, 연령과 학년이 높아질수록 인지능력이 발달함에 따라 타인과의 상대적 비교를 통해 자신의 능력을 보다 객관적이고 정확하게 평가할 수 있다. 초등학교 저학년 학생들의 경우, 객관적 평가(시험성적, 타인의 평가)와 주관적 평가 간의 상관관계가 낮았지만, 초등학교 고학년이나 중학생들의 경우, 객관적 평가와 주관적 평가 간의 상관관계가 높다는 연구결과가 이를 뒷받침해 준다(Eccles et al., 1998). 개인의 주관적 능력 지각이 객관적 능력 지표보다 학습에 미치는 영향력이 더 크다는 점에서 학생들의 지각된 능력 신념에 주목할 필요가 있다. 개인 특성에 따라 자신의 능력을 과대평가하거나 과소평가하는 것으로 나타나는데, 실제 객관적 능력 지표가 양호하더라도 자기 능력을 낮게 지각하는 학습자는 과제수행에 대한 불안수준이 높고 노력을 회피하는 경향을 보인다. 연령 증가에 따른 기대신념(유능감 지각) 감소는 환경적 변화와도 관련성이 있다. 학교급이 올라갈수록 숙달보다는 수행과 경쟁이 강조되는 교육환경으로 변화되고, 평가방법에 있어서도 절대평가보다는 상대평가가 적용됨에 따라 타인과의 비교가 용이한 환경이 조성된다(Harter et al., 1992). 따라서 학년이 올라갈수록 능력에 대한 긍정적 자기지각과 기대신념이 낮아지게 된다.

(2) 가치신념의 발달

연령 증가에 따른 가치신념의 변화를 살펴본 연구들은 연령이 올라갈수록 과제가치에 대한 인식이 대체로 낮아진다고 보고하였다(Eccles et al, 1998; Wigfield & Eccles, 1992). 학생들의 가치신념의 변화를 과목별(수학, 언어, 체육)로 살펴본 결과, 학년이 올라갈수록 모든 과목에 대하여 가치를 낮게 인식하는 것으로 나타났다. 가치신념의 감소가 초등학교부터 시작되고(Spinath & Steinmayr, 2008), 중·고등학교에서도 감소 현상이 지속되는 것으로 보고되었다(Trautwein et al., 2006). 가치신념은 초기 청소년기에 급감하고 점차 감소 속도가 줄어드는 경향이 있다(Jacobs et al., 2002; Watt, 2004).

더불어, 가치신념의 변화가 과목에 따라 다른 양상으로 나타났다. 수학과 과학에서 가장 급격한 감소 양상이 나타났고, 언어와 사회과학 분야에서는 감소 양상이 덜 두드러지게 나타났다. 과목별로 살펴보면, 수학 과목에 대한 가치가 가장 먼저 감소하는 것으로 나타났다(Jacobs et al., 2002). 반면에 초등학생을 대상으로 한 Eccles 등(1993)의 연구에서는 학년이 올라가면서 수학에 대한 가치신념은 감소하지 않았고 언어영역에 대한 가치신념이 감소하는 것으로 나타났다. 이는 가치신념의 발달적 변화가 과목·영역에 따라 조금씩 상이하게 나타나고 특정 과목에 대한 가치신념의 발달적 변화는 일관적이지 않음을 보여 준다. Wigfield와 동료들(1997)의 연구에서 수학과 언어 영역에 대한 가치신념을 살펴본 결과, 과제가치의 하위요인에 따라 가치신념의 발달적 변화가 다르게 나타났다. 학년이 올라갈수록 유용성 가치와 달성가치는 낮아지는 경향을 보이는 반면, 내재적 가치는 과목에 따라 서로 다른 양상이 관찰되었다(Wigfield et al., 1997). Fredricks와 Eccles(2002) 연구에 의하면, 내재적 가치의 감소는 가속화되는 반면, 중요성(달성가치와 유용성 가치의 합) 가치는 중·고등학교 고학년에서 증가하는 추세를 보였다. 그러나 스포츠 분야에서는 반대 양상이 나타났다. 가치신념의 감소 현상은 대체로 경험적 지지를 받고 있으나, 이러한 발달적 변화가 교과목, 과제가치의 하위요인, 성별 등 다른 요인에 따라 달라지는지를 살펴본 연구들의 결과가 일관되지 못하기 때문에 명확한 이해가 어려운 실정이다.

연령 증가에 따른 가치신념 감소는 학습자의 지능에 대한 신념의 변화와 관련이 있다. 고학년이 될수록 능력에 대한 고정신념이 강해지고 유능감 지각이 낮아지면서 자신의 가치를 보호하기 위한 방편으로 과제가치를 축소하는 경향이 나타난다(Wigfield & Eccles, 1992). 가치신념의 변화는 맥락적 요인과도 관련이 있다. 학생들의 자율성 욕구가 증가함에도 불구하고 학교 환경은 점점 더 통제적으로 변화됨에 따라 학업에 대한 흥미가 감소한다고 보는 것이다.

다음으로 가치신념에 대한 성별 차이 연구가 많이 진행되었다(Frenzel, Pekrun, & Goetz, 2007; Gaspard, Dicke, Flunger, Schreier et al., 2015). 독일 9학년 학생들을 대상으로 한 연구에서 남학생들은 과제의 긍정적인 측면(예: 내재적 가치, 유용성 가치, 개인적 중요성)을 더 높게 지각하고, 여학생들은 노력비용과 정서비용을 더 높게 지각하는 것으로 나타났다(Gaspard et al., 2015). 내재적 가치에서는 성별에 따른 차이가 나타났으나, 달성가치에서는 유의미한 차이가 나타나지 않았다(Gaspard et al., 2015). 과제가치의 하위요인에 따라 성별 차이 양상이 다르게 나타나는 것으로 확인되었으나 연구결과의 일관성이 부족한 실정이다(Frenzel, Pekrun, & Goetz, 2007).

가치신념의 성별 차이는 과목에 따라 다른 양상으로 나타났다. 물리는 추상적이고 수학적 접근이 요구되는 과목 특성 때문에 성별에 따른 가치신념에 유의한 차이가 나타난 반면, 생물은 수학적 접근이 덜 요구되어서 성별에 따른 가치신념의 차이가 유의미하지 않게 나타났다. 남학생이 여학생보다 물리 과목을 더 중요하게 생각하는 반면, 생물 과목의 경우에는 성차가 없거나 여학생이 남학생보다 더 높은 가치신념을 보이기도 하였다(Nagy, Trautwein, Baumert, Köller, & Garrett, 2006). 또한, 수학과 STEM 관련 분야에 대한 가치신념이 성별에 따라 차이가 있는지를 살펴보는 연구들이 다수 진행되었다. 수학 과목에 대한 가치신념에서 성별, 학년별 차이가 나타나는지를 살펴본 결과(Akin et al., 2016), 학년별 차이는 유의미하나 성별에 따른 차이는 유의미하지 않은 것으로 나타났다. 가치신념에 대한 성별, 학년별 차이가 일관되지 않음을 보여 준다.

4. 최근 연구동향과 전망

1) 기대신념과 가치신념 간 상호작용

학업 참여 및 성취행동을 예측하는 데 기대신념과 가치신념의 주효과뿐만 아니라 상호작용 효과를 이해할 필요성이 대두되고 있다. 기대신념과 가치신념이 상호작용하여 시너지 효과를 창출한다는 연구결과가 보고되었다(Nagengast et al., 2011, 2013). 기대신념과 가치신념의 시너지 효과는 한 신념의 긍정적 영향력이 다른 신념의 긍정적 영향력과 결합될 때 단순 합 이상의 효과를 나타냄을 의미한다. 기대-가치이론에서는 기대신념과 가치신념의 상호작용 관계를 강조하고 있지만, 놀랍게도 두 신념 간의 상호작용 효과를 경험적으로 검증한 연구는 매우 부족한 실정이다. Nagengast 등(2011)은 현대 기대-가치이론을 적용한 연구들 중에서 상호작용 효과를 검증하는 연구가 드물다고 논의하였다.

고전적 기대-가치이론을 적용한 초기 연구들은 실험적 조작을 통해 '개인 내' 기대신념과 가치신념을 측정하였고, 두 신념 간의 상호작용에 관심을 두었다. 반면, 현대 기대-가치이론을 적용한 연구들은 설문조사를 통해 '개인 간' 신념 차이를 살펴보는 데 초점을 두게 되면서 두 신념 간 상호작용에 대한 연구가 자연스럽게 소홀히 다루어졌다. 현대 기대-가치이론에서 두 신념 간 상호작용이 부각되지 않은 다른 원인은 연구방법론적 제약(측정오차 문제)과도 관련이 있다(Nagengast et al., 2011). 최근 연구들은 설문자료를 활용하기 때문에 측정 오차가 높아졌다. 또한, 설문조사연구에서 흔히 사용되는 회귀분석이나 경로분석은 측정 오차를 통제할 수 없기 때문에 통계적으로 유의미한 상호작용 효과를 얻는 것이 매우 어렵고, 상호작용이 있더라도 효과 크기가 작거나, 동일한 결과가 반복 연구에서 나타나기 힘들다(Nagengast et al., 2011). 이러한 문제점을 해결하기 위해 57개국 청소년을 대상으로 두 신념 간 상호작용 효과를 살펴보기 위해 구조방정식모형을 이용한 결과, 기대신념과 가치신념 간의 상호작용 효과가 일관되게 나타났다(Nagengast et al., 2011). 국내 연구에서도 학업 참여에 대한 자기효능감(기대신념)과 가치신념 간의 상호작용 효과가 유의미하게 나타났다(유지원, 송윤희, 2013).

기대신념과 가치신념 간 상호작용이 학습에 미치는 영향을 살펴본 연구들이 최근 이루어지고 있으나, 상호작용 양상이 다양하거나, 동일한 결과변인에 대한 상호작용 효과가 일관되게 나타나지 않았다(Putwain et al, 2019; Song & Chung, 2020).

두 신념 간 상호작용 효과에 대한 연구결과 중에서 낮은 기대신념과 높은 가치신념의 조합이 학습에 부정적 영향(낮은 학업성취, 학업지연)을 미친다는 연구결과(Lee, Bong, & Kim, 2014; Trautwein et al., 2012)에 주목할 필요가 있다. Meyer 등(2019)의 연구결과, 높은 가치신념과 낮은 기대신념은 성취도에 해로운 영향을 미치는 것으로 나타났다. 성공기대가 낮은 학습자에게 과제가치를 강조하는 것은 시험불안을 높이는 등 학습에 부정적인 영향을 미칠 수 있다(박나경, 이은주, 2019; Nie, Lau, & Liau, 2011; Song & Chung, 2020). 가치신념은 학습자의 기대신념에 따라 학습에 긍정이거나 부정적 영향을 미침을 시사한다.

2) 가치신념의 세분화

현대 기대–가치이론에서는 가치신념을 다차원적으로 구분하고 있으나, 과제가치의 하위요인들을 독립적으로 측정하고 분석에 투입하는 시도는 최근에서야 이루어지고 있다. 과제가치에 대한 초기 연구들은 하위요인들을 하나의 점수로 합산하거나, 그중 일부 요인만을 선택하여 분석에 포함시켰다. 이 경우 과제가치의 하위요인별 영향력이나 상대적 영향력을 파악하기 힘들다는 비판이 제기됨에 따라 최근에는 과제가치의 하위요인을 개별점수로 활용하는 연구들이 증가하고 있다(박나경, 이은주, 2019; Gaspard et al., 2015).

과제가치의 다차원적 특성을 반영하기 위해 과제가치를 다양한 방식으로 세분화하고 요인구조를 검증하는 연구들이 증가하고 있다. Gaspard 등(2015)은 학교, 일상생활, 진로, 사회적 관계로 영역을 구분하고 유용성 가치를 각 영역별로 측정하였다. Song과 Jiang(2019)의 연구에서는 유용성 가치를 시간적 기준에 따라 현재 유용성 가치와 미래 유용성 가치로 구분하고, 이들이 학습 관련 변인에 미치는 차별적인 영향력을 확인하였다. 우리나라 대학생을 대상으로 전공에 대한 유용성 가치를 살펴본 결과(송주연, 정윤경, 강평원, 엘레나손, 2020), 현재 유용성 가치와 미래 유용성 가치, 사회 유용성 가치가 명확히 구별되는 것으로 나타났다. 그러나 연구자들마다 과제가치를 세분화하는 방식이 조금씩 상이함에 따라 연구결과의 일관성 부족 문제에 대한 우려가 제기되기도 하였다.

최근 비용가치에 대한 관심이 증가하고 있다(Battle & Wigfield, 2003; Degol, Wang, Zhang, & Allerton, 2018; Eccles et al., 1983; Guo et al., 2016; Jiang et al., 2018; Safavian, 2019; Skaalvik, Federici, Wigfield, & Tangen, 2017). 초기 연구에서는 비용가치를 과제가치의 일부로 포함하여 분석하였기 때문에 비용가치의 독자적인 역할에 대한 이해가 부족하였다. 비용의 하위요인을 세분화(노력비용, 기회비용, 정서비용)하고, 측정도구를 개발, 타당화하는 연구들이 본격화되고 있다(Akin, Güzeller, & Evcan, 2016; Chiang et al., 2011; Kirkham, Chapman, & Wildy, 2019; Luttrell et al., 2010; Perez, Cromley, & Kaplan, 2014). 비용가치를 구성하는 하위요인에 대한 연구자 간 합의가 부족함에 따라 비용가치의 하위요인이 상이하게 구성되거나 일부 요인이 선택적으로 연구되는 경향이 나타나고 있다. Perez 등(2014)은 비용가치의 하위요인이 노력, 기회(대안 상실), 정서비용으로 구별됨을 확인하였고, 하위요인 중 노력비용이 기회비용이나 정서비용보다 예측력이 더 크다고 보고하였다. Flake(2012)는 노력비용을 관심 과제에 투자해야 할 노력비용(task effort cost)과 관련 없는 과제에 요구되는 노력비용(outside effort cost)으로 구분하여 측정하였고, 노력비용 측정 시 과제수행을 위한 노력이 많이 필요하다는 '객관적 사실'만으로는 비용가치를 정확히 측정할 수 없고, 과제수행을 위해 투자해야 하는 노력이 지나치게 많다고 느끼는 개인의 '주관적 인식'을 측정해야 한다고 주장하였다.

3) 교육적 개입 연구

기대–가치이론에 기반한 동기향상 프로그램 개발 및 효과성 검증 연구가 수행되고 있다. 연구결과, 유용성 가치를 증진시키는 교육적 개입 프로그램이 학습 참여와 성취도를 높이는 데 효과적인 것으로 나타났다(Hulleman & Harackiewicz, 2009). 수학이나 과학 과목에 대한 유용성 가치를 학습자 스스로 생각해 보거나(Hulleman et al., 2010) 수학 과목의 유용성 가치를 설명한 글을 읽는 활동(Gaspard et al., 2015)이 가치신념을 높여 준다는 연구결과들이 보고되고 있다. 과제가치신념 증진을 위한 교육적 개입은 가치신념뿐만 아니라 선택행동과 성취도에도 긍정적 영향을 미치는 것으로 나타났다(Harackiewicz, Rozek, Hulleman, & Hyde, 2012). 학습자의 가치신념을 증진시키기 위한 개입 연구뿐만 아니라 사회적 환경 주체(부모, 교사 등)의 가치신념이 학습자의 신념과 성취동기에 미치는 영향을 살펴보는 연구들이 더 많이 수행될 필요가 있다.

제 4 장

귀인이론

귀인(歸因, attribution)이란 어떤 사건에 대한 인과적 설명이다. 그것은 "왜 이런 결과가 나왔나?" "왜 내가 그런 행동을 했을까?" "그 아이는 왜 그런 일을 했을까?"와 같은 질문에 대한 답을 찾는 것이다. 일반적으로 사람들은 어떤 사건이나 행위에 대한 원인을 찾으려는 경향을 가지고 있다는 것이 귀인이론의 전제이다. 이렇게 원인을 찾는 것을 '귀인'이라고 하고, 그 과정을 '귀인과정(attribution process)'이라고 한다. 귀인이론은 사람들이 성공적인 결과를 얻었을 때 누구 때문에 혹은 무엇 때문에 성공했는지 그리고 실패결과를 무엇으로 혹은 누구에게 탓을 돌리는지를 설명한다. 또한 이렇게 해서 만들어진 귀인결과가 사람들의 태도나 후속 행동에 영향을 미치기 때문에 귀인이론을 동기이론의 하나로 포함시키는 것이다.

1. 이론발달 배경

만약 여러분이 독서실에서 공부를 하다가 잠깐 나간 사이에 중요한 참고서가 없어진 것을 알면 당황할 것이다. 그런데 이러한 상황에 대한 설명은 여러분이 전에도 그 참고서를 어떤 친구에게 빌려주었다가 돌려받은 적이 몇 번 있었던 경우이냐 아니면 이전에 한 번도 잘못 두거나 빌려준 적이 없는 경우이냐에 따라 달라질 것이다. 여러분의 감정과 반응은 친구가 참고서를 빌려 갔을 것이라고 생각하느냐 아니면 어떤 나쁜 사람이 가져갔을 것이라고 생각하느냐에 따라 전혀 달라질 것이다. 이와 같이 객관적인 인과관계가 아닌 개인이 지각하는 인과관계가 귀인이론의 핵심이다.

동기에 대한 귀인이론은 어떤 결과에 대한 우리의 원인에 대한 분석적 설명이 후속 상황에서의 행동을 결정하는 근본적 요인이라고 보기 때문에 인지적 동기이론으로 분류된다. 귀인이론은 중요한 기본 전제를 가지고 있다. 즉, 사람들은 자신과 관련된 사건을 이해하고 설명하고 싶어 하는데, 특히 그 사건이 중요하거나 특이한 경우에 더욱 그렇다. 다시 말해서, 사람들은 자신이 속한 환경의 인과적 구조에 대해 완전히 이해하기 위해 동기화된다는 것이다(Kelley, 1967). 만약 모든 사람에게 이러한 원인분석을 하려는 보편적인 속성이 있다는 기본 전제를 수용하지 않는다면 귀인이론은 성립하기 어렵다. 다행히 이러한 전제는 Weiner(1985)가 검토한 다양한 경험적 연구결과에서 확인되었다. 예를 들어, Wong과 Weiner(1981)의 연구결과에서 사람들은 구체적으로 원인을 생각하라는 지시를 받지 않아도 왜 그런 일이 일어났는지에 대해 자발적으로 질문한다는 것을 보여 주었다.

귀인이론의 또 하나의 전제는 개인이 만들어 내는 인과관계에 대한 원인분석과 그에 따른 후속 행동 간에는 분명하고 직접적인 관련성이 있다는 것이다. 앞에서 제시한 예에서, 만약 여러분이 참고서가 없어진 것이 친구가 또 말하지 않고 빌려 간 것으로 생각한다면 특별한 행동을 하지 않고 기다릴 것이지만, 그런 일이 한 번도 없었는데 없어졌다면 독서실 직원에게 가서 분실 신고를 하거나 주변을 돌아다니면서 찾아볼 것이다. 이와 같이 어떤 사건의 원인을 어디에서 찾느냐에 따라 후속 행동의 발생여부와 방향이 결정되기 때문에 귀인이론을 동기이론의 하나로 포함시키는 것이다.

귀인이론은 형태주의(Gestalt) 심리학적 배경의 '상식심리학(naive psychology)' 혹은 '보통 사람들의 심리학(ordinary people's psychology)'으로부터 출발했다(Heider, 1958). 귀인이론의 창시자는 사회심리학자 Fritz Heider라고 할 수 있는데, 그는 '보통 사람들'의 타인의 행동에 대한 생각이 사회적 행동에 어떻게 영향을 미치는가를 알아내는 데 주로 관심을 두었다. 그의 이론은 평범한 사람들의 사회적 행동을 전문적인 용어가 아닌 일상적인 언어로 설명하려고 시도했기 때문에 '상식심리학'으로 알려지게 되었다(Weiner, 1992).

Heider의 상식적 접근은 '과학자로서 개인(person as scientist)'이라는 은유를 도입한 George Kelly로부터 전수받았다고 할 수 있다(Weiner, 1992). Kelly(1955)는 보통 사람을 행동을 예측하고 이해하려는 목적을 가진 직관적 과학자로 보는 '개인적 구성(personal construct)'이라는 성격이론을 제시하였다. 그는 보통 사람들은 자신이 보는 세계와 자신에 관한 가설을 세우고, 이것을 확인하거나 반증하기 위한 자료를 수집한 다음, 새로운 자료에 맞도록 개인적 이론을 수정한다고 보았다. 물론 전문적인 과학자들이 보다 인지적으로 정확하게 이해하고 신중하기는 하겠지만, 보통 사람들도 과학자들과 같은 방식으로 기능한다는 것이다(Weiner, 1992 재인용). 이와 같은 인간을 과학자로 보는 모델은 실험을 수행하는 심리학자와 실험대상자를 동일한 수준에 놓았기 때문에 실험대상자들의 반응에 대한 상식적 분석에서 나온 결과가 이론 수립에 기초가 된 것이다.

귀인이론은 세 가지 연구 영역으로 나누어 볼 수 있는데, 먼저 행동의 지각된 원인들을 내적 혹은 개인적 인과관계 그리고 외적 혹은 환경적 인과관계로 구분하고 구체화하는 Heider(1958)와 Bernard Weiner(1985)의 인과귀인(causal attribution) 영역이 있다. 다음으로는 인과적 추론에 대한 선행 정보와 인지적 구조를 연결하는 일반적 법칙을 개발하려는 Jones와 Davis(1965)의 합치추론(correspondent inference) 영역 그리고 인과적 추론을 관찰된 행동의 다양한 지표와 연결시키는 Harold Kelley(1967)의 행동귀인(behavior attribution) 영역이 있다(Weiner, 1992). 이러한 연구 영역들 중에서 Jones와 Davis가 주도한 합치추론에 관한 연구와 Kelley의 행동귀인 영역은 인간의 사회적 행동 전반을 이해하는 데 적절한 내용으로 사회심리학에서 많이 다루어지는 영역이다. 이 책에서는 학업상황에서 학생들의 학습동기와 관련시켜 볼 때 의미 있고 실용적인 영역인 인과귀인 연구들을 중심으로 학생들의 학업행동과 관련된 내용들에 대해 주로 논의할 것이다.

2. 인과귀인

1) Heider의 행동에 대한 '상식적 분석'

사람들은 행동의 원인을 해석하는 데 있어서 특정한 규칙을 따른다는 Heider의 아이디어는 보통 사람들의 행동에 대한 상식적인 분석을 통한 그의 이론에서부터 나왔다고 볼 수 있다(Geen, Beatty, & Arkin, 1984). Heider(1958) 이론의 기본 가정은 앞서 귀인이론의 기본 가정과 마찬가지로 사람들은 자신의 환경 속에서 일어나는 사건들을 이해하고자 하는 욕구를 가지고 있고, 그에 대한 설명을 찾아내려는 속성을 가지고 있다는 것이다. 또한 어떤 사건을 이해하기 위해서 보통 사람들도 과학자들과 마찬가지로 논리적이고 합리적이며 과학적인 절차를 적용한다고 가정한다. Heider의 상식적 분석의 핵심은 보통 사람들도 전문가들과 마찬가지로 행동의 원인을 개인적 힘(personal forces)과 환경적 힘(environmental forces)의 두 가지 차원의 구성요인으로 지각한다는 것이다. 그리고 이 두 가지 차원은 각각 노력(trying)과 능

[그림 4-1] Heider의 행동에 대한 상식적 분석의 기본 차원(Geen et al., 1984)

력(ability) 그리고 과제난이도(task difficulty)와 운(運, luck)으로 분류할 수 있다는 것이다. [그림 4-1]에는 Heider의 행동에 대한 상식적 분석에서의 기본 차원이 제시되어 있다(Geen et al., 1984).

　Heider는 능력, 과제난이도 그리고 운이 합쳐져서 가능성(can)을 구성하며, 노력은 의도(intention)와 노력투여(exertion)로 나눌 수 있다고 하여 [그림 4-2]와 같은 모형을 제시하였다(Geen et al., 1984). 이 모형을 적용하기 위한 하나의 예를 들어 보자. 볼링을 잘 못하는 남자 대학생이 있다. 그런데 그가 만약 자기보다 더 못하고(능력) 재수도 없는(운) 사람과 시합을 하게 되면 시합에서 이길 가능성도 있을 것이다. 그런데 만약 그 볼링을 더 못하는 시합대상이 자신의 여덟 살 난 조카라면 그는 시합을 할 의도를 못 느끼고, 시합에 이기기 위해 필요한 노력을 투여하지 않아서 행동은 발생하지 않을 것이다.

　Heider는 가능성, 노력투여, 의도 요소가 모두 행동을 설명하고 예측하는 데 필요하다고 믿었다. 그런데 이 요소들 간의 관계에 대해 그는 또 다른 주장을 덧붙였다. 즉, 능력과 과제난이도 요소는 더하기(additive) 관계로서 두 요소의 크기는 서로

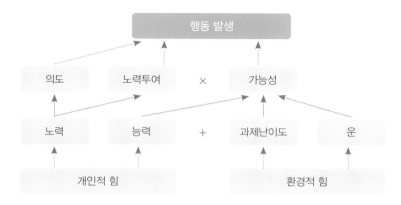

[그림 4-2] Heider의 행동유발의 원인 요소들 간의 관계 모형(Geen et al., 1984)

합해져 가능성 요소의 강도를 결정한다. 그러나 노력투여와 가능성 요소는 곱하기 (multiplicative) 관계로서 하나의 강도가 아무리 커도 다른 하나의 강도가 영(0)이면 행동이 성공적으로 이루어지기 어렵다는 것이다. 또한, 한 요소가 낮음에도 행동이 발생했다면 다른 하나의 강도가 매우 높음을 시사하는 것이다. 노력투여는 과제난 이도와 정적 함수관계를 가지며 능력과는 부적 함수관계를 가진다. 다시 말해서, 과제가 쉬우면 노력투여를 적게 해도 성공할 것이고, 능력이 낮으면 노력투여를 많이 해야 성공할 것이다.

2) Weiner의 귀인 차원

앞 절에서 제시한 Heider의 행동에 대한 상식적 분석은 막대한 후속 연구를 촉발시켰고, 시간이 지남에도 변치 않는 지지를 얻었으며, 모형에 대한 후속적인 수정안도 제시되었다. 그 대표적인 예가 Weiner, Frieze, Kukla, Reed, Rest와 Rosenbaum (1971)의 네 가지 원인에 대한 안정성(stability) 측면에서의 분류이다. 즉, 비교적 안정적인 원인인 능력과 과제난이도 그리고 불안정적 원인인 노력과 운의 분류이다. 이후 Weiner(1979)는 안정적 원인과 불안정적 원인이 각각 내적 원인과 외적 원인으로 구분된다는 사실에 입각하여 Rotter(1966)가 제안한 통제소재(locus of control) 차원을 도입하고 안정성 차원과 통합시켰다. 그 내용을 도식화하면 〈표 4-1〉과 같다. 〈표 4-1〉에는 [그림 4-1]의 Heider가 제시한 기본적 요소인 개인적 힘과 환경적 힘을 각각 내적과 외적 통제소재로 대치한 인과소재(locus of causality) 차원과 Weiner가 첨가한 안정성 차원에 따라 분류한 네 가지 귀인요소들이 포함되어 있다. Rotter(1966)는 어떤 목표달성에 대한 개인의 기대는 그 목표달성을 자신의 행동결과로 생각하느냐 아니면 운과 같은 외적 원인 때문인 것으로 생각하느냐에 따라 결

표 4-1   Heider의 기본적 귀인요소들과 Weiner의 안정성 차원을 통합한 귀인 유형

		통제(인과)소재 차원	
		내적(개인적 힘)	외적(환경적 힘)
안정성 차원	안정적 요인	능력	과제난이도
	불안정적 요인	노력	운

정된다고 하는 통제소재 개념을 기대−가치이론의 확장으로 제안하였다. 이와 같은 Weiner의 귀인이론에 대한 접근은 성취동기이론에 귀인이론을 접목시켜 성취동기 이론을 발전시키는 데 중요한 영향을 미쳤다.

Weiner(1992)는 귀인이론에서는 원인에 대한 이해(즉, 인지)가 행위의 기본적 원동력이며 인간은 과학자라고 보는 반면에, 성취동기이론에서는 성취에 대한 추구가 욕구, 기대, 정서적 결과에 대한 예측, 즉 희망과 두려움에 의해 결정된다고 본다고 주장한다. 다시 말해서, 성취동기이론에서는 행동이 예상되는 정서(anticipated emotion)에 의해 좌우된다고 보았지만 귀인이론에서는 행동과 기대를 연결시켜서 행동은 경험된 정서(experienced emotion)에 의해서 좌우된다고 보았다. 즉, 기대와 정서는 이전 경험에서의 인과적 판단이나 귀인에 의해 결정된다는 것이다.

Weiner를 비롯한 귀인 연구자들은 특히 이 귀인 모형을 학업상황에 적용하여 학생들의 공부 관련 행동에서의 성공과 실패 결과에 대한 귀인을 집중적으로 연구하였고, 학업상황에서 성공이나 실패 결과의 원인을 찾을 경우에 가장 흔히 제시되는 원인은 능력, 노력, 과제난이도와 운이라고 주장하였다. 예를 들어, 오늘 본 수학 중간고사에서 낙제점수를 받은 학생들에게 그 이유를 물으면, '원래 나는 수학을 못하기 때문에' '중간고사 시험공부를 거의 하지 않았기 때문에' '시험문제가 너무 어려웠기 때문에' '재수가 없어서 모르는 문제만 나왔기 때문에' 등이 있을 수 있고, 그중에서도 내부 귀인(internal attribution)인 능력과 노력부족이 가장 흔한 이유라는 것이다(Cooper & Burger, 1980; Frieze, 1976). 그리고 이러한 이유를 드는 것은 학생 개인의 비교적 안정적인 성향이라는 것이 초기 귀인이론가들의 주장이었다. 따라서 학생의 귀인양식(attribution style)을 알면 그 학생의 성취상황에서의 행동을 예측할 수 있다고 생각하였다. 즉, 실패를 노력부족으로 귀인하는 사람은 다음번에 열심히 하면 성공할 수 있다는 기대를 가질 수 있으나, 능력부족으로 귀인하는 사람은 능력이란 안정된 것이기 때문에 아무리 노력해도 소용이 없다고 지각하므로 자포자기할 것이다. 외부 귀인(external attribution)을 하는 사람은 실패의 원인을 외부 환경의 탓으로 돌리는데, 과제의 난이도와 행운은 각각 안정적인 특성과 불안정적인 특성을 가지고 있기는 하지만 자신이 통제할 수 있는 요소는 아니다. 따라서 이런 경우에 개인의 행동은 예측하기 어렵다. 이러한 측면에 주목하여 또 다른 차원인 통제가능성(controllability) 차원이 도입되었다(Rosenbaum, 1972).

 통제가능성 차원은 성공이나 실패의 원인을 개인이 자신의 의지로 변화시키거나 조절이 가능한가에 따라 구분하는 것으로, 예를 들어 실패의 원인을 능력부족이나 운이 없는 것에서 찾는다면 이것은 어떻게 할 수 없는 것들이 되겠지만, 노력부족 때문이라고 한다면 후속 상황에서는 노력을 더 많이 투여하는 등의 통제가 가능할 것이다. 통제가능성 차원은 특히 실패를 통제불가능한 원인으로 탓을 돌릴 경우 학습된 무기력에 빠질 가능성이 높기 때문에 중요한 차원으로 포함되었다(Ames, 1985; Dweck, 1975). 이 세 가지 차원을 동시에 적용하여 Weiner(1992)가 실패에 대한 원인을 분류한 것이 〈표 4-2〉에 제시되어 있다. 이 중에서 친구들이 도와주지 않음을 Weiner는 통제가능한 요인으로 보았으나 친구의 도움은 상황에 따라 통제불가능한 요인일 수도 있다.

 이 세 가지 귀인 차원 외에도 새로운 차원이 제안되기도 했는데, 그 예로는 학습된 무기력의 연구에서 Abramson, Seligman과 Teasdale(1978), Miller와 Norman(1979)이 제안한 일반성(cross-situational generality 혹은 globality) 차원과 Passer(1977)와 Weiner(1974, 1983)가 제안한 의도성(intentionality) 차원이 있다. 일반성 차원은 인과 요인의 다른 상황이나 사람들에 대한 일반화 가능성과 관련된 것이며, 의도성 차원은 책임감과 목적과 관련된 것이다. 예를 들어, 한 학생이 수학시험에서 낙제점수를 받았을 때 그 이유를 '머리가 나빠서'라고 할 수도 있고, '내가 원래 수학을 못해서'라고 할 수도 있다. 전자는 일반성 차원에서 보면 일반적 귀인이고, 후자는 상황 특수적 귀인이라는 것이 Abramson 등(1978)과 Miller와 Norman(1979)의 주장이다. 안정성 차원이 시간적 측면에 초점을 둔 것이라면, 일반성 차원은 장면에 초점을 둔 것으로 볼 수 있다. 의도성 차원은 내적이며 불안정적인 원인인 노력과 질병을 구분

표 4-2 인과소재, 안정성, 통제성 차원에 따라 분류한 학업실패 원인의 예(Weiner, 1992)

인과소재	내적		외적	
안정성 통제성	안정적	불안정적	안정적	불안정적
통제가능	원래 공부 안 함	그 시험에 대한 공부를 안 함	교사가 불공평함	친구들이 도와주지 않음
통제불가능	적성이 낮음	시험 당일 아팠음	학교의 성적 기준이 높음	운이 나빴음

하기 위해 도입된 개념으로, 노력의 경우 책임이 따르지만 질병이나 피로 때문에 실패했다면 책임의 회피로 볼 수 없기 때문이다. 의도성 차원은 통제가능성과 구분하기 어려운 측면이 있다. 이러한 이유에서 학업장면의 귀인연구에서는 인과소재, 안정성, 통제성의 세 가지 차원에 관심이 집중되었다고 볼 수 있다.

3) 인과귀인의 효과

초기 귀인 연구자들이 인과적 설명의 속성을 이해하고, 어떠한 조건에서 다양한 귀인 유형이 적용되는가에 관심을 두었다면, 후속 연구자들은 귀인의 효과에 대한 연구에 관심을 가졌다. 여기서는 학업상황에서의 귀인에 관한 Weiner와 그의 동료들의 주요 연구결과들을 요약하기로 한다.

사람들은 자신의 성공가능성을 비슷한 과제에서의 과거의 실패나 성공 경험뿐만 아니라 왜 실패나 성공을 했는가에 대한 생각에 기초해서 추정하기 때문에 귀인은 지각된 성공가능성, 즉 기대를 결정하는 데 중요한 역할을 한다. Rosenbaum(1972)은 미래의 성공에 대한 기대는 성공을 능력과 같은 안정적인 원인으로 귀인할 때 상대적으로 높고, 실패를 노력이나 운과 같은 불안정적 원인으로 귀인할 때 상대적으로 낮아진다는 것을 발견하였다. 실패 후의 성공에 대한 기대는 그 원인이 불안정적인 원인에 귀인할 때보다 안정적인 원인에 귀인할 때 훨씬 낮아진다(Weiner, Heckhausen, Meyer, & Cook, 1972). 기대의 변화는 개인의 인과적 설명이 내적이냐 외적이냐에 따라 달라지는 것보다 안정적이냐 불안정적이냐에 따라 영향을 더 많이 받는다(Weiner, Nierenberg, & Goldstein, 1976). 다시 말해서, 실패 후 미래의 성공에 대한 기대의 변화는 사건이 불안정적인 원인인 노력부족이나 운과 같은 원인으로 귀인한 경우가 안정적인 원인인 능력이나 교사의 편견으로 귀인하는 경우보다 좀처럼 변하지 않거나 아예 변하지 않을 것이라는 것이다.

귀인의 효과는 개인의 정서적 반응의 주요 근원이 된다는 연구도 수행되었다. Weiner, Russell과 Lerman(1978)은 성공은 행복과 만족감을 가져오고 실패는 슬픔과 불만족감을 유발함으로써 개인의 감정에 영향을 미친다고 주장하였다. 예를 들어, 성공적인 결과를 능력 때문이라고 하면 유능감이 생기지만, 노력 때문이라고 하면 계속적인 성공에 대한 희망을 갖게 된다. 반면에 실패결과를 능력에 귀인하면 무능감이 유발되지만, 노력부족으로 귀인하면 죄책감이 유발된다. 만약 수행 초기의 실패를 불안정적인 원인으로 귀인하면 후속 과제수행에 있어서 강도와 끈기가 더 클 것이다. Weiner를 비롯한 많은 연구자는 인과귀인이 개인의 감정(Weiner et al., 1978), 기대(McMahan, 1973)와 수행(Dweck, 1975)에 미치는 영향을 보여 주기 위한 많은 연구를 수행하였다.

학생들의 실패나 성공에 대한 귀인은 후속 행동에 영향을 미치기 때문에 중요한 동기유발 변인으로서 교육적 함의가 크다. 만약 학생이 자신의 실패를 능력이 부족하기 때문이라고 귀인한다면, 후속 학업상황에서 무기력에 빠질 경향이 높다고 예측할 수 있다. 실제로 이러한 예측을 확인하는 증거는 쉽게 찾아볼 수 있다(예를 들어, Covington & Omelich, 1981; Dweck, 1975; Miller & Norman, 1979).

귀인의 효과를 요약하면, 인과소재 차원은 자부심과 관련되어 있어서 성공은 자부심과 동기를 고양시킨다. 안정성 차원은 미래에 대한 기대와 관련이 있어서 성공이나 실패를 안정적인 요인에 귀인하면 이후에도 비슷한 성공이나 실패를 기대할 수 있을 것이다. 안정성 차원은 정서적 반응에도 영향을 주는데, 절망감은 미래도 현재처럼 가망이 없다는 기대를 할 때 발생한다. 그리고 통제성 차원은 분노, 동정, 감사, 수치심과 같은 정서적 반응과 관련이 되어 실패를 자신의 책임으로 생각하면 죄책감을, 성공을 자신의 책임으로 돌린다면 자부심을 느낄 것이고, 통제불가능한 과제에서의 실패는 수치심이나 분노로 이끌 것이다(Weiner, 1992). 통제가능성 차원은 타인의 평가와도 관련되어서 어떤 사람이 노력부족과 같은 통제가능한 원인 때문에 실패하거나 도움을 요청하면, 그 사람은 분노를 유발하고 부정적인 평가를 받게 된다. 반면에 신체적 불구와 같은 통제불가능한 원인으로 실패하거나 도움을 요청하면, 그 사람은 동정심을 유발하고 긍정적으로 평가받게 된다. 학업상황에서 학생들에게 가장 큰 동기문제는 실패를 안정적이며 통제불가능한 요인에 귀인할 때 발생하는데, 이 경우 학생들은 우울과 무기력에 빠져 동기화되지 않는 상태에 머물러 있게 된다(Weiner, 2000). Weiner(2018)는 그동안 다양한 연구에서 확인된 귀인유형과 정서적 반응들과의 연관성을 제시하였다. 〈표 4-3〉은 자신에 관한 상황을, 〈표 4-4〉는 타인에 관한 상황에서 발생하는 정서의 유형을 보여 주고 있다.

정서와 귀인을 연결하는 것은 사고가 감정 유발을 위한 필요충분조건이라는 정서에 대한 평가이론과 맥을 같이하는 것이다. 물론 특정한 정서와 귀인 차원 간의

표 4-3 자신과 관련된 상황에서 발생하는 정서(Weiner, 2018)

정서	발생 상황의 인과 차원
자부심	자신의 성공을 내적 요인으로 귀인할 때
절망	자신의 실패를 안정적 요인으로 귀인할 때
희망	자신의 실패를 불안정한 요인으로 귀인할 때
분노	자신의 실패를 외적, 타인의 통제가능한 요인(예: 너무 어려운 문제)으로 귀인할 때
감사	자신의 긍정적 결과를 외적, 통제가능한 요인(예: 타인의 자발적인 도움)으로 귀인할 때
죄의식과 후회	자신의 실패를 내적, 통제가능한 요인(예: 하지 말아야 하는 방식으로 행동)으로 귀인할 때
수치심 (창피, 당혹감)	자신의 실패를 내적, 통제불가능한 요인(예: 낮은 능력에 의한 실패)으로 귀인할 때

표 4-4 타인과 관련된 상황에서 발생되는 정서(Weiner, 2018)

정서	발생 상황의 인과 차원
존경, 찬사	타인의 성공을 내적 요인(예: 높은 능력, 노력)으로 귀인
분노	타인의 실패를 내적, 타인의 통제가능한 요인(예: 노력부족)으로 귀인
동정심	타인의 실패를 통제불가능한 요인(예: 신체적 불구)으로 귀인
경멸	타인의 실패를 내적, 통제불가능한 요인(예: 타인의 능력부족)으로 귀인
연민	타인의 실패를 안정적, 통제불가능한 요인(예: 타인의 무지함)으로 귀인

관계는 약한 경우도 있지만 그 관계가 확실한 경우들을 〈표 4-3〉과 〈표 4-4〉를 통해 확인할 수 있다. Weiner는 어떤 행동의 원인과 그 원인의 속성과 그것이 유발시키는 정서적 결과가 동기이론의 기초를 제공한다고 주장하는 것이다.

4) 새로운 귀인 유형의 추가

이제까지 거론된 인과귀인의 유형들은 내적/외적 통제소재 차원, 안정성 차원 그리고 통제가능성 차원에 따른 능력, 노력, 과제난이도, 운 등으로 많은 학업 관련 연구에서 사용되었다. 또한 학생들을 대상으로 한 대부분의 귀인경향에 관한 연구에서는 이 네 가지 원인으로 성공과 실패에 관한 연구를 수행하였다. 그 결과, 학업이나 다른 성취상황에서 실패를 능력으로 귀인하는 것보다 노력으로 귀인하는 것이 후속 행동에 긍정적인 동기를 유발시킨다는 것이 확인되어, 이에 대한 귀인 재훈련 프로그램의 효과가 검증되기도 하였다.

그러나 실패를 노력부족으로 귀인하는 것도 한계가 있음이 제기되었고, Anderson (1983), Anderson과 Jennings(1980), Clifford(1984), Clifford와 McNabb(1983) 등은 노력귀인보다 더욱 건설적인 효과를 가져올 수 있는 전략귀인(strategy attribution)을 제안하였다. 예를 들어, 어느 학생이 자신은 더 이상의 노력을 할 수 없을 만큼 최선의 노력을 다 기울였는데도 불구하고 결과가 실패로 나타났다면, 그는 정말 무능한 학생이라는 것을 의미하는 것으로 해석할 수 있고, 이러한 결과는 자존감이나 자기 가치감(self-worth)에 매우 부정적인 영향을 미칠 수 있을 것이다. 따라서 Anderson 등이 주장하는 전략귀인의 측면에서 결과를 재해석하면, 잘못된 공부전략을 사용해서 실패했다는 귀인은 실패 경험에 대한 부정적 영향을 줄일 수 있다는 것이다.

Clifford(1984)는 대학생들을 대상으로 노력귀인과 전략귀인의 효과를 비교한 연구를 수행하였다. 대학교 신입생들을 대상으로 C− 학점을 받은 이유를 공부전략(각 장의 개요를 읽지 않음, 핵심 개념을 확인하지 않음, 과목과 시험의 목표를 세우지 않음 등)이 잘못되었다는 이유를 제시한 경우가 노력부족(결석을 많이 했음, 강의시간에 집중을 하지 않음, 엉성하고 불완전한 노트 필기 등)이었다는 이유를 제시한 경우보다 교사와 학생 모두로부터 긍정적인 태도라는 평가를 받았고, 앞으로 향상될 가능성이 높다는 평가를 받았다. 또한 교사들은 잘못된 공부전략을 사용해서 시험을 못 본 고등학생들에게 노력을 하지 않아서 시험을 못 본 학생들에게 보다 유의하게 더 많은 도움을 제공할 것이라는 답을 하였다(Clifford & McNabb, 1983).

이러한 결과들은 학업에서의 실패나 실수를 노력부족보다는 부적절한 전략 때문이라고 설명해 주는 것이 학생들의 입장에서는 보다 건설적인 태도, 미래 수행결과에 대한 보다 긍정적인 기대, 더 많은 끈기, 향상된 수행, 더 많은 타인의 도움을 이끌어 낼 것이라는 것을 시사한다. 또한, 전략귀인은 실패를 낮은 능력 탓으로 돌림으로써 발생하는 학습된 무기력의 가능성을 줄일 뿐만 아니라, 학생들이 노력을 많이 투여하고 실패할 경우 자기가치감이 저하되는 것을 보호하기 위해서 노력투여를 기피하는 것을 방지함으로써 노력투여를 극대화시킬 것이다. 마지막으로 전략귀인은 실질적으로 수행을 향상시킬 수 있는 다양한 공부전략 사용에 대한 실험을 독려하여 효과적인 공부를 하는 데 도움을 줄 것이다.

5) 동기에 대한 귀인이론

　　Weiner(1992)는 그의 저서 『Human Motivation: Metaphors, Theories, and Research』의 귀인이론을 다룬 장에서 동기이론으로서의 귀인이론(attributional theory of motivation)을 소개하였다. 그는 여기서 그동안에 진행된 귀인 관련 연구결과를 종합하여 귀인과정에 포함되는 선행변인들과 결과변인들을 통합한 동기이론의 도식화를 시도하였다. 그는 이 도식에 대한 계속적인 수정을 시도했고, 2010년에 최종모형을 발표하였다. [그림 4-3]에는 Weiner(2010)가 제시한 동기에 대한 귀인이론의 최종모형이 제시되어 있다.

　　[그림 4-3]을 살펴보면 동기과정은 연속적으로 진행되는 과정으로서 개인이 긍정적이거나 부정적으로 해석하는 결과, 즉 성공이나 실패 결과로부터 시작된다. 결과가 예상치 않게 부정적이거나 중요한 경우, 사람들은 왜 그런 결과가 생겼는가를 알아내기 위해 원인에 대한 탐색을 하게 된다. 인과귀인에 도달하기까지 많은 선행요인이 영향을 미친다. 예를 들어, 개인의 과거 경험이나 사회적 규범과 같은 해당

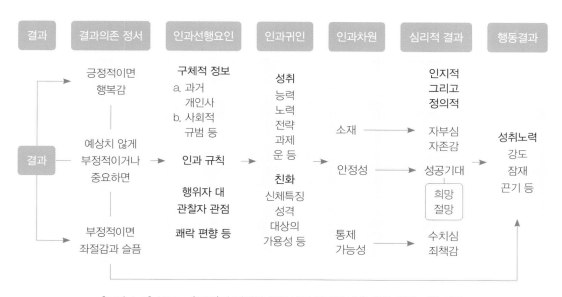

[그림 4-3] Weiner(2010)가 제시한 개인 내적 동기에 대한 최종 귀인 기반 이론

사건에 관련된 특정한 정보, 해당 상황에 적용하는 인과규칙의 유형, 쾌락적 편향성 그리고 행위자냐 관찰자냐 등 이미 알려진 귀인에 관한 선행요인들이 작용한다. 이러한 선행요인들은 성취상황의 경우는 능력, 노력, 타인, 운 등과 같은 원인들, 그리고 친화(affiliation)상황의 경우(예를 들어, 데이트 신청)는 신체적 특성, 성격, 대상의 가용성과 같은 원인들 중 하나에서 성공이나 실패의 원인을 찾게 한다. 이 원인들은 세 가지 귀인 차원에 위치시킬 수 있는데, 이러한 차원은 인지적, 정의적 측면, 즉 기대와 감정을 결정하는 데 영향을 미친다. 원인의 안정성 차원은 미래의 성공에 대한 상대적 기대에 영향을 주고, 성공에 대한 기대는 희망이나 절망감을 불러일으킨다. 또한, 인과소재 차원은 자존감과 자부심에 영향을 미치며, 통제성 차원은 사회적 맥락에서 죄책감이나 수치심을 유발하게 한다. 마지막으로 이러한 기대와 정서는 그 행위의 강도, 끈기, 선택 등의 동기적 특성을 결정지어 수행에 직접적인 영향을 미치게 된다(Weiner, 2010).

6) 타 동기이론에의 적용

귀인이 개인의 태도와 행동에 영향을 미친다는 증거가 상당히 강력하기 때문에 다른 많은 동기이론이 인과적 설명을 포함시켜서 수정해 왔다. 앞에서도 이미 거론하였고, 다음 장에서 보다 자세히 설명한 바와 같이 귀인은 학습된 무기력이론의 정련에 큰 영향을 미쳤다(Abramson et al., 1978; Miller & Norman, 1979). 또한, 성취동기이론 연구에서 성취동기가 높거나 낮은 사람들의 행동특성에 대한 설명을 제공하였다. 성취동기가 높은 사람은 성공을 자신의 능력의 결과로 보고 실패는 노력부족과 같은 내적 요인으로 귀인하지만, 성취동기가 낮은 사람은 성공은 운이 좋았다거나 과제가 쉬웠다는 등의 외적 요인으로 보며 실패는 능력부족이라는 통제불가능한 요인으로 귀인하는 경향이 많다고 주장한다(Weiner & Kukla, 1970). 결과적으로 성취동기가 높은 사람은 실패 후에도 다시 시도할 가능성이 높고, 반면에 성취동기가 낮은 사람은 쉽게 포기한다는 것이다.

이와 같이 다양한 기존 이론에 대한 수정과 정련에 귀인과정과 귀인적 해석을 접목시키는 경우를 귀인적 이론(Attributional Theory) 혹은 귀인적 해석(attributional interpretation)으로 지칭한다. 대표적으로 Lepper와 동료들(Lepper & Greene,

1978; Lepper, Greene, & Nisbett, 1973)의 과정당화이론(Overjustification Theory), Kruglanski(1975)의 내인성 귀인이론(Endogenous Attribution Theory) 혹은 수단-목표분석(Means-End-Analysis) 가설 그리고 Bandura(1977)의 자기효능감이론(Self-Efficacy Theory) 등 다양한 동기이론들에서 인과귀인은 이론 수립에 중요한 역할을 하였다.

3. 귀인이론 연구에서의 방법론

1) 조사연구

초기 귀인연구에서 주로 사용한 연구방법은 Heider(1958)의 '보통 사람들'의 반응을 조사연구와 유사 실험연구를 통해 수집한 자료에 대해 '상식적 분석'을 수행하는 것이었다. 예를 들면, 조사연구의 형태를 취한 연구에서는 연구참여자들에게 "만약 당신이 학기말 고사에서 낙제점수를 받았다면 그 이유가 무엇이라고 생각하는가?"와 같이 제시한 상황의 원인을 직접적으로 질문하여 자유롭게 반응한 답을 원인의 유형으로 분류하는 방법이다. 또 다른 연구에서는 자신 대신 타인이 성공이나 실패를 한 것에 대해 그 원인이 무엇이라고 생각하는가를 질문하기도 한다. 때로는 실생활에서 경험한 성취 관련 상황에서의 성공이나 실패를 회상하게 하여 그 원인을 추정하게 하는 방식을 취하기도 한다. 참여자들은 자유반응식으로 원인을 답해야 하고, 때로는 제시된 원인들의 목록에서 각각의 원인이 어느 정도 영향을 미쳤는지에 관해 일종의 평정을 하기도 한다(Weiner, 1985). 이러한 방식으로 얻어진 결과는 〈표 4-1〉이나 〈표 4-2〉와 같은 귀인 차원과 귀인 유형에 대한 분류체계(taxonomy)를 도출하였다.

그러나 이와 같은 초기의 연구방법들에 대해 타당성 문제가 제기되었는데, 가장 논란이 되는 부분은 연구자가 연구상황에서 참여자들의 반응을 인위적으로 유도한다는 것이었다. 즉, 연구참여자들이 자발적인 귀인반응을 하는 것이 아니라 연구상황에서 실험자가 원인을 생각해 보라고 요구하기 때문에 이미 지나간 행동의 원인을 찾도록 유도된다는 것이다. 따라서 이러한 초기 방법론은 귀인이론의 기본 가정에 심각한 문제를 제기하였다.

이에 따라 Weiner(1985)는 귀인과정이 실험실에서 유도되는 것이 아니라 자발적으로 일어나는 인간의 행동이라는 것을 주장하기 위해 기존에 수행된 귀인연구들에서 적용한 방법과 결과를 분석하였다. 그는 1980년대 당시까지 사용된 세 가지 방법론을 적용한 17편의 연구결과들을 종합하였다. 첫 번째 방법은 실험자의 개입이 필요 없는 방법으로 신문기사, 사업보고서, 편지, 개인이 쓴 일기 등의 기록을 분석하는 것이고, 나머지 두 가지 방법은 실험적 조작이나 개입이 필요한 것이었다. 하나는 참여자들로 하여금 과제를 하고 있는 동안 자신의 생각을 소리내어 말하게 하거나, 참여자들과 상호작용해서 말로 표현한 것을 기록하고 인과귀인에 대한 코딩을 하는 것이다. 마지막 방법은 보다 간접적인 방법으로 원인에 대한 정보처리나 미리 읽은 재료에 대한 자유반응, 문장완성과 같은 인지적 과정으로부터 탐색해서 추론해 내는 것이다.

Weiner(1985, p. 81)는 분석결과를 다음과 같이 요약하였다. 첫째, 자발적 귀인행동에 관한 17편의 논문이 검토되었는데, 이 결과들은 모두 자발적인 귀인행동의 존재에 관한 논쟁을 종식시킬 것으로 보인다. 둘째, 귀인탐색은 예상된 사건의 경우보다 예상치 못한 사건에 대해서 더 많이 한다. 그 이유는 새로운 사건은 탐색행동을 증가시키는데, 귀인은 불확실한 상황에서 유도되는 일종의 탐색행동으로 볼 수 있기 때문이다. 셋째, 달성하지 못한 목표가 달성한 목표의 경우보다 더 많은 귀인탐색을 유도하는데, 이것은 유기체가 부정적인 사건을 중단시키거나 예방하는 방향으로 동기화된다는 효과의 법칙으로 설명할 수 있다. 왜냐하면 효과적인 대처는 실패의 원인을 찾는 것에 달려 있기 때문이다. Weiner의 분석결과는 귀인과정이 실험상황에서 인위적으로 유도되는 행동이 아니라 자발적인 행동이라는 주장을 뒷받침하는 것으로 받아들여져 귀인이론의 기본 가정에 대한 논쟁은 일단락되었다고 볼 수 있다.

2) 실험연구

조사연구 외에 귀인연구에서 가장 흔히 사용되었던 연구방법은 실험자가 지시나 피드백을 통해서 원인에 대한 지각을 직접 조작하는 것이었다. 예를 들어, 연구참여자들을 수행상황에서 직접 수행 경험을 하게 한 후 귀인 피드백을 주거나 아니면 참여자들에게 가상적인 수행상황을 기술한 시나리오를 제시한다. 결과에 대한 귀인 피드백이나 시나리오는 실험의 목적에 따라서 귀인 유형 중 하나 때문에 성공이나 실패를 하는 내용을 포함한다. 일반적으로 교육장면의 실험에서는 네 가지 귀인 유형, 즉 소질이 있어서, 열심히 노력해서, 쉬운 과제라서, 운이 좋아서 성공 또는 실패했다는 시나리오 중 하나를 무선적으로 배정받는다. 그런 후에 참여자들에게 성공 또는 실패 결과에 대한 원인을 직접 쓰게 하거나 아니면 미리 만들어진 원인에 대한 선택 또는 평정척도에 반응하게 한다. 실험에 따라서 시나리오 주인공의 성공 또는 실패 원인을 질문하기도 하고 때로는 "만약 당신이 주인공이라면, 왜 그런 결과를 얻었을 것이라고 생각하는가"를 묻기도 한다.

이러한 연구접근의 문제점들은 생태학적 타당성이 부족하다는 것이다. 즉, 실험상황에서 제시된 시나리오의 주인공이 그 상황을 어떻게 지각할 것인가를 추정한 결과와 참여자 자신의 지각이 같지 않다는 행위자-관찰자 간 불일치가 가장 큰 문제로 지적되었다. 또한 실험상황에서 사용된 과제가 난이도나 운으로 귀인하기에 부적절한 경우에도 네 가지 원인을 다 포함시켜야 하는 인위성 때문에 실험조작이 성공적이지 못한 경우가 많았다(Weiner, 1983).

3) 초기 연구방법의 문제점과 대안적 접근

Weiner(1983)는 귀인 자체에 대한 연구에서 네 가지 원인을 제시하고 귀인하게 하는 방법은 심각한 단점을 가지고 있다고 주장하였다. 즉, 연구에서 제시한 상황이 발생한 이유가 이 네 가지 원인으로 충분히 대표되지 못하거나 때로는 전혀 부적절한 경우도 있을 수 있다는 것이다. 그는 특히 "성취 관련 사건의 결과를 해석하거나 예측할 경우에 개인은 네 가지 원인을 사용한다. 그 네 가지 인과요인은 능력, 노력, 과제난이도와 운이다."(Weiner et al., 1971, p. 96)라고 자신들의 논문에 기술한 것이 근시안적인 것이었다고 수차례 해명을 했지만 사람들이 듣지 않고 계속 오류를 범하고 있다고 경고하였다(Weiner, 1983, p. 533). 다시 말해서, 어떤 상황에서의 인과요인은 그 상황이 어떤 것이냐에 따라 다양하게 변할 수 있다는 것이다. 또한, 귀인을 개인의 비교적 안정적인 특성을 나타내는 양식으로 보는 것은 위험하고, 각 상황마다 지각하는 핵심적인 원인이 다른 상황특수적(situation-specific)인 반응으로 보는 것이 타당하다는 것이 이후 귀인연구의 추세이다.

앞에서 제시한 것과 같은 귀인연구의 문제점을 해결하기 위해서 Weiner(1983)는 다음과 같은 방안을 제안하였다. 먼저 실험적 접근에서 특정한 원인으로 성공이나 실패를 귀인하는 시나리오를 사용하는 연구들에서의 조작 실패는 친숙하지 않은 능력이 요구되는 흔치 않은 과제를 사용하거나, 성공이나 실패의 결정요인이 애매한 과제를 사용함으로써 줄일 수 있다고 하였다. 또한 원인에 대한 평정을 도입하는 상관연구에서는 가장 분명한 원인을 확인하기 위해 예비연구가 필수적이라고 한다. 자유반응식 예비연구에 기초해서 대상의 행동결과에 대한 가장 뚜렷한 원인을 찾아내어 참여자들에게 제시하면, 연구에서 사용하는 과제와 지시 그리고 그 결과에 대한 피드백 간에 논리적이고 일관된 관계를 확보할 수 있어 타당한 연구결과를 얻을 수 있다고 제안하였다.

조사연구와 실험연구가 주를 이루었던 초기 연구들은 귀인의 기능, 종류, 차원, 개인의 귀인 성향 등과 같은 귀인의 심리적 속성 자체에 대한 것이었으나 점차 귀인과 다른 심리적 변인들과의 관련성에 대한 관심이 증가하면서 상관연구방법 또한 도입되었다. 앞에서 거론했던 연구들 중에서도 Rosenbaum(1972), Weiner 등(1978), Covington과 Omelich(1981)의 연구들의 경우 상관연구를 통해 귀인양식과 감정이나 행동과의 관련성을 탐색하였다.

4) 귀인 측정

앞에서 언급한 바와 같이 개인이 어떤 사건들의 결과에 대해 어떻게 귀인하는가를 알아내기 위한 측정은 많은 태도연구에서와 마찬가지다. 자기보고식 자유반응식 측정과 미리 조사해서 분류해 놓은 가능한 원인들을 제시하고 강제로 선택하게 하는 방법 그리고 각각의 원인들에 대해 자신이 동의하는 정도를 평정하게 하는 규준적 평정척도 사용으로 나누어 볼 수 있다.

(1) 자유반응식 측정

자유반응식 측정은 어떤 사건에 대한 설명을 하고 이런 사건이 왜 발생하였는가에 대해 응답자들이 자유롭게 생각해서 답한 내용을 분석하는 것이다. 따라서 분석 결과는 사건이 발생한 상황과 응답자의 개인적 특성에 따라 다양하게 나타날 수 있다. 이 방법은 다양한 반응을 얻을 수 있다는 장점을 가지고 있으나 바로 그 점 때문에 연구마다 각기 다른 원인들이 나타나 연구결과들을 직접 비교하기가 어렵다. 또한 보편적인 귀인 유형의 분류체계를 얻기가 어려우며, 얻어진 귀인 유형들의 타당성과 신뢰성을 보장하기 어렵다는 단점이 있다.

Weiner 등(1971)이 초기에 제시한 학업성취 상황에서 대표적으로 나타나는 노력, 능력, 과제난이도와 운이라는 네 가지 귀인 유형도 자유반응식으로 얻어진 것이다. 귀인 유형에 대한 자유반응식 측정은 특정 상황에서 특정 집단의 귀인 유형을 알아내고자 할 때나 또는 이런 상황에서 사용하기 위한 측정도구를 개발하기 위한 예비연구의 목적으로 사용하는 것이 적절할 것이다.

(2) 강제선택식 측정

개인의 귀인 유형 측정을 위한 강제선택형척도(개인내적 척도, ipsative scale)에서는 귀인을 차원으로 분류해서 각 차원의 양극을 대표하는 원인들을 표현하는 내용들로 문항을 구성한다. 예를 들면, Rotter(1966)의 '통제소재(Locus of Control)척도'나 Crandall, Katkovsky와 Crandall(1965)의 'IAR 설문지(Intellectual Achievement Responsibility Questionnaire)'에서와 같이 내적 통제와 외적 통제를 하나의 문항에 제시하여 둘 중 어떤 것이 원인인가를 묻는 문항들을 만드는 것이다.

귀인 유형의 측정에서는 두 가지 차원뿐만 아니라 네 가지 귀인 유형에 대한 문항을 제시하고 그중 하나를 선택하게 하는 방법이 많이 사용되었다. 예를 들어, "어제 치른 수학시험에서 낙제점수를 받은 이유는 무엇인가?"를 질문하고, 선택지로 '원래 수학을 못하므로' '시험공부를 안 했기 때문에' '문제가 너무 어려워서' '운이 나빠서' 중에서 하나를 선택하게 하는 것이다. 이와 같은 강제선택형 문항은 태도척도 제작에서 사회적 바람직성과 같은 반응경향성의 부정적인 영향을 배제하기 위해 사용된다. 그러나 이런 척도에서 얻은 결과는 각 개인의 네 가지 귀인 유형에 대한 빈도를 사용하여 유형들 간의 상대적 비교를 하거나 개인의 귀인성향 프로파일을 알아보는 데는 적절하지만, 네 가지 유형에 반응한 수를 모두 합친 총점이 누구나 동일하기 때문에 각 유형에 대한 빈도가 독립적이지 않다. 따라서 개인 간 비교에는 부적절한 방법이다. 또한 강제선택형척도에서 얻은 자료는 상관분석이나 요인분석과 같은 통계적 분석을 할 수 없고, 척도의 내적 합치도도 매우 낮게 산출된다.

강제선택형의 또 다른 예로는 Nowicki와 Strickland(1973)의 '내외 통제소재 척도'이다. 여기서는 내적 통제소재와 외적 통제소재를 하나의 쌍으로 묶어 '예' '아니요'의 양자택일로 반응하게 한 40개의 문항으로 학업 관련 행동에 대한 신념과 미신에 대한 일반적인 지각, 부모나 친구와 관련시킨 행동에 대한 평정을 하게 함으로써 개인의 인과적 신념을 측정하였다.

(3) 규준적 평정척도

규준적(normative) 평정척도는 강제선택형의 단점을 극복하는 측정방법으로 귀인 차원의 양극단에 있는 귀인 유형(내적/외적, 안정적/불안정적, 통제가능/통제불가능)들을 분리해서 피험자의 각 유형에 대한 찬성이나 반대 수준을 평정하게 하는 방법이다. 규준적 평정척도는 각 문항들에 대해 개인이 동의하거나 동의하지 않는 정도를 표시하게 하기 때문에 문항들이 독립적이고, 하나의 요인을 대표하는 척도를 구성할 수 있어 신뢰도와 타당도에 대한 확보가 가능하며, 다양한 통계적 분석의 적용이 가능하다는 장점이 있다(Gable & Wolf, 1993; Maruyama, 1982). 예를 들어, Clifford(1976)의 학업상황에서 통제소재를 측정하기 위한 척도인 '학업책무성척도(academic accountability scale)'에서는 내적 요인과 외적 요인을 따로 분리해서 각각 9문항씩을 작성하여 찬성이나 반대 정도를 평정하도록 하였다. 개인의 통제성향은 내적 문항들의 반응점수의 합과 외적 문항들의 반응점수의 합으로 각각 계산된다. 이러한 접근의 전제는 내적 원인과 외적 원인에 대한 지각은 독립적이라는 것이다. 따라서 하나의 상황에서 내적 원인과 외적 원인 간에 관련이 있을 수도 있다. 그러나 이러한 평정척도는 사회적으로 바람직한 반응에 대한 통제가 어렵고, 개인의 각 귀인요소들에 대한 중요성이나 성향에서의 강도를 직접 비교하기가 어렵다는 단점을 가지고 있다.

4. 교육상황에서의 귀인연구

1) 교육장면에서 귀인성향 발달 경향

귀인이론은 원래 '보통 사람들의 심리학'으로부터 출발하였기 때문에 '성인중심 이론'이라고 할 수 있다. 따라서 초기 Heider나 Kelley의 귀인이론에서는 발달적인 측면은 많이 다루어지지 않았다. 그러나 학업장면에서 개인의 인과귀인이 후속 행동에 대한 중요한 동기요인인 것이 밝혀졌기 때문에 발달수준에 따른 귀인성향의 차이가 있는가를 확인하는 것은 중요한 의미를 가진다. Pintrich와 Schunk(2002)는 다음의 몇 가지 측면에서 귀인이론에서의 발달적 차이를 볼 수 있음을 제안하였다. 첫째, 어린 아동들은 정보단서, 내용지식 그리고 귀인 형성을 위한 추론도식의 사용 방법에서 발달수준에 따라 차이가 있을 것이다. 둘째, 귀인 차원에 대한 분석을 하는 데 있어서 귀인 유형들의 심리적 의미가 발달수준에 따라 다를 것이다. 셋째, 어린 아동들이 노출되는 상황이 서로 달라서 귀인과정에서의 차이가 생길 것이다.

앞의 내용을 살펴보면 아동들의 능력, 노력, 운, 과제난이도와 같은 개념들에 대한 정의가 발달수준에 따라 다를 것임을 추측할 수 있다. 앞 장에서 이미 거론하였듯이 Nicholls와 Miller(1984)는 어린 아동들의 지능에 대한 견해를 증진적 견해와 실체적 견해의 두 가지로 구분하였다. 증진적 견해는 열심히 노력하면 지능도 높아질 수 있다는 것이고, 실체적 견해는 능력과 노력은 반비례적 관계를 가지며 열심히 노력해도 지능은 달라지지 않는다고 믿는 것이다. 실체적 견해는 대부분의 성인이 가진 지능에 대한 견해로서 이러한 견해를 가진 경우 성공이나 실패에 대한 귀인의 결과가 후속 상황에서의 정서나 동기, 행동에 미치는 영향이 다를 것이기 때문에 중요한 의미를 가진다. 즉, 실패를 능력으로 귀인한 아동이 능력에 대한 실체적 견해를 가졌다면, 그 아동은 실패 후에 노력을 투여하기보다는 무기력해질 가능성이 높을 것이다. 그러나 만약 그 아동이 능력에 대한 증진적 견해를 가졌다면, 다음번에는 좀 더 노력을 투여할 수 있을 것이다.

Nicholls와 Miller(1984)는 아동들의 능력과 과제난이도 사이의 관계와 능력과 운 사이의 관계도 연령에 따라 달라진다는 것을 보여 주었다. 능력으로부터 과제난이도를 구분하는 것은 3~4세경에는 자아중심적이던 것으로부터 5~6세경부터는 객관적으로, 7세가 넘으면 규준적으로 발달의 순서를 따른다. 자아중심적 수준의 아동들에게는 자신들이 할 수 있으면 쉬운 과제이고 할 수 없으면 어려운 과제이다. 또한 과제가 쉬우면 자신들이 똑똑하거나 그 과제를 잘하는 것이고, 과제가 어려우면 똑똑하지 못하거나 그 과제를 잘 못하는 것으로 생각한다. 자아중심적 관점에서는 그 과제를 할 수 있는 아동이나 할 수 없는 아동들로부터 나오는 규준적 자료는 고려하지 못한다. 객관적 수준에 있는 아동들은 여러 가지 과제들이 그 특성에 따라 쉽거나 어려울 수 있다는 것을 이해한다. 7세 정도가 되면 과제난이도와 능력을 구분할 수 있고, 사람에 따라 과제가 어려울 수도 있고 쉬울 수도 있다는 것을 이해하며, 사회적 비교로부터 규준적 정보를 사용한다.

아동들은 운과 기술 혹은 능력을 변별하는 데 있어서도 발달적인 차이를 보인다고 한다(Nicholls & Miller, 1984). 어린 아동들은 처음에는 운과 기술을 구분하지 못하고 노력하면 운도 향상된다고 믿는다. 그러나 점차 발달이 진행됨에 따라 청소년기에 이르면 노력한다고 운이 달라지는 것이 아님을 믿게 된다는 것을 보여 주었다. Nicholls와 Miller의 연구결과를 종합하면, 아동들의 귀인분석과 그에 따른 귀인반응경향성은 능력, 노력, 운, 과제난이도에 대한 이해와 관점에 따라 다른 양상을 보일 것이며, 발달이 진행해 감에 따라 보다 성인의 귀인양상으로 접근할 것임을 알수 있다.

2) 학업성취와의 관계

Heider(1958)로부터 시작된 귀인이론은 서두에서 거론한 바와 같은 몇 가지 연구영역을 중심으로 사회심리학, 성격심리학, 교육심리학 등 다양한 분야의 동기연구에 도입되었다. 특히 Weiner와 동료들은 귀인이 교사와 학생들의 태도와 행동에 미치는 영향에 관한 연구에 앞장섰다. 그들의 연구는 수많은 교육 관련 상황에서의 귀인연구를 촉발시켰고, 그 결과로 몇 가지 중요한 결론을 도출하였다.

첫째, 노력을 많이 해서 성공한 것으로 보이는 학생들은 노력을 하지 않아서 실패한 것으로 보이는 학생들보다 칭찬은 더 많이 받고 처벌은 적게 받는 것으로 나타났다. 이런 현상은 학생들의 능력이 높고 낮음에 상관없이 나타났다(Eswara, 1972;

Rest, Nierenberg, Weiner, & Heckhausen, 1973; Weiner & Kukla, 1970). 또한 학업성취도가 높은 학생들이 내부 귀인을 많이 하는 것으로 나타났다(Bar-Tal, 1978; Phares, 1976).

둘째, 학생들은 자기가치감을 보호하는 방법으로 자신의 실패를 노력부족으로 설명한다(Beery, 1975; Covington & Beery, 1976). 즉, 학생들은 자신이 실패한 것에 대해 능력이 부족한 바보로 보이기보다는 차라리 노력을 하지 않는 게으름뱅이로 보이는 것이 더 낫다고 생각한다는 것이다. 이와 같은 결과들에 근거해서 연구자들은 노력을 '양날의 칼(double-edged sword)'로 불렀다(Covington & Omelich, 1979). 만약 어떤 학생이 노력을 투여했음에도 불구하고 실패했다면 그는 교사로부터 비교적 관대한 평가를 받는 이득을 보겠지만, 동시에 자신의 실패가 낮은 능력을 반영하게 되는 손해를 보게 된다. 나아가서 자신이 만약 노력을 하지 않았다고 인정하면 죄책감을 느낄 것이고, 필요한 능력이 없다는 것을 인정하면 수치심을 느낄 가능성이 높다는 것이다(Covington & Omelich, 1984). 대부분의 교실에서 일어나는 이와 같은 갈등상황은 교사와 학생들로 하여금 능력의 가치와 최선의 노력을 다하는 미덕 간의 균형을 이루어야 함을 강조하는 것이다.

셋째, 자신의 학습에서의 실패를 노력부족이나 과제난이도가 아니라 능력부족 때문이라고 귀인하는 학생들은 상대적으로 낮은 인내심을 보이고, 미래 성공에 대해 낮은 기대를 가지고 있으며, 낮은 성적을 보이는 것으로 나타났다(Dweck, 1975). 또한, 학습에서의 실패를 낮은 능력으로 귀인한 결과로 생기는 인지적, 감정적 결손은 자기개념이 낮은 학생들에게 비교적 빨리 나타난다는 결과가 보고되었다(Covington & Omelich, 1981). 이러한 연구들은 학습된 무기력 연구에 큰 영향을 미쳐 귀인이론을 통합한 수정 모형들을 촉발시켰다(Abramson et al., 1978; Miller & Norman, 1979). 학습된 무기력이론에 대해서는 다음 장에서 자세히 다룰 것이다.

넷째, 학생들은 자신의 인과적 설명을 바꾸도록 훈련을 받아서 학습과제 수행의 향상을 이룰 수 있다는 것이다(Diener & Dweck, 1978; Dweck, 1975). 연구결과들은 귀인이 교실에서의 행동을 결정하는 데 중요한 역할을 하고, 교사와 학생 모두 그들의 학업적 사건들에 대한 원인을 이해하고 분석하며 변경시킴으로써 혜택을 받을 수 있음을 시사하는 것이다. 다시 말해서, 학생들이 실패에 대해 어떻게 귀인하느냐에 따라 후속 상황에서의 동기를 결정한다는 많은 연구결과는 학습된 무기력에 빠지기 쉬운 귀인양식을 확인하고 이를 훈련에 의해 변화시키는 연구를 촉발시켰다. 이 연구자들은 학습에서의 실패를 능력부족으로 귀인하는 학생들에게서 학습된 무기력에 빠지는 경향이 높음을 확인하고, 성취결과에 대한 귀인을 바꾸는 귀인 재훈련(attribution retraining) 프로그램을 실시하여 성공적인 결과를 얻었다. 귀인 재훈련 효과는 이후에도 학습부진아들을 대상으로 한 Schunk와 Cox(1986)의 자기효능감 증진, Borkowski, Weyhing과 Carr(1988)의 독해력 증진에 효과가 있었고, Perry와 Penner(1990)의 연구에서는 대학생의 학업성취도 증진에도 효과가 있는 것으로 보고되었다.

5. 교육적 적용과 시사점

이 절에서는 이제까지 제시한 귀인이론과 경험적 연구결과들이 학생들의 학업 전반과 학습활동을 할 때에 필요한 동기유발에 어떠한 시사점과 적용가능성을 제시할 수 있는지를 정리하기로 한다.

1) 전반적 적용

첫째, 학생 자신뿐만 아니라 주변의 타인들의 성공과 실패에 대한 인과적 설명의 특징을 확인해 본다. 자신의 귀인성향이 불안정적, 내적, 통제가능한 원인들 중에서 어떤 특징으로 가장 잘 대표될 수 있을지 확인해 보는 것은 자신을 이해하는 데 도움을 주고 후속 상황을 예측하고 통제할 수 있게 해 준다는 점에서 의미 있는 일이다. 또한, 다양한 성취상황에서 일관된 귀인을 하는지 아니면 상황에 따라 다른 귀인을 하는 경향을 가지고 있는지에 대한 확인도 중요한 정보가 될 것이다.

둘째, 학생들이 자신의 귀인성향을 의식하도록 권장한다. 즉, 학생들로 하여금 학업적 활동이나 스포츠, 사회적 행동결과를 설명해 보게 한다. 예를 들어, "어제 본 시험에서 점수가 나쁜데, 문제가 교과서에서 나오지 않아서 그랬던 모양인가?" 등의 대화로 학생들이 자신의 실패의 원인을 생각하는 습관을 갖게 하고, 해결방안을 생각하기 전에 원인을 규명하도록 도움을 준다. "시험점수가 나빠서 매우 실망했을

텐데, 앞으로 잘하기 위해서는 왜 평소보다 점수가 나쁜지를 알아야 한다."와 같은 원인규명을 하게 하고, 나아가서 능력부족보다는 노력부족이나 잘못된 공부방법 등의 통제가능한 원인으로 실패에 대한 귀인을 하는 습관을 키우면 후속 상황에서 동기유발에 도움이 될 것이다.

셋째, 어떤 사건에 대해 가능한 한 노력이나 흥미 또는 결단성 등을 증진시킬 가능성이 있는 원인에 초점을 맞추도록 한다. 예를 들어, 학생들의 폭력성, 계속적인 실패, 부모의 불평, 교사와 학생들 혹은 행정당국 간의 갈등과 같은 사건들은 대개 그 원인이 매우 복합적이다. 이러한 사건들은 많은 인과요인을 포함하고 있다. 그러나 다양한 원인 중에서 통제가능한, 내적, 불안정적 원인들, 예를 들어 의사소통의 문제, 피드백의 질 문제, 과제의 속성, 목표설정 과정에 학생과 부모가 함께 참여하지 않았기 때문에 생긴 문제 등으로 그 원인을 찾는다면 아마도 문제해결이 훨씬 쉬워질 것이다.

넷째, 다양한 교수전략을 사용하며, 학생들로 하여금 여러 가지 다른 시험공부 전략, 친구 사귀기 전략, 노트 필기 전략 등을 개발하고 토론하며 비교하도록 장려한다. 학생들로 하여금 잘 정의된 공부방법이나 복습방법들 중에서 선택하게 하고, 다양한 전략의 효과를 스스로 비교해 볼 수 있게 도와준다. 성공은 때로는 좋은 전략을 발견한 결과를 의미하는 것일 수 있고, 실패는 보다 적절한 전략을 계속 찾아봐야 하는 것을 의미할 수도 있다는 것을 강조한다. 이러한 접근은 노력을 최대화하고 실패에 대한 능력귀인의 사용을 지연시키는 데 도움을 줄 것이다.

다섯째, 학생들 자신이 지각하는 원인을 스스로 찾도록 유도한다. 학생들로 하여금 실패를 보다 건설적으로 귀인할 것을 권장하고, 교사가 학생들의 실패를 이러한 관점에서 설명해 줄 수 있다. 그러나 학생들 스스로가 성실하고 자발적으로 자신의 성공과 실패를 건설적으로 귀인할 때 그 혜택은 더욱 클 것이다.

2) 귀인 변경

앞에서 성패귀인의 다양한 효과를 살펴보았다. 어떤 상황에 대한 귀인결과는 후속 행동에 긍정적인 영향을 미칠 수도 있고, 부정적인 효과를 미칠 수도 있음을 확인하였다. 따라서 교육현장에서 학습자의 귀인성향을 파악하면 그 개인의 행동을 예측할 수 있을 것이다. 귀인이론의 바로 이러한 측면이 현장 적용의 가능성을 제시하는 것이다. 귀인 변경과 같은 교육적 개입은 만약 인과귀인이 성취를 위한 노력에 영향을 준다면, 귀인을 바꾸면 행동도 달라질 것이라는 논리에 기초한다(Weiner, 1992). 예를 들어, 만약 어느 학생이 학교에서 실시한 시험결과가 성공적이지 못했을 때, 그런 결과를 얻은 원인을 자신의 능력이 부족했기 때문이라고 탓을 돌렸다고 하자. 귀인이론에 따르면 이 학생은 틀림없이 다음 시험준비를 열심히 하지 않을 것이라는 것을 예측할 수 있다. 그러나 실제로 그 학생이 자신이 생각하는 것처럼 능력이 모자라는 학생이 아닌 경우, 이 학생이 다음 시험을 위해 공부를 하게 하는 방법은 열심히 노력하면 성공적인 결과를 얻을 것이라고 생각하게 하는 것이다. 따라서 이 학생으로 하여금 지난번 시험에서 좋은 점수를 받지 못한 이유는 머리가 나빠서가 아니라 시험공부를 열심히 하지 않았기 때문이라고 생각을 전환하게 하는 것이 '귀인 변경' 혹은 '귀인 재훈련(attribution retraining)'의 절차이다.

귀인 변경 훈련은 그동안 여러 연구자들에 의해 제안되고 수행되어 왔다. 교육장면에서는 Dweck(1975), Diener와 Dweck(1978)이 실패에 대한 원인을 능력부족으로 돌리는 아동들의 귀인을 노력부족으로 바꿈으로써 학업성취도를 증진시킬 수 있음을 보여 주었다. 그러나 Nicholls(1978)가 주장하였듯이 아동들의 능력에 대한 신념은 초등학교 저학년에서 고학년으로 올라감에 따라 증진적 견해에서 실체적 견해로 변화하며, 이에 따라 개인의 성취결과에 대해 지각하는 원인도 변화한다. 따라서 성패의 원인에 대한 지각도 발달수준에 따라 다를 것이라고 예측할 수 있다. 그러나 성패의 원인의 발달적 변화에 관한 연구들은 일관된 결과를 보여 주지 않고 있어서 발달수준에 따른 귀인양식에 대해서는 일반적인 결론을 내릴 수 있는 문제가 아니고 상황에 따라 다르다고 하는 것이 적절하다. 따라서 상황에 따라 바람직하지 못한 귀인을 바람직한 방향으로 수정해 줄 수 있는 귀인 변경 훈련은 교육현장에서 긍정적 효과를 지니는 방안이 될 것이다.

Wilson과 Linville(1985)은 대학 1학년을 마친 학생들 중에서 성공적으로 1년을 지내지 못했다고 생각하는 학생들을 확인한 후에 그들에게 2학년, 3학년으로 올라감에 따라 학교성적 체제가 점점 관대해진다는 내용을 담은 상급학년 학생들의 인터뷰 비디오를 보여 줌으로써 그들의 실패가 과제난이도 때문으로 탓을 돌리게 하는 조작을 가하였다. 그 결과, 이러한 실험적 조작에 노출된 학생들은 그렇지 않았던 학생들보다 자퇴율이 낮았고 보다 높은 성적을 받았다. 즉, 불안정한 원인요인인 과제난이도로의 귀인 변경이 후속 성취에 긍정적 영향을 미친 것이다.

앞에서도 거론하였듯이 귀인 재훈련은 실패를 능력부족과 같은 안정적인 요인으로 귀인하는 것을 노력부족이나 과제난이도와 같은 불안정적 요인으로 바꾸는 것뿐만 아니라 잘못된 전략 사용으로 귀인하도록 훈련할 경우 더욱 바람직한 결과를 보였다(Clifford, 1984; Clifford & McNabb, 1983; McNabb, 1986). McNabb(1986)이 초등학생들을 대상으로 귀인 재훈련 실험을 수행하였다. 연구결과는 실패의 원인을 잘못된 전략으로 귀인하도록 교사로부터 권고를 받은 학생들이 노력부족으로 귀인하도록 권고를 받은 학생들보다 훨씬 더 과제에 몰입하였고, 더욱 즐기고, 끈기를 보였으며, 미래의 성공에 대한 기대도 높은 것을 확인하였다. 이러한 결과는 귀인 재훈련을 교육현장에서 적극적으로 도입해야 함을 시사하는 것이다.

6. 귀인이론의 현 상태

이 장에서 다룬 귀인이론은 학습동기를 설명하는 데 초점을 둔 내용을 중심으로 하였다. 그러나 Heider나 Kelley가 귀인이론을 발전시킨 것은 사회심리학적 맥락에서 인간의 행동을 이해하고 예측하기 위해서였다. Weiner의 공헌으로 귀인이론은 심리학의 다양한 영역에서 많은 연구를 촉발시켰다. 특히 학업상황에서 학생들의 동기에 영향을 주는 인과요인들을 귀인 차원에서 분석하여 학습동기 연구의 또 다른 방향을 제시하였다.

모든 학습동기이론 연구의 주요 목적은 결국 학업상황에서 바람직한 수행에 영향을 주는 변인과 조건이 무엇인가를 알아내는 데 있다. 따라서 앞으로는 학업장면에서 과제수행 시 개인의 인과귀인이 다른 요인들과 어떻게 상호작용하여 동기를 유발시키고, 수행수준을 높일 수 있는가에 초점을 두어 연구할 필요가 있다. 또한, 바람직하지 못한 귀인성향을 바람직한 방향으로 수정할 수 있다면 이 또한 교육을 담당한 주체들이 필수적으로 고려해야 할 사항이다.

최근 귀인에 대한 연구는 귀인성향은 개인의 일반적이고 안정적인 성향이 아니라 과제나 상황에 따라 다를 수 있다는 주장에 따라 귀인양식에 대한 관심은 줄어들고 상황특수적인 귀인의 타 변인들과의 관련성에 관심이 모아지고 있다. 즉, 성취상황에서 동기변인으로서의 귀인의 효과를 독립변인이나 조절변인으로 탐색하는 경향을 볼 수 있다.

Weiner(2010, 2018)는 귀인이론을 동기이론으로 도입하는 것의 타당성을 주장하기 위해 많은 귀인 재훈련과 같은 중재연구들에서 보고한 행동변화와 성취향상 결과들을 인용하면서 동기와 정서에 대한 귀인적 접근의 타당성을 주장하고 있다. 그는 또한 귀인이론이 비과학적임을 시사하는 "할머니 심리학(bubba psychology; grandmother psychology)"이라는 비판, 즉 귀인분석에서 나오는 결과는 할머니도 예측할 수 있는 뻔한 내용이라는 의미의 비판에 대해 적극적으로 대응하였다. Weiner (2018)는 귀인연구들의 결과가 보통 사람들의 상식심리학(naive psychology)과 일치한다는 사실은 귀인이론이 과학적 이론으로서 문제가 되는 것이 아니라, 오히려 그러한 경험적 연구결과가 귀인이론의 기저에 있는 차원성에 대한 개념적 기초를 지지하는 것이라고 주장하면서 귀인이론의 정서와 동기이론으로서의 가치를 강조하고 있다.

제5장

학습된 무기력과 실패내성

반복적인 실패 경험이 무기력을 학습하게 만드는 현상을 설명하는 '학습된 무기력이론(Learned Helplessness Theory)'은 실패나 실수가 개인에게 미치는 영향과 대응방법에 대해 많은 정보를 제공해 주는 동기이론의 하나이다. 초기 심리학의 이론들과 마찬가지로 이 이론도 동물연구에서부터 출발하였다. '학습된 무기력'이란 용어는 1960년대 중반에 미국 펜실베이니아 대학교의 Martin Seligman이 그의 동료들과 함께 개를 대상으로 한 고전적 조건학습 실험을 하던 중 관찰한 현상에 이름을 붙인 것이다(Overmier & Seligman, 1967; Seligman & Maier, 1967). 이러한 초기의 동물실험에서 나온 결과는 점차 인간을 대상으로 하여 학습된 무기력 현상이 인간행동도 설명할 수 있음을 보여 줌으로써 이론의 발전을 이루었다. 이 장에서는 학습된 무기력이론이 출현하게 된 배경, 특히 동물실험에 관한 내용과 이러한 동물실험 결과들로부터 인간을 대상으로 진행된 실험연구 결과들을 살펴볼 것이다. 그리고 귀인이론과 같은 심리학의 다른 이론들과 접목시켜 수정과 정련을 시도한 재구성된 이론들을 살펴보고 난 후 학습된 무기력의 원인인 실패 경험이 항상 부정적인 기능만 하는 것이 아니고 긍정적인 기능도 한다는 '건설적 실패이론'에 대해 살펴볼 것이다. 마지막으로 이 이론들의 교육현장에 대한 시사점과 실제적 적용을 논의하기로 한다.

1. 학습된 무기력 현상

1) 초기 연구

Seligman과 동료들의 연구보고에 의하면 이들은 펜실베이니아 대학교의 심리학 실험실에서 개들의 고전적 조건형성에 의한 도피학습을 실험하고 있었다(Overmier & Seligman, 1967; Seligman & Maier, 1967). 그들은 피할 수 없는 전기쇼크를 받은 개들이 후속 실험에서는 셔틀박스 속에서 장애물을 뛰어넘음으로써 쇼크를 피하는 기술을 학습하지 못하는 것을 관찰하였다. 이전에 피할 수 없는 전기쇼크를 받지 않았던 개들은 그 기술을 빨리 학습하였다. 이것은 마치 피할 수 없는 쇼크를 받았던 개들은 "쇼크를 피하기 위해 스스로 할 수 있는 것은 아무것도 없다는 것"을 학습한 것처럼 보였다. 즉, 그 개들은 무기력을 학습하게 되었다는 것이다. 이 실험에서 관찰한 현상을 Overmier와 Seligman(1967)은 '학습된 무기력(learned helplessness)'이라고 명명하였다. 그들은 학습된 무기력을 행동의 결손을 초래하는, 반응과 결과의 독립성에 대한 지각으로 정의하였다. 다시 말하면, 내가 아무리 열심히 노력해도 상황이나 결과에 영향을 미치거나 변화시키거나 통제할 수 없다는 것을 깨닫는 것이다.

학습된 무기력에 관한 연구논문이 발표되자, 이와 같은 개들의 행동결손을 가장 잘 설명하는 것이 통제불가능성에 대한 지각인지 아니면 쇼크 자체인지에 대한 논쟁이 벌어졌다. 두 가지 쇼크와 관련된 설명이 가능한 대안으로 제시되었는데, 하나는 통제불가능한 쇼크가 개들의 신체에 영향을 주어서 후속 쇼크를 피하는 능력을 약화시켰다는 방해가설(interference hypothesis)이고, 또 다른 설명은 개들이 초기에 경험한 전기쇼크가 쇼크에 대한 높은 내성을 만들어 내게 해서 쇼크를 피할 필요가 없기 때문이라는 적응가설(adaptation hypothesis)이다(Seligman & Maier, 1967).

이와 같이 행동결손에 대한 두 가지 가설이 대두되자, 어느 가설이 타당한가에 대한 검증을 위해 Seligman과 Maier(1967)는 후속 실험을 수행하였다. 후속 실험은 세 집단의 개들을 대상으로 하였기 때문에 그들의 실험설계를 '삼원일조 설계(triadic design)'라고 부른다. 실험조건은 통제가능(controllable) 쇼크집단, 통제불가능(uncontrollable) 쇼크집단, 쇼크 없는 통제(no-shock control)집단의 세 가지이다. 앞의 두 집단에 대한 전기쇼크는 정도, 제시순서, 기간이 동일하도록 만들었는데, 이를 위해 두 조건의 개들을 멍에로 연결(yoking)시켰다. 이렇게 함으로써 통제불가능 쇼크 조건의 개는 통제가능 쇼크 조건의 개와 같은 정도와 기간에 해당하는 쇼크를 받을 수 있다. 즉, 1단계 무기력 훈련 회기에서 통제가능 조건의 개가 전기쇼크를 정지시키는 장치를 눌러서 끄면 통제불가능 조건의 개도 같이 쇼크가 중단되고, 만약 통제가능 조건의 개가 끄지 못하면 같은 정도의 쇼크를 계속 받게 되는 것이다. 2단계 실험에서는 도피가능 쇼크 조건, 도피불가능 쇼크 조건 그리고 쇼크 없는 통제조건의 개들의 도피학습 수행을 비교하였다. 쇼크 없는 통제조건의 개들은 1단계는 생략하고 2단계 도피학습만 수행하였다. 세 집단의 수행결과는 도피가능 쇼크 조건의 개들은 통제집단의 개들과 비슷한 수준이었으나, 도피불가능 쇼크 조건의 개들은 8마리 중 6마리가 2단계 실험에서 도피학습에 실패하였다. 이 개들에게 1주일 후에 다시 실험했을 때도 5마리는 여전히 도피학습에 성공하지 못하는 결과를 보였다.

이 실험결과에 대해 Seligman과 Maier(1967)는 초기에 통제불가능한 쇼크에 노출된 개들은 그들이 쇼크를 통제할 방법이 없다는 사실을 '학습'한다는 것, 즉 그들은 무기력하게 되는 것을 학습한다고 결론을 내렸다. 통제가능 쇼크집단과 통제불가능 쇼크집단의 개들이 서로 멍에로 연결되었기 때문에 전기쇼크 자체가 행동결손의 원인이라고 하는 방해가설은 타당한 대안이 아니다. 또한, 1단계에서 쇼크를 전혀 받지 않았던 통제집단과 쇼크를 받았던 통제가능 쇼크집단의 수행수준이 유사한 것은 쇼크에 대한 내성이 생겼다는 적응가설도 적절한 대안이 아님을 증명해 주었다. 따라서 통제불가능성에 대한 지각이 이와 같은 행동결손을 설명할 수 있는 타당한 요인임이 밝혀졌고, 후속 동물실험들에서도 확인되었다(Seligman & Grove, 1970; Seligman, Maier, & Geer, 1968).

이처럼 통제불가능성에 대한 지각이 무기력을 학습하게 하는 것을 보고한 다양한 연구결과들을 종합하여 Maier와 Seligman(1976)은 통제불가능 경험은 세 가지 유형의 유해한 효과 또는 행동결손(behavioral deficit), 즉 동기적(motivational), 인지적(cognitive) 그리고 정서적 결손(emotional deficit)을 초래한다고 주장하였다. 동기적 결손은 실험동물들이 회피행동을 시도하지 못하는 것으로 나타나고, 인지적 결손은 동물들이 반응(장애물을 뛰어넘는 행동)과 결과(쇼크를 회피하는 것) 간의 연결에 대한 학습에 실패하거나 학습속도가 느려지는 것으로 나타나며, 정서적 결손은 특이한 신체적 행동이나 사회적 비정상성으로 나타난다는 것이다. 그러나 이러한 동물실험 결과를 인간에게도 적용할 수 있을 것인가는 알 수 없었다. 인간도 동물과 마찬가지로 통제불가능한 사건에 노출되면 학습된 무기력의 징조가 나타날 것인가? 만약 나타난다면 어떤 특성을 보일 것이며, 그 정도는 어떠할 것인가에 대한 궁금증으로 인간을 대상으로 한 후속 연구들이 수행되었다.

2) 인간연구

Seligman을 비롯한 여러 연구자들이 동물에 대한 연구결과를 발표하고 난 후 얼마 지나지 않아 인간을 대상으로 한 실험이 수행되었다. 인간에 대한 연구결과는 동물연구보다 훨씬 복잡한 것으로 나타났다. 일부 연구들은 학습된 무기력이론의 예측과 일치하는 결과를 보였으나, 그 밖의 연구결과에서는 일치하지 않는 결과를 보여 주었다. 인간의 무기력 현상의 속성을 이해하기 위하여 우울증 환자들과 그렇지 않은 사람들을 대상으로 한 무기력 훈련 효과를 비교하기 위한 연구들도 수행되었다. 여기에서는 이러한 연구들의 구체적인 내용을 살펴보기로 한다.

(1) 이론과 일치하는 연구

인간을 대상으로 제일 처음 실시된 연구는 Fosco와 Geer(1971)의 연구였다. 이 연구에서는 인간 연구참여자들을 소음통제 과제에서 다양한 비율의 실패에 노출시켰다. 참여자들은 9개의 문제를 풀어야 했는데, 각기 다른 정도의 지각된 통제를 나타내는 것으로 가정하여 0, 3, 6, 9개의 풀리지 않는 문제를 포함한 과제를 수행하게 하였다. 그 후에 모든 참여자에게 3개의 풀리는 문제가 주어졌다. 참여자들이 해야 할 일은 패널 위에 있는 단추를 눌러서 소음을 중단시키게 하는 정확한 순서를 찾는 것이다. 3개의 풀리는 문제에서 범한 오류가 기록되었다. 실험결과, 풀리지 않는 문제가 많이 주어졌던 참여자일수록 마지막 3개의 풀리는 문제에서 오류를 더 많이 범했다. 이 결과가 학습된 무기력이론을 지지하기는 하지만, 가장 높은 통제불가능 정도에 노출된 참여자들은 가장 많은 소음을 경험하였다는 것을 주목해야 한다. 다시 말해서, 이 참여자들은 통제불가능성에 대한 지각뿐만 아니라 실제로 가장 많은 실패를 경험한 것이다.

그 후 Hiroto(1974), Hiroto와 Seligman(1975)은 유사한 실험을 수행하여 인간에게도 학습된 무기력 현상이 생긴다는 것을 확인하였다. Hiroto와 Seligman(1975)의 대학생을 대상으로 한 연구에서는 네 개의 실험을 동시에 진행시켰다. 실험과제로는 기계적인 소음통제 과제뿐만 아니라 글자수수께끼(anagram)와 변별문제를 사용하였다. 초기에 해결이 불가능한(통제불가능한 소음통제 과제나 풀리지 않는 변별문제) 문제에 노출되었던 참여자들은 가능한 문제를 풀었던 집단이나 아무 과제를 수행하지 않았던 통제집단에 비해 거의 대부분 후속 소음통제 과제에서와 글자수수께끼 과제에서 낮은 수행을 보였다. 통제불가능성의 방해 효과는 초기에 통제불가능을 경험했던 과제와 전혀 다른 과제들에까지 영향을 주었다. 이 연구결과들은 무기력 가설에 대한 지지를 제공할 뿐만 아니라 인간에게서 무기력의 일반화가 가능하다는 더욱 중요한 사실까지 보여 주었다. 이 네 개의 실험결과에서의 일관성은 연구자들로 하여금 학습된 무기력은 일단 경험하게 되면 다양한 상황에 걸쳐서 상당히 지속적인 행동 유형을 발생시키는 특질과 같은 것이라는 결론을 내리게 하였다.

이후에는 Gatchel, Paulus와 Maples(1975) 또한 인간 연구참여자들에게 학습된 무기력 현상의 일반화 가능성을 보여 주었다. 이 연구자들은 학습된 무기력을 경험하는 참여자들은 이런 경험에 노출되지 않았던 사람들에 비해서 보다 심한 우울, 불안, 적개심을 나타내는 것을 발견하였다. 이러한 모든 연구결과에서 도출되는 결론은 학습된 무기력이 실제로 인간에게 나타나는 현상이고, 이러한 현상은 과제나 상황에 걸쳐서 일반화되며, 인지적 과제나 운동 과제에서의 수행이 오랫동안 계속되는 통제불가능성에 의해 해로운 영향을 받는다는 것으로 요약할 수 있다.

(2) 이론과 일치하지 않는 연구

학습된 무기력이론이 통제불가능성에 대한 지각이 행동과 감정에서의 결손을 초래한다는 것을 예측했지만 일부 연구들은 통제불가능성 때문에 생기는 수행에 대한 유해한 효과를 보여 주는 데 실패하였다. 또한 일부 연구들에서는 통제불가능성이 사실상 후속 수행을 촉진시키는 것을 보여 주기도 하였다.

Thornton과 Jacobs(1972)는 인간의 학습된 무기력 현상을 탐색하기 위하여 80명의 심리학개론 수강생들을 대상으로 Fosco와 Geer(1971)가 사용했던 것과 같은 단추를 눌러서 전기쇼크를 통제하는 과제를 사용하여 실험하였다. 연구자들은 무기력 훈련 단계인 1단계에서 통제가능한 쇼크를 경험한 참여자들이 통제불가능한 쇼크를 경험한 참여자들보다 2단계 과제에서 훨씬 성공적인 것을 발견하였다. 그러나 통제불가능한 쇼크를 받은 집단은 나머지 두 통제집단(과제수행 없는 쇼크와 쇼크 없는 과제수행 조건)과 2단계 과제에서 차이를 보이지 않았다. 다시 말해서, 실험결과가 통제가능한 쇼크와 불가능한 쇼크 간의 차이를 보여 준 것은 맞지만, 통제불가능 쇼크가 다른 두 가지 통제조건의 수행과 다르지 않았기 때문에 학습된 무기력을 초래했다는 주장을 지지하지는 못하였다.

따라서 인간을 대상으로 한 학습된 무기력 연구들에서 나타난 결과들을 종합하면 다음과 같은 결론을 얻을 수 있다. 첫째, 통제불가능성은 항상 수행을 저하시키는 효과를 만들어 내는 것이 아닐 수도 있고, 때로는 수행의 향상을 가져올 수도 있다. 둘째, 수용되거나 기대된 통제불가능성은 후속 수행을 향상시킬 수 있고, 반면에 예상하지 않았거나 설명되지 않은 통제불가능성은 예측대로 유해한 효과를 초래할 수도 있다. 이와 같은 연구결과들은 잠시 후에 제시될 학습된 무기력의 초기 이론에 대한 수정 모형들을 발전시켰다.

3) 학습된 무기력과 우울증

학습된 무기력 현상에 대한 연구보고들이 나오게 된 후 얼마 되지 않아 Seligman (1972)은 학습된 무기력 증상이 우울증을 가진 사람들이 보이는 행동과 유사한 측면이 많다고 주장하였다. 그는 이 둘은 유사한 증상을 보이므로 치료법과 예방 차원의 방안들을 공유할 수 있을 것이라고 주장하였다. 만약 이것이 사실이라면 무기력 훈련(통제불가능한 사건들)에 노출된 우울하지 않은 일반 연구참여자들은 무기력 훈련을 받지 않은 우울증 환자들과 같은 행동을 해야 한다. 이러한 예측을 검증하기 위해 Klein, Fencil-Morse와 Seligman(1976)은 우울증 환자와 일반 참여자들을 대상으로 풀리는 변별학습 문제를 제시한 집단, 풀리지 않는 문제를 제시한 집단과 통제 집단을 두고 글자수수께끼 문제를 제시하였다. 기대한 바대로 우울증 환자들이 일반 참여자들보다, 그리고 풀리지 않는 변별문제를 풀었던 집단이 풀리는 문제를 풀었던 집단보다 수행이 저조하였다. 풀리는 문제나 풀리지 않는 문제 둘 다 주어지지 않았던 우울증 환자들은 초기에 풀리지 않는 변별문제를 경험했던 일반 참여자들보다 수행을 더 잘하지도 못하지도 않았다. 더욱이 변별문제 풀이의 실패가 문제가 매우 어려웠기 때문이라고 말해 준 우울증 참여자들의 글자수수께끼에서의 수행은 능력이 부족해서 그런 것이라고 믿도록 만든 우울증 참여자들보다 훨씬 나은 결과를 보였다.

이와 같은 연구결과는 실패 자체만으로는 사람들이 무기력에 빠지게 하는 데 충분하지 못하고, 개인의 능력이 부족하다고 믿게 하는 실패 경험이라야 무기력에 빠지게 한다는 결론을 내리게 한다. 또한, 우울증 환자들에게서 볼 수 있는 수행의 저조는 그들의 실패를 능력부족과 같은 개인적 요인이 아니라 과제난이도와 같은 환경적 요인 탓으로 돌리게 함으로써 어느 정도 완화될 수 있다는 것을 예측할 수 있다.

이처럼 인간을 대상으로 한 학습된 무기력 연구들은 원래 수립했던 이론에 의해서 설명할 수 없는 결과들을 산출하였다. 연구결과들의 불일치와 함께 인간에게는 통제불가능성에 대한 '기대'와 같은 인지(cognition)기능이 학습된 무기력 훈련의 효과를 중재한다는 것을 보여 주는 결과들은 학습된 무기력이론이 수정되어야 함을 제안하였다.

2. 초기 학습된 무기력이론의 수정

Seligman과 동료들에 의해 진행된 학습된 무기력이론을 검증한 많은 연구결과는 이론이 예측하는 바와 일치하는 결과뿐만 아니라 불일치하거나 모순적인 결과를 도출하기도 하였다. 따라서 이러한 일관성이 없는 결과들에 대한 원인을 찾아내기 위한 다양한 시도들이 있었다. 그중에서 가장 주목을 많이 받은 수정 모형들로는 Wortman과 Brehm(1975)의 심리적 저항이론과 접목시킨 통합 모형, Abramson, Seligman과 Teasdale(1978), Miller와 Norman(1979)이 귀인이론을 접목시킨 모형이 있고, Kuhl(1981)의 수정된 해석을 들 수 있다. 이 수정 모형들은 어떤 상황에서 왜 통제불가능성에 대한 경험이 후속 수행의 향상을 가져오는가 그리고 학습된 무기력의 심각성과 그 효과를 결정할 때 인지의 역할은 무엇인가를 설명하기 위하여 제안되었다.

1) 심리적 저항이론과의 통합

학습된 무기력이라는 이론체계하에서 실험을 수행한 연구들 중에는 어느 정도의 통제불가능한 실패나 무기력 훈련이 주어진 참여자들이 후속 과제에서 이러한 초기 실패 경험이 없었던 참여자들보다 향상된 수행을 보여 준 결과들을 보고한 경우들이 있었다(Roth & Bootzin, 1974; Roth & Kubal, 1975; Thornton & Jacobs, 1972). 이러한 발견은 학습된 무기력이론으로는 설명이 불가능하고, 개인의 기술이나 능력이 실패에 의해 위협받는 것으로 보이면 노력을 더욱 투여할 것이라는 심리적 저항이론(Psychological Reactance Theory)을 지지하는 것이다. 다시 말해서, 자신이 할 수 있다고 기대하는 일에서 실패하면 그에 대한 저항이 생겨나서 더욱 노력을 투여할 것이라는 것이다. 따라서 심리적 저항이론과 학습된 무기력이론을 통합함으로써 지각된 통제불가능성의 긍정적, 부정적 효과를 다 설명할 수 있는 통합 모형이 만들어졌다(Wortman & Brehm, 1975). 이 통합 모형은 약간의 지각된 통제불가능성은 처음에는 수행의 증진을 가져오지만, 통제불가능성의 정도가 증가되면 수행수준의 감소가 일어난다고 제안한다. 또한, 이 모형에서는 수행에 대한 긍정적이고 촉진적인 심리적 저항 효과와 부정적이고 약화시키는 학습된 무기력 효과는 과제중요도가 증가할수록 더욱 두드러진다고 한다. 다시 말해서, 실패나 통제불가능성을 경험하는 사건이 개인에게 중요한 것일수록 행동반응은 더욱 강해질 것이라는 주장이다.

2) 귀인이론의 도입

학습된 무기력 연구자들은 이 용어를 만들고 정의할 때 학습된 무기력은 근본적으로 통제불가능성에 대한 지각이나 기대 때문에 발생되는 인지적 현상이라고 주장하였다. 그러나 이론 개발 초기에 연구자들은 통제불가능한 쇼크나 실패, 소음 등의 혐오적 자극을 조작하여 실험수행을 하고, 이러한 환경적 자극들이 과제수행에 미치는 영향을 측정하는 데만 관심을 가지고 그 과정 중에 관여하는 인지의 속성이나 역할에 대해서는 무시하였다. 그러나 심리학자들이 실패에 대한 설명과 과제난이도에 관한 정보가 학습된 무기력을 감소시키는 데 사용될 수 있다는 것을 발견함에 따라 다시 인지에 초점을 맞추게 되었다. 두 팀의 연구자들이 학습된 무기력을 초래하는 데 영향을 미치는 사고의 종류와 기능을 설명하기 위해 학습된 무기력이론을 수정하였다(Abramson et al., 1978; Miller & Norman, 1979). 이들의 수정안에서는 개인이 통제불가능성의 이유를 무엇으로 보느냐, 즉 어떻게 귀인하는가가 그 효과를 결정하는 가장 강력하고 유일한 요인이라는 것을 강조하였다.

Abramson 등(1978)은 학습된 무기력의 초기 이론의 3단계 모형을 귀인과정을 포함하는 4단계 모형으로 수정하였다. [그림 5-1]의 상단에 제시한 것과 같은 3단계 모형에서는 통제불가능성에 대한 지각이 통제불가능성에 대한 기대를 형성하고, 이 기대가 학습된 무기력을 초래한다는 것이다. 그러나 4단계 모형에서는 통제불가능성에 대한 지각은 통제불가능성에 대한 인과적 설명(귀인)으로 유도되고, 그 귀인결

초기 모형	통제불가능 지각	→	기대	→	행동결손	
수정 모형	통제불가능 지각	→	귀인	→	기대	→ 행동결손

[그림 5-1] 학습된 무기력 발생 과정에 대한 초기 모형과 수정 모형

과가 후속 통제불가능성에 대한 기대를 형성하게 하여 학습된 무기력이 발생된다는 것이다. 다시 말해서, Abramson 등(1978)은 초기 이론과 불일치하는 결과들을 해석하기 위해 귀인 개념을 도입한 것이다. 그들은 인과귀인이 인간의 학습된 무기력의 속성을 설명하고 예측하는 데 필요하다고 주장하고, 또한 인과귀인의 속성이 학습된 무기력을 예방하고 완화시키는 데 중요한 시사점을 가지고 있음을 강조하였다.

학습된 무기력의 최초 이론을 수정하고 정련시키려는 또 다른 노력의 일환으로 Miller와 Norman(1979)의 연구를 들 수 있다. 이들도 Abramson 등(1978)과 비슷한 시기에 이론에 대한 정련을 시도하였는데, Miller와 Norman의 수정이론에서도 인과귀인의 기능과 무기력한 행동 간의 관계에 초점을 맞췄다. 그들은 귀인 유형에 따라 무기력의 양상이 달라진다고 주장하고, 학습된 무기력 증상의 완화를 위한 첫 단계는 개인의 인과귀인의 유형을 파악하는 것이라고 하였다. 만약 개인이 통제불가능한 혐오적 결과를 외적이며 불안정하고 특수한 원인으로 귀인한다면 다음에는 긍정적 결과를 가지고 반응과 결과 간의 관련성을 경험할 수 있도록 성공 경험을 할 수 있게 해 주면 될 것이다. 반면에 만약 개인이 통제불가능한 혐오적 결과를 내적이고 안정적인 일반적 원인으로 귀인한다면 무기력한 행동을 수정하기 위하여 개인의 귀인을 바꾸도록 직접적인 개입을 하는 것이 필요하다는 것이다.

Abramson 등(1978)과 Miller와 Norman(1979)의 수정 모형들은 모두 무기력을 학습하는 데 개인의 귀인성향이 매우 중요한 요인임을 강조하였다. 따라서 앞 장에서 제시한 귀인 변경 훈련에 관한 집중적인 논의가 진행되었는데, 자세한 내용은 다음에서 알아보기로 한다.

3) 학습된 무기력이론에 대한 비판과 대안 이론

학습된 무기력이론에 대한 수정 모형들은 초기 학습된 무기력이론이 현상을 설명하는 데 부족한 부분들을 보완하는 방향을 취한 것이었다. 이번에 소개할 내용은 이러한 수정 모형과는 달리 초기 이론에 대한 비판과 대안 이론을 제시한 Kuhl(1981)의 주장이다.

Seligman을 비롯한 연구자들의 초기 학습된 무기력이론과 경험적 연구들을 Kuhl(1981)은 기대─가치이론(Expectancy-Value Theory) 틀을 적용하여 다음과 같이 비판하였다. 첫째, 기대─가치 모형의 가치 측면, 즉 실험과제의 중요성을 무시하고 통제에 대한 기대 측면만을 너무 강조하였다. 다시 말해서, 통제에 대한 기대가 감소한 것을 통제불가능한 과제에 노출된 후에 오는 수행 결손에 대한 매개요인이라는 것을 지나치게 강조하였다. 둘째, 성취동기의 역동성을 고려하지 못했다. 즉, 단편적인 행동만이 아닌 계속적인 행동을 대상으로 해서 개인의 성취동기 수준에 대한 결론을 내려야 하는데 그렇지 못했다. 셋째, 통제불가능한 상황에 노출된 후에 상태지향성(state-orientation; 혐오적 경험 후에 과거, 현재, 미래 상태에 초점을 맞추는 인지적 활동)과 같은 인지적 방해요인 때문에 수행 저하를 보이는 기능적 무기력(functional helplessness)과 통제불가능에 대한 지각(기대) 때문에 동기가 생기지 않아 수행 저하를 보이는 동기적 무기력(motivational helplessness)을 구분하지 못했다. 넷째, 지각된 통제불가능성에 대한 직접적인 평가는 부족하고 행동으로부터 추론을 너무 많이 했다.

이와 같은 학습된 무기력이론에 대한 제한점을 보완하기 위해 Kuhl(1981)은 Seligman의 기능적 무기력이 아닌 동기적 무기력을 강조하는 학습된 무기력의 3요인 이론을 제시하였다. 그는 학습된 무기력이 포함하는 세 가지 요인의 특성을 다음과 같이 설명하였다. 첫 번째는 기대요인으로서 성공이나 실패 확률의 감소가 항상 동기의 저하를 초래하는 것은 아니며, 실패에 대한 기대는 무기력을 학습한 훈련 과제와 매우 다른 과제에 대해서만 전이가 제한된다. 두 번째는 가치요인으로서 성취해야 할 두 개의 과제가 비교적 동등한 가치를 가진 경우, 기능적으로 동등한 수준의 대체적 동기가 발생할 가능성이 크다. 훈련과제와 실험과제가 유사한 경우, 즉 동일한 수준의 기대수준을 가진 과제인 경우 대체적 동기는 기대할 수 없고 초기 무기력이론으로 수행을 설명하기에 충분하다. 그러나 무기력 훈련 후에 감소하는 것이 아닌 증가된 동기를 보이는 연구결과들이 나타났다는 것은 기능적 무기력과 동기적 무기력을 구분해야 함을 시사한다. 세 번째는 개인차 요인으로서 무기력 증상은 개인의 '행위지향성(action-orientation)'에 따라 다를 수 있다. '행위지향성'이란 현재 상태와 원하는 미래 상태 간의 불일치를 극복하기 위해 행동적 대안과 계획에 초점을 맞추는 인지적 행위를 말한다. 행위지향성과 대비되는 것은 '상태지향성(state-orientation)'인데, 이것은 개인의 현재, 과거, 미래의 상태에 초점을 맞추는 인지적 행위를 말한다. 통제불가능한 결과에의 노출은 우선 행위지향적 경향성을 증가시킨다. 결정적 수준을 넘어서는 증가된 노출은 상태지향적 행위를 유도한다. 상태지향적 행위는 복잡한 인지적 과제의 수행을 방해하는데, 이것은 동기적 무기력이 아닌 기능적 무기력이라고 해야 한다며 Kuhl은 이 두 가지 무기력을 구분해야 함을 주장하는 것이다. 즉, 과제에 대한 편견을 갖게 하고, 주의를 분산시키는 상태지향성과 같은 방해요인 때문에 생기는 무기력은 기능적 무기력이며, 한 과제로부터 다른 과제로 일반화된 통제불가능성에 대한 기대 때문에 생기는 무기력은 동기적 무기력으로 불러야 한다고 주장하였다. 이와 같이 Kuhl은 기존의 학습된 무기력 연구결과들의 불일치를 해석할 때 개인의 지향성을 고려해서 차별적으로 해석해야 함을 제안하였다. 또한 귀인 재훈련과 같은 무기력 치료에 대한 중재는 동기적 무기력에는 효과가 있을 수 있지만 기능적 무기력에 의한 우울증적 특성에 적용하면 역효과가 날 수도 있기 때문에 무기력이나 우울증 치료를 위한 결정을 하기 전에 두 가지 무기력을 구별해야 한다고 주장하였다.

3. 학습된 무기력이론의 현장 적용과 현 상태

1) 학습된 무기력의 예방과 증상 완화

Seligman과 Maier(1967)가 학습된 무기력이라는 현상을 보고하고 명명하면서 심리학자들은 학습된 무기력 증상을 완화하고 예방하기 위한 방안들을 연구하기 시작하였다. 초기 동물과 인간을 대상으로 한 연구들에서는 학습된 무기력의 유해한 효과는 예방이나 치료를 통해 감소시킬 수 있음을 보여 주었다(Seligman & Maier, 1967).

인간을 대상으로 한 예방적 처치로는 통제불가능한 혐오자극에 노출되기 전에 미리 혐오적 자극에 대한 통제 경험을 하게 하는 방안이 소개되었다. Jones, Nation 과 Massad(1977)의 연구에서는 실험 초기에 50% 성공률을 가진 과제를 경험한 대 학생들이, 100% 성공률을 가진 과제를 경험한 학생들보다 이후에 진행된 무기력 훈 련에서 수행의 저하가 덜했음을 보여 주었다. 다시 말해서, 통제불가능한 사건들에 대한 경험이 이와 같은 혐오적인 상황에 대한 면역 효과를 가져왔다는 것이다.

치료를 위한 개입은 실패에 대한 설명을 바꾸도록 권장하는 형태로 진행되었다. 무기력하게 행동하는 사람들은 자신의 실패를 쉽게 바꿀 수 없는 능력부족에 원인 을 돌리는 경향이 있다. 그러나 자신의 실패를 노력부족으로 원인을 돌리도록 독려 한 경우에는 수행이 향상되고, 무기력이 감소하는 현상이 나타났다(Dweck, 1975). 이와 같은 귀인 재훈련의 효과는 Dweck과 Repucci(1973), Chapin과 Dyck(1976), Fowler와 Peterson(1981)의 연구에서도 확인되었다. 또한 참여자들에게 사전에 이 과제는 매우 어려운 것이라고 말해 주는 경우, 다시 말해서 실패에 대한 책임이 자 신에게만 있지 않다는 것을 시사하는 상황에서는 무기력 훈련의 효과가 감소하는 것을 발견하였다(Tennen & Eller, 1977). 따라서 무기력 훈련 전과 후의 성공적인 수 행이나 실패를 통제가능한 요인으로 귀인을 하도록 재훈련하는 것은 무기력 훈련 이나 실패 경험의 유해한 효과를 완화시키거나 예방하는 데 도움이 될 수 있을 것 이다.

Mikulincer(1994)는 인간의 학습된 무기력은 통제에 대한 기대뿐만 아니라 과제 의 중요성에 대한 인식, 위협에 대한 경험, 내적 관심, 분노, 걱정, 우울, 반추, 문제 해결 전략과 같은 다양한 요인의 영향을 받을 것이라고 주장하면서 학습된 무기력 에 대한 통합 모형을 제안하였다. 그는 반복된 실패를 경험하는 개인이 그 과제를 얼마나 가치 있는 것으로 지각하고 집중하느냐에 따라 통제에 대한 기대수준이 달 라질 것이며, 따라서 실패상황에 대한 대처 전략이 다양할 것이고 그에 따라 학습된 무기력을 경험할 것인지가 결정될 것이라고 주장하였다. 통제에 대한 기대가 높은 경우에 실패하면 분노가 생기고 문제해결을 하고자 하는 생각으로 일종의 저항의 식이 생기게 된다. 반면에 통제에 대한 기대가 낮은 경우에 실패하면 불안과 우울감이 생기고 회피하거나 문제해결과 관련이 없는 대처를 하게 되어 학습된 무기력 결손이 발생한다고 주장하였다. Mikulincer(1994)의 이러한 접근은 학습된 무기력을 경험하는 사람들을 치료하기 위한 중재 프로그램으로 도입할 수 있을 것으로 기대한다.

2) 교육현장 적용

학습된 무기력과 유사한 현상들이 일상생활의 도처에서 다양한 연령의 사람들에게 영향을 주고 있는 것을 관찰할 수 있다. 통제불가능한 혐오적인 결과를 경험하면 긍정적 행동과 정서가 두드러지게 저하되어 우울감에 빠져들고, 무관심하게 되거나 냉담하게 되는 상태를 자주 경험하게 된다. 학습된 무기력에 관한 연구들은 이와 같은 행동의 많은 부분에 대해 사람들이 이러한 상황을 어떻게 지각하고, 그 원인을 무엇으로 돌리는가를 가지고 설명할 수 있음을 시사한다. 취직을 하지 못하거나, 실직을 당한다거나, 혹은 반복적으로 입시에서 실패하고, 친구를 사귀지 못하는 등의 일상생활에서 바람직하지 못한 사건들의 경험은 무기력을 학습하게 할 수 있다.

학습된 무기력 현상이 보고되자 미국 교육계에서는 실패 경험의 부정적 영향을 경계하여 일반 학교에서 시험을 폐지하고, 상대평가에 근거한 등수를 학생들과 부모들에게 보고하지 않는 관행이 만들어졌다. 이러한 교육현장의 실제는 한국에도 도입되어 지난 십여 년 동안 초등학교에서는 공식적인 시험을 없애는 등의 실패 경험을 최소화하기 위한 제도들이 도입되었다. 또한 가정에서도 자녀들을 벌하거나 야단을 치는 등의 부정적 훈육방법들은 피하고, 주눅이 들지 않게 하고 기를 살리는 자녀교육 방안들을 강조하게 되었다.

그러나 앞에서도 보았듯이 이와 같은 실패를 기피하고, 성공 경험만을 강조하는 교육실제는 학생들로 하여금 실패에 대한 내성을 길러 주지 못하여 작은 실패에도 쉽게 좌절하는 나약한 사람으로 만들 가능성을 증가시켰다. 근래 10년 이상 계속적으로 접하는 한국 청소년들의 자살 사례들은 무기력하게 되지 말라는 실패 경험으로부터의 보호가 반대로 작은 실패에도 좌절하는 나약한 인간으로 기르는 것은 아닌가 하는 우려를 낳게 한다. 최근에 초등학교에서 다시 학생들의 성취도에 대한 정확한 파악을 위해 시험제도가 부활하는 것은 이런 측면에서 볼 때 긍정적이라고 할 수 있다. 다만, 지나치게 점수와 등수를 강조하는 경쟁적인 평가 위주의 규준참조적 시험이 아니라 학생들이 자신의 능력에 대한 정확한 정보를 제공받고, 성취를 이룬 부분과 아직 부족한 부분을 파악할 수 있는 준거참조적 평가체계를 도입하는 것이 중요할 것이다. 이렇게 학생들이 자신의 부족한 부분에 대한 정확한 피드백을 받게 되면 학습에 대한 동기를 유발시켜 수행의 향상을 이루게 되고, 궁극적으로는 자신감과 자존감 향상으로 이어질 수 있을 것이다.

연구결과들은 인간의 학습된 무기력에 대한 예방과 치료방법으로 다양한 제안을 하였다. 이러한 제안은 특히 교육현장에서 학생들이 학습된 무기력에 빠지게 하는 것을 사전에 방지하고, 이미 무기력감을 경험한 학생들이 무기력 상태로부터 회복하는 것을 촉진시킬 수 있는 방안들로 교육현장에 큰 시사점을 제공하는 것들이다. 구체적인 방안들은 다음과 같이 요약할 수 있다.

첫째, 학생들을 실패 경험으로부터 과잉보호하지 말아야 한다. 학습된 무기력 연구결과들은 모든 실패 경험이 다 부정적이 아니라는 것을 보여 주었다. 다만, 혐오적인 사건을 통제불가능한 것으로 지각하고 내적, 안정적, 일반적이며 통제불가능한 요인이 원인이라고 생각할 때 수행과 정서적 결손이 생긴다는 것을 보여 주었다. 실패 후에라도 통제가능한 결과를 경험하면 무기력감은 생기지 않고 노력, 결단, 수행의 증가를 가져온다는 것을 보여 주었다. 적정수준의 실패 경험은 무기력에 빠지는 것을 예방할 수 있다. 따라서 실패로부터 지나치게 보호하는 것은 학생들로부터 실패에 대한 통제를 경험할 기회를 박탈하는 것일 수 있다. 다음 절에서 다룰 건설적 실패이론도 이러한 측면을 뒷받침해 주고 있음을 보여 줄 것이다.

둘째, 통제감을 경험할 수 있는 환경을 만들어 준다. 이것은 특히 위협적인 상황으로 발전될 가능성이 있는 사건들에서 더욱 중요하다. 개인이 이전에 통제를 경험했던 관련 행동들을 자주 생각하게 하고, 무기력을 유발하는 상황과 관련된 사건들에서 작은 통제라도 경험할 수 있도록 도와준다.

셋째, 부모나 교사와 같은 통제권을 가진 사람들은 반복적으로 너무 어려운 과제를 부여하는 것은 피한다. 특히 개인의 과거 실패 경험에 대한 전력을 파악해서 반복적인 실패 경험에 노출되었던 학생인지 아닌지에 따라 과제난이도를 조절할 필요가 있다.

넷째, 만약 실패가 예상되는 상황이 예견되면 실패결과를 수용할 준비를 할 수 있도록 사전에 상황에 대한 정보를 제공한다. 예를 들어, 중요하면서도 어려운 시험을 치러야 하는데, 준비가 덜 된 것으로 판단되면 실패할 수도 있다는 사실을 인지할 수 있게 해 주고, 이후에 어떤 대처를 해야 할 것인가를 미리 생각할 기회를 마련해 준다.

다섯째, 수행결과에 대한 피드백을 적절하게 사용한다. 분명하고 구체적인 피드백을 제공하여 학생들이 자신의 능력이나 실패의 원인을 정확하게 파악할 수 있게 해 준다. 아주 훌륭한 과제에서나 그저 그렇게 한 과제에서나 "나쁘지 않아."와 같이 변별이 되지 않는 애매한 피드백을 제공하는 것은 피하고, 무능함을 함축하는 "뭐 하나라도 제대로 할 수는 없냐?"와 같은 말이나 성공적인 결과가 나왔을 때 개인의 공을 인정하지 않는 등의 고의는 아닐지라도 학습된 무기력이 쉽게 발생할 수 있는 환경을 만들지 않도록 노력해야 한다.

여섯째, 귀인 변경을 위한 재훈련을 시도한다. 즉, 혐오적인 결과에 대한 설명을 달리해서 그 원인을 바꿀 수 있는 것으로 볼 수 있게 만든다. 실패를 능력부족으로 귀인하는 사람은 노력부족이나 전략부족으로 바꿀 수 있도록 설득한다. 만약 능력부족이 실제 실패의 원인으로 판단되면, 과제난이도를 낮추어야 한다. 그러나 능력부족이 문제가 아니라고 판단되면, 학생으로 하여금 노력부족이나 부적절한 방법의 사용 등 실패의 다른 원인을 찾도록 도와준다.

이와 같은 학습된 무기력을 예방하고 치료하는 다양한 방법은 다음 절에서 살펴볼 건설적 실패이론의 핵심 요인인 실패내성과 밀접하게 관련되어 있으므로 실패내성 증진을 위한 방법들과도 일맥상통하는 부분이 많음을 확인하게 될 것이다.

3) 학습된 무기력이론의 현 상태

학습된 무기력이론은 그 시작이 동물들의 고전적 조건화 학습 실험현장에서 시작되었지만, 심리학의 어떤 이론들보다도 인간의 성취행동을 이해하는 데 중요한 이론으로 발전하였다. 특히 수행상황에서 목표에 도달하지 못하거나 포기하는 부정적인 결과에 대한 설명으로 가장 설득력 있는 이론으로 자리매김하고 있다. 또한, 이 이론은 실패를 경험할 기회가 많은 교육현장에 도입되어 학생들의 실패 경험에 관한 많은 논란을 촉발시켰고, 실제로 교육현장에 제공한 함의가 큰 이론으로 여전히 남아 있다.

학습된 무기력이론은 동기이론 발전에 중요한 전환점을 제공하였다. 1960년대까지 행동주의이론가들에 의한 동물실험에서 나타난 연구결과들과 생물학적 측면에서 생리적 욕구와 추동을 중심으로 전개되던 인간의 동기이론에 기대와 귀인과 같은 인지적 요소의 중요성을 강조하면서 인지주의 학자들을 동기연구에 끌어들였다는 점은 매우 중요한 공헌이라 할 것이다.

이론 개발 초기에 왕성하던 경험적 연구는 인간 참여자 사용 시 문제가 되는 윤리적 측면 때문에 더 이상 무기력을 훈련시켜 그 효과를 검증하는 방식으로 실험연구를 진행할 수 없게 되었다. 특히 해결불가능하거나 답이 없는 문제를 제시하고, 통제불가능한 수행상황에서 그 결과에 대한 실패 피드백을 줌으로써 무기력을 유도하여 학습하게 하는 실험연구는 거의 불가능하게 되었다. 또한 답이 없는 문제를 제시하고 실패했다는 피드백을 주는 속임수까지 포함된 실험절차는 '생명윤리위원회(Institutional Review Board)'를 통과할 수 없기 때문에 최근 연구에서는 찾아보기 어려운 실정이다. 따라서 최근 연구는 실험상황에서 실패를 경험하고 무기력을 유도하는 연구보다는 개인의 우울경향성이나 무기력을 나타내는 자기보고식 문항들을 개발하고, 무기력 경향성을 평가하여 상대적으로 높고 낮은 개인으로 구분하여 다른 변인들과의 관련성을 검토하는 방향으로 계속되고 있다(예를 들어, 대부분의 한국 연구들; Maatta, Nurmi, & Stattin, 2007; Shell & Husman, 2008 등).

인간은 일상생활에서 반복적인 실패나 좌절을 경험하면서 무기력을 학습하게 되는 상황에 끊임없이 노출된다. 따라서 개인의 객관적인 능력이나 노력투여와 상관없이 실패결과에 대한 개인의 지각이나 원인에 대한 설명이 무기력이 되게 하는 원인이라는 학습된 무기력이론은 모든 성취 관련 상황에서 제외시킬 수 없는 이론이다. 특히 개인의 삶의 질 향상에 관심이 증대되고 있는 현대 연구자들에게는 지속적인 연구주제로 남을 것이다.

4. 건설적 실패와 실패내성

이 절에서는 학습된 무기력 연구에서 나타난 이론과 불일치하는 결과들에 대한 대안적 해석에 기초해서 제안된 건설적 실패와 실패내성에 대해 살펴볼 것이다. 건설적 실패란 실패 경험의 긍정적 측면에 초점을 두는 이론으로 실패라는 결과를 받았을 때 부정적이고 파괴적으로 반응하기보다는 긍정적이고 건설적으로 반응하고 후속 상황에서 그 경험을 적극적으로 활용하여 보다 나은 성취를 이루는 현상을 설명하기 위한 관한 이론이다(Clifford, 1984). 이 절에서는 건설적 실패이론을 설명하고 건설적 실패 경험의 핵심요인인 실패내성의 교육현장에 대한 시사점을 소개하기로 한다.

1) 이론 수립 배경

사람들은 누구나 어떤 일에서 실패하면 부끄러움이나 좌절, 우울감과 같은 부정적인 감정 상태에 빠져들게 된다. 그러나 그런 감정 상태에 계속 머물러 있지 않고 실패한 원인을 분석하고 또 다시 실패하지 않으려면 어떻게 해야 할지, 보다 효과적인 방법을 찾고 적극적으로 미래에 대한 계획을 세울 때 그 실패 경험은 건설적인 기능을 하는 것이다.

Clifford(1984)는 1970년대부터 학습된 무기력 연구결과에 따라 실패 경험을 축소시키기 위해 미국 교육현장에 만연해 있던 '실패 없는 학교'와 같은 성공 위주 교육제도의 부작용을 강조하면서 건설적 실패 경험의 중요성을 주장하였다. Clifford는 학습된 무기력 현상을 탐색한 경험적 연구들을 종합적으로 검토한 후 반복적인 실패 경험이 개인의 수행에 악영향을 미치고 무기력을 학습하게 하는 부정적인 기능만 하는 것이 아니라 상황에 따라서는 긍정적 기능도 한다는 '건설적 실패이론(Theory of Constructive Failure)'을 제안하였다.

Kim과 Clifford(1988)는 이 이론을 검증하기 위한 실증적 연구를 수행하고 실패에 대한 내성(failure tolerance, 실패내성)이 실패 경험의 긍정적 효과를 가져오는 중요한 개인차변인임을 제안하였다. 대부분의 교육상황에서는 실패 경험 자체를 배제할 수 없기 때문에 실패를 부정적으로만 생각하여 피하기보다는 실패를 견디는 힘을 기르는 것이 필요하다는 것이다. 개인에 따라 실패 후에 오는 부정적인 감정들을 빠르게 정리하고 미래의 새로운 상황에서 좀 더 나은 결과를 얻기 위해 노력하는 미래지향적인 경향이 높은 사람이 있고 상대적으로 그렇지 못한 사람이 있을 것이다. Kim과 Clifford(1988)는 이러한 실패 후에 오는 반응경향성인 실패내성이 어느 정도 안정적인 성격특성이 될 수 있다고 전제하고 경험적 연구에서 개인차를 확인하였다. 다음 절에서는 건설적 실패이론과 실패내성 간의 관계에 대해 좀 더 자세히 살펴보기로 한다.

2) 이론의 기본 전제와 조건

건설적 실패이론이 성립되기 위해서는 두 가지 기본 전제가 필요하다(김아영, 2018). 첫째, 사람들은 어떤 일에서 실패를 하고 나면, "내가 이것 밖에 못해?"라는 심리적 저항, 즉 반발심이 생겨서 다음번에는 성공하기 위해 좀 더 많은 노력을 투여하게 된다는 것이다. 이 전제는 학습된 무기력 연구에서 나타난 이론과 불일치하는 결과를 설명한 Brehm(1966)의 심리적 저항이론에 근거한 것이다. 둘째, 사람들은 실패를 하고 나면 왜 실패했는지 원인을 찾는다. 이 전제는 Heider(1958)와 Weiner(1979) 등의 귀인이론에 근거한 것이다. 사람들은 자신의 수행결과를 접하면 그 원인이 무엇인가를 생각하는데, 특히 실패라는 결과를 받을 때 더욱 그렇다. 그리고 그 원인을 어디서 찾느냐에 따라 실패 경험이 부정적, 파괴적일 수도 있고 혹은 긍정적, 건설적일 수도 있다.

다음으로 실패 경험이 건설적이 되는 데 영향을 주는 상황적 조건으로는, 첫째, 수행한 과제의 난이도 수준이다. 너무 어렵거나 쉬운 경우보다 중간수준의 적당히 어렵고 도전적인 과제에서 실패한 경우, 그 경험이 건설적이 될 가능성이 높다. 왜냐하면 중간 정도의 어려운 일, 즉 성공과 실패가능성이 각각 50% 정도인 경우, 사람들은 자신의 능력과 기술을 평가하고자 하는 과제 동기가 증가된다. 또한, 사람들은 자신의 능력이나 기술을 잘 활용할 수 있는 일을 할 때 몰입하기 쉽고 몰입해서 일을 하는 중에 실패하면 왜 실패했을까를 생각하면서 그 일을 계속해서 하고자 하는 동기가 생긴다. 이러한 동기는 실패결과를 받고 느끼는 우울함이나 부끄러움, 좌절감과 같은 부정적 감정에 빠져들게 하기보다는 다음에는 어떻게 하면 성공할 수 있을까 하는 도전 의식이 생기게 해서 더 열심히 노력하게 만든다. 둘째, 과제의 출처, 즉 스스로(자율적) 선택한 과제인지 누군가가 시켜서(타율적) 하게 된 과제이냐에 따라 실패 경험의 건설적인 효과가 달라진다는 것이다. Kim과 Clifford(1988)는 건설적 실패 경험의 상황적 조건에 따른 예측을 확인하기 위해 실증적 연구를 수행하였다. 연구결과는 중간수준의 과제난이도의 경우와 자율적으로 선택한 과제에서 실패한 경우가 쉬운 과제나 타율적으로 선택한 과제에서 실패한 경우보다 건설적 반응이 더 높은 것을 보여 주었다. 셋째, 실패 경험의 효과는 모든 사람에게 동일하게 나타나는 것이 아니라 개인이 가진 심리적 특성, 즉 개인차에 따라 그 효과가 부정적일 수도 있고 긍정적일 수도 있으며 정도에서 차이가 있다. Kim과 Clifford(1988)는 실패 경험이 건설적으로 기능하는 데 영향을 미치는 핵심적인 개인차변인으로 실패내성(failure tolerance)을 제안하였다.

3) 실패내성

(1) 정의

실패 경험의 건설적 효과는 각 개인이 가지고 있는 실패에 대한 내성이 어떠한가에 따라 달라진다. Clifford(1984)는 실패내성을 실패결과에 대하여 비교적 건설적인 태도로 반응하는 경향성으로 정의하고, 실패의 긍정적 기능의 중요성을 지적하였다. 실패내성은 실패 후에 개인이 보이는 감정적 반응과 행동 반응의 긍정적인 정도와 어려운 과제를 선호하는 정도로 나타난다(Kim & Clifford, 1988). 사람들은 어떤 일에서 실패하면 우선 부끄럽고 슬프고 우울하여 숨거나 도망치고 싶은 마음과 같은 부정적 감정이 생기고 이로 인해 스트레스를 받게 된다. 그런데 어떤 사람들은 이러한 부정적인 감정 상태에서 쉽게 헤어 나오지 못하고 계속 자책하면서 의욕을 상실하게 되고 심하면 우울증과 같은 심리적 부적응 상태에 빠지기도 한다. 학습된 무기력을 겪는 사람들에게서 볼 수 있는 정서적 결손 현상과 같은 것이다. 실패 후 부정적인 감정 상태에서 쉽게 빠져나오지 못하고 그 때문에 미래 계획을 세우고 실행하는 데 지장을 받는 사람은 실패내성이 낮은 사람이다. 반면에 어떤 사람들은 실패 후 부정적 감정이 생겨도 곧바로 심기일전하여 실패한 원인을 분석하고 앞으로 어떻게 할 것인지 구체적이고 현실적으로 실패를 극복하기 위한 계획을 세우는 등 적극적이고 미래지향적인 반응을 보인다. 실패내성이 높은 것이다. 또한 어떤 사람들은 실패를 두려워하기 때문에 쉬운 과제를 선호하고 어려운 과제를 기피하는 경향이 있는데, 이러한 사람들은 실패내성이 낮은 사람이다.

(2) 실패내성의 측정

실패내성에 대한 측정을 위해 Kim과 Clifford(1988)의 초기 연구에서는 특정 상황에 맞춘 문항들로 척도를 구성하였다. 그러나 다양한 성취상황에서 건설적 실패 효과를 연구하기 위해서는 보다 일반적 맥락에서 측정하는 것이 필요하였다. 이를 위해 김아영(1997, 2002a)은 한국 학생들이 학업상황에서 경험하는 실패 후의 반응을 측정하기 위해 학업적 실패내성척도를 개발하였다.

실패내성척도는 감정, 행동, 과제난이도 선호의 세 가지 하위요인으로 구성되었다(김아영, 1997, 2002a, 2018). 첫째, 감정요인은 개인이 실패 경험 후에 보이는 부정적 정서반응의 정도를 나타내며, 부정적 감정반응이 적을수록 높은 실패내성을 가지고 있다고 평가한다. 둘째, 행동요인은 실패 경험 후에 실패를 만회하기 위한 계획을 수립하고, 방안을 강구하는 정도를 알아보는 것으로서 그 정도가 높을수록 실패내성이 높은 것이다. 개인이 실패 경험 후에 적극적이고 구체적인 방법으로 실패를 극복하기 위한 행동을 보일수록 높은 실패내성을 가지고 있다고 평가한다. 셋째, 과제난이도 선호요인은 개인이 성취 장면에서 선호하는 과제의 난이도 수준을 나타내며, 높을수록 실패에 대한 내성이 높은 것으로 평가한다.

한국 학생들을 대상으로 수행한 경험적 연구들에서 학업적 실패내성은 학생들의 학업동기와 성취도를 잘 예측하는 개인차변인인 것이 확인되었다(김아영, 1997, 2002a; 김아영, 주지은, 1999; 김은하, 신종호, 2018; 신영희, 김아영, 2005; 황매향, 장수영, 유성경, 2007). 또한, 실패내성은 학생들의 자기효능감, 내재동기, 목표지향성, 학교생활 적응, 심리적 안녕과 같은 다양한 변인과 관련이 있는 것으로 나타났다(김아영, 2018).

(3) 실패내성 발달의 핵심요인

실패내성은 개인의 경험에 따라 형성되는 것으로서 어떤 상황에서 어떤 실패를 경험했으며 실패를 어떻게 지각하고 어떻게 극복했느냐에 따라 결정된다. 또한 개인이 가진 심리적 특성에 따라서도 차이를 보인다. 김아영(2018)은 기존의 동기이론들과 실패내성과 관련된 경험적 연구결과들에 기초해서 실패내성 발달과 관련된 핵심요인으로 실패결과에 대한 인과귀인, 내재동기, 지능에 대한 암묵적 이론, 성취목표지향성, 자신에 대한 긍정적 태도를 확인하였다.

첫째, 실패라는 결과를 받았을 때 실패의 원인을 무엇으로 돌리느냐에 따라 실패에 대한 반응이 달라질 것이다(Clifford, Kim, & McDonald, 1988; Diener & Dweck, 1978; Dweck, 1975; Dweck & Repucci, 1973). 앞 장에서 논의한 귀인이론에 따르면 실패를 통제불가능한 원인인 능력부족, 어려운 과제, 운이 나쁘기 때문으로 귀인하는 경우 패배감과 무력감이 높아지는 등 실패내성이 낮아질 것이다. 반면에 실패를 통제가능한 원인인 노력부족이나 잘못된 전략 사용으로 귀인하면 실패 후에 오는 부정적 반응은 낮을 것이다.

둘째, 누가 시켜서 수행한 과제에서 실패한 경우보다 그 과제에 흥미를 느껴서 스스로 선택하고 시작한 경우, 즉 자율적으로 동기화된 경우가 실패를 하더라도 끈기를 가지고 과제를 계속할 가능성이 높을 것이다(Kim & Clifford, 1988). 이와 같은 내재동기에 의해 수행한 과제에서의 실패는 부정적 감정을 덜 느끼게 하고 미래지향적인 행동반응을 더 많이 하는 실패내성 발달에 긍정적 효과를 보일 것이다. 실제로 조한익과 조윤희(2011)는 부모가 자율성 지지적인 양육행동을 많이 보일수록 자녀의 실패내성이 높았으며 통제적인 양육행동을 많이 보일수록 자녀의 실패내성이 낮은 것을 보고하였다.

셋째, 사람들이 가지고 있는 지능에 대한 견해를 설명하는 암묵적 이론이 실패내성의 발달과 관련이 있다. 누구나 지능에 대한 자기 나름의 이론을 가지고 있다는 암묵적 지능이론은 Dweck(1975)과 Nicholls(1978)가 제안한 개념으로, 지능은 타고나는 것이며 변하지 않는 것이라는 실체지능이론(entity theory of intelligence)과 지능도 노력하면 향상될 수 있다는 증진지능이론(incremental theory of intelligence)으로 크게 나눈다(암묵적 지능이론에 대한 자세한 내용은 제8장 참고). 이후에 Dweck(2006)은 전자를 고정 마인드셋(fixed mind-set)으로 후자를 성장 마인드셋(growth mind-set)으로 명명했다. Dweck(2006)은 성장 마인드셋을 갖도록 교육받으며 자란 사람은 어려운 문제에 부딪힐 때 긍정적으로 생각하지만, 고정 마인드셋을 가진 사람은 어려운 문제에 부딪히는 것을 큰 불행으로 생각하고 자신의 지능이나 똑똑한 정도가 평가의 대상이 될 것을 걱정한다고 한다. 방해물이 있거나 실패가 예상되는 과제를 수행할 때, 성장 마인드셋을 가진 사람은 자신의 능력을 평가해 보고 싶은 마음으로 도전할 생각에 동기 수준이 높아진다. 그러나 고정 마인드셋을 가진 사람은 실패할 경우에 자신의 무능함이 드러날 것이 두려워서 이런 과제는 기피하는 경향을 보인다는 것이다. 따라서 지능에 대한 고정 마인드셋, 즉 실체지능이론을 가진 사람은 실패 경험을 건설적으로 활용하지 못하는 실패내성이 낮은 사람이 될 것임을 예측할 수 있다.

넷째, 일을 시작할 때 어떤 방향이나 초점을 가지고 목표를 세우는 경향을 목표지향성(goal-orientation)이라고 한다(Ames & Archer, 1988; Dweck & Leggett, 1988; Nicholls, 1978). 이 이론은 다시 성취목표이론으로 발전하였는데(성취목표이론에 관해서는 제8장 참고), 목표지향성 또는 성취목표이론에서는 학생들이 공부할 때 추구하는 목표를 크게 숙달목표(mastery goal)와 수행목표(performance goal)로 나눈다. 목표지향성은 개인이 가지고 있는 지능에 대한 암묵적 이론과 관련되어 있어서(Dweck, 1975; Dweck & Elliott, 1983; Nicholls, 1984), 증진지능이론을 가진 사람은 숙달목표지향적이며, 적절한 전략과 방법을 사용해서 열심히 노력하면 성공할 수 있다고 생각하고, 무슨 일을 할 때 결과보다는 자신이 사용한 전략이나 방법을 사용해서 숙달에 이르는 과정에 관심을 둔다(Blackwell, Trzesniewski, & Dweck, 2007). 이런 사람들은 실패결과에 좌절하지 않고 실패 원인을 파악하여 다음번에는 꼭 성공하도록 더욱 열심히 노력하고 다양한 방법을 찾아서 적용해 보려고 한다. 반면에 실체지능이론을 가진 사람은 수행목표지향적이며, 성공은 다른 사람들보다 더 잘하는 것이라고 믿기 때문에 경쟁을 통해 자신의 능력을 보여 주고 타인의 인정을 받는 것을 중시한다. 성공하지 못할 경우, 능력부족으로 경쟁에서 졌다는 수치심과 같은 자신에 대한 부정적인 감정 때문에 자존감의 손상을 경험하게 된다. 따라서 수행목표지향적인 사람들은 낮아지는 자존감을 보호하기 위해 실패결과가 예상되는 어려운 과제는 피하고, 성공이 보장되는 쉬운 과제만을 선택하는 소극적인 자세로 일이나 학업에 임하는 경향을 보인다. 따라서 사람들이 어떤 성취목표를 가지고 과제를 시작하느냐에 따라 실패 후에 나타나는 반응이 달라질 것이라는 예측을 할 수 있다. 숙달목표를 추구하는 사람들은 성공이나 실패라는 결과보다는 무엇을 얼마나 배우고 숙달하느냐에 관심을 두기 때문에 실패결과를 받으면 다음번에 더 잘하기 위해 할 수 있는 것이 무엇인가에 초점을 맞춘다. 반면에 수행목표를 추구하는 사람들은 실패결과를 받으면 자신의 무능함이 드러난 것에, 먼저 감정적으로 반응한다. 결국, 수치심과 죄책감 등 부정적인 감정이 스트레스가 되어 미래지향적인 생각이나 행동을 하는 것이 어려워지게 되는, 실패내성이 부족한 사람이 될 것이다. 실제로 실패내성이 높은 대학생 집단이 수행목표보다 숙달목표지향성이 높은 것으로 보고한 연구도 있다(천경희, 송영명, 2011).

다섯째, 실패내성에 영향을 미치는 요인은 자신에 대한 긍정적 태도이다. 사람들이 자신에 대해 가지고 있는 다양한 자기도식 중에서 특히 실패내성 발달에 영향을 미치는 것으로 자신에 대한 긍정적 신념인 자존감과 자기효능감이 있다(자기효능감 이론에 대한 자세한 내용은 제6장 참고). 자존감은 자신의 가치에 대한 주관적·정서적 평가로 자신에 대한 긍정적 태도를 나타낸다(Rosenberg, 1965). 즉, 자신은 소중한 존재이고 유능한 사람이라고 믿으며, 다른 사람들의 사랑을 받을 만한 존재라고 생각하는, 자신에 대한 긍정적 평가 결과로 나타나는 것이다. 자기효능감은 어떤 일을 하기 전에 그 일을 잘할 수 있을 것이라는 능력에 대한 믿음으로 과제의 수행수준을 예측하는 데 중요한 요인이다(Bandura, 1977, 1996). 이러한 자신에 대한 평가가 긍정적일수록 실패를 기피하지 않는 성향인 실패내성이 높을 것이다. 황매향, 장수영, 유성경(2007)의 연구에서도 학생들의 자존감이 높을수록 실패내성이 높은 것을 보고하였다.

실패내성은 실패 경험이 건설적인 기능을 하게 하는 데 필수적인 개인차변인이기 때문에 실패내성과 관련된 요인들을 파악하여 발달에 도움을 주는 방안을 모색하는 것은 교육현장에서 중요한 과제라고 할 것이다.

5. 실패내성의 교육현장 적용과 시사점

Clifford(1984)는 건설적 실패이론에서 사람들이 자신의 잠재적인 능력을 표현할 수 있도록 실패를 기피하기보다는 실패 경험을 긍정적으로 받아들이는 가치관과 전략들을 가르치는 것이 필요하다고 주장하였다. 실패 후에 오는 부정적 감정을 다루는 대처 기술의 발달과 실패 경험 후에 미래를 위한 계획을 세울 수 있는 능력이 본질적으로 실패내성의 핵심이다. 실패내성은 개인의 진정한 잠재력을 최대한 활용하는 데 핵심적 역할을 할 뿐만 아니라 목표에 도달하고 성공을 이루기 위해 확보해야 하는 중요한 특성의 하나이다. 그러므로 실패결과가 예상되는 상황을 바꿀 수 있으면 부정적인 효과를 줄일 수 있을 것이며, 개인의 성격적 특성을 파악하면 훈련이나 교육을 통해서 이러한 특성들을 바람직한 방향으로 변화시키는 것이 가능할 것이다. 이처럼 실패 경험은 얼마든지 건설적인 것으로 전환시킬 수 있기 때문에 교육적 가치가 높은 것이다. 그렇다면 실패내성을 증진시키기 위해서 교육현장에서 무엇을 할 것인가를 생각해 보아야 할 것이다. 이 장에서는 건설적 실패이론과 많은 관련 동기이론에 기초해서, 교육현장에서 실패 경험이 건설적으로 기능할 수 있는 조건을 탐색하고 실패내성을 증진시키고 적용하기 위해 김아영(2018)이 제안한 방안들을 중심으로 논의할 것이다.

1) 실패를 기피하지 않는 태도 확립

실패 경험이 건설적으로 기능하기 위해서는 앞에서 제시한 바와 같이 성공이 보장되는 너무 쉬운 과제보다는 어렵고 도전적인 과제를 선택하는 것이 필요하다. 그렇다고 성공할 수 있는 상황을 일부러 피하라는 것이 아니라 실패결과를 두려워하고 기피하지 말라는 것이다.

전 세계적인 실패 기피 현상은 최근 몇 년 사이에 조금씩 변화하고 있다. 미국의 명문 대학들이 실패에 대한 긍정적 태도와 가치관의 중요성을 가르치고 실패 경험을 권장하는 프로그램을 도입하기 시작하였다. 예를 들어, 하버드 대학교의 '성공－실패 프로젝트(Success-Failure Project)', 스미스 대학교의 '잘 실패하기(Failing Well)' 프로그램, 데이비슨 대학교의 '실패 펀드(Failure Fund)' 프로젝트 등은 실패를 모르고 대학에 들어와서 조그만 실패에도 좌절하고 적응에 어려움을 겪는 우수한 학생들이 실패에 대한 부정적 인식을 바꾸고 실패 경험 후의 대처 기술을 가르치기 위한 목적에서 도입한 것이다(김아영, 2018).

실패를 두려워하지 않는 사람들은 실패가 예측되는 위험을 무릅쓰고 어려운 일에 도전하는 위험감수(risk-taking) 경향이 높다. 위험감수 경향이 높은 사람은 성공 확률이 높아서 결과가 뻔한 과제에는 흥미를 느끼지 못하고 성공 확률이 불분명한 과제에 도전하면서 동기가 높아진다(Clifford, 1990). 적정수준의 위험감수 경향은 수행수준, 끈기, 유능감, 자부심과 만족감을 증진시킨다. Clifford는 학업상황에서 위험감수 경향성을 높이는 활동은 내재동기를 높여서 성공적인 결과를 가져올 가능성을 증가시키는 강력한 도구라고 주장하였다.

학업상황에서 학생들의 위험감수 경향성을 높이려면 몇 가지 조건이 필요하다. 첫째, 학생들은 난이도와 성공 확률이 다양한 과제와 활동들을 자유롭게 선택할 수 있어야 한다. 둘째, 과제난이도가 증가할수록 성공에 대한 이득도 증가해야 한다. 셋째, 실수나 실패하는 것에 관대하고 실수를 수정하는 것을 지원하는 환경이 보장되어야 한다. 다시 말해서, 실수가 전혀 없는 완벽한 수행을 칭찬하고 높이 평가하는 분위기를 지양하고, 적정수준의 위험을 감수하는 과제 선택을 권장하고 강화해 주어야 실패내성을 높일 수 있다(Clifford, 1990).

2) 실패 원인 찾기

건설적 실패이론의 기본 전제 중 하나가 인과귀인에 관한 것이었다. 즉, 사람에게는 실패라는 결과를 받으면 내가 왜 실패했는가에 대한 원인을 찾는 경향이 있다는 것이다. 학업상황에서 수행된 연구들에서는 능력부족과 노력부족(Dweck, 1975; Weiner, 1979), 그리고 잘못된 전략 사용(Anderson & Jennings, 1980; Clifford, Kim, & McDonald, 1988)이 가장 현장에 대한 함의가 큰 이유로 거론되어 왔다. 실패를 노력부족으로 귀인하는 경우가 능력부족으로 귀인하는 것보다 학습된 무기력에 덜 빠지는 등 적응적인 결과를 초래하고 잘못된 전략 사용이 가장 적응적인 결과를 초래하는 것으로 나타났다(Anderson & Jennings, 1980; Dweck, 1975). 초기 귀인 재훈련 프로그램은 능력부족 때문에 실패했다고 생각하는 학생에게 노력부족 때문이라고 실패 원인에 대한 생각을 바꾸게 해 주는 것이었다(Dweck, 1975). 이후 다른 연구에서는 능력부족으로 인해 실패했다고 생각하는 아동들을 노력부족으로 원인을 돌리도록 훈련하거나, 성공한 이유가 노력과 능력 둘 다 때문이라고 생각하게 했을 때 무기력에 덜 빠지고 성취수준도 높았다(Brown & Weiner, 1984).

한편, 노력부족으로 원인을 돌리는 것이 항상 바람직한 것만은 아니라는 주장이 있다. 예를 들어, 어떤 학생이 자기는 온 힘을 다 쏟아 열심히 노력했는데 실패했다면 이런 경우 노력부족은 자신의 능력이 정말 부족한 것임을 드러내는 것이기 때문에 능력부족으로 탓을 돌리는 것보다 더 파괴적인 결과를 초래할 수도 있다. 이런 이유 때문에 일부 학자들은 노력부족보다 좀 더 나은 귀인 방식은 효과적이지 못한 공부방법을 사용했기 때문에 실패했다고 생각하도록 하는 '잘못된 전략' 귀인 훈련의 효과를 보고하기도 하였다(Anderson & Jennings, 1980; McNabb, 1986). 잘못된 전략 때문에 실패했다고 생각하면 여러 가지 방법으로 바뀌 가면서 공부해 볼 수 있고 그런 중에 성공 경험을 할 기회가 생겨서 무기력에 빠질 가능성을 낮춰 주기 때문이다. 실제로 McNabb(1986)의 초등학교 고학년 학생들을 대상으로 한 연구에서는 실패의 원인이 잘못된 공부방법 때문이니까 다른 좋은 방법을 사용해 보라는 교사의 권고를 받은 학생들이 노력을 더 많이 하라는 권고를 받은 학생들에 비해 과제에 더욱 몰입했고, 더욱 즐겼으며, 끈기를 보였고, 미래의 성공에 대한 기대도 높은 것을 확인하였다.

요약하면, 실패 경험의 건설적 기능을 증진시키기 위해서는 실패를 능력부족으로 귀인하지 않도록 하고 노력부족이나 잘못된 전략 사용으로 귀인하도록 권장하는 것이 필요한 것이다. 이러한 귀인 변경을 위한 재훈련은 실패내성을 향상시키는 데도 효과적인 방법이 될 수 있다.

3) 암묵적 지능이론과 목표지향성 교육

앞 절에서 제시한 실패내성과 관련된 개인차변인들 중에서 특히 교육이나 중재가 가능한 변인으로 개인이 가지고 있는 지능에 대한 암묵적 이론과 이러한 지능이론과 밀접한 관계가 있는 목표지향성을 들 수 있다. 아무리 노력해도 지능이 좋아지지 않을 것이라는 실체지능이론(혹은 고정 마인드셋)을 가진 사람은 열심히 노력하면 지능도 좋아질 것이라고 믿는 증진지능이론(혹은 성장 마인드셋)을 가진 사람보다 실패내성이 낮을 것이다.

Dweck(2006)은 부모나 교사의 수행에 대한 피드백 방법과 내용이 학생의 지능이론을 변화시킬 수 있다고 주장하였다. 성공적인 수행결과에 대해 능력을 암시하는 칭찬이나 결과에 대한 칭찬은 실체지능이론을 강화하고, 반면에 노력을 암시하는 칭찬이나 과정에 대한 칭찬은 증진지능이론을 강화한다는 것이다. 그리고 실패에 대해 능력을 암시하는 피드백은 쉽게 포기하게 하며 무기력을 조장한다. 따라서 실패에 대해 노력부족이나 잘못된 전략 사용 피드백은 증진지능이론 형성으로 유도하고 장기적으로는 실패내성 향상에 도움이 될 것이다.

또한, 지능이론과 목표지향성은 서로 관련되어 있으므로 개인이 가진 지능이론을 바꿔 주면 목표지향성도 달라질 수 있다. Blackwell 등(2007)은 중학생들을 대상으로 한 연구에서 학생들이 가진 증진지능이론, 숙달목표지향성, 노력에 대한 긍정적 신념, 낮은 무기력-유발 귀인, 긍정적 전략 사용과 수학 성적이 서로 정적 관련이 있다는 것을 보여 주었다. 이 연구자들은 1차 연구에서 증진지능이론은 숙달목표지향성과 긍정적 전략 사용의 매개를 통해 수학 성적에 긍정적 영향을 미친다는 것을 보여 주었으며, 2차 연구에서는 증진지능이론을 가르치는 중재가 학생들의 수업동기의 향상을 가져왔다. 이러한 연구결과는 실체지능이론을 가진 학생들을 증진지능이론을 갖도록 바꾸어 주면 수행목표지향성보다는 숙달목표지향성이 높아지고 궁극적으로 실패내성의 증진을 기대할 수 있음을 시사한다.

요약하면, 실체지능이론을 가지고 있는 사람들을 증진지능이론으로 바꾸도록 교육하고, 실패를 능력귀인하는 사람들을 노력귀인이나 전략귀인으로 바꿔 주고, 수행목표지향적인 사람을 숙달목표지향적으로 바꿔 주면 실패내성은 자연스럽게 높아질 것임을 예측할 수 있다.

4) 내재동기유발을 위한 교육환경 조성

실패내성이 높은 사람들은 자신이 흥미를 가진 과제를 스스로 선택해서 하는 경향이 많다(김아영, 2018). 자신이 선택한 과제를 수행하면서 즐거움과 만족감을 느끼는 경우, 과제수행 중에 경험하는 실패는 향상을 위해 필요한 과정으로 생각하기 때문에 실패의 부정적 효과가 크지 않기 때문이다. 이러한 현상은 다양한 내재동기이론에서 근거를 찾을 수 있다(내재동기이론에 관한 자세한 내용은 제10, 11장 참고). 대표적인 예로, 자기결정성이론의 미니 이론 중 하나인 기본심리욕구이론(Deci & Ryan, 2000; Ryan & Deci, 2017)에서는 자율성에 대한 욕구가 충족되면 내재동기가 유발되고 내재동기에 의해 과제를 수행할 때는 높은 만족감과 수행수준을 기대할 수 있으며 실패가 예측되는 도전적인 과제에서도 끈기를 보인다는 것을 보여 준다.

내재동기를 증진시키기 위해서는 다양한 방법이 활용될 수 있다(자세한 내용은 제 10, 11장 참고). 학생들에게는 스스로 목표를 설정하고 계획을 세울 수 있고 과제를 스스로 선택할 수 있는 자유로운 학습 분위기를 조성한다. 다른 사람과의 경쟁에서 이기는 것보다 지식 습득이나 숙달을 높이 평가하고, 성공이나 실패라는 결과보다 수행 과정에의 참여 자체와 노력투여를 인정하는 분위기를 조성한다. 개인의 능력 과 과제 수준 간의 균형을 맞추어 몰입상태를 경험할 수 있는 기회를 만들어 준다. Kim과 Clifford(1988)의 연구에서 스스로 선택한 과제에서 실패한 경우가 타인이 정 해 준 과제에서 실패한 경우보다 부정적 감정을 덜 경험하고 적극적 행동반응을 더 많이 보인 것은 내재동기를 증진시키는 것이 실패내성을 높일 수 있는 효과적인 방 법이 될 수 있음을 시사하는 것이다.

5) 건설적 실패이론의 발전방향과 전망

학습된 무기력이론이 발표된 이후 수십 년 동안 교육현장에서 실패는 개인을 정 서적, 인지적으로 무기력하게 만들기 때문에 가능한 한 피하게 하고 성공 경험을 많이 할 수 있게 해야 한다는 성공 위주의 교육 관련 이론과 실제에 관심을 집중해 왔다. 그러나 대부분의 성취상황에는 성공과 실패가 공존하기 때문에 누군가는 실 패를 경험하면서 살아야 한다. 따라서 실패 경험을 어떻게 수용하는 것이 바람직한 가에 대한 논의가 필수적이다. 이러한 측면에서 볼 때 실패 경험의 건설적 기능에 초점을 맞추고 실패내성의 역할을 중시하는 건설적 실패이론은 실패 경험이 필연 적인 경쟁사회를 살아가는 데 유용한 시사점을 제공하는 이론이라고 평가할 수 있 으며 교육현장에서는 학습된 무기력이론의 대안으로 기능할 수 있음을 예측할 수 있다.

앞으로의 연구는 경쟁과 실패가 내재되어 있는 교육현장에서 실패 경험이 건설 적으로 기능하는 데 필요한 전제조건들에 대한 보다 명확한 규명을 위한 연구가 계 속되어야 할 것이다. 이러한 전제조건들은 기존의 동기이론과 연구에서 나타난 결 과와 어떠한 측면에서 일치하고 어떠한 측면에서 불일치하는가를 확인함으로써 명 료화할 수 있을 것이다. 또한, 이제까지 밝혀진 실패내성 발달에 영향을 미치는 개인차변인들의 상대적 예측력에 대한 체계적인 연구가 필요하다. 이와 같은 연구결과는 교육이나 상담 현장에서 학생지도나 상담의 방향을 결정하는 데 기초 정보를 제공할 것이다.

그 외에도 이미 확인된 개인차변인 이외의 새로운 변인들을 탐색하기 위한 연구도 계속되어야 할 것이다. 또한, 실패를 기피하고 성공 경험만을 중시하는 칭찬 위주의 교육실제에서 건설적 실패 경험을 권장하고 실패내성을 기를 수 있는 교육실제로의 전환을 위한 경험적 연구와 실질적 중재를 위한 프로그램 개발과 연구가 계속되어야 할 것이다.

최근에는 실패 경험의 긍정적 효과에 대해서 학업장면뿐만 아니라 기업 경영 분야에서도 관심을 기울이고 있는 추세를 감지할 수 있다. 예를 들어, 미국의 실리콘밸리에서는 벤처 사업가들이 모여서 실패담을 공유하는 'FailCon'이라는 콘퍼런스가 정기적으로 개최되고 있고, 이를 벤치마킹한 한국의 '실패 박람회(Failure EXPO)'가 2018년부터 시작되어 매년 전국적으로 다양한 양상으로 진행되고 있다. 이와 같은 대회의 목적은 실패 경험이 성장의 발판이 되는 사회를 만드는 것으로, 국민의 다양한 실패 사례를 공유하고 공감하는 장을 마련하여 실패에 대한 인식 전환을 유도하는 것이다(김아영, 2018). 따라서 앞으로의 연구는 이와 같은 프로젝트들의 효과성에 대한 검증을 통해 건설적 실패와 실패내성 이론의 타당성을 확인하고 발전방안과 교육과 기업 현장 적용 실제에 대한 시사점을 모색하는 방향으로 진행되어야 할 것이다.

제6장

자기효능감과 자기개념

심리학은 인간행동을 다루는 학문인만큼 많은 심리학 이론이 실제에 활발히 적용되어 왔다. 그러나 자기효능감이론만큼 다양한 영역에서 광범위하게 적용된 이론은 드물다. 자기효능감이론(Self-Efficacy Theory)은 1977년 Bandura가 미국 전문학술지『Psychological Review』에「Self-efficacy: Toward a unifying theory of behavioral change」라는 제목의 논문을 발표하면서 처음 등장하였다. 이후 심리학과 교육학은 물론, 경영학을 위시한 사회과학의 거의 모든 영역과 의학, 간호학, 예능, 스포츠 등 인간의 성취행동과 관련된 전 학문 분야에 적용되었으며, 그중에서도 특히 성취가 중요한 교육장면에서의 적용이 가장 두드러진다. 이 장에서는 자기효능감이론에 대한 설명과 함께, 자기효능감의 올바른 측정방법 및 자기개념과의 유사점과 차이점을 검토하고, 학업과 관련된 대표적인 연구결과를 종합해 보기로 한다.

1. 사회인지이론의 등장

1) 자기도식이론

현대 동기 학자들의 관심 대상이 되는 동기이론 중에는 자기도식(self-schema) 개념에 기초를 두고 있는 것들이 많다(Woolfolk, 2001). 자기도식은 자신의 능력, 성격, 흥미, 가치관 등에 대해 이해한 바를 조직화한 인지적 구조를 의미한다. 인간은 자신에 대해 스스로 어떻게 생각하는가에 따라 행동으로의 실천이 달라지기 때문에 자기도식을 기초로 한 동기이론들이 발달하게 된 것이다. 이처럼 자기도식을 동기이론의 근간으로 삼는 기본 전제는 개인이 자신에 대해 만들어 내고 발달시키며 사실이라고 믿는 신념이 인간 주체성(human agency) 혹은 수행의 기초를 형성하고, 모든 노력에서의 성공과 실패를 결정짓는 필수적인 요인(Pajares, 2002)이라는 것이다. 자기효능감이론도 개인이 자신의 능력을 어떻게 지각하느냐가 수행수준에 영향을 미친다는 가정에 기초한 자기도식이론 중 하나이다.

2) 사회학습이론의 출현과 초기 효능감 실험

Bandura의 사회학습이론(Bandura, Ross, & Ross, 1963; Bandura & Walters, 1963)이 출현하기 전까지 주목받던 행동주의 학습이론에서는 학습자가 어떤 행위를 행한 후, 그 결과로 강화나 처벌을 받음으로써 그 행위의 후속 강도나 출현 빈도가 증가하거나 감소한다고 설명해 왔다. 또 이러한 현상은 개인의 내적 인지과정에 의한 것이 아니라, 외부에서 주어지는 요인인 강화나 처벌에 의해 자극−행동 간 결합이 강해지거나 약해지기 때문이라고 설명하였다. 그러나 강화나 처벌이 행위 이후에 이루어진다는 점을 고려할 때, 개인이 자신의 미래 행동과 강화, 미래 행동과 처벌 간 관계에 대한 기대를 형성하지 않고 어떻게 과거에 경험한 강화와 처벌의 영향을 받는다는 것인지가 행동주의에 의해서는 설명되지 않는다.

이에 착안한 Bandura(1965)는 Rocky라는 이름의 청년이 사람 크기의 인형(Bobo doll)을 차고 때리는 등 공격적 행동을 보인 후 다른 어른에게 칭찬을 받거나, 꾸중을 듣거나, 아무 일도 생기지 않은 세 가지 버전의 5분짜리 텔레비전 필름을 아동들에게 각각 시청하게 한 후, 인형에 대한 이들의 후속 행동을 관찰하였다. 이때 세 집단의 아동 모두 Rocky의 행동과 유사한 행동을 보임으로써, 단순한 필름 시청만을 통해서도 새로운 공격적 행위를 학습할 수 있다는 것을 증명하였다. 특히 Rocky가 꾸중받는 버전을 시청한 아동들은 Rocky가 공격적 행동을 한 후 칭찬을 받거나 아무 일도 생기지 않은 버전을 시청한 아동들에 비해 현저히 적은 양의 공격적 행동을 보였다. 이를 통해 Bandura는 행위자가 강화나 처벌을 직접 경험하지 않고도, 관찰과 모방에 의한 대리강화(vicarious reinforcement)를 통해 새로운 학습이 일어날 수 있다는 '사회학습이론(Social Learning Theory)'을 주창하였다.

Bandura의 사회학습이론은 학습이 반드시 직접 경험을 통해서만 일어나는 것은 아니며, 많은 부분이 타인의 행위와 그 결과에 대한 관찰을 통해 일어난다고 설명한다(Bandura, Ross, & Ross, 1963; Bandura & Walters, 1963). 사람들은 관찰을 통해 특정 행위가 어떤 결과로 이어질지에 대한 기대를 형성하게 되며, 이러한 기대가 관찰자의 후속 행동에 영향을 미친다는 것이다. 사회학습이론은 강화와 처벌이 후속행위에 미치는 영향에 대한 행동주의 원리를 받아들이는 동시에, 관찰−기억−기대형성 등 행동주의에서 배척되어 온 개인의 인지적 과정이 학습에 개입된다는 점을 인정함으로써 행동주의의 약점을 보완했다는 평가를 받는다.

이후 Bandura(1977)는 뱀 공포증(snake phobia)을 지닌 환자들을 모집하여 대리 경험의 학습효과를 검증하는 실험을 하였는데, 이 실험이 최초 자기효능감 실험이라고 볼 수 있다. 뱀 공포증을 겪는 사람들은 직접 뱀에게 가까이 다가가거나 뱀을 들어 올리는 등 점진적으로 어려운 접근행동을 시도하는 연습집단과, 모델이 뱀을 가지고 이러한 접근행동을 시도하는 것을 지켜보는 관찰집단으로 나뉘어 뱀 공포증 치료를 받았다. 실험결과, 두 집단 모두 아무런 훈련도 하지 않은 통제집단에 비해 뱀 다루기에 대한 자기효능감과 수행수준이 현격히 향상되었다. 뱀 다루기를 직접 경험한 연습집단이 모델의 뱀 다루기 행동을 대리 경험한 관찰집단에 비해 더 높은 자기효능감과 수행수준을 보였다. 또한, 훈련을 마친 후 이들이 보고한 자기효능감은 이후 이들이 실제 나타낸 사후 뱀 다루기 수행수준을 세 집단 모두에서 정확하게 예측하였다. 이 실험은 자기효능감이 직접 경험은 물론 관찰을 통한 대리 경험을 통해서도 형성된다는 점, 그리고 변화된 자기효능감이 후속 수행수준의 강력한 예측변인으로 작용한다는 점을 증명했다는 의의를 지닌다. 이처럼 Bandura의 자기효능감이론은 그의 사회학습이론으로부터 발전하였다.

3) 사회인지적 기초와 이론적 틀

행동주의이론에 부분적으로 기반을 둔 사회학습이론은 1980년대에 들어서 인간의 사고와 정보처리적 접근을 포함한 사회인지이론(Social Cognitive Theory)으로 명칭을 바꾸었다. 사회인지이론에 의하면, 인간의 행동은 자기조절 체계(self-regulatory system) 속에서 이해되어야 한다(Bandura, 1986). 자기조절 체계란 개인의 인지적·정의적 구조 속에 있는 자기체계(self-system)로서, 들어오는 자극을 상징화하고, 타인으로부터 학습하며, 다양한 전략들을 계획하고, 자신의 행위를 조절하며, 자기반성적으로 사고하는 능력을 포함한다. 또한, 사회인지이론에서는 개인의 지각과 행위 간의 관계를 중재하는 동기 요인으로 자기참조적 사고(self-referent thought)를 제시하는데, 이는 자기효능감(self-efficacy)으로 대표된다. 즉, 개인이 자신의 능력에 대해 어떤 신념을 지니고 있는지가 행동에 영향을 미치므로, 스스로 주어진 과제를 얼마나 잘 해낼 수 있다고 믿느냐에 따라서 행동의 수준이 결정된다는

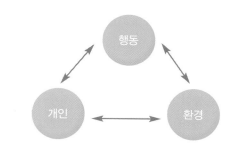

[그림 6-1] Bandura(1986)의 삼자상호작용론 모델

것이다.

이렇듯 사회인지론적 관점에서 본 인간은 내부의 힘이나 외적 자극으로 인해 자동으로 조종되는 존재가 아니며, 주어진 환경 속에서 자기참조적 사고와 행동을 통해 주도적인 역할을 수행하는 존재이다. Bandura(1986, 1997)는 따라서 환경 속에서 일어나는 사건, 개인요인, 행동, 세 가지 모두가 서로에게 영향을 미친다는 상호결정론(reciprocal determinism)을 기초로 한 '삼자상호작용론(triadic reciprocality)'을 인간의 기능과 성취에 대한 기본 모형으로 제시하고 있다([그림 6-1] 참조). 특히 자기참조적 사고는 개인의 지각과 행위 간의 관계를 중재하는 중요한 인지적 개인요인이다(Bandura, 1986). 사람들은 흔히 지식과 기술을 충분히 갖추고도 수행을 잘하지 못하는데, Bandura는 자기참조적 사고인 자기효능감이 약한 것이 그 이유라고 주장하였다. 이처럼 사회인지이론에서는 성취상황에서의 맥락적 요소들과 개인이 자신의 능력에 대해 형성하고 있는 기대신념이 행위에 미치는 영향이 강조된다.

자기효능감에 대한 Bandura의 이와 같은 견해는 근접동기기제적 접근이라고 볼 수 있다. 즉, 모든 과제에 대해 동기수준이 높거나 낮은 사람이 존재하는 것이 아니라, 특정한 맥락 속에서 주어진 특정 과제에 대해 개인이 이러한 과제수행의 맥락과 과제의 특성, 그에 대한 자기효능감을 어떻게 지각하느냐에 따라 동기유발과 성취가 달라진다는 것이다. 간혹 자기효능감을 일반적인 성취상황에서 공통으로 작용하는 개인적 특성으로 취급하는 연구자들도 있으나(김아영, 박인영, 2001; 김아영, 차정은, 1996; Chemers, Hu, & Garcia, 2001; Chen, Gully, & Eden, 2001; Eden & Aviram, 1993; Jerusalem & Schwarzer, 1992; Kim & Park, 2000; Owen & Froman, 1988; Pintrich & De Groot, 1990; Riggs, Warka, Babasa, Betancourt, & Hooker, 1994; Sherer & Adams,

1983; Sherer, Maddux, Mercandante, Prentice-Dunn, Jacobs, & Rogers, 1982), 이는 자기효능감의 일반화 정도에 관한 문제로 보는 것이 타당하다. 자기효능감이 적용되는 과제의 수준과 범위가 어디까지인가에 따라 수학 문제풀이 자기효능감, 작문 자기효능감, 그림 그리기 자기효능감 등 매우 구체적인 과제특수적(task-specific) 효능감으로부터 수학 자기효능감, 학업적 자기효능감, 사회적 자기효능감 등 보다 광범위한 영역 안에서 적용되는(domain-specific) 효능감이 존재하기 때문이다. 그러나 모든 자기효능감은 그 적용 범위가 구체적이든 일반적이든, 예측하고자 하는 성취과제의 수준과 수행상황에 따라 형성되는 상황특수적(context-specific) 믿음이다.

2. 자기효능감의 본질

1) 자기효능감의 정의와 특성

자기효능감은 개인이 과제수행에 필요한 행위를 조직하고 실행해 나가는 자신의 능력에 관한 판단이라고 정의된다(Bandura, 1977, 1986, 1997). 학자에 따라 지각된 효능성(perceived efficacy), 자기효능성 신념(beliefs of self-efficacy), 혹은 효능기대(efficacy expectation)라고 부르기도 한다. 자기효능감은 과제수행에 필요한 동기, 인지적 원천, 행동의 방향을 결정하는 개인의 능력에 관한 판단(Gist & Mitchell, 1992), 또는 성공에 필요한 신체적·지적·정서적 근원을 움직이게 하는 개인의 능력에 대한 신념(Eden & Aviram, 1993) 등으로 정의되기도 한다.

Bandura(1986, 1993, 1997)는 자기효능감의 본질을 분명히 하기 위해 유사한 개념들과 비교해서 설명하였다. 우선 자기효능감은 구체적인 상황에서의 자신감(self-confidence)이라고 볼 수 있으며, 자기가치(self-worth)에 대한 평가결과로 얻어지는 자존감(self-esteem)과는 구별된다고 하였다. 자신감이란 자신의 능력에 대한 개인의 확신 또는 신념의 정도라고 할 수 있다. 이러한 확신의 정도는 따라서 그 능력이 요구되는 행위를 할 때 '과연 자신이 그 행위를 얼마나 잘할 수 있을까'라는 효능성에 관한 답을 제공한다. 자신의 능력에 대한 인지적 판단과정을 통해 성립된 자기효능감은 행동에 대한 영향력을 행사할 뿐만 아니라 사고과정에 대한 자기조절, 동기 그리고 정서적 · 생리적 반응을 좌우한다.

Bandura(1977, 1988, 1989a)는 자기효능감이 결과기대(outcome expectancy)와도 구별되어야 한다고 주장하였다. 그에 따르면, 특정한 행동이 특정한 결과로 이어지리라는 믿음을 가리키는 결과기대는 행동을 한 후 결과에 대한 후견(後見, afterthought)의 개념인 데 비해, 자신이 특정한 행동을 성공적으로 수행해 낼 수 있으리라는 확신을 가리키는 자기효능감은 앞으로 일어날 행위에 대한 선견(先見, forethought)의 개념이다. 다시 말해, 개인과 행동 간 관계에 대해 형성되는 것이 자기효능감 즉 효능기대라면, 행동과 결과 간 관계에 대해 형성되는 믿음이 결과기대이다. [그림 6-2]는 효능기대와 결과기대의 차이를 보여 준다. 예를 들어, 2주 후 중요한 시험을 앞둔 어느 학생이 '앞으로 2주 동안 매일 3시간씩 꾸준히 시험공부에 투자한다면(행동) 반드시 시험에서 좋은 점수를 받을 수 있을 거야(결과).'라고 굳게 믿는다면, 이 학생은 강한 결과기대를 지닌 것이다. 나아가 이 학생이 '나는(개인) 앞으로 2주 동안 매일 3시간씩 시험공부에 투자할(행동) 자신이 있어.'라고 생각한다면, 이 학생은 강한 결과기대와 함께 강한 자기효능감을 지니고 있다고 볼 수 있다. 그런데 만약 이 학생이 강한 결과기대를 지녔음에도 불구하고 '과연 내가(개인) 앞으로 2주 동안 매일 3시간씩 꾸준히 시험공부를 할 수 있을까?(행동)'라며 자신 없어 한다면, 이 학생은 약한 자기효능감을 지닌 것이다. 이처럼 자기효능감과 결과기대는 서로 구분되는 개념이며, 둘 중 후속 행동에 더 결정적인 영향을 행사하고 궁극적인 성취를 더욱 잘 예측하는 것은 자기효능감이다. 자기효능감은 결과기대는 물론, 이 학생의 과거 시험 점수와 같은 객관적 수행지표에 비해서도 더 후속 수행을 잘 예측하는 동기변인이다.

이러한 자기효능감 기대는 성취상황에서 개인이 특정 활동을 선택하고, 노력을 투여하며, 어려운 상황에서 끈기를 보이는 정도에 영향을 미친다(Bandura, 1977).

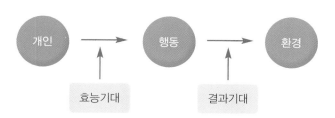

[그림 6-2] 효능기대와 결과기대의 차이(Bandura, 1977)

효능성에 대한 기대가 긍정적이고 강할수록 개인은 희망과 확신을 품고 과제수행에 더욱 적극적으로 임한다. 자기효능감이 높은 사람일수록 자신이 도전적인 과제를 통제하고 다룰 수 있다고 확신하기 때문에 도전적인 과제를 선택하고(Bandura, 1993) 어려운 목표를 선호한다(Schunk, 1991). 높은 목표는 다시 높은 수행을 가져오고 높은 수행의 결과는 다시 긍정적인 정서반응으로 나타나, 개인으로 하여금 더 높은 자기효능감을 갖도록 돕는 긍정적 순환이 이루어진다(Locke & Latham, 1990a, 1990b). 나아가 어려움이 있을 때도 이를 극복하고자 큰 노력을 투자하며, 지레 포기하기보다는 더욱 끈기 있게 매달린다. 자기효능감이 높은 사람은 능력부족보다 노력부족에서 자신의 실패 원인을 찾는 경향을 보이며, 실패 후에도 빠른 속도로 효능감을 회복한다. 반면에 효능성에 대한 기대가 부정적이고 낮은 사람일수록 실패를 능력부족으로 귀인하는 경향이 강하며, 실패에 대한 두려움과 절망을 가지고 마지못해 과제수행에 임하거나 과제를 피하려 한다.

Bandura(1977)는 과제수행 결과가 개인의 주관적 자기효능감에 따라 크게 좌우되며, 개인의 객관적인 능력 자체에 의해 완벽하게 결정되는 것이 아니라고 주장하였다. 객관적인 성취지표가 동일한 두 학생이 있다고 가정할 때, 이 두 학생이 어떤 후속 행동과 성취수준을 보일지는 각자가 자신의 성취지표를 어떻게 인지적으로 해석하고 평가하는지에 달려 있다는 것이다. 같은 시험 점수를 받은 두 학생 중 이를 자신의 노력에 대한 정당한 결과로 해석하고 긍정적으로 평가하여 자신감을 얻는 학생은 자기효능감이 강화되어 후속 성취수준이 향상될 가능성이 크다. 학습 과정 도중에 어려움을 겪는다고 해도 포기하지 않고, 좋은 결과를 얻을 수 있을 것이라는 확신을 가지고 지속해서 노력을 투자할 가능성 역시 크다. 반대로 자신의 점수를 타인과 비교하여 부정적으로 평가하거나 노력보다는 운에 의해 좋은 점수를 획득한 것으로 인지하는 학생은 자기효능감이 약화되며, 자그마한 어려움이 닥쳐도 쉽게 포기할 확률이 높다. 따라서 이런 학생의 경우 후속 성취수준이 향상될지를 장담할 수 없다. 자기효능감의 이러한 특성은 인간이 외부에서 주어지는 자극(결과)에 단순히 반응하는 존재가 아니라, 관련 정보의 취합·해석·평가를 통해 자신과 과제, 수행환경에 대한 주관적 이해를 형성하고 이를 토대로 자신의 행동을 조절해 나가는 능동적 존재라는 사회인지적 자기조절 체계(Bandura, 1986, 1997)의 기본 가정을 잘 반영하고 있다.

2) 자기효능감의 정보원

사람들은 자신의 성취 경험(mastery experience), 대리 경험(vicarious experience), 사회적 설득(social persuasion), 생리적 지표(physiological index), 이렇게 네 가지 주요 정보원(source)으로부터 자기효능감 형성을 위한 정보를 얻는다(Bandura, 1977, 1986).

(1) 성취 경험

성취 경험은 직접 숙달 경험(enactive mastery experience)이라고도 부르며, 개인이 주어진 과제와 같거나 비슷한 과제를 직접 수행해 본 경험을 가리킨다. 성취 경험은 네 가지 정보원 중 자기효능감 추정을 위해 가장 믿을 만한 정보를 제공하며, 따라서 자기효능감 정보원으로서의 상대적 가치가 가장 높다(Britner & Pajares, 2006; Joët, Usher, & Bressoux, 2011; Usher, 2009; Usher & Pajares, 2008). 과거 유사한 과제에서 성공을 경험했다면 주어진 과제에 대해 강한 자기효능감을 지니게 되지만, 반대로 실패를 경험했다면 약한 자기효능감을 형성하게 된다. 특히 새로운 것을 학습하기 시작한 초반에 거듭되는 실패를 경험하게 되는 경우, 향후 해당 과제에 대한 자기효능감을 완전히 상실하게 되므로 주의해야 한다.

일반적으로 효능기대 형성 시에는 자신이 스스로에 대해 형성하고 있는 자기도식(self-schema)과 일치하는 성공이나 실패에 보다 무게가 실리며, 자기도식과 일치하지 않는 경험은 경시되거나 쉽게 잊히는 경향이 있다(Bandura, 1997). 또한, 쉽고 익숙한 과제에서 다시 성공하는 경험은 자신의 역량에 대해 새로운 정보를 제공해 주지 못하므로 효능기대에 큰 영향을 미치지 못한다. 그러나 어려운 과제에서 새롭게 맛본 성공은 자기효능감을 급격히 향상할 수 있다. 또 같은 성취 경험을 했다고 해서 모든 사람이 같은 수준의 자기효능감을 형성하는 것은 아니며, 같은 경험이라 하더라도 개개인의 귀인(attribution)에 따라 자기효능감 형성에 미치는 영향력이 달라진다. 성공한 원인을 능력이나 적성, 노력 등 자신에게서 찾는 사람의 경우 효능기대가 향상되지만, 타인이나 상황적 요소에 의해 성공했다고 믿는 사람의 경우 효능기대가 그만큼 향상되지 않는다. 자기효능감과 귀인은 서로에게 영향을 미치기 때문에, 자기효능감이 강한 사람은 실패했을 때 그 이유를 자신의 능력부족보다는 노력부족이나 상황으로 귀인하지만, 자기효능감이 약한 사람은 쉽게 자신의 능력부족을 탓하며 이는 다시 자기효능감을 더욱 약화시키는 악순환을 불러일으키게 된다.

(2) 대리 경험

사람들은 자신의 직접 경험을 통해 자기효능감을 형성하기도 하지만, 타인이 주어진 과제를 수행하는 것을 관찰하는 대리 경험을 통해 자기효능감을 형성하거나 수정하기도 한다(Bandura, 1977; Schunk, 1987). 대리 경험은 성취 경험에 이어 두 번째로 자기효능감 형성에 강력한 영향을 미치는 정보원이다. 이때 과제수행을 시범 보이는 모델이 반드시 실존 인물일 필요는 없으며, 소설이나 영화, 만화의 주인공 등 가공 또는 허구의 인물이 될 수도 있다. 중요한 것은 실존 여부가 아니라, 관찰자가 해당 모델이 자신과 유사하다고 느끼는 수준이기 때문이다.

성별, 나이, 과거 경험 등 모델이 자신과 많은 유사성을 지니고 있다고 믿을수록 모델의 성공과 실패에 따라 자신의 자기효능감 형성에 큰 영향을 받는다. 특히 자신과 비슷한 모델이 높은 성취를 보이고 그 성취결과에 대한 보상을 받는 것을 관찰하는 것이 효능감 향상에 효과적이며, 대처를 잘하는 모델을 관찰하는 것도 자기효능감을 높일 수 있다. 대리 경험을 제공하는 모델은 과제수행에 필요한 지식과 기술뿐 아니라, 과제수행 과정에서 겪을 수 있는 난관 대처 전략, 인내심, 확신 등에 관한 다양한 정보를 관찰자에게 전달하기 때문이다. 대리 경험에 의한 자기효능감 정보 제공은 특히 과제를 직접 수행해 보는 것이 불가능하거나 지나친 비용, 위험이 수반되는 경우 효과적이다.

대리 경험에 의해 자기효능감을 형성하는 경우 사회적 비교가 수반되기 마련이다. 관찰 중인 모델과 자기 자신을 비교함으로써, 과연 모델이 보여 주는 성공이나 실패가 자신의 역량을 가늠하는 중요한 정보로서 가치가 있는지를 판단해야 하기 때문이다. 어린 아동들은 이러한 사회적 비교에 둔감하지만, 성인이 될수록 타인과의 비교에 점차 민감해진다. 모델이 과제수행에서 성공하는 것을 보더라도 자신보다 월등히 뛰어난 능력이나 경험을 지녔다고 인지하는 경우, 관찰자의 효능기대를 높이지 못한다. 한 사람의 모델에 의한 대리 경험보다는 여러 모델에 의한 대리 경험을 제공하는 것이 관찰자가 자신과 유사하다고 느끼는 모델을 찾을 가능성을 높여 주므로 효능기대 형성에 더욱 효과적이다(Bandura, 1997).

(3) 사회적 설득

효능기대 형성에 영향을 미치는 세 번째 정보원은 타인에 의한 사회적 설득으로, 과제수행에 대비한 개인의 능력과 노력, 성공 가능성에 대해 타인이 격려와 긍정적인 피드백을 제공할 때 자기효능감이 강화되며, 의심과 부정적 피드백을 제공할 때 자기효능감이 약화된다(Chase, 1998; Zeldin & Pajares, 2000). 사회적 설득은 어깨 두드림이나 미소, 못마땅한 표정 등 비언어적 경로를 통해 이루어지기도 하지만 언어적인 설득이 주를 이룬다.

사회적 설득이 자기효능감 형성에 미치는 영향력은 설득하는 사람의 신뢰성에 좌우된다. 같은 내용의 언어적 설득이라 하더라도 능력이 뛰어나거나, 해당 과제에 대한 지식과 경험이 풍부하고, 신용 있는 사람으로부터의 설득은 자기효능감 형성에 큰 영향을 미친다. 해당 분야의 권위자나 유명인, 중요한 타인이 "너는 할 수 있어."라고 격려할 때 특히 효능감이 증진되는 이유이다. 반대로 능력이나 신용 또는 주어진 과제에 대한 지식과 경험이 부족하다고 판단되는 사람으로부터의 사회적 설득은 자기효능감 형성에 의미 있는 영향력을 행사하지 못한다.

(4) 생리적 지표

마지막으로, 사람들은 과제수행 직전이나 도중에 느껴지는 두근거림, 식은땀 등 자신의 생리적 지표를 통해 자기효능감을 가늠하기도 한다(Usher & Pajares, 2008). 이러한 정서적, 신체적 반응들이 비효과적 과제수행으로 인한 스트레스로 인한 것이라고 지각할 때 자기효능감이 약해지며, 과제수행의 질도 뒤이어 떨어지게 될 가능성이 커진다. 적정한 수준의 긴장과 생리적 각성은 과제에 집중하게 하는 데 도움이 되는 중요한 요인이지만, 지나친 각성은 효능기대를 낮춤으로써 불안을 일으키고 과제를 꺼리게 만든다.

3) 자기효능감의 형성과 발달

Usher와 Pajares(2008)는 1977년부터 2008년까지 발표된 자기효능감 관련 데이터베이스를 검토하여 자기효능감 정보원 각각의 효과를 검증하는 메타분석 연구를 수행하였다. 이때, 양적 연구결과뿐만 아니라 질적 연구결과도 함께 통합하기 위해 통계적 메타분석 접근이 아닌 서술적 메타분석을 실시하였다. 그 결과, 앞에서 소개한 Bandura(1977, 1997)의 제안과 같이 개인의 성취 경험이 가장 강력한 효능감 형성과 증진의 원천으로 밝혀졌다. 그러나 모델을 관찰함으로써 얻는 대리 경험과 타인의 사회적 설득에 의한 효능감 증진 효과는 모든 연구에서 일관적으로 관찰되지 않았으며, 자기효능감의 정보원으로서 생리적 각성의 기능 역시 일관성이 없는 것으로 나타났다. Usher와 Pajares는 이러한 결과가 연구 표본의 다양성과 측정방법의 차이에 기인하는 것으로 해석하고 추후 연구의 필요성을 제안하였다.

실제로 Ahn, Usher, Butz와 Bong(2016)이 한국, 미국, 필리핀 3개국 청소년의 수학 자기효능감 형성을 비교한 결과, 정보원 활용에서 몇 가지 유의한 차이가 발견되었다. 한국 청소년의 경우 부모 등 가족의 사회적 설득이 가장 중요한 자기효능감 정보원으로 기능하였으며, 교사 관찰에서 오는 대리 경험이 그다음 중요한 정보원으로 작용하였다. 반면, 미국 청소년의 경우 친구의 사회적 설득이 그들의 수학 자기효능감을 가장 잘 예측하였으며, 다음으로 교사 관찰에 의한 대리 경험, 가족의 사회적 설득 순으로 수학 자기효능감을 예측하였다. 필리핀 청소년의 경우에는 친구의 사회적 설득―가족의 사회적 설득―교사 관찰 대리 경험 순으로 수학 자기효능감 형성에 이바지하였다.

정보원을 통해 제공된 정보는 자기효능감 형성에 자동으로 영향을 주는 것이 아니며, 개인의 인지적 평가를 거치게 된다. 같은 정보라 하더라도 개인이 지각하는 자신의 능력 수준, 투여한 노력 정도, 과제난이도, 상급자의 도움 여부, 수행 당시 상황적 요인, 성공과 실패의 형태, 그리고 귀인에 따라 자기효능감 형성에 미치는 영향력이 달라질 수 있다. 또한, 위에서 언급한 Ahn과 동료들(2016)의 연구가 보여 준 것처럼 문화, 성별, 인종, 학업 영역 등 다양한 맥락요인에 따라서 각 정보원의 중요도가 다르게 평가되기도 한다.

한편, 자기효능감의 발달에 대한 논의에서 Schunk와 Pajares(2001)는 부모와 양육자들이 개인의 영·유아기부터 자기효능감 발달에 중요한 경험을 제공한다는 것을 강조하였다. 자기효능감에 관한 생애 초기 정보는 가정 내에서 경험하는 부모와의 양방향적 상호작용 형태로 제공된다. 예를 들어, 아동의 호기심을 자극하고 숙달 경험을 허용하는 환경을 제공하는 부모는 아동의 자기효능감 발달을 촉진하며, 동시에 호기심과 탐색적 활동을 자주 보이는 아동일수록 아동에 대한 부모의 반응적 태도가 증가하게 된다(Schunk & Pajares, 2001). 이것이 바로 Bandura(1986)가 말하는 상호결정론에 의한 성취이다. 이처럼 자기효능감은 가정 내에서 아동 자신의 성공적인 숙달 경험을 통해서, 또 부모들이 성공적으로 성취하는 모습과 어려움 속에서도 끈기를 보이는 태도를 관찰함으로써 발달한다. '잘할 수 있다'는 부모의 격려와 지지, 즉 사회적 설득에 의해서도 아동의 자기효능감이 증진된다.

학령기에 도달한 아동은 학교라는 보다 큰 사회적 장면에 노출되며 가족 이외에 학급 또래나 교사 등 중요한 타인과의 교류가 많아진다. 아동들은 학급에서 또래 학생들의 성공이나 실패를 관찰하면서 자신의 효능기대에 긍정적이거나 부정적인 영향을 받는다. 어떤 또래집단에 속하느냐에 따라 자신의 효능기대가 달라지기도 하며, 교사와의 관계에 의해서도 긍정적 혹은 부정적인 영향을 받게 된다. 높은 자기효능감을 가진 또래집단에 속한 아동은 자신의 효능기대도 높게 형성하게 되며, 낮은 자기효능감을 가진 또래집단에 속한 아동은 반대의 결과를 경험할 가능성이 크다(Schunk & Pajares, 2001).

4) 자기효능감 발현과정

자기효능감은 인지적 · 정서적 · 사회적 · 행동적 과정과 결과를 통해 개인의 동기, 정서, 행동을 결정하는 데 영향력을 행사한다(Bandura, 1993).

(1) 인지적 과정과 결과에 대한 효과

인지적 과정은 새로운 행동을 습득하고 유지하는 데 중요한 역할을 한다. 개인은 특정한 행동이 특정한 결과를 초래하였을 때 그 관계에 대해 재해석을 하는 인지적 과정을 통해 인과관계를 파악하고, 자신의 삶에 영향을 주는 미래의 사건들을 예측한다. 개인의 능력에 대한 인식, 사회적 비교, 피드백, 지각된 통제가능성, 분석적 판단 등이 인지적 과정을 통해 자기효능감에 영향을 준다. 인지적 과정을 통해 형성된 자기효능감은 다시 후속 목표설정, 성공과 실패귀인, 과제가치 지각, 진로 · 직업 포부 형성 등 다양한 인지적 결과를 예측하는 변인으로 작용한다. 이미 여러 차례 언급했듯이, 자기효능감이 강한 사람은 부정적인 성취결과에 대한 원인을 능력부족보다는 노력부족이나 전략부족으로 인지하며, 이는 자기효능감 저하를 예방하고 후속 동기를 유발한다. 자기효능감은 또한 목표설정을 통해 동기적 과정에 영향을 미치며, 자기효능감이 높은 사람은 스스로 높은 목표를 설정하고 이를 성취하고자 노력한다.

(2) 정서적 과정과 결과에 대한 효과

자기효능감은 위협적인 상황에서 얼마나 스트레스를 받고 우울해지는가에 영향을 준다. 이러한 정서적 반응은 사고의 본질과 과정을 변화시킴으로써 행동에 영향을 미칠 수 있다. 자기효능감은 목표의 성취 여부에 따라 변화하고, 자기효능감의 증진이나 저하는 불안수준에 영향을 미친다. 자기효능감이 현저히 약화되는 경우 우울증을 경험하기도 한다. 학업적 자기효능감이 높은 학생은 학교에 대한 긍정적 정서를 보다 강하게 표출하며, 반대로 학업적 자기효능감이 낮은 학생은 학교에 대해 부정적 정서를 지닌다.

(3) 사회적 과정과 결과에 대한 효과

학교에 대한 소속감이 강하며 교사와 좋은 관계를 유지하는 학생은 학업에 대한 자기효능감이 증진되는 효과를 경험한다. 자기효능감은 긍정적인 교우관계로 인해 향상되기도 하며, 자기효능감이 향상됨에 따라 다시 소속감 증진, 교사와의 관계 개선, 교우관계 향상 등 긍정적인 사회적 결과를 경험하게 된다.

(4) 행동적 과정과 결과에 대한 효과

사람은 환경의 선택과 구성을 통해서 자신의 생활을 변화시킬 수 있다. 효능감에 대한 판단은 행동과 환경의 선택, 그리고 과제와 환경에 대한 효과적인 대처에 영향을 미친다. 높은 자기효능감은 성취에 유리한 환경을 선택하도록 돕는데, 즉 도전적인 과제를 선택하고 이의 성공적인 성취를 위해 노력을 투자하며, 어려움이 있어도 끈기 있게 버티면서 과제수행에 필요한 인지적, 자기조절적 전략을 사용하는 과정을 통해 개인이 새로운 역량을 개발하도록 만든다.

3. 자기효능감 측정

1) 자기효능감 측정의 세 측면

Bandura(1997)는 자기효능감을 측정할 때 수준(level), 강도(strength), 일반성(generality)의 세 가지 측면을 고려해야 한다고 주장하였다. 이론개발 초기에 '크기(magnitude)'라고 지칭하였던 수준은 과제의 난이도와 관련된 측면으로, 과제가 어려워짐에 따라 효능기대가 달라지는 정도를 측정하는 것이다. 즉, 난이도에 따라 배열된 일련의 과제 중 수행자가 어느 수준의 과제까지 해결할 수 있는가를 스스로 판단하게 함으로써 측정한다. 강도란 과제수행 도중 어려움이나 장애가 있더라도 효능감을 계속 유지할 수 있느냐에 관한 것으로, 수행자가 주어진 과제를 해결할 수 있다는 확신 정도를 스스로 평정하도록 하여 측정한다. 일반성은 과제의 유형에 따라 달라지는 효능기대로서 성취 경험의 파급 효과가 어디까지 퍼질 것인가에 관한 것이다. 즉, 사람들은 다양한 과제에 대해 다른 효능기대를 하므로 자기효능감을 측정할 때 일반성을 고려해야 한다는 것이다.

자기효능감은 상황특수적 구인으로 개인과 환경의 상호작용적 맥락 안에서 형성된다(Bandura, 1977, 1986). 따라서 대부분의 연구에서는 특정 과제에 국한된 효능감의 수준(예: Bandura & Jourden, 1991; Bandura & Wood, 1989; Schunk, 1982, 1991)이나 강도(예: Cervone & Palmer, 1990) 중 하나를 자기보고식으로 평정하게 함으로써 측정하거나, 수준과 강도 두 가지를 동시에(예: Locke, Frederick, Lee, & Bobko, 1984) 사용하기도 한다. 그동안 이처럼 과제특수적 자기효능감을 측정하기 위하여 제작된 자기효능감척도는 컴퓨터 자기효능감, 운동 자기효능감, 음주거절 자기효능감, 박사논문작성 자기효능감 등 셀 수 없이 많다(Pajares, 2002).

이러한 과제특수적 자기효능감의 측정과 해석은 특정 과제를 수행할 때 그 수행을 가장 잘 예측하는 변인이 바로 그 과제수행에 대한 개인의 효능기대라는 사실에 기반을 둔다(Bandura, 1977, 1989b). 예를 들어, 어떤 개인이 특정 시험에서 어느 정도의 성취를 올릴 것인지를 정확히 예측하고자 한다면, 그 사람에게 자신이 그 시험에서 다루어질 내용 중 어느 수준과 난이도까지를 성공적으로 해결할 수 있다고 믿는지 또 쉽게 풀리지 않는 문제라도 해결할 수 있다는 확신이 어느 정도인지를 질문하여 해당 시험에 대한 자기효능감의 수준과 강도를 측정할 수 있다.

2) 과제특수적 자기효능감 측정의 장점과 한계

주어진 과제의 특성과 과제수행에 수반되는 상황적 요소를 반영하여 측정된 자기효능감은 특정 과제나 영역과 밀접하게 관련되어 있으므로 해당 과제나 영역에 대한 수행수준을 잘 예측하는 장점을 지닌다. 과제특수적, 상황특수적으로 이루어지는 자기효능감 측정방식은 자기효능감이 자존감(self-esteem)이나 자기개념(self-concept) 등 유사개념에 비해서도 과제수행 수준을 더욱 정확히 예측하도록 돕는다(Bandura, 1997; Bong, 2006; Bong & Clark, 1999). 앞서 언급한 것과 같이, 이는 궁극적인 성취가 중요시되는 교육과 경영 분야, 정해진 상황 내에서의 수행이 중요시되는 예능과 스포츠 분야, 구체적인 행동의 실천을 통한 건강 증진과 회복이 중요시되는 의학과 간호학 분야 등 인간 성취행동과 관련된 대부분 학문 분야에서 자기효능감이 활발히 적용되는 결과를 가져왔다(Bandura, 1986).

그러나 연구가 계속됨에 따라 과제특수적 자기효능감 측정 역시 한계가 있다는 점이 드러나기 시작했다. 먼저, 주어진 상황과 과제가 변화함에 따라 척도 또한 달라져야 하므로 척도의 신뢰도를 확보하기가 어렵고(Vispoel & Chen, 1990), 같은 척도를 활용하여 다양한 과제에 대한 자기효능감을 측정할 수 없으므로 경제적인 측면에서 유용성이 낮다. 또한, 주어진 상황에서 특정 과제수행을 잘 예측한다는 것이 전체 성취장면에서 개인의 수행수준 예측을 보장하지는 않는다는 한계도 존재한다. 다양한 종류와 난이도를 지닌 수많은 과제가 포함된 전체 성취장면에서의 수행수준을 정확히 예측하기 위해서 모든 구체적인 과제에 대한 자기효능감을 측정하는 것은 현실적으로 불가능하며, 설혹 가능하다 하더라도 개별과제에 대한 자기효능감의 단순 총합이 개인이 전체 성취장면에 대해 형성하고 있는 자기효능감과 반드시 일치하지는 않기 때문이다(Bandura, 1997).

예를 들어, Bandura(1989b)는 개인의 자기효능감 측정을 위해서는 특정 상황에서 목표달성을 위해 얼마나 수행을 잘 해낼 수 있는지를 알아보아야 한다고 주장하며, 다양한 영역을 대상으로 한 상황특수적 자기효능감을 측정하는 '다차원 자기효능감척도(Multidimensional Self-efficacy Scales)'를 개발하였다. 이 척도는 57개의 Likert 식 문항으로 구성된 9개 하위척도로 이루어져 있다. 9개 하위척도는 각각 사회적 자원(social resource), 학업성취(academic achievement), 자기조절학습(self-regulated learning), 여가(leisure), 자기조절(self-regulatory), 타인의 기대(others' expectations), 사회적(social), 자기주장적(self-assertive), 그리고 부모의 지원(parental support)에 대한 효능기대를 측정하고 있으며, 모든 문항은 "당신은 _____을 얼마나 잘할 수 있습니까?"라는 형식을 통해 각 영역 내 대표적인 과제수행에 대한 효능감을 보고하도록 하고 있다. Williams와 Coombs(1996)가 대학 진학 예정인 500명의 고등학생 집단에 이 척도를 시행하여 요인분석한 결과, 학생들의 응답은 9개가 아닌 3개의 하위요인으로 묶였는데, 이는 각각 사회적 효능감, 학문적 효능감, 자기조절 효능감으로 지칭되었다. 이러한 결과는 자기효능감이 사회적 상황, 학문적 상황 등의 넓은 영역에서 개인이 느끼는 일반적인 자신감을 반영하고 있다는 점을 시사한다.

6개 교과영역에 대한 자기효능감을 측정한 Bong(1997)의 연구에서도 유사한 결과가 도출되었다. 연구자는 588명의 미국 고등학생을 대상으로 영어, 스페인어, 역사, 대수학, 기하학, 화학 6개 과목에 대한 자기효능감을 측정하였다. 이 연구의 특이한 점은 미국 고등학생들이 대학 진학을 위해 치러야 하는 Scholastic Aptitude Test(SAT) 준비교재로부터 과목별 대표적 문항들을 추린 후, 이들 문항을 얼마나 성공적으로 풀 수 있다고 생각하는지에 대한 효능기대를 측정한 것이다. 분석결과, 학생들은 수학 교과목인 대수학과 기하학에 대해서는 거의 유사한 자기효능감을 나타냈으나($r=.92$), 나머지 과목에 대해서는 각각 독립적인 자기효능감을 형성하고 있었다. 그러나 6개 교과목에 대한 자기효능감 사이에는 정적 상관관계가 존재하였으며, 이러한 관계는 학업적 자기효능감이라는 1개 상위요인에 의해서보다 언어영역 자기효능감과 수리영역 자기효능감이라는 2개 상위요인에 의해서 보다 잘 설명되었다. 이 연구는 따라서 각 구체적인 문항에 대한 자기효능감이 동일 과목이라는 범주 안에서 일반화될 수 있으며, 나아가 각 과목에 대한 자기효능감 역시 언어영역과 수리영역이라는 보다 큰 범주 안에서 일반화될 수 있다는 것을 보여 준다.

이에 따라, 구체적인 영역이나 과제에 대한 자신감을 대상으로 한 자기효능감 측정과 동시에, 일반화된 자기효능감 측정을 통해 개인의 후속 동기와 수행을 예측하는 시도가 꾸준히 이루어져 왔다(김아영, 차정은, 1996; Chemers, Hu, & Garcia,

2001; Chen et al., 2001; Eden & Aviram, 1993; Jerusalem & Schwarzer, 1992; Kim & Park, 2000; Martocchio, 1994; Owen & Froman, 1988; Pintrich & De Groot, 1990; Riggs, Warka, Babasa, Betancourt, & Hooker, 1994; Sherer & Adams, 1983; Sherer et al., 1982). 예를 들어, Sherer 등(1982)은 일반적 자기효능감을 측정하기 위한 도구를 개발하여 심리측정적 분석을 한 결과, 일반적 자기효능감(general self-efficacy)과 사회적 자기효능감(social self-efficacy)의 두 요인이 도출되었다고 보고하였다. Sherer 등(1982)의 일반적 자기효능감척도는 개발 초기에 임상 장면에서 주로 사용되었으나, 점차 범위가 확대되어 현재 상담, 조직상황 등 다양한 영역에서 사용되고 있다. 최근 Chen 등 (2001)은 Sherer 등의 척도가 다차원적인 속성을 지니고, 효능기대가 아닌 결과기대를 측정하는 문항들이 포함되어 있으며, 자존감과 개념적인 구분이 어렵다는 점을 지적하였다. 연구진은 이러한 점을 보완하여 "나는 많은 도전을 성공적으로 극복할 수 있을 것이다."와 같이 일반적 성취상황에서의 효능기대를 측정하는 8개의 문항으로 이루어진 '새 일반적 자기효능감척도(New General Self-efficacy Scale: NGSS)'를 개발하였다.

교육 분야의 경우, 어떤 학생이 특정 과제에 대해 형성하고 있는 효능기대만으로는 그 학생이 새로운 문제나 과제에 당면했을 때 어떤 수행수준을 보일지 정확히 예측하기 어렵다. 또 특수 상황과 과제에 국한된 자기효능감은 교육장면에서 학생에 대한 전체적인 이해와 지도계획을 수립하는 데 큰 직접적인 도움을 주지 못한다. 그러므로 개인이 다양한 과제에 직면했을 때 그에 대한 수행이나 결과적으로 오는 정서적 반응을 예측할 수 있는 일반적 혹은 학업적 자기효능감은 교육현장에서 특히 유용할 수 있다. 앞에서 언급된 일반적 자기효능감척도들은 성취 경험에 따른 자기효능감의 증감이 성공적인 수행을 경험한 과제와 그와 유사한 과제는 물론, 관련 지식이나 기술의 동시 개발, 하위기능 공유, 공통적인 자기조절기능 적용, 과제 간 유사성 인지, 커다란 성취 경험에 의한 전반적 효능기대 향상 등에 의해 상당히 그 성격이 다른 과제로까지 전이될 수 있다는 Bandura(1977, 1997)의 주장을 반영한 접근방법이다.

3) 자기효능감 측정도구 개발 시 유의할 점

자기효능감은 과제특수적, 상황특수적으로 형성되는 심리적 구인이므로 각 과제와 상황에 알맞는 측정도구를 개발하는 것이 중요하다. 앞서 언급했듯이, 정확한 자기효능감 측정을 위해서는 그 수준(level), 강도(strength), 일반성(generality)을 모두 측정에 반영해야 한다(Bandura, 1997). 그러나 현실적으로는 이 세 가지 측면 중 강도만을 반영하여 측정하는 경우가 많은데, 이는 자기효능감 강도가 과제 성취도나 수행수준에 대해 우수한 예측력을 보이기 때문이다.

자기효능감 측정도구를 개발할 때 과제의 어느 수준까지 또 어느 정도의 일반성을 반영하여 문항을 개발해야 하느냐 하는 문제는 전적으로 예측하고자 하는 대상에 달려 있다(Bandura, 1997; Pajares, 1996). 만약 예측하고자 하는 대상이 특정 시험에서의 수행수준이라면, 응답자에게 해당 시험에서 다루어지는 문항과 같은 종류의 문항을 성공적으로 풀 수 있다는 확신이 어느 정도인지를 물어야 할 것이다. Pajares(1996)는 교육학에서 관심을 두는 결과변인은 학생이 구체적인 문제를 어느 정도 풀 수 있는지, 특정 과목에서 어떤 성적을 받는지, 그리고 어떤 직업을 선택하는지에 이르기까지 매우 다양하다는 점을 지적하면서, 따라서 이들 각각의 성취수준을 정확히 예측할 수 있는 자기효능감을 측정하기 위해서는 측정의 '구체성과 일치성(specificity and correspondence)'을 최우선으로 고려해야 한다고 주장하였다. 즉, 자기효능감 측정도구는 예측하고자 하는 대상 과제에 비추어 최대한 구체적으로 설계하되, 그 범위는 예측 대상의 범위와 일치해야 한다는 것이다.

실제 Pajares와 Miller(1995)는 이러한 주장의 타당성을 실증적으로 입증하였다. 연구자들은 학생들이 수학에 대해 가지는 자기효능감을 두 가지 방식으로 측정하였는데, 구체적인 수학 문항을 제시하며 이들 문항을 성공적으로 풀 수 있다는 확신이 얼마나 강한지를 보고하도록 함과 동시에, 수학 과목에서 성공할 수 있다는 확신이 얼마나 강한지를 보고하도록 하였다. 예측할 대상으로는 학생들의 수학 문제풀이 점수와 수학 과목 수강 여부, 두 가지를 사용하였다. 예상했던 대로, 수학 문항에 대한 자기효능감이 수학 과목에 대한 자기효능감에 비해 학생들의 수학 문제풀이 점수를 더 잘 예측하였고, 수학 과목에 대한 자기효능감이 수학 문항에 대한 자기효능감에 비해 학생들의 수학 과목 수강 여부를 더 잘 예측하였다.

Bong과 동료들(Bong, 2002; Bong & Hocevar, 2002) 역시 이와 비슷한 연구결과를 발표하였다. 이들은 한국 고등학생들의 주요 교과목에 대한 자기효능감을 세 가지 방식으로 측정하여 그 예측력을 비교하였다. 세 가지 자기효능감은, ① 각 과목의 대표적인 문제 유형을 제시한 후 이 문제들을 성공적으로 풀 수 있는지를 묻는 문항특수적 자기효능감(problem-specific self-efficacy), ② 각 과목에서 다루어지는 주요 내용과 과제를 요약하여 제시한 후 이들 내용과 과제를 성공적으로 해낼 수 있는지를 묻는 과제특수적 자기효능감(task-specific self-efficacy), ③ 아무런 구체적인 문제 유형이나 과제에 대한 설명 없이 해당 과목에서 성공적인 성취를 올릴 수 있는지를 묻는 과목특수적 자기효능감(subject-specific self-efficacy)으로, 측정의 구체성과 범위에서 차이가 있었다. 먼저, 국어, 영어, 수학 교과목에 대해 세 가지 방식으로 측정된 자기효능감을 비교한 결과, 문항특수적, 과제특수적, 과목특수적 자기효능감 사이에는 정적 상관이 존재하였으며, 특히 문항특수적 자기효능감과 과제특수적 자기효능감이 서로 강한 상관을 보였다(Bong & Hocevar, 2002). 이들 자기효능감을 이용하여 영어와 수학에서의 시험 점수를 예측해 본 결과, 좀 더 구체적으로 측정된 문항특수적 자기효능감과 과제특수적 자기효능감이 좀 더 일반적으로 측정된 과목특수적 자기효능감에 비해 우수한 예측력을 보였다(Bong, 2002). 그러나 그 차이가 Pajares와 Miller(1995)의 연구에서처럼 두드러지지는 않았다. 만약 예측하고자 하는 대상이 시험 점수가 아니라, 시험 점수와 함께 숙제, 보고서, 발표, 쪽지시험 등 다양한 종류의 성취가 반영된 성적이었다면 과목별로 요구되는 이러한 상황적 요소들을 고려하여 응답한 과목특수적 자기효능감에 의해 더 잘 예측되었을 것이라 예상할 수 있다.

자기효능감척도는 이처럼 예측하고자 하는 대상이 무엇이며, 그 수행에 영향을 미칠 수 있는 상황적 요소들에는 어떤 것들이 있는지를 고려하여 만들어져야 한다. Bong(2006)은 자기효능감척도 개발에서 흔히 저지르는 실수로 자기효능감을 자기개념(self-concept), 자기존중감(self-esteem) 등 타 구인과 혼동하는 것, 자기효능감의 상황 특수성(context-specificity)을 단순히 영역 특수성(domain-specificity), 내용 특수성(content-specificity), 혹은 측정의 구체성(measurement specificity) 정도로 취급하는 것, 그리고 예측하고자 하는 대상과 이에 대한 자기효능감 측정의 수준과 범위가 일치하지 않는 것 등을 꼽았다. 동시에, Bandura(1997)가 제시한 몇 가지 자기효능감척도 개발 시 유의사항을 정리하여 제시하였다.

먼저, 자기효능감 측정을 통해 성취를 예측하고자 하는 대상 과제에 대한 철저한 분석을 통해 성공적인 수행을 위해 요구되는 지식과 기능을 파악한 후, 가능한 한 구체적인 수준의 측정이 이루어져야 한다. 만약 측정하고자 하는 과제의 범위가 넓다면, 성공적인 수행에 수반되는 대표적인 행위, 과제, 상황 등이 자기효능감 측정 문항에 잘 반영되어야 한다. 응답자가 자신의 효능기대를 정확히 보고할 수 있도록 구체적 예시 문항이나 과제 설명을 통해 판단의 기준점을 제공하는 것도 중요하다. 만약 응답자가 경험해 보지 못한 새로운 과제나 과목에 대한 자기효능감을 측정해야 한다면, 응답자에게 이미 익숙한 성취형태를 활용할 수도 있다. 예를 들어, '화학'이라는 과목을 처음 배우는 학습자를 대상으로 화학 과목에 대한 자기효능감을 측정해야 한다면, 아직 익숙지 않은 화학 문항이나 과제를 제시하기보다는 학습자에게 익숙한 점수 또는 성적 체계를 자기효능감 측정에 사용할 수 있다. 즉, "당신은 화학 과목에서 80점 이상의 점수를 얻을 자신이 얼마나 있습니까?", "당신은 화학 과목에서 B+ 이상의 학점을 받을 자신이 얼마나 있습니까?" 등의 문항을 사용할 수 있다.

4. 자기개념이론과 자기효능감이론

1) 자기개념의 정의와 정보원

자기개념은 흔히 개인이 자기 자신을 어떻게 이해하고 있느냐를 가리키는 말로 사용된다. Rosenberg(1979)는 자기개념이란 개인이 스스로를 객관적인 대상으로 삼아 그에 대해 형성하고 있는 인지적 견해와 감정의 집합체라고 정의하였다. Shavelson, Hubner와 Stanton(1976) 역시 이와 유사하게 자기개념을 정의하고 있다. 이들에 의하면 자기개념은 자기 스스로에 대한 개인의 지각을 가리키며, 개인의 과거 행위를 설명하고 앞으로의 행위를 예측하는 아주 중요한 구인이다. 스스로를 어떻게 보고 있느냐가 개인의 행동에 영향을 미치고, 이렇게 취해진 행동은 그 개인이 자기 자신을 어떻게 보느냐에 다시 영향을 미치기 때문이다. 자기개념은 개인의 경험에 의해 서서히 형성되는데, 특히 환경으로부터 주어진 강화와 중요한 타인에 의해 크게 좌우된다. Shavelson과 동료들은 자기개념이 조직화(organized), 다면적(multifaceted), 위계적(hierarchical), 안정적(stable), 발달적(developmental), 평가적(evaluative), 차별적(differentiable) 성격을 지니고 있다고 주장하였다.

2) 학업적 자기개념과 학업적 자기효능감

'자기(self)'와 관련된 다양한 심리적 구인 중 성취상황에서 영향력을 발휘하는 것으로 알려진 구인에는 자기개념, 자기효능감 외에도 자기존중감(self-esteem), 지각된 자기가치(perceived self-worth), 지각된 역량(perceived competence), 성공기대(expectancy for success) 등이 있다. 자기존중감은 '지금 있는 그대로의 자기 자신에게 만족하는지'를 나타내며, 지각된 자기가치는 '스스로 가치 있고 능력 있는 사람이라고 생각하는지'를 가리키는 구인이다. 두 가지 구인은 어떤 특정 영역에 국한되어 자신의 역량이나 능력을 판단한 결과가 아니라, 전반적으로 스스로에 대해서 형성하고 있는 종합적인 평가를 대변한다. 이들 구인은 개인이 삶에서 느끼는 주관적 안녕감, 우울증, 또 여러 상황에서의 접근이나 회피행동을 어느 정도 예측하지만, 구체적인 성취상황에서 개인이 설정하는 목표, 투자하는 노력, 성취수준 등에 대한 예측력은 다른 구인에 비해 현저히 떨어진다. 지각된 역량과 자기개념, 그리고 성공기대와 자기효능감은 서로 유사한 구인으로 볼 수 있는데, 이들은 자기존중감이나 자기가치에 비해 도전적 과제의 추구와 회피, 사용하는 전략의 종류와 질, 노력과 끈기, 과제수행과 성취수준, 진로선택에 이르기까지 다양한 인지적, 정서적, 행동적 반응을 잘 예측한다.

그렇다면 과연 자기개념과 자기효능감의 차이는 무엇이며, 학업이라는 공통된 성취장면에서 과연 어떤 구인이 학습자의 성취행동을 상대적으로 더 잘 예측할 것인가? 이 질문에 대한 답을 구하기에 앞서, 다음 내용에 대해 동의하는 정도를 표시해 보기를 권한다.

① 나는 다른 사람들에 비해 영어를 잘하는 편이라고 생각한다.
② 나는 이제까지 영어 과목에서 대체로 좋은 성적을 받아 왔다.

③ 나는 영어에 관한 한, 나 자신이 싫다.

④ 나는 영어 사전의 도움을 받아 영어 신문기사를 읽고 이해할 자신이 있다.

⑤ 나는 외국인이 길에서 영어로 길을 물어올 때, 영어로 답할 자신이 있다.

⑥ 나는 국내외 정세에 대해서 외국인과 영어로 토론할 자신이 있다.

제시된 6개 문항 중 위 3개 문항은 영어에 대한 자기개념을, 아래 3개 문항은 영어에 대한 자기효능감을 묻는 것이다. 이들을 비교하면, 자기개념과 자기효능감 사이 몇 가지 차별적인 특징이 드러난다. 먼저, 자기개념은 주어진 영역에서 반복된 과거 성취 경험에 의해 형성된 자신의 역량에 대한 종합적인 지각이다. 자기효능감 역시 주어진 영역에서 반복된 성취 경험에 의해 형성되지만, 과거 경험을 기반으로 앞으로 수행하게 될 미래 과제에 대한 자신감을 묻는다는 점에서 자기개념보다 미래지향적인 구인이라고 말할 수 있다. ③에서 보듯이, 자기개념은 스스로 지각한 자신의 속성와 역량에 대한 인지적 평가뿐만 아니라 그로 인해 파생되는 정서적 반응까지 포함하여 형성된다. 반면에 자기효능감은 스스로 지각한 자신의 역량에 대한 인지적 평가를 기반으로 형성된 확신이며, 정서적 반응과 관련이 깊지만 정서적 반응을 포함하지는 않는다(Bong & Clark, 1999; Bong & Skaalvik, 2003).

또한, 자기개념과 자기효능감 모두 지각된 역량이 구인의 가장 중요한 구성요소이지만, 자신의 능력을 판단하는 기준이 절대적이냐 상대적이냐 하는 점에서 약간의 차이를 보인다(Bong & Clark, 1999). 개인은 주어진 성취영역에서 자신이 우수한 성취를 올리고 그 성취가 남들보다 더 우수하다는 것을 반복적으로 경험할 때 긍정적인 자기개념을 형성하게 된다. 이는 자기효능감도 마찬가지이다. 그러나 자기효능감의 경우, 타인과의 비교보다는 성취하고자 하는 과제의 성공기준에 비추어 볼 때 자신이 과연 성공을 이룰 만한 충분한 역량을 지니고 있는지가 결정적으로 중요하다. 즉, 자기개념에서 자신의 능력을 판단하는 기준이 다분히 상대적이라면, 자기효능감에서 자신의 능력을 판단하는 기준은 그보다 절대적이라고 할 수 있다.

동일 영역 안에서 더욱 구체적인 과제들에 대해 각기 다른 개별적 자기효능감이 형성될 수 있다는 점 역시 자기개념과 다른 특징이다(Bong & Clark, 1999; Bong & Skaalvik, 2003). 다시 위 ④, ⑤, ⑥의 예를 들어 설명하면, 대부분 사람은 영어에 대한 자기개념을 형성하고 있지만, 영어 신문기사 읽기나 외국인과 영어로 대화하기 등에 대해 따로 자기개념을 형성하고 있을 만큼 성취 경험이 충분하거나 세분화된 사람은 드물다. 반면, 영어영역에서 어느 정도 성취 경험이 있는 사람이라면 영어 신문기사 읽기와 외국인과 영어로 대화하기라는 두 가지 과제에 대한 자기효능감을 따로 형성하고 있을 가능성이 크다. 자기효능감은 또한 자기개념에 비해 주어진 성취상황의 상황적 요소들에 의해 크게 좌우된다. 영어 사전의 도움을 받을 수 있는 상황에서 영어 신문기사를 이해할 수 있다는 자신감과, 영어 사전을 사용하지 못하는 상태에서도 영어 신문기사를 이해할 수 있다는 자신감에는 차이가 존재할 수 있기 때문이다. 외국인에게 영어로 길을 가르쳐 주거나 일상적인 대화를 나눌 자신감은 있지만, 영어로 국내외 정세에 관한 토론을 이어 갈 자신감은 약할 수도 있다. 이러한 특징들로 인해 자기효능감은 자기개념에 비해 상대적으로 쉽게 강해지거나 약해질 수 있으며, 따라서 중요한 성취 경험이나 상황적 변화, 중재 등에 보다 잘 반응한다. 이에 비해, 자기개념은 한두 가지 새로운 성취 경험에 의해 쉽게 변하지 않는 안정적인 속성이 강하다.

두 가지 구인은 비록 판단의 구체성 수준에 차이가 있으나, 특정 영역(예: 언어영역, 수리영역 등)의 다양한 하위영역(예: 국어, 영어, 역사 등)에 대해 개별적으로 형성되는 다면적 구인이라는 공통점을 지닌다. 특정 상위영역을 대상으로 형성된 구인(예: 언어 자기개념, 영어 자기효능감 등)과 다양한 하위영역에 대해 형성된 구인 사이에 위계적인 관계를 형성하고 있다는 점도 두 구인 간 공통적인 특징이다(Bong & Clark, 1999; Bong & Skaalvik, 2003). 예를 들어, 언어 자기개념이 강한 학습자는 국어 자기개념, 영어 자기개념이 강할 것으로 예상할 수 있다. 마찬가지로, 영어 자기효능감이 높은 학습자는 영어 읽기, 영어 말하기, 영어 듣기, 영어 쓰기에 대한 자기효능감도 대체적으로 높을 것으로 짐작할 수 있다.

자기효능감의 경우, 삶의 전반적인 영역에 걸쳐 어느 정도 성공에 대한 확신을 가지고 있는지를 나타내는 일반적 자기효능감(general self-efficacy), 학업적 자기효능감, 사회적 자기효능감 또는 언어영역 자기효능감, 이과영역 자기효능감 등 영역특수적 자기효능감(domain-specific self-efficacy), 국어 자기효능감, 수학 자기효능감 등 과목특수적 자기효능감(subject-specific self-efficacy), 시험공부 자기효능감, 수업 자기효능감 등 맥락특수적(context-specific) 또는 상황특수적 자기효능감(situation-specific self-efficacy), 그리고 작문 자기효능감, 계산 자기효능감, 영어 듣기 자기효

표 6-1　자기개념과 자기효능감 비교

비교 측면	자기개념	자기효능감
개념적 정의	자신의 속성과 역량에 관한 인지적 평가와 정서적 반응을 포함하는 스스로에 대한 주관적인 이해	주어진 과제를 성공적으로 수행하기 위해 요구되는 일련의 행동을 조직하고 실행해 나갈 수 있을지에 관한 주관적인 확신
주요소	지각된 역량	지각된 역량
구인의 구성	인지적 평가, 정서적 반응	인지적 평가
역량 평가의 기준	비교지향적, 상대적	목표지향적, 절대적
판단의 구체성	영역특수적	맥락특수적, 상황특수적
다면성	다면적	다면적
구조	위계적	위계적
시간적 지향	과거와 현재 지향	미래지향
안정성	안정적	유동적

능감 등 과제특수적(task-specific) 또는 기능특수적 자기효능감(skill-specific self-efficacy)으로 위계를 구분할 수 있다(Bong, 1997; Kim & Park, 2000; Pajares, 1996; Schunk, 1991). 자기개념 역시 자기효능감과 마찬가지로 일반적 자기개념, 영역특수적 자기개념, 과목특수적 자기개념이 위계적 구조를 이루고 있으나, 예외적인 경우를 제외하고 맥락특수적 자기개념이나 과제특수적 자기개념이 형성된다고 이야기하기는 어렵다. 자기개념과 자기효능감의 유사성과 차이점은 〈표 6-1〉과 같이 정리할 수 있다.

3) 학업적 자기개념에서 나타나는 현상

학업적 자기개념은 비교지향적, 상대적, 영역특수적 속성으로 인해 자기효능감에서는 나타나지 않는 몇 가지 특이한 심리적 현상을 나타낸다.

(1) 내적-외적 참조 프레임
Shavelson과 동료들(1976)은 개인의 자기개념이 다면적, 위계적으로 잘 조직화되어 있다는 점을 설명하면서, 자기개념 위계의 최상위에는 '일반적 자기개념(general self-concept)'이, 그 바로 아래 단계에는 '학업적 자기개념(academic self-concept)'과 '비학업적 자기개념(non-academic self-concept)'이 위치한다고 주장하였다. 비학업적 자기개념이란 사회적 자기개념(social self-concept), 정서적 자기개념(emotional self-concept), 신체적 자기개념(physical self-concept)을 모두 포함하는 개념이다. 차상위 개념으로서의 학업적 자기개념은 다시 영어, 역사, 수학, 과학 등 각 구체적 학업 영역에 대한 하위 자기개념으로 구성되며, 영역별 또는 과목별 자기개념은 또다시 각 과목 내에서 보다 구체적인 주제나 상황에 대해 형성된 자기개념으로 세분화된다.

그러나 Marsh(1986, 1990a)는 반복된 연구를 통해 학생들의 학업 영역에서의 자기개념이 Shavelson과 동료들(1976)이 주장한 것처럼 '학업적 자기개념(academic self-concept)'이라는 하나의 단일 상위구인으로 수렴되지 않으며, 대신 '언어적 자기개념(verbal self-concept)'과 '수학적 자기개념(math self-concept)'이라는 2개의 상위구인으로 나뉜다는 것을 발견하였다. 나아가, 언어영역 학업성취와 수리영역 학업성취 사이에 강한 정적 상관관계가 존재하는 것과 달리, 언어적 자기개념과 수학적 자기개념 사이에는 유의한 관계가 없거나 약한 부적 관계가 존재한다는 점에 주목하였다. 이러한 발견을 설명하고자 제안된 모형이 내적-외적 참조 프레임 모형(internal/external frames of reference model)이다.

Marsh(1986, 1990b)의 설명에 따르면, 학생들은 자신의 학업적 자기개념을 형성할 때, 학업 영역 전반에 걸쳐 적용되는 자신의 일반적인 능력이나 과거 성취 경험을 떠올리기보다는, 언어적 영역과 수리적 영역에서의 자신의 능력과 과거 경험을 구분한 후 이에 근거해 자기개념을 판단하게 된다. 학생들은 주어진 영역에서 자신이 이룬 성취와 경험을 동일한 영역에서 다른 학생들이 이룬 성취와 비교하며, 동시에 자신이 상반된 영역에서 이룬 성취와도 비교하게 된다. Marsh는 전자를 외적 참조 프레임(external frame of reference), 후자를 내적 참조 프레임(internal frame of reference)이라고 명명하였다. 자기개념 판단과정에서 외적 참조 프레임에 의존하는 경우, 즉 특정 영역에서 자신의 성취를 다른 사람의 성취와 비교하는 경우, 언어적 자기개념과 수학적 자기개념 사이에는 서로 강한 정적 상관관계가 존재하게 된다. 언어영역에서 우수한 학업성취를 보이는 학생이 대개 수리영역에서도 우수한 학업성취를 보이기 때문이다. 언어영역에서의 학업성취가 좋을수록 언어적 자기개념이 강해지고, 수리영역에서의 학업성취가 좋을수록 수학적 자기개념이 강해진다. 동시에, 학생들은 언어영역에서 자신의 학업적 역량과 수리영역에서 자신의 학업적 역량을 비교하여 어떤 분야에서 자신이 보다 잘하는지 못하는지를 판단하고자 한다. 이 경우, 두 영역에서의 성취가 비슷하다 하더라도 상대적으로 조금이라도 더 잘하는 분야의 성취가 강조된다. 다시 말해, 언어영역에서의 학업성취가 좋을수록 수학적 자기개념이 약해지고, 수리영역에서의 학업성취가 좋을수록 언어적 자기개념이 약해진다. 결과적으로, 내적 참조 프레임에 의존하게 되면 언어적 자기개념과 수학적 자기개념 사이에 서로 강한 부적 상관관계가 형성된다. Marsh는 학생들이 외적 참조 프레임과 내적 참조 프레임을 동시에 활용하여 자기개념을 판단하기 때문에, 외적 참조 프레임에 의해 얻어진 언어적 자기개념과 수학적 자기개념 사이의 정적 상관이 내적 참조 프레임에 의해 얻어진 둘 사이의 부적 상관에 의해 취소된다고 보았다. 즉, 외적 참조 프레임이 더 강하게 작용하는지 또는 내적 참조 프레임이 더 강하게 작용하는지에 따라 언어적 자기개념과 수학적 자기개념 사이에 약한 정적 또는 부적 상관이 존재할 수 있지만, 두 자기개념 사이의 상관은 언제나 두 영역 학업성취 사이의 상관보다 현저히 약하다는 것이 Marsh(1990b)의 주장이다. 이후 내적-외적 참조 프레임 모형에 부합하는 결과가 자기효능감에도 적용되는지에 관한 연구들이 이루어졌으나, 일관성 있는 결과가 발견되지 않았다(Bong, 1998).

(2) 큰 물고기-작은 연못 효과

자기개념에 국한되어 나타나는 또 하나 현상은 역시 Marsh(1987)에 의해 명명된 '큰 물고기-작은 연못 효과(big-fish little-pond effect)'이다. 같은 학업성취 수준을 보이는 학습자라 하더라도 비교 대상이 되는 동료들의 학업 능력이나 성취에 따라 자기개념에 차이를 보인다는 것이다. 자신보다 지나치게 우수한 동료집단에 속한 학습자의 경우, 시간의 경과에 따라 자기개념이 약화되는 모습을 보이는데, 이는 동료의 성취도가 준거집단 안에서 자신이 차지하는 상대적 위치에 부적인 영향을 행사하기 때문이다. Marsh에 의하면, 뛰어난 지능지수를 가진 학생 중 일반학교로 진학한 학생의 자기개념이 점차 강화되는 반면, 영재학교로 진학한 학생의 자기개념이 약화되는 현상은 바로 이 큰 물고기-작은 연못 효과 때문이다. 이 역시 비교지향적인 자기개념에서만 나타나는 일종의 심리적 왜곡현상으로 볼 수 있다.

5. 학업적 자기효능감 증진 방안

1) 학업적 자기효능감의 본질과 기능

자기효능감은 다양한 동기변인 중에서 가장 많은 관심을 받아 온 구인 중 하나이다. 이러한 현상의 가장 큰 이유는 자기효능감이 후속 수행의 질과 수준을 잘 예측하기 때문이다. Bandura(1997)는 학업성취를 결정하는 인지적 능력의 발달에 자기효능감이 중요하게 공헌하는 형태를 크게 세 가지로 제시하고 있는데, 첫째, 다양한 과목에서 완숙을 이룰 수 있다는 학생들의 신념, 둘째, 학생들의 동기와 학습을 촉진시킬 수 있다는 교사들의 개인적 효능에 대한 신념, 셋째, 학교가 의미 있는 학문적 진보를 이룰 수 있다는 교사진의 집단적 효능기대로 작용할 수 있다는 것이다. 이 세 가지는 각각 학생들의 학업적 자기효능감, 교사들의 교사효능감과 집단효능감을 나타내는 것들로, 이 절에서는 먼저 학생의 학업적 자기효능감에 대해 논의하기로 한다.

학업적 자기효능감은 학습자가 학업적 과제의 성공적인 수행을 위해 필요한 행위를 조직하고 실행해 나가는 자신의 능력에 대해 내리는 판단으로 정의된다 (Bandura, 1977, 1986). 자기효능감이론은 Schunk(1984)가 수행한 아동들의 수학성취와 관련된 일련의 실험들이 계기가 되어 교육현장에서 본격적으로 주목받기 시작하였다. Schunk(1984, 1989)와 동료들의 실험은 아동의 지각된 효능감에 영향을 주는 요인들을 규명하였고, 지각된 효능감이 학업수행에 미치는 영향력에 대한 이해를 도왔다. 학업적 자기효능감이 높은 학습자는 도전적인 과제를 선택하고 (Bandura & Schunk, 1981), 주어진 과제를 성공적으로 수행하기 위해 더 많은 노력을 기울이며(Schunk, 1983), 어려운 일이 닥쳐도 끈기 있게 과제를 지속한다(Bandura & Schunk, 1981; Schunk, 1982).

Bandura(1986)는 자기효능감이 학습자의 학습능력과 수행을 매개한다고 보았는

데, 특정 과제에 대한 자기효능감과 수행 간의 관련성에 대한 연구결과들이 이 주장을 뒷받침한다(Bandura & Schunk, 1981; Schunk, 1982, 1983; Schunk & Cox, 1986; Schunk & Hanson, 1985). 특히, Schunk의 연구들은 과제특수적 효능기대가 아동의 기술이나 능력보다 지적 수행을 더 잘 예측한다는 것을 증명하였다. Pajares와 Miller(1994) 역시 영역특수적인 수학 자기효능감이 수학 자기개념, 지각된 유용성, 사전 성취보다 수학적 문제해결 수준을 더 강하게 예측한다는 결과를 보고하였다. 나아가, Pajares(1996)는 학업상황에서의 자기효능감 연구들을 종합적으로 검토한 논문에서 과제특수적 자기효능감과 특정 과제의 수행 간 상관계수가 $r = .49 \sim .70$이며, 경로분석에 의한 직접효과(β계수)는 $.349 \sim .545$임을 보고하였다. 그는 이 논문에서 과제특수적 자기효능감이 개인의 능력, 즉 일반지능 'g'만큼이나 학업수행 수준을 결정하는 강력한 요인임을 피력하였다. Multon, Brown과 Lent(1991)가 자기효능감과 학업수행에 관한 36개 연구를 메타분석한 결과, 효능감은 학업수행과 평균 $r = .38$의 상관을 보였고, 학업수행 분산의 약 14%를 설명하는 것으로 나타났다.

학업적 자기효능감은 학업상황에 관련된 다른 동기적, 인지적 변인들과 서로 영향을 주고받으면서 수행과 성취수준에 직간접적인 영향을 미친다. Bouffard-Bouchard(1990)는 자기효능감에 대한 지각이 학습자의 수행수준, 특히 지속적인 자기감시가 요구되는 학업적 과제의 수행을 이해하는 데 유용하다고 보았다. 즉, 지각된 자기효능감은 과제를 지속하고 자신의 반응을 관찰하여 잘못된 부분을 정정하고 평가하는 능력, 즉 자기조절능력과 관련된다는 것이다. 이와 비슷한 맥락에서, Pintrich와 De Groot(1990)는 학업적 자기효능감의 증진이 효율적인 인지적 전략의 사용을 증가시켜 높은 수행수준에 도달하게 한다는 것을 보여 주었다. Pintrich와 Garcia(1991)는 학습자의 내재동기가 자기효능감에 영향을 미치며, 내재동기와 자기효능감은 자기조절학습에 영향을 미친다고 보았다. 또한, Zimmerman, Bandura와 Martinez-Pons(1992)는 자기조절학습 효능감이 학업적 자기효능감을 높여 학업성취도를 정적으로 예측하며, 학업적 자기효능감은 다시 학습자의 목표를 통해 학업성취도를 예측한다는 것을 보여 주었다.

학습자들은 또한 학업적 자기효능감이 높을수록 불안을 느끼는 정도가 낮고, 보다 효과적인 학습전략을 사용하며(Pintrich & De Groot, 1990), 뛰어난 자기조절능력을 보인다(Zimmerman et al., 1992; Zimmerman & Martinez-Pons, 1990). 실제로

Chemers 등(2001)은 대학 신입생들이 보고한 학업적 자기효능감이 그들의 1학년 말 학업성취도와 학교생활 적응수준을 유의하게 예측하였다고 보고하였다. 이러한 연구결과들은 학업상황에서 학습자의 자기효능감이 수행에 직접적인 영향력을 행사하기도 하며, 동시에 목표설정, 전략사용, 자기조절과 같은 인지적 변인을 통해서 수행에 간접적인 영향력을 행사한다는 것을 시사한다.

2) 맥락특수 학업적 자기효능감

언어적 자기개념과 수학적 자기개념이 분명하게 구분되어 '학업적 자기개념'이라는 단일 구인을 이야기하기 어려운 자기개념과 달리, 자기효능감의 경우 '학업적 자기효능감'이라는 단일 상위구인의 존재가 여러 차례 검증되었다(Bong, 1997; Kim & Park, 2000). 언어영역에서 학습을 성공적으로 해낼 자신이 있는 학습자는 대개 수학영역에서도 학습을 성공적으로 해낼 자신이 있는 경우가 많으므로, 언어영역 자기효능감과 수리영역 자기효능감 사이에는 두 영역의 학업성취 사이에서와 마찬가지로 강한 정적 상관관계가 발견된다. 타인의 수행수준 또는 다른 영역에서의 자신의 능력 등과 비교하면서 왜곡을 겪는 자기개념과 달리, 자기효능감은 해당 과제에서의 성공이라는 절대적인 기준에 비추어 본 자신의 역량과 자신감의 평가이기 때문이다.

Kim과 Park(2000)은 과목특수적 자기효능감을 포함한 네 가지 차원의 자기효능감이 위계적 구조를 가지고 상호연결되어 있다고 가정하고, 761명의 고등학생들을 대상으로 자료를 수집하여 분석하였다. 이들은 김아영과 차정은(1996)이 개발하고 김아영(1997)이 타당화한 '일반적 자기효능감척도'와 김아영과 박인영(2001)이 개발한 '학업적 자기효능감척도'를 사용하여 위계수준이 다른 두 가지 자기효능감을 측정하였고, 국어, 사회, 영어 과목에 대한 과목특수적 자기효능감 점수를 합쳐 문과영역에 대한 자기효능감을, 수학과 과학 과목에 대한 과목특수적 자기효능감 점수를 합쳐 이과영역에 대한 자기효능감을 측정하였다. 또한, 학기말 학업성취도를 준거변인으로 하여 각 위계수준에 있는 자기효능감의 예측 정도를 알아보았다.

연구결과, 일반적 자기효능감은 학업적 자기효능감을 예측하고, 학업적 자기효능감은 문과와 이과 자기효능감을 모두 유의하게 예측하며, 문과 자기효능감은 문과 성취도를, 이과 자기효능감은 이과 성취도를 예측하였다. 한 가지 주목할 것은 학업적 자기효능감이 문과 성취도와 이과 성취도를 직접 예측하는 정도가 문과 자기효능감이 문과 성취도를, 이과 자기효능감이 이과 성취도를 예측하는 정도보다 더 컸다는 사실이다. 이는 개별 학생의 학업성취도를 예측하기 위해서는 각 과목 또는 보다 더 세부적인 과제에 대한 과제특수적 효능감을 측정해야 한다는 Bandura와 동료들의 주장과 일치하지 않는 결과이다. 이는 학업적 자기효능감을 측정하는 방식의 차이에서 기인한 것으로 보이는데, 예를 들어 Bong(1997, 1998, 2002)이나 Zimmerman 등(1992)의 경우 각 과목에서 다루어지는 대표적인 문제나 과제 유형, 성취지표에 대한 자기효능감을 보고하게 한 후 각각의 자기효능감 점수를 합해 학업적 자기효능감을 도출하였다. 반면, 김아영과 동료들의 경우에는 학교수업과 일반적 학업 관련 상황에 관한 문항으로 구성된 척도를 사용하여 학업적 자기효능감을 측정하였다. 따라서 실제 학습자들이 경험하는 맥락적 요소들을 보다 잘 반영했을 것으로 추정되며, 이러한 결과는 학생을 지도하는 과목 교사나 상담교사들에게 매우 효율적이고 중요한 정보를 제공할 수 있다. 학업적 자기효능감척도를 사용한 후속 연구(김아영, 2002a; 김아영, 조영미, 2001; 김아영, 차정은, 2003)에서도 학업적 자기효능감이 학업성취도를 잘 예측하는 변인으로 일관성 있게 나타나고 있는 점은 이 척도가 교육현장에서 유용하게 사용될 수 있다는 것을 보여 준다.

3) 학업적 자기효능감의 변화와 성차

(1) 발달에 따른 학업적 자기효능감의 변화

이제까지 학생들의 자기효능감을 포함한 유능감에 대한 연구는 어떠한 이론적 틀에서 수행된 연구인가에 관계없이 초등학생들에게서 가장 높은 수준으로 나타났고, 중학교로 진학함에 따라 빠른 속도로 낮아지는 현상을 보고해 왔다(Anderman & Midgley, 1997; Eccles, Wigfield, & Schiefele, 1998; Harter, 1981; Nicholls, 1978; Wigfield & Eccles, 2002). 심지어 학년이 올라감에 따라 낮아지는 학습동기와 유능감은 학교교육 현장에서 피할 수 없는 상황이라는 주장마저 제기되고 있다(Spinath & Spinath, 2005).

Schunk와 Pajares(2001)는 초등학교에서 중학교로 진학하면서 학생들의 자기효능감이 낮아지는 원인을 다음과 같이 제시하고 있다. 첫째, 학생들이 자신의 수행결과를 다른 학생들과 비교할 기회가 많아지게 된다. 즉, 학년이 올라갈수록 평가가 현저해지고, 학생들 간에 경쟁 가능성이 커지는 규준참조적 평가방식으로 학교환경이 변화하기 때문에 학생들은 자신의 능력에 대해 점점 부정적으로 지각하게 된다. 성취 면에서 상대적으로 낮은 위치에 있는 대부분의 학생이 실패를 경험하게 되므로 효능감이 저하되는 것이다. 둘째, 초등학교에 비해 중학교에서는 개별 학생의 향상에 대한 교사의 관심이 감소하여 긍정적인 피드백을 받을 기회가 적어지며, 이에 따라 자신의 능력에 대한 확신이 줄어든다. 더불어, 학년이 올라감에 따라 학생들은 자신의 수행에 대해 긍정적인 피드백만을 받는 것이 아니라 부정적인 피드백을 경험하게 된다. 이에 따라, 어릴 때 자신에 대해 과대평가를 했던 것이 현실적인 평가로 전환되면서 보다 정확히 자신의 능력을 인지하게 되며, 이는 다시 상대적으로 낮은 효능감으로 나타나게 된다. 셋째, 상급학교로의 전환에서 학생들이 받는 스트레스가 자기효능감의 저하를 초래한다는 것이다.

한국 학생들도 거의 비슷한 상황에 접하게 되며, 이와 같은 이유로 초등학교에서 중학교로 전환하면서 유능감의 감소를 경험한다고 볼 수 있다. 한국 학생들을 대상으로 한 연구들에서도 중학교로 진학하면서 초등학교 시절보다 자기효능감이 낮아지는 현상이 관찰되었으며(김아영, 2002a; 박영신, 김의철, 민병기, 2002; 안도희, 김지아, 황숙영, 2005; 현주, 차정은, 김태은, 2006), Spinath와 Spinath(2005)의 독일 초등학교 1학년에서 4학년 학생들을 대상으로 한 연구에서도 일반적 학습동기와 지각된 유능감이 학년이 올라감에 따라 낮아지는 것이 발견되었다. 종합하면, 이러한 현상은 범문화적인 현상임을 확인할 수 있다. 그러나 이제까지 대부분의 연구에서 진행된 것과 같은 횡단적인 연구결과만으로는 자기효능감의 발달경향성에 관한 정확한 정보를 얻기 어렵다. 동일 집단이나 개인을 아동 초기부터 장기적으로 추적해 나가며 발달 추세를 알아보는 종단적 연구방법이 도입될 때, 비로소 생의 어떤 경험이 효능감 증진에 결정적인 영향을 미치며 어떤 경험이 효능감의 약화를 초래하는지 정확한 정보를 알아낼 수 있을 것이다.

(2) 성별에 따른 학업적 자기효능감의 차이
자기효능감의 성차는 다른 학습 영역에서와 마찬가지로 교육자와 연구자들의 관심 대상이 되어 왔다. 일반적으로 남학생들과 여학생들 간 성취수준에 차이가 사라지고 있음에도 불구하고, 남학생들은 여전히 여학생들보다 수학, 과학, 기술 등과 관련된 영역에서 높은 자신감을 가지는 것으로 보고되고 있다(Meece, 1991; Pajares & Miller, 1994; Wigfield, Eccles, & Pintrich, 1996). 반면, 언어영역에서는 여학생들의 성취수준이 높음에도 불구하고 두 집단 간 자신감에 차이가 없는 것으로 나타났다(Pajares, 2001). Schunk와 Pajares(2001)는 기존연구들이 내포하고 있는 변인들의 혼입 효과로 인해 이와 같은 자기효능감 성차의 원인을 확실하게 파악하기 어렵다고 설명하였는데, 그 이유는 다음과 같다. 첫째, 이러한 성차는 종종 이전 성취수준을 통제하고 나면 없어지는 것으로 나타난다. 둘째, 남녀 학생은 자기효능감 척도에 응답할 때 서로 다른 기준을 적용하는 경향을 가지고 있는데, 대개 남학생들은 스스로를 칭찬하는 경향이 크고 여학생들은 겸손하게 반응하는 경향이 강하다. 셋째, 어떤 질문을 던지느냐에 따른 차이로, 여학생들은 남학생들보다 글쓰기 수행수준이 높았음에도 불구하고 남학생들과 동일한 자기효능감을 보고하였지만, 남녀 둘 중 누가 더 글쓰기를 잘하느냐는 질문에는 자신들이라고 응답하였다.

자기효능감에서의 성차는 초등학교 시기에는 나타나지 않다가 중학교에 들어가면서 드러나는 것으로 보고되었는데, 주로 여학생들이 남학생들보다 자기효능감이 더 저하되는 것으로 나타났다(Eccles & Midgley, 1989; Wigfield et al., 1996). 이와 유사한 결과는 한국 학생들에게도 관찰되었다. 김아영(1997)의 연구에서는 중학교와 고등학교에서 여학생들보다 남학생들의 자기효능감이 높은 것으로 드러났으며, 김아영(2002a)의 또다른 연구에서는 초등학생의 학업적 자기효능감에서는 남녀 성차가 없었으나, 중학교와 고등학교에서는 성차가 나타났다. 김아영 등(2007)의 종단 자료분석 연구에서도 중학교와 고등학교 학생들에게서 지각된 유능감의 성차를 확인할 수 있었는데, 모든 경우에 남학생이 여학생보다 높았다.

여기서 한 가지 주목할 것은 미국과 한국 연구결과의 차이이다. Schunk와 Pajares (2001)가 미국 학생들을 대상으로 수학, 과학, 언어 영역 등 과목별 자기효능감에서의 성별 차이를 비교한 결과, 수학이나 과학과 같은 남성지향적인 과목에서는 남학생들의 효능감이 높았고, 작문과 같은 언어 위주 과목에서는 여학생의 효능감이 남학생들과 차이가 없거나 높았다. 그러나 한국 연구에서는 성편향이 반영될 수 있는 교과목 단위가 아닌 일반적 자기효능감(김아영, 1997), 학업적 자기효능감(김아영,

2002a), 일반적 유능감(김아영 외, 2007)을 측정하였음에도 불구하고 여학생들이 남학생들보다 자신들을 낮게 평가하였다. 이러한 현상이 단지 자신에 대한 남학생들의 과대평가, 여학생들의 겸손함 때문인지 확인할 필요가 있다.

자기효능감에서의 성차와 관련한 또 다른 혼입요인으로는 성역할 고정관념을 들 수 있다. 남자는 수학에 강하고 여자는 언어에 강하다는 등의 성역할 고정관념이 만연한 사회문화적인 환경이 학생들의 과목이나 진로 선택, 과제나 활동에서의 자신감과 가치에서 성차를 초래한다는 견해이다(Eccles, 1987; Eisenberg, Martin, & Fabes, 1996). 특히, 딸의 학문적 유능감을 과소평가하고 딸의 성취에 낮은 기대를 표출하는 등 딸에 대한 부모의 차별적 신념이나 태도가 딸의 자기평가에 부정적 영향을 미치는 것이라는 주장도 나오고 있다(Phillips & Zimmerman, 1990; Wigfield et al., 1996).

4) 학생의 학업적 자기효능감 증진 방안

자기효능감은 계속적으로 발달하며, 교육이나 훈련에 의해 향상될 수 있다고 보는 것이 Bandura의 기본적인 생각이다. 특히, 학업적 자기효능감이 학생들의 학문적 수행을 매개하는 강력한 동기변인이고 교사효능감이 교사들의 교수활동이나 학생지도 등을 예측하는 유용한 변인이라면, 학생의 학업성취를 증진시키고 교사의 직무효율성을 향상시키기 위해 가장 간단하고 효과적인 방법은 자기효능감을 증진시키는 것이다. 실제로 최근 연구의 동향은 자기효능감 증진을 위한 프로그램을 개발하여 교육장면에 도입을 시도하는 것이다. 앞에서 이미 논의한 바와 같이, Bandura(1977, 1986)는 자기효능감 형성을 촉진시키는 네 가지 정보원을 제시하였는데, 학생의 학문적 자기효능감 증진을 위해 이들을 교육현장에 적용할 수 있다.

첫째, 학생들은 다양한 상황에서 성공적인 성취 경험을 할 수 있어야 한다. 특정 과제를 잘하기 위해서는 학생 스스로가 잘할 수 있다는 신념을 가져야 하는데, 이러한 신념을 만들기 위해서는 실제 성취 경험이 가장 확실한 방법이 된다. 이러한 성공 경험을 제공하기 위해서 교사는 우선 학생의 능력수준보다 약간 낮은 과제를 제시하여 성공을 경험하게 하고, 서서히 과제수준을 높이면서 자기효능감의 점진적인 증진을 유도할 수 있다. 또한, 장애물이나 난관을 극복하거나 도전적인 과제를 성공하는 경험은 효능감 증진에 가장 강력한 효과를 가진다. 예를 들어, Graham과

Harris(1989)는 초등학교 5~6학년 학습부진아들에게 자기교수법을 사용한 인지전략 훈련을 시킨 결과, 작문과 자기효능감의 증진을 가져왔다고 보고하였다. 연구자들은 학생들이 학습활동을 하는 동안 교사가 학생들에게 자기교수적 전략(self-instructional strategy) 훈련을 시키는 방안을 적용하였다. 이 자기교수적 전략에는 자신들의 수행에 대한 자기감시(self-monitoring), 그리고 준거를 7단계로 나누어 설정하는 훈련 등을 포함하였다. Schack(1986)는 영재아를 대상으로 창의적 산출을 위한 심화과정을 제공하면서, 주제에 대한 탐구, 조사를 위해 필요한 과정 훈련, 학생들이 문제에 대한 조사를 솔선해서 시작하도록 하는 것 등의 세 가지 활동을 고안하였다. 영재아로 하여금 이 세 가지 활동을 수행하게 한 결과, 창의적 산출에 대한 자기효능감이 증진되었다. 또한 Williams(1996)는 학습자원이 열악한 환경에서 공부하는 학생들의 학문적 성취를 증진시키기 위해 자기조절학습전략을 가르친 결과, 수학, 과학, 사회, 국어과의 학업성취도가 증가되었다고 보고하였다. 이들은 모두 성공적 성취 경험에 제공에 의해 자기효능감이 향상된 경우이다.

둘째, 다른 사람들이 성취를 이루는 것, 특히 자신과 비슷한 타인의 성취를 관찰하는 모델학습의 기회를 많이 제공하여 대리 경험을 하게 하는 것이 효과적이다. 이는 협동학습의 기회를 많이 제공함으로써 이룰 수 있다. 혼자서는 해결할 수 없는 과제를 다른 사람과의 공동작업을 통해서 성취하도록 기회를 제공하여, 직접적인 성취 경험과 더불어 공동 수행자의 성취 경험을 관찰함으로써 자신의 자기효능감도 높일 수 있다. 학급 동료들의 성공 경험을 발표하는 기회를 마련하는 것도 하나의 효과적인 방법이 될 수 있다(Alderman, 2008).

동료 모델학습은 특히 아동 후기에서 청소년기에 가장 효과가 큰 것으로 나타났는데(Eccles, Midgley, & Adler, 1984), 이러한 현상은 이 시기 청소년의 사회화 과정에서 가장 중요한 타인은 동료라는 발달심리학적 해석이 가능하다. 동료모델을 선정할 때는, 처음부터 지나치게 완숙한 수행을 보이는 숙달모델(mastery model)보다는, 과제수행 과정 중 어느 정도 어려움을 겪지만 이를 극복하고 궁극적으로 성공적인 수행을 보이는 대처모델(coping model)을 제공하는 것이 관찰자의 자기효능감 증진에 유리하다. 또한, 1인 모델을 제공하기보다는 복수의 모델을 제시하는 것이 관찰자가 자신과 유사한 모델을 찾을 확률을 높이며, 따라서 자기효능감 증진에 보다 효과적이다.

셋째, 신뢰할 수 있는 어른 또는 전문가가 설득하는 것으로, 이는 특히 가정이나 학교현장에서 부모와 교사가 할 수 있는 가장 직접적이고 쉬운 방법이 될 수 있다. 부모와 교사는 자녀와 학생에게 언어적 설득뿐만 아니라 행동으로도 신뢰를 표현할 수 있다. 자신이 믿고 따르는 누군가가 '너는 성공할 수 있다'는 기대를 표출해 주는 것은 자녀와 학생의 자기효능감을 높이는 데 효과적이다. 가정에서는 부모가 자신들의 성공사례를 들어 자녀들의 성공을 위한 구체적 방안을 제시해 주면서 언어적 설득을 할 수 있다. 자신을 정확히 평가하는 기술을 아직 습득하지 못한 어린 아동들에게 부모나 교사와 같이 권위 있는 어른들로부터의 긍정적 평가 피드백은 자신의 능력에 대한 신뢰를 증진시킬 수 있는 강력한 메시지로 작용한다.

언어적 설득에 의해 자기효능감을 증진시킬 수 있는 방안들을 실제로 학업장면에서 적용한 연구의 예로는 Schunk(1983)의 연구가 있다. Schunk는 학습부진을 겪고 있는 44명의 초등학생을 대상으로 3일간 40분씩 자습용 교재를 활용한 뺄셈 문제풀이 훈련을 실시하였다. 훈련이 진행되는 동안 매 8분마다 학생들에게 개별적 피드백을 제공하였는데, 어느 페이지를 공부하고 있는지 물은 다음, 조건에 따라 능력 피드백("이걸 잘하는구나."), 노력 피드백("열심히 했구나."), 또는 능력과 노력 피드백을 함께 제공하였다. 통제집단 아동들에게는 아무런 피드백을 제공하지 않았다. 연구결과, 능력 피드백을 제공받은 집단의 아동들이 가장 큰 자기효능감 향상을 보였으며, 노력 피드백 또는 능력과 노력 피드백을 함께 제공받은 집단의 아동들이 문제풀이에 가장 많은 노력을 투자했다고 응답하였다. 문제풀이 훈련이 끝난 후, 피드백을 제공받은 세 집단 모두 통제집단에 비해 월등히 자기효능감이 증진되었다.

넷째, 실패나 어려운 과제에 접할 때 유발되는 정서적 각성을 긍정적으로 대처할 수 있는 기회를 제공해야 한다. 예를 들어, 긴장하게 되면 불안을 느끼고 손에 땀이 나며 심장박동이 빨라지게 된다. 개인이 이와 같은 증상을 경험할 때, 자신의 능력이 부족하고 실패가 두려워서 생기는 것으로 지각한다면 효능기대는 떨어지게 될 것이다. 따라서 긴장이나 불안에 대응하는 대처기술을 훈련시키는 것이 중요하다.

이와 더불어, 실패에 대한 원인을 능력부족보다는 노력부족으로 귀인하도록 돕는 방안을 병행하는 것이 도움이 될 수 있다. 건설적 실패 경험에 관한 연구(김아영, 1997, 2002a; 김아영, 주지은, 1999; Clifford, Kim, & McDonald, 1988; Kim & Clifford, 1988)에서는 실패에 대한 내성이 높은 사람이 실패 후에 학습된 무기력에 빠지는 경향이 적고, 실패에 대해 보다 건설적인 반응을 보이며, 자기효능감도 높은 것으로 나타났다. 따라서 실패에 대한 내성을 증진시키기 위한 훈련 프로그램의 개발도 생각할 수 있다.

Alderman(2008)은 학생들의 자기효능감 증진 방안을 목표설정이론(Locke & Latham, 2002)과 연계시킬 것을 제안하였다. 즉, 학생들이 학습목표를 수립할 때 구체적인 목표를 세우도록 권장하고, 단기 목표와 장기 목표를 효과적으로 설정하게 하라는 것이다. 장기 목표는 전반적인 학습의 방향과 초점을 유지하게 하므로, 먼저 장기 목표를 세운 후에 이를 성취하는 데 필요한 단기적인 하위 목표를 수립하고 이들을 단계적으로 달성해 나가는 것이 자기효능감을 높이는 데 효과적이다. 목표달성에 대한 평가도 최종 결과에만 초점을 맞출 것이 아니라 개인의 향상 정도를 평가에 포함시킬 것을 제안하였다. 이러한 방안들의 도입은 학생들의 자기효능감 증진뿐만 아니라 전반적인 학업수준 향상으로 연결될 것이다.

자기효능감 증진 훈련에서 한 가지 유의해야 할 사항은 자신의 능력에 비해 지나치게 높은 효능감은 바람직하지 못한 결과를 초래할 수 있다는 것이다(Bandura, 1997). 지나치게 높은 효능감은 개인의 능력으로 감당하지 못할 목표를 설정하게 하여 불필요한 실패와 좌절을 경험하게 하며, 이러한 상황이 반복적으로 진행되면 효능감은 낮아지고 결국 무기력 상태에 빠질 가능성도 있기 때문이다. 따라서 자기효능감도 적정수준일 경우 가장 바람직한 결과를 가져온다는 결론을 내릴 수 있다. 실제로 직무상황에서 진행한 Vancouver, Thompson과 Williams(2001)의 연구결과에 의하면, 개인 간 수준에서 보았을 때는 효능기대가 높을수록 수행수준이 높았으나, 개인 내 수준에서는 효능기대와 수행수준 간에 부적 상관이 있는 것으로 나타나 이러한 경향이 교육상황에도 적용될 수 있는가에 대한 논의가 요구된다.

6. 교사효능감

1) 교사효능감의 본질과 기능

앞 절에서 제시하였듯이, 자기효능감은 그 개념에 대한 정의를 어느 수준에서 하느냐에 따라 다양한 맥락과 상황에서 개념화될 수 있다. 이제까지 진행된 자기효능감에 대한 다양한 맥락에서의 연구들 중 학업장면과 관련된 또 다른 예는 교사에 관한 것이다. 교육의 세 가지 주체 중 하나인 교사가 자신의 교수활동과 관련된 능력에 대해 얼마나 확신이 있느냐를 나타내는 교사효능감은 교육의 성과에 영향을 미치는 중요한 요인이다. 실제로, 교사가 학생들의 학습과 성취에 영향을 줄 수 있다고 믿는 효능감이 교수행동은 물론, 학생의 학업성취와 긍정적인 관계가 있다는 사실이 여러 경험적 연구를 통하여 발견되었다. 이 절에서는 이와 같은 교사의 교수 관련 효능신념에 관해 자세히 살펴보기로 한다.

'교사효능감(teacher efficacy)'이라는 용어는 Barfield와 Burlingame(1974)의 연구에서 처음 도입되었다. 이들이 효능감을 일종의 성격적 특성으로 정의하고, PES(Political Efficacy Scale)를 사용하여 효능의 수준을 측정한 것이 교사효능감에 대한 연구의 시작이라고 볼 수 있다(Woolfolk & Hoy, 1990에서 재인용). 교사효능감이 심리학적 전통을 가지고 본격적으로 연구된 것은 Armor 등(1976)과 Berman과 McLaughlin(1977)에 의해 수행된 Rand 재단의 연구이다. 이 연구에서 여러 가지 읽기 프로그램의 효과를 검증하기 위한 설문지에 교사효능감과 관련된 질문을 포함시켰는데, 이때 교사효능감은 교사가 학생들의 성취결과에 영향을 미칠 수 있는 능력을 가지고 있다고 믿는 정도라고 개념화되었다. 그 후 Ashton과 Webb(1986)은 학생들의 성취와 관련된 교사의 개인적 특성 중 하나로, 문제 있는 학생들까지도 학습하도록 도울 수 있다는 교사의 신념으로 교사효능감을 정의하였다. 특히, 선행연구(Armor et al., 1976; Berman & McLaughlin, 1977)에서 제시한 두 가지 종류의 기대인 결과기대(outcome expectancy)와 효능기대(efficacy expectancy)의 개념을 적용하여, 교사효능감을 교수효능감(teaching efficacy)과 개인적 교수효능감(personal teaching efficacy)이라는 독립된 두 차원으로 구분하고, 결과기대를 교수효능감에 대응하는 개념으로, 효능기대를 개인적 교수효능감에 대응하는 개념으로 취급하였다.

이후 교사효능감에 대한 관심이 더욱 증가되면서 Gibson과 Dembo(1984)는 교수행위와 학습결과 간의 일반적 관련성에 대한 교사의 신념체계를 일반적 교수효능감(General Teaching Efficacy: GTE)으로, 교사로서 자신의 능력에 대한 교사 스스로의 개인적 평가를 개인적 교수효능감(Personal Teaching Efficacy: PTE)으로 정의하였다. 즉, 일반적 교수효능감은 가정환경, 배경, 학교의 환경, 학생들의 지능과 같은 외적 요인들이 일정하게 주어진 상황에서 교사가 학생들의 성취결과에 얼마나 영향을 미칠 수 있을 것인지에 대한 교사의 판단을 의미하며, 개인적 교수효능감은 학생들을 긍정적으로 변화시킬 수 있는 자신의 능력에 대한 교사의 개인적 평가를 가리킨다. 결과적으로, Gibson과 Dembo는 Bandura(1977)가 주장한 효능기대와 결과기대 두 가지를 통합하여 교사효능감을 측정한 것이라고 볼 수 있다.

교사효능감은 그러나 이후 '결과기대'는 효능감과 같은 예언력이 거의 없다고 한 Bandura(1977)의 주장을 반영하여, 교사의 효율성 혹은 효과성에 대한 교사 자신의 평가에 기초한 상황특수적 신념체계로 재개념화되기 시작하였다(Emmer & Hickman, 1990; Gibson & Dembo, 1984; Riggs & Enochs, 1990; Woolfolk & Hoy, 1990). 이러한 교사효능감의 개념과 구성요인에 대한 재정비 노력은 Tschannen-Moran, Woolfolk Hoy와 Hoy(1998)의 연구에서 절정을 이루었다. 연구자들은 교사효능감이란 특정 맥락에서 특정한 교수과제를 성공적으로 수행하기 위해 요구되는 일련의 행동을 실행하고 조직하는 능력에 대한 교사의 신념이라고 정의함으로써, 과제특수적 효능감으로서의 교사효능감 개념의 전환을 마무리하였다. 다른 효능감과 마찬가지로, 교사효능감은 늘 일정하게 존재하는 교사의 개인적 성격특성이 아니라 교사가 처한 환경, 대상과 맥락에 따라 달라지는 지각요인이라는 것이다. 나아가 연구자들은 교사효능감을 판단하는 데 있어서 '교수과제 분석'과 '개인적 교수능력 평가'가 중요한 변인으로 작용함을 주지하고, Rotter의 내적/외적 통제소재 이론과 Bandura의 이론을 통합하여 교사효능감의 다차원 모델을 제안하였다. Henson(2000)은 이 다차원 모델을 경험적으로 연구함으로써 Tschannen-Moran 등 (1998)의 주장을 지지하였다.

요약하면, 교사효능감은 일반적으로 교사 자신의 수행능력에 대한 믿음이나 학생의 학습에 대한 책임감과 효율적인 훈육에 대한 확신감 등의 개념을 포함한다. 교사효능감이 높은 교사는 다음과 같은 특징을 지닌다. 첫째, 학생을 가르치는 직무를 중요하고도 의미가 있다고 생각하며, 교사 자신이 학생의 학습에 긍정적인 영향력을 갖고 있다고 판단하여 개인적인 성취감을 맛본다. 둘째, 학생이 발전하기를 기대하며 대부분의 학생이 그 기대를 만족시켜 준다고 보며, 학생의 학습에 대한 개인적인 책임감을 느끼고 학생들에게 도움이 되는 방법으로 교수법을 검토한다. 셋째, 목표를 정할 때 자신과 학생들에게 민주적인 방법으로 알맞게 설정하여 이를 성취하기 위한 전략을 세우고, 학생들과 교사 자신에 대해 긍정적인 생각을 하며, 교사 자신이 학생들의 학습에 영향력이 있다고 확신한다(Ashton, 1984). 넷째, 학교 행정가와의 의견대립 또는 다른 도전적이고 모험적인 상황에서 타협하거나 물러서지 않고 바람직한 방향으로 나아가기 위한 구체적이고 도전적인 목표를 선택한다. 다섯째, 교사효능감은 구체적인 교육활동과 교육의 과정에 대한 교사의 일반적인 시각에도 영향을 미친다. 그러므로 효능감이 낮은 교사는 학생들의 동기에 대해서 비관적이어서 학생들의 동기를 유지하기 위해서는 교사가 이를 보호하는 방향으로 관심을 보여야 한다고 믿는다. 따라서 엄격한 규칙을 갖고 학급활동을 통제하는 것을 강조하며, 학생들을 공부하도록 만들기 위해서 외적 유인체계나 부정적인 제약을 사용한다(Bandura, 1997).

교사의 교수활동에 대한 효능감은 학생의 다양한 측면에 영향을 주는 것으로 연구결과들은 제시하고 있다. 교사효능감이 낮은 교사는 특히 성취수준이 낮은 학생들에게 해롭고, 교사효능감이 높은 교사와 공부하는 학생들은 자기효능감을 증가시킬 기회가 더 많은 것으로 알려져 있다(Midgley, Feldlaufer, & Eccles, 1989).

2) 교사효능감의 정보원

교사들의 효능감에 대한 지각은 교수방법에 영향을 주기 때문에 어떤 요인들이 교사효능감에 영향을 미치는지 혹은 어떤 출처를 통해서 효능감이 증진되는지를 아는 것은 교사교육을 비롯한 교육현장 전반에 중요한 시사점을 제공한다. Alderman(2008)은 교사의 효능감에 영향을 주는 것으로 밝혀진 요인들을 다음과 같이 제시하고 있다. 첫째, 문제를 가지고 있거나 위기에 처한 학생들이 포함된 학급을 가르치는 일은 교사들에게 어려움을 느끼게 할 것이다. 특히 지적 능력이 부족한 학생들이 있는 경우 더욱 그럴 것이다. 따라서 교사의 교육과정 중에 학습부진이나 장애학생들에 대한 교수법을 배운 예비교사들은 그 방면에서 효능감을 획득할 수 있을 것이다. 둘째, 자기효능감의 정보원에서와 마찬가지로 직접적인 성취 경험, 즉 성공적인 교사 경험은 효능감을 증진시킬 것이다. 따라서 교사경력이 많은 교사일수록 효능감이 높을 것이라고 추정할 수 있다. 셋째, 자신이 가르칠 교과목에 대한 준비가 잘되어 있을수록 효능감이 높을 것이다.

3) 교사효능감 측정

앞에서 거론한 바와 같이, 교사효능감 연구는 이론에 관한 탐색연구보다는 측정에 관한 연구로부터 시작되었다고 볼 수 있다. 즉, 교사효능감의 측정은 초기 Armor 등(1976), Berman과 McLaughlin(1977)에 의해 수행된 Rand 재단의 읽기 프로그램 효과 검증을 위한 설문지에 2개의 관련 질문을 포함한 것으로부터 시작되었다.

이후 일반적 교수효능감과 개인적 교수효능감을 측정하기 위해 Gibson과 Dembo(1984)의 30개의 문항으로 구성된 교사효능감 측정도구가 많은 후속 연구에서 사용되었다. 최근에 개발된 교사효능감에 관한 척도는 Tschannen-Moran과 Woolfolk Hoy(2001)가 오하이오 주립 대학교에서 개발한 것인데, Bandura의 자기효능감 개념을 잘 반영한 척도로 평가된다. 이 척도는 교사효능감을 교사가 수행해야 하는 업무에 따라 교수전략효능감, 학급경영효능감, 학생개입효능감의 세 가지 하위요인으로 분리하여 측정하고 있으며, 심리측정적 양호도도 갖추고 있는 것으로 보고되고 있다.

특정 과목이나 교수영역에서의 교사효능감을 측정하기 위한 영역특수적 혹은 과제특수적 교수효능감척도 개발연구는 체계적으로 진행되기보다는 초등교사들의 과학 교수효능감을 측정하기 위해 Riggs와 Enochs(1990)가 제작한 척도를 상황에 맞게 수정해서 사용하는 경우가 많았다. 한국에서 진행된 교사효능감 연구에서도 많은 경우 Gibson과 Dembo(1984)의 척도나 Riggs와 Enochs(1990)의 척도를 맥락에 맞게 수정해서 사용하고 있다.

4) 교사의 집단효능감

(1) 정의와 특성

Bandura(1986)는 그의 사회인지이론에서 집단효능감(collective efficacy) 개념을 소개하면서, 사회가 발전하기 위해서는 개인의 효능감뿐만 아니라 개인이 속해 있는 집단에 대한 효능감도 중요하다고 강조하였다. 실제로 경영학이나 조직행동 연구 분야에서는 기업문화에 대한 연구와 함께 집단적 자기효능감(collective self-efficacy)에 대한 탐색을 시작하였으며, 집단효능감이 조직 업무효율성의 중요한 결정요인이라는 것을 보여 주고 있다(Bandura, 1997; Gist, 1987; Guzzo, Yost, Campbell, & Shea, 1993; Mesch, Farh, & Podsakoff, 1989; Shamir, 1990; Shea & Guzzo, 1987; Weldon & Weingart, 1993). 집단효능감이란 주어진 수준의 수행에 요구되는 일련의 행동들을 조직화하고 수행하는 구성원들의 결합된 능력들에 대한 집단의 공유된 신념을 가리킨다(Bandura, 1997). Shea와 Guzzo(1987)는 효과적으로 목표를 달성할 수 있다는 집단에 대한 구성원들의 공통된 신념으로, Mesch 등(1989)은 집단이 달성할 수 있는 성과수준과 이를 달성할 가능성에 대한 지각으로, Shamir(1990)는 집단적인 노력이 집단적인 성과를 낼 수 있는 가능성에 대한 지각으로, 그리고 Weldon과 Weingart(1993)는 집단이 그들에게 주어진 과업을 얼마나 잘 수행할 수 있을지에 대한 구성원 개인들의 판단이라고 집단효능감을 각각 정의하였다.

이러한 집단적 신념은 그 구성원들의 상호작용적이고 통합적인 역동의 산물이며, 상호 간의 역동은 개인적 속성들의 합 이상의 통합적 특성을 산출한다. 즉, 집단효능감은 집단수준 특성의 발현으로서 집단구성원의 상호작용적 힘의 결과이다. 따라서 단순히 구성원들 각각의 개인효능감의 합이 아니라 통합적으로 나타나는 집단 차원의 속성이다(Goddard, Hoy, & Woolfolk Hoy, 2000). 조직문화에 대한 이해가 강조되기 시작하면서 최근에는 집단효능감을 조직의 기능을 완전히 이해하기 위한 필수적인 개념으로 보는 인식이 확산되고 있는데, 집단효능감이 가장 많이 연구되고 있는 조직현장이 바로 교사집단이다.

(2) 교사 집단효능감 측정

집단효능감은 용어가 표현하는 바대로 특정 집단에 소속된 구성원들이 지각하는 능력에 대한 신념이므로, 맥락에 따른 측정이 요구된다. 학교장면에서 교사의 집단효능감은 학생들에 대해 긍정적인 영향력을 행사하기 위해 필요한 행동들을 수행하는 교직원 전체의 지각으로 정의된다(Goddard, 2001). Bandura(1993, 1997)에 의하면 집단효능감은 학교의 중요한 속성으로 작용하는데, 그 이유는 교사효능감과 학생의 성취 사이에 밀접한 관련이 있기 때문이다. Goddard 등(2000)은 수학과 읽기 성취에서의 학교 간 차이가 교사의 집단효능감과 정적 상관이 있음을 밝혔으며, Bandura(1993) 역시 학교의 학업성취도 평균은 교사의 집단효능감과 유의한 정적 상관을 보인다고 하였다. 집단효능감 수준이 높은 교사집단은 집단효능감이 낮은 교사집단에 비해 보다 도전적인 목표를 선택하고, 그에 대한 노력을 보다 오랫동안 집중하며 지속한다(Goddard, 2002).

집단효능감은 집단의 성취에 대한 중요한 예측변인이다. 이제까지 많은 연구에서 집단효능감을 측정하기 위해 개인 수준의 효능감 측정치를 합하거나 평균을 산출하는 방식이 사용되어 왔다. 즉, 연구자들은 개인적 효능감에 대한 지각을 집단수준으로 합하여(aggregate) 집단효능감을 측정하는 접근을 사용하였다(Bandura, 1993, 1997; Goddard et al., 2000; Sampson, Raudenbush, & Earls, 1997). 그러나 개인이 자신의 능력에 대해 내린 판단을 합치는 것만으로는 조직의 특성을 구성하는 데 적절하지 않거나 때로는 충분하지 않다. 이런 주장에 공감하는 연구자들은 집단에 소속된 개인 효능감을 합치는 것이 아닌, 개인이 지각하는 집단의 능력이나 효율성을 측정하고 합해서 '집단잠재력(group potency)' 측정치를 도출할 것을 제안한다(Guzzo et al., 1993; Shea & Guzzo, 1987). 집단적인 행위의 효과적인 운영에는 개인 차원보다 사회적으로 매개되는 복잡한 영향력이 작용한다고 믿는 연구자들은 집단 구성원들이 논의를 통해 집단효능감을 대표하는 단일수치를 함께 도출하도록 하는 방안을 제안하기도 하였다(Gist, 1987; Guzzo et al., 1993). 실제로 Gibson, Randel과 Earley(2000)의 연구에서는 두 가지 접근에 의한 측정치들 간 상관이 대체로 $r = .70$ 이 넘는 것으로 나타나, 이러한 대안적 방법들이 집단효능감이라는 구인에 대한 수렴타당도 증거를 제공하는 것을 알 수 있다.

Goddard 등(2000)은 Bandura(1997)의 자기효능감이론을 바탕으로 성취 경험, 대리 경험, 언어적 설득, 정서적 각성을 정보원으로 하는 21개 문항의 '집단효능감척도(Collective Efficacy Scale: CES)'를 개발하였다. 이 척도는 집단효능감의 구성요소를 집단의 유능성(group competence)과 과제분석(task analysis)으로 정의하였다. 여기서 집단의 유능성이란 주어진 상황에서 집단구성원들의 능력에 대한 판단이며, 과제분석은 주어진 상황이나 과제 자체가 가지는 방해자극이나 기회에 대한 지각이다(Goddard et al., 2000). 이러한 교사의 집단효능감은 개인 수준에서의 교사효능감의 확장으로서, 개인적 교사효능감과 집단적 교사효능감 간 상관이 높다는 연구 보고들도 있다(Goddard et al., 2000; Kurz, 2001). 실제 Goddard 등(2000)의 연구에서는 $r = .54$, Kurz(2001)의 연구에서는 $r = .61$ 등 두 척도 간 중간 이상의 높은 상관이 보고되었다. 이러한 결과는 교사들이 자신이 유능하다고 믿는 만큼 자신이 속한 집단의 효능감도 높다고 믿는 경향이 있음을 의미한다. 반대로 집단의 효능감이 높다고 지각할수록 자신의 효능감도 높은 것으로 지각한다는 것으로도 해석할 수 있어서 소속 집단의 전반적인 분위기가 개인의 지각에도 영향을 미칠 수 있음을 시사한다.

5) 교사의 교사효능감과 집단효능감 증진 방안

이처럼 교사효능감은 교실 속에서 학생 자신의 학습에 대한 동기만큼 학생의 학습과 기타 학교생활에서의 적응에 영향을 미치는 요인이다. 따라서 학생 측면에만 관심을 두고 상대적으로 교사 측면은 등한시하는 현재의 학교 정책은 변화가 요구된다. 교사들로 하여금 자신의 교수활동과 학생지도, 행정적 업무나 학교 내에서의 인간적 상호작용 등에 보다 자신감을 갖게 하고, 자기조절효능감을 갖게 할 수 있는 정책이 마련되어야 할 것이다.

Alderman(2008)은 교사효능감 증진을 위한 몇 가지 방안을 제안하였다. 첫째, 교사 자신이 학습목표를 가짐으로써 자신의 교수기술을 향상시키려고 노력하고, 학생들을 다룰 때 실패한 결과에 초점을 맞추기보다는 향상된 측면에 초점을 맞추어 지나친 실망을 방지한다. 둘째, 학생들의 향상에 대한 자료를 수집한다. 이러한 향상 자료는 교사 자신의 효능감도 증진시킬 것이다. 셋째, 효과적이고 유능한 동료나 선배 교사들을 모델로 삼고, 자신의 수업을 관찰하게 하고 피드백을 요청한다. 때로는 학생들의 학습 향상에 관심이 있는 동료교사와 협력할 수도 있다. 넷째, 전문적인 연수기회를 잘 활용한다. Alderman의 이러한 제안은 일반적인 원론과 별로 다를 것이 없는 것들이지만 실제로 교수현장에서 이를 실천하고 있는가는 별개의 문제일 것이다.

앞에서 거론했듯이, 교사효능감을 연구할 때 고려해야 할 또 한 가지 측면은 집단효능감에 관한 것이다. 교사집단은 다른 직업 영역에 비해 하는 일이 매우 동질적이며, 조직풍토의 영향을 많이 받는 것으로 알려져 있다. 최근에 나타난 연구결과(김아영, 김미진, 2004; Goddard et al., 2000; Kurz, 2001)에서 보았듯이 교사효능감과 집단효능감 사이에는 비교적 높은 정적인 상관이 있으며, 교사효능감은 학생들의 학교

생활 적응 및 학업성취와 정적인 관계가 있다. 따라서 학교 행정당국은 학교의 조직
풍토가 그 학교 교사들의 개인적 교사효능감은 물론 집단효능감을 증진시키는 방
향으로 나아갈 수 있도록 노력해야 할 것이다. 김아영과 김민정(2002)은 학교 조직
풍토의 중요한 부분을 차지하고 있는 교장의 인간지향성이 관료지향성과는 부적인
상관을, 교사의 집단효능감과는 정적인 상관을 보였다고 보고하였는데, 이러한 결
과는 교사효능감 증진을 위해 중요한 시사점을 제공한다.

교사효능감은 교사지망생들이나 예비교사들을 교육하고 훈련할 때부터 고려해
야 할 요인이다. 교사들이 교직에 대해 형성하고 있는 자기효능감은 직접적으로 학
생지도의 질을 결정하게 되므로, 실제 현장에 투입되기 전부터 이들의 효능기대를
향상시키는 노력이 요구된다. 교사경력이 높을수록 교사효능감이 높다는 국내 연
구결과는 이러한 노력의 정당성을 지지하는 것이다.

7. 자기효능감이론 발전방향과 전망

이제까지 자기효능감이론은 독자적인 이론으로 연구의 지평을 넓혀 오는 데 거침
이 없었다. 그러나 자기효능감의 기본 틀을 이루는 사회인지이론의 기본 전제는 자
기조절 체계가 인간행동의 기본이며, 이 자기조절 체계가 제대로 기능하기 위해서
자기효능감의 매개가 필수적이라는 것이다. 이러한 이유 때문에 그동안 자기효능감
에 관한 연구를 자기조절 체계와 연계시켜 진행시킨 연구자들이 많았다. 그중에서
도 자기조절학습이론과 목표설정이론과의 통합 접근이 가장 주목을 받고 있다.

1) 자기조절학습이론과의 통합

자기조절은 인지와 동기를 통합한 인간의 모든 의도적이고 목표지향적인 행동
수행의 기본 틀이라고 할 수 있다(Bandura, 1986). 학습은 이러한 목적지향적인 행
동의 대표적인 사례이기 때문에 학습이론가들은 자기조절 과정에 관심을 두어 왔
다. 예를 들어, Corno와 Mandinach(1983), Zimmerman(1989) 등의 자기조절학습이
론이 그 대표적인 이론이라고 할 수 있다. Bandura도 자신의 1986년과 1997년도 저

서에서 자기조절 체계에 대한 자세한 설명과 더불어 자기조절학습의 중요성을 지적하고, 이 체계 속에서 자기효능감이 매개요인으로서 기능함을 강조하였다.

Bandura(1986, 1993)는 인간의 행동은 자기조절 체계 속에서 이해되어야 하므로, 개인이 행동을 할 때 자기조절을 얼마나 잘할 수 있다고 믿느냐, 즉 자기조절효능감(self-regulatory efficacy)이 자기효능감을 구성하는 하나의 구성요인이라고 보았다. 또한, 자기조절을 잘할 수 있다는 신념이 실제로 자기조절학습 효과를 높일 수 있음을 주장하였다. 구체적으로, 자기조절효능감이란 달성해야 할 목표가 있는 수행상황에서 목표달성을 위해 자신이 소유하고 있는 자기조절 전략 혹은 기술을 얼마나 효과적으로 사용할 수 있는가에 대한 확신 정도를 의미한다. Bandura(1986, 1989a, 1997)는 자기조절을 얼마나 잘할 수 있을 것인가에 대한 개인의 효능기대가 성취상황에서 자기효능감을 결정하는 데 중요한 하위요소라고 보았다. 이러한 자기조절효능감은 자기관찰, 자기판단, 자기반응의 세 가지 주요 자기조절 하위과정을 통해서 표출된다(Bandura, 1993, 1997).

자기관찰은 자신의 행동에 대한 의도적인 주의집중으로 일종의 자기감시(self-monitoring)이다. 자기관찰은 개인의 행동에 대한 정보를 제공하고, 그에 따른 목표를 설정하며, 진전상태를 평가하는 자기조절 기능을 하기 때문에 행동을 변화시키도록 동기화시키는 기능을 가지고 있다. 이와 같은 동기화는 자기효능감을 유지함으로써 가능하다. 자기판단은 평가기능을 하는 것으로 현재의 수행을 자신의 목표와 비교하는 기능이다. 평가결과, 목표상태에 도달하지 못한 것으로 나타나면 자기반응을 통해 목표달성을 이루려는 동기가 발생한다. 만약 목표달성을 이룰 것을 예상하면 자기효능감은 증진되고 동기가 유지되어 긍정적인 자기반응으로 연결된다. 여기서도 자기효능감은 핵심적인 기능을 하는 것임을 알 수 있다.

Bandura의 자기조절 체계에 기초하여 자기조절학습이론(Self-Regulated Learning Theory)을 발전시킨 Zimmerman(1989)은 그의 이론에서 자기조절학습의 세 가지 구성요소를 초인지, 동기, 행동적 요소라고 제시하고, 자기효능감의 동기적 기능을 강조하였다. 또한, Zimmerman은 Martinez-Pons(1988)과 함께 자기조절학습을 하는 데 포함되는 14가지 전략들을 제시하고 학습상황에서 그 효과를 검증하여, 현대 학습현장에서 가장 주목받는 학습이론 중 하나로 발전시켰다. 자기조절학습 안에서 자기효능감의 역할, 학업적 자기효능감과 자기조절효능감의 차별적 기능, 그리고 다양한 영역 혹은 맥락 내에서 자기조절효능감의 상대적 기능에 과연 변화가 있는지 여부 등이 후속 연구에서 다루어질 수 있을 것이다.

2) 목표설정이론과의 통합

한편, Bandura(1986)나 Locke와 Latham(1990a) 그리고 Schunk(1991)와 같은 학자들은 자기조절 체계 속에 필수적으로 포함되어야 하는 요소인 목표에 주목하고, 기존에 조직행동 연구 영역에서 진행되어 온 목표설정이론(Goal-Setting Theory)을 자기조절 체계에 통합할 것을 제안하였다. 자기조절이 인간의 의도적인 행동을 설명하는 과정이며, 자기조절은 목표설정으로부터 시작되기 때문에 이러한 시도는 당연한 것이라고 할 수 있다(김아영, 1998). 여기서도 자기조절학습을 효과적으로 진행하기 위해서는 목표달성에 대한 높은 자기효능감이 필수적임을 강조한다. 목표설정이론은 제7장에서 다룰 것이다.

3) 이론의 현 상태

앞에서도 거론했듯이, 자기효능감이론은 현대사회에서 심리학 분야뿐만 아니라 인간사회의 다양한 영역에서 많은 주목을 받으며, 인간행동의 원인과 결과를 이해하고 변화시키는 데 적용되어 온 이론이다. Wundt에 의해 심리학이 사회과학으로 출발한 1879년 이래 수많은 이론이 생성되고 경험적 연구결과들에 의해 검증되거나 반증되어 왔다. 어떤 이론은 생태학적 타당성의 부족으로 인해 실험실 밖으로 나오지 못하고 도태되기도 하며, 어떤 이론은 충분히 연구되고 인간 이해에 적용되어 더 이상의 연구가 필요하지 않게 되기도 한다. Skinner의 강화이론과 더불어 자기효능감이론은 생활 속의 일부로 다루어지는 상태에 도달한 것으로 평가할 수 있다. 따라서 자기효능감이라는 구인 자체에 대한 연구보다는, 학업이나 수행에서 목표나 자기조절 등 다른 구인의 매개변인 혹은 조절변인으로서의 역할에 대한 관심이 증가하고 있다.

효과적인 학습결과를 얻기 위해서 동기부여가 중요함은 두말할 필요가 없으며, 자기효능감은 이와 같은 동기부여에 직접적인 영향을 미치는 요인으로 자리매김하였다. 앞으로도 인간의 사고와 행동을 이해하고 예측하기 위한 목적을 가진 여러 분야의 다양한 연구와 실제에서 자기효능감 개념과 이론 그리고 경험적 연구결과들은 끊임없이 회자될 것이다.

제7장

목표설정

동기에 관한 관심은 행동의 원인을 찾는 것으로부터 시작하며, 이때 행동은 자극으로 인해 자동적, 생리적 반응으로 나타나는 행동이 아닌 목표지향적인 행동을 가리킨다. 즉, 동기가 인간의 의도적 행동의 원인이라면, 성취하고자 하는 대상을 가리키는 목표는 이러한 의도적 행동의 원인을 설명하는 가장 기본적인 변인이라 할 수 있다(Locke, 1968). 목표가 인간행동에서 지니는 중요성으로 인해 동기 분야에서는 목표와 관련된 다양한 이론이 발표되었는데, 그중 '목표설정이론(Goal-Setting Theory)'은 조직행동 분야를 중심으로 한 업무장면에 주로 적용되어 왔다. 구체적이고 실현 가능한 목표는 효과적인 자기조절을 위해 없어서는 안 되는 필수불가결한 요소이며, 따라서 목표설정이론은 자기효능감이론과 함께 인간 성취행동의 시작과 중단, 방향성과 지속성, 그리고 궁극적인 성취수준을 잘 설명하는 이론으로 각광받고 있다. 이 장에서는 목표설정이론에서 이야기하는 목표의 기능과 효과 그리고 이를 적용한 대표적인 연구결과를 소개하고, 목표설정의 교육적 시사점을 고찰해 보고자 한다.

1. 목표설정이론

1) 목표설정이론의 발달 배경

목표설정이론은 Locke와 Latham, 그리고 그 동료들이 1967년경부터 발표해 온 수많은 이론적, 경험적 연구(Bryan & Locke, 1967; Locke, 1967)를 통해 현재에 이르렀으며, 기대-가치이론과 더불어 조직행동 분야에서 가장 강력한 동기이론으로 자리 잡고 있다. 목표에 관한 관심은 Tolman(1932)의 기대학습이론, Lewin(1935)의 장이론 등에 기초한 포부수준 연구(Sears, 1941)로 거슬러 올라가며, 이후 Rotter(1954)의 사회학습이론, Bandura(1986)의 사회인지이론 등에 영향을 미쳤다.

특히 Miller, Galanter와 Pribram(1960)은 계획이 인간의 행동에 영향을 미친다는 가정 아래 TOTE(Test-Operate-Test-Exit) 모형을 제안하였다. 이 모형은 인간이 주어진 환경 속에서 피드백을 사용하여 목표를 향한 진전상태를 파악하고(Test), 그 피드백에 기초하여 다음 행동을 수정하며(Operate), 목표상태에 도달했는지를 다시 평가하여(Test), 목표에 도달하면 행동을 종결한다(Exit)고 설명한다. 목표에 도달하지 못한 경우 이 단계를 반복하여 궁극적으로 그 순환을 종결하는 과정에 대한 초기 인지모형이다(Locke & Latham, 1990a). 인지적 동기이론인 Locke의 목표설정이론 역시 동기 현상에 있어서 의도, 목적, 계획을 강조하며, 수립된 목표와 성과 사이의 괴리를 평가하여 행동을 추진하고, 목표달성 시까지 이러한 일련의 과정을 순환적으로 반복한다는 점에서 TOTE 모형과 유사성을 지닌다.

2) 목표설정 기제

목표는 모든 성취행동에 내적/외적으로 관련되어 있다. 학습자가 학습활동을 할 때는 그 활동에 대한 성취감, 만족감, 흥미 등 내적인 목표를 추구할 수 있으며, 동시에 좋은 성적, 칭찬, 물질적 보상 등 외적인 목표를 추구할 수도 있다. 앞에서 Locke와 동료들이 정의한 것과 같이, 목표는 성취하려는 대상으로서 개인이 행위를 하게 유발하는 동기적인 힘으로 작용한다(Locke et al., 1981). 일단 어떤 목표를 가지고 있다는 것은 개인이 어떤 상태나 결과에 도달하려고 마음을 먹었으며, 그것을 이루기 위해 자신의 행동을 감찰하고 평가하며, 사용하는 전략이 부적절하거나 부족하다고 판단되는 경우 이를 수정, 보완하고자 결과에 대한 피드백을 사용한다는 것을 의미한다(Brophy, 2004). 이렇듯 목표설정이론의 기본 전제는 인간의 행동이 의식적인 목표와 의도에 의해 그 방향이 결정된다는 것, 다시 말해 목표가 행위의 직접적인 조절자라는 것이다(Locke & Latham, 1990a).

목표설정은 다음과 같은 기제를 통해 행동에 영향을 미친다. 첫째, 목표는 주의집중과 행동의 방향을 결정한다. 둘째, 목표는 개인이 그 목표를 달성하기 위하여 노력을 투자하게 한다. 셋째, 목표는 그것을 달성할 때까지 끈기를 유지하게 한다. 넷째, 목표는 그것을 달성하기 위해 각성하게 하고, 기술을 개발하여 습득하도록 동기화시킨다(Locke et al., 1981). 이러한 기제들은 인지적 · 정서적 · 행동적인 요소들을 포함하고 있으며, 서로 복잡하게 상호작용하기도 한다.

Locke와 Latham(2002)이 요약한 연구결과를 보면, 첫째, 과제목표에 당면하면 사람들은 자동으로 목표달성과 관련하여 자신이 가진 기존의 지식과 기술을 사용한다. 둘째, 목표달성이 자동화된 기술의 문제가 아닌 경우, 사람들은 과거 같은 상황에서 사용했던 기술을 현재 상황에 적용한다. 셋째, 만약 부과된 목표에서 요구되는 과제가 새로운 것인 경우, 사람들은 목표달성을 가능하게 만들 기술·역량을 개발하기 위한 계획을 수립한다. 넷째, 높은 자기효능감을 가진 사람들은 낮은 자기효능감을 가진 사람들보다 효과적인 과제전략을 개발하기 위해 더 큰 노력을 투자한다. 다섯째, 복잡한 과제인 경우, 구체적이고 어려운 목표를 세우는 것보다는 최선을 다하도록 격려하는 것이 때로는 더 나은 전략으로 유도할 수 있다. 여섯째, 적절한 전략훈련이 제공되는 경우, 구체적이고 도전적인 수행목표가 주어진 사람들이 일반적인 수행목표가 주어진 사람들에 비해 수행이 향상된다. 그러나 전략이 부적절한 경우, 어려운 수행결과를 요구하는 목표는 쉬운 목표에 비해 낮은 수행을 초래한다. 목표설정은 이처럼 과제수행에 영향을 미치며, 개인의 선택행동을 조절하는 중요한 동기적 기제이다(Locke et al., 1981; Locke & Latham, 2002).

2. 목표의 기능과 효과

목표설정에 관한 연구는 Locke(1968)의 첫 요약 논문에서 공식적으로 이론의 틀을 갖추고 시작된 이후 수많은 경험적 연구들을 기초로 귀납적으로 발전해 왔으며, 1980년대 초반까지는 주로 목표의 속성들(예를 들어, 목표의 내용과 강도)에 관한 연구를 양산하였다. Locke와 그의 동료들의 두 번째 요약 논문에 이르러서는 목표 속성들이 수행수준에 미치는 영향이 재확인되었고, 목표설정과 수행 사이에 개입된다고 보는 매개변인들에 관한 관심이 높아졌음을 보여 주었다(Locke et al., 1981). 예를 들어, 결과에 대한 피드백의 영향, 목표의 수용 정도(goal acceptance) 또는 목표전념(goal commitment)의 영향, 목표설정 시 참여의 영향, 개인차변인들의 영향에 관한 연구가 양산되었다. 또한, 1980년대 중반부터는 목표설정이 수행에 작용하는 기제에 대한 관심이 높아지면서 Bandura의 동기변인인 자기효능감이 핵심 변인으로 주목받기 시작하였다(Locke & Latham, 1990b). 그 후 십여 년이 지난 후 Locke와 Latham(2002)은 다시 35년간의 연구를 종합하는 논문을 발표하여 그동안의 누적된 연구결과들로부터 이전에 도출된 결론을 재확인하는 동시에 영향력 있는 조절변인과 매개변인들을 제안하였다. 최근에 Locke과 Latham(2006)은 이론적 측면과 적용 측면에서 목표설정이론의 새로운 방향을 논의하고 발전방향을 제시하였다. 이제까지의 연구결과들을 종합하여 요약하면 다음과 같다.

1) 목표의 내용 차원

Locke와 Latham은 몇 편에 걸친 요약 논문과 저서에서 목표의 내용을 두 가지 차원에서 요약하였는데, 하나는 목표의 난이도(difficulty)이고, 다른 하나는 목표의 구체성(specificity) 또는 명확성(clarity)이다(Locke & Latham, 1990a, 1990b, 2002, 2006; Locke et al., 1981). 난이도에 관한 연구결과들은 목표수준과 수행수준 사이에 정적 선형관계가 있음을 상당히 일관성 있게 보여 준다. 즉, 목표가 어렵고 도전적일수록 수행수준은 높게 나오는데, Wood, Mento와 Locke(1987)의 메타분석 결과는 91%의 지지율을 보였으며, 효과크기(d)는 .52에서 .82에 걸쳐 있는 것을 보여 주었다(Locke & Latham, 1990b). 이에 대해 Latham과 Locke(1991)는 한 개인이 적절한 해당 능력을 갖고 있고 그 목표를 수용할 마음이 있는 경우에는 목표수준이 높을수록 수행수준도 높아지는데, 그 이유는 일반적으로 사람들은 해야 하는 과제의 난이도 수준에 따라 자신의 노력 수준을 맞추고, 쉬운 목표보다는 어려운 목표일 때 노력을 더 많이 하기 때문(p. 214)이라고 해석하였다.

목표의 구체성의 효과에 관한 초기 연구는 대부분 목표의 난이도와 함께 연구되어 왔기 때문에 구체성이 독립적으로 목표와 관련된 변인에 어떤 영향을 주는지가 밝혀져 있지 않았다. 그러나 구체적이고 어려운 목표가 최선을 다하라("Do your best.")는 목표보다 일관되게 높은 수행을 보였으며, 메타분석에서의 효과크기는 .42에서 .80에 이르렀다(Locke & Latham, 1990a). 이후 Wright와 Kacmar(1994)는 목표의 구체성이 난이도와 관계없이 부과된 목표조건에서는 목표전념을 증진시키고, 스스로 결정한 목표조건에서는 목표의 변경에 영향을 준다는 연구결과를 보고하였다. 또한 그들은 목표의 구체성은 부과된 목표조건의 경우 피험자들의 수행수준의 범위를 증가시키는 것을 보여 주었다.

목표의 구체성과 난이도에 관한 연구결과를 종합하면, 구체적이고 어려운 목표가 "최선을 다하라"라는 일반적인 목표나 분명치 않은 목표가 제시된 경우 또 목표가 정해지지 않은 경우보다 수행수준이 높다는 것을 보여 준다(Locke & Latham, 1990a). 모호한 목표는 개인이 자신이 실제로 할 수 있는 최선을 다하지 않게 하므로, 구체적이고 어려운 목표가 보다 효과적인 것이다. 더불어, 구체적이고 어려운 목표를 가진 사람들보다 구체적인 목표가 없는 사람들이 자신의 수행결과를 보다 긍정적으로 평가하는 경향이 있으므로 최대한의 노력을 하지 않는다고 보았다. 즉, "최선을 다하라"라는 조건에서는 과연 최선을 다하는 것이 무엇인지가 내포하는 모호성으로 인해 사람들이 실제 최선을 다하지 않고도 자신의 수행을 평가할 때 좋은 쪽으로 해석한다는 것이다. 목표의 난이도와 수행수준 간 이러한 선형적 함수관계는 400여 개의 연구결과를 종합하여 내린 결론이며, 실험실뿐만 아니라 작업현장까지도 일반화되는 것으로 밝혀진 연구결과이다(Locke & Latham, 1990a).

그러나 이후에 수행된 한 연구(Wright, Hollenbeck, Wolf, & McMahan, 1995)에서는 Locke와 동료들의 목표난이도 수준과 수행수준 간 정적 선형관계가 발견되지 않고, 대신 2차 함수적 관계, 즉 거꾸로 된 U자 관계(inverted U-relationship)가 있는 것으로 나타났다. 점점 더 도전적인 목표를 추구함에 따라 점점 수행수준이 높아진 것이 아니라, 쉽거나 어려운 목표보다 중간수준의 목표를 추구할 때 수행수준이 가장 높은 결과가 관찰되었기 때문이다. 이 연구에서 시행한 실험은 대학생 피험자들의 학업성취 수준에 목표난이도가 영향을 미치는가를 알아보는 것이었다. 학생들은 세 가지 목표난이도 수준(쉬운 목표, 중간 목표, 어려운 목표) 중 하나, 그리고 두 가지 목표수준 조작방법 조건(절대적 목표수준 조건 또는 수행증진 조건) 중 하나를 무선으로 배정받은 후 학과목 성적을 위해 공부하였다. 이때 절대적 목표수준 조건에서는 피험자들의 예비검사 결과를 고려하여 쉬운 목표, 중간수준 목표, 어려운 목표, 이렇게 세 가지 절대적 기준의 목표난이도가 조작되었고, 수행증진 조건에서는 피험자들의 예비검사 결과에 기초한 향상 정도를 가늠하여 쉬운 증가목표, 중간수준 증가목표, 어려운 증가목표 등 규준적 근거에 의해 목표난이도가 조작되었다. 실험결과, 절대적 목표수준의 관점에서 목표가 조작된 경우에는 Locke와 Latham(1990a)의 연구결과와 마찬가지로 난이도와 수행 간에 정적 선행관계가 있었다. 그러나 목표가 수행증진의 관점에서 규준적으로 조작된 경우에는 쉽거나 어려운 목표보다는 중간수준 목표에서 수행수준이 가장 높았다. 연구자들은 목표가 어떤 방식으로 부과되느냐가 피험자들의 목표전념에 영향을 주어 수행에 다시 영향을 미치므로, 목표수준이 어떻게 결정되었는가를 피험자들에게 알려 준 것이 수행에 영향을 준 것이라고 이 결과를 해석하였다.

한편, 내재동기이론 분야에서는 많은 이론가가 중간 정도의 목표 혹은 과제 난이도가 개인의 동기와 수행을 가장 높인다고 주장하고, 경험적 증거도 제시하고 있다(Atkinson, 1958; Csikszentmihalyi, 1990; Deci, 1971). 이렇듯 동일한 인간의 행위에 대해 서로 다른 가설과 경험적 증거가 도출되는 이유는 목표난이도의 개념화와 조작화의 문제인 것으로 보인다. 구체적으로, 조직행동 분야에서 목표의 난이도가 수행에 미치는 영향에 관한 실험을 할 때는 비록 목표의 난이도가 쉽거나 중간이거나 어렵게 조작되기는 해도, 어려운 목표라는 것이 아주 불가능한 목표수준은 아닌 경우가 대부분이다. 이 경우, 목표를 높이 잡을수록 수행수준이 함께 증가하는 것이 가능하다. 반면, 학습상황에서 학습자들을 대상으로 시행되는 실험에서는 목표난이도에 대한 조작적 정의가 누구나 다 성공하는 100%부터 아무도 성공하지 못하는 0%까지 전 범위를 포함한다. 따라서 최대한의 노력을 통해 최선의 수행을 성취할 수 있는 수행의 최적 난이도는 중간수준일 가능성이 크다. 이 경우, 목표의 난이도와 수행 간에는 곡선적 관계가 성립될 수 있다([그림 7-1] 참조). 결론적으로, 이러한 연구결과들은 조직행동 분야에서 Locke(1967)의 선도적 연구 이후 거의 절대적으

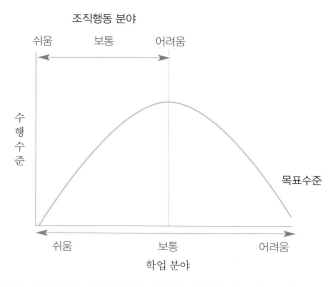

[그림 7-1] 조직행동 분야와 학업 분야에서 지각하는 목표난이도 수준의 차이와
그에 따른 수행수준에 대한 가설적 관계

로 받아들여져 오고 있는 목표난이도 수준과 수행수준 간의 정적 선형관계설에 대한 도전이라 할 수 있다. 따라서 이러한 불일치를 포괄하는 수정된 이론의 체계화가 요구된다.

2) 목표에 대한 전념

목표에 대한 전념이란 "개인이 그 목표에 집착하고, 중요하고 의미 있다고 생각하며, 그것을 달성하려고 결심하고, 실패나 장애물이 있을 때도 계속하려는 정도를 말하는 것이다"(Latham & Locke, 1991, p. 217). 목표전념은 '목표수용(goal acceptance)'이라는 개념과 유사하게 사용되어 왔는데, 현재는 목표전념이 목표수용보다 좀 더 포괄적인 개념으로 받아들여진다. 그 이유는 목표전념이라는 개념은 누가 목표를 설정하였는가 하는 목표의 출처(goal source)가 다양한 경우에 모두 적용될 수 있기 때문이다. 다시 말해, 목표전념은 목표를 설정할 때 타인이 부과해 준 목표인지, 스스로 선택한 목표인지, 또 목표를 결정하는 데 참여해서 설정된 목표인지 등과 관계없이 공통으로 적용될 수 있는 개념이지만, 목표수용은 외부에서 개인에게 부과한 목표를 자신의 목표로 받아들이는 정도에 국한된 개념이기 때문이다(Locke et al., 1981).

목표전념의 효과에 관한 선행연구들을 종합해 보면, 수많은 연구가 수행되었음에도 한마디로 결론을 내리기가 어려운 실정이다. Locke와 Latham(1990a)이 고찰한 바로는 어떤 경우에는 목표전념이 수행수준에 영향을 주었으나, 어떤 경우에는 그렇지 않았다. 그 원인을 Latham과 Locke(1991)는 목표전념의 효과가 목표난이도 수준에 따라 상반되게 나타날 수 있기 때문이라고 보았다. 어려운 목표의 경우, 목표전념 수준이 높은 사람들이 낮은 사람에 비해 높은 수행을 보일 가능성이 크다. 그러나 쉬운 목표의 경우, 목표전념 수준이 높은 사람들은 낮은 목표에 합당한 수준의 낮은 수행을 보일 것이고, 해당 목표에 전념하지 않는 사람들이 그 낮은 목표에 집착하지 않고 더 높은 목표를 세우고 그에 해당하는 수행수준을 보일 수 있다는 것이다. 따라서 목표전념이 수행의 직접적인 인과요인(독립변인)으로 작용할 수도 있고, 목표난이도 수준과 상호작용을 하는 수행의 조절변인일 수도 있다고 보았다.

목표전념을 종속변인으로 보고 연구한 결과(Locke & Latham, 1990a, 2002)를 살펴보면, 목표전념에 영향을 주는 몇 가지 요인을 발견할 수 있다. 첫 번째 요인은 목표 달성의 중요성이다. 목표달성의 중요성은 목표를 공개함으로써 부각시킬 수 있는데, 목표달성의 중요성이 부각될수록 목표전념을 증진시킬 수 있다. 두 번째 요인은 목표설정 시 참여 여부이다. 일반적으로 목표설정에 수행 당사자가 참여하는 경우 그 목표에 대한 전념 정도가 높아지는 것은 당연한 결과이다. 그러나 앞서 고찰한 Wright와 Kacmar(1994)의 연구에서 부과된 목표의 경우에는 목표의 구체성이 목표 전념을 증진시켰으나 스스로 세운 목표의 경우에는 그렇지 못했던 것처럼, 목표설정 시 참여 여부와 목표전념의 관계에서도 목표난이도, 목표의 중요도, 성공에 대한 기대 혹은 자기효능감 등 다양한 다른 변인들이 조절변인으로 기능할 수 있다. 목표 전념을 촉진시키는 세 번째 요인은 목표를 달성할 수 있다는 신념, 즉 자기효능감이다(Locke & Latham, 2002). 제6장에서 다룬 바와 같이, 자기효능감은 성공 경험, 관찰에 의한 대리 경험, 설득 등을 통해 증진시킬 수 있으며(Bandura, 1977, 1996), 목표달성에 대한 자기효능감이 강할수록 목표전념 수준이 강하다.

3) 목표설정 시의 참여

목표전념 수준에 영향을 미치는 것으로 많이 연구되었던 변인 중 하나는 목표설정 시 참여 여부이다. 초기에는 목표의 출처(goal source)라고 명명되어 연구되었다. 연구자들은 목표설정이론을 검증하기 위한 실험을 수행할 때, 피험자들에게 목표 수준을 부과해 주거나(assigned goal condition) 혹은 피험자 스스로 목표수준을 결정하게 하여(self-set goal condition) 두 조건의 전념 정도와 수행수준에 차이가 있는지를 살펴보았다. 그러나 현장연구의 경우에는 스스로 설정하는 목표는 실험적으로 조작할 수 없거나 난이도 수준에 따라 조건별 피험자 수에 심각한 불균형이 초래되었다. 이러한 이유로 인해 주로 참여설정(participatively set) 조건으로 조작하여 적용하는 경우가 많았다. 다시 말해, 스스로 목표를 설정하도록 하면 중간수준의 목표를 설정하는 피험자는 많지만 아주 쉽거나 어려운 목표를 설정하는 피험자들은 많지 않기 때문에, 세 가지 목표난이도 조건별로 피험자들이 균형 있게 분포하도록 만들기 위해 특정 난이도 수준에 관해 토론하고 종용하여 연구참여자의 동의를 받는 형태인 참여설정 조건이 많이 적용되었다. 이런 경우 내재동기이론에 의하면 스스로

택한 목표나 참여설정 목표조건이 부과된 목표조건보다 목표전념 정도와 수행수준이 모두 더 높으리라 예측할 것이다. 그러나 목표설정이론 분야의 연구결과, 내재동기이론의 예측과는 달리 목표설정 시의 참여에 따른 피험자의 전념 정도나 수행수준에 차이가 없는 것으로 나타났다(Kim & Clifford, 1988; Latham & Lee, 1986; Locke & Latham, 1990a).

그러나 이와 대비되는 결과가 Erez와 동료들에 의해 수행된 연구에서 발견되었는데, 이 연구에서는 참여설정 목표조건 피험자들이 부과된 목표조건 피험자들에 비해 보다 높은 목표전념과 수행을 나타냈다(Erez, 1986). 이는 내재동기이론의 예측과 일치하는 결과이다. 이러한 불일치를 규명하기 위해 Latham, Erez와 Locke(1988)는 목표설정 시의 참여가 목표전념과 수행에 미치는 영향을 4개의 체계적인 실험연구를 통해 알아보았다. 그 결과, 이제까지 선행연구들의 결과가 불일치한 이유는 실험에서 사용된 독립변인들에 대한 조작방법의 차이 때문이라는 결론을 도출하였다. 구체적으로, 부과된 목표조건 조작 시 Erez의 실험에서는 단순히 피험자에게 성취해야 하는 목표가 무엇인지 말해 주는 것(tell)에 그쳤으나, Latham의 실험에서는 목표를 단순히 제시하는 것에 그친 것이 아니라 그 목표의 타당성을 상당히 설득력 있게 설명해 주었다(tell & sell). 따라서 후자의 경우 부과된 목표조건의 수행수준이 참여설정 목표조건의 수행수준과 비슷한 수준으로 높게 나타난 것이다.

결론적으로, 목표설정 시 참여 여부가 목표의 동기적 효과에 차이를 불러일으키는지에 대해 Latham과 Locke(1991)는 그렇지 않다고 주장하였다. 목표난이도가 통제되고, 자기효능감 증진의 시도가 통제되며, 부당한 용기가 배제되고, 피험자들에게 목표를 거부하라고 말하는 등의 인위성이 배제되면, 부과된 목표 역시 스스로 세운 목표나 참여설정 목표수준과 마찬가지로 목표전념과 수행에 강력한 효과를 발휘한다는 것이다. 최근에는 목표설정에서의 참여가 자기효능감의 조절효과를 통해 목표전념에 영향을 주는 것으로 해석하는 것이 더욱 설득력 있게 받아들여지고 있다(Latham, Winters, & Locke, 1991; Locke & Latham, 2002).

4) 수행결과에 대한 피드백

목표설정이론에 관한 연구에서 또 하나의 요인은 수행결과에 대한 지식 또는 피드백이다. 목표설정과 피드백의 효과를 다룬 연구결과들을 보면, 목표가 없는 피드백은 수행에 효과가 없었고, 피드백이 없는 목표설정은 수행에 지속적인 효과를 보여 주지 못했다. 그러나 목표가 설정된 경우 주어지는 피드백은 수행을 증가시키는 결과를 가져왔다(Locke & Latham, 1990a). 따라서 피드백은 수행에 대한 목표의 효과를 조절하는 것으로 볼 수 있다(Latham & Locke, 1991).

　Locke와 Latham(2002)은 그동안 목표설정이론 연구 분야에서 수행된 피드백과 관련된 연구결과를 다음과 같이 요약하였다. 목표가 효과적이려면 사람들은 목표가 어느 정도 진전되었는가를 나타내 주는 요약 피드백(summary feedback)이 필요하다. 자신이 얼마나 잘하고 있는가를 모르면 사람들이 목표가 요구하는 것에 맞추어 노력 수준과 방향을 조정한다거나, 수행전략을 조정하는 것이 불가능해진다. 만약 자신이 목표수준 이하의 수행을 하고 있다는 것을 알게 되면 대부분은 노력을 증가시키거나 새로운 전략을 시도한다. 이처럼 요약 피드백은 목표의 효과에 대한 조절변인으로 기능한다. 즉, 목표만 있는 경우보다 목표와 피드백이 같이 주어지는 경우 목표가 더욱 효과적이 되는 것이다. 목표설정에서 피드백의 역할에 관한 연구에서도 자기효능감의 매개역할이 나타났는데, 긍정적인 피드백은 일반적으로 자기효능감을 증진시켜 수행을 향상시키기 때문이다(Erez, 1977; Locke & Latham, 1990a).

　그러나 피드백이 항상 수행을 증진시키는 것은 아니라는 연구도 발표되었다 (Bandura & Jourden, 1991; Matsui, Okada, & Inoshita, 1983). 예를 들어, Bandura와 Jourden(1991)의 연구에서는 자신들의 수행이 동료들보다 우수하다고 계속적으로 알려 준 '우수 조건'의 피험자들은 수행이 반복될수록 점차 낮은 목표를 설정하였다. 이와는 대조적으로, 처음에는 동료들보다 잘 못하고 있다는 피드백을 받다가 점점 수행이 향상되어 나중에는 다른 동료들을 능가했다는 피드백을 받게 된 '점진적 숙달 조건'의 피험자들은 '우수 조건'의 피험자들보다 훨씬 우수한 수행을 보였다. 따라서 피드백 자체에 의해 수행이 향상된다기보다는, '점진적 숙달 조건' 피험자들과 같이 자신의 성공적인 수행에 대한 확신, 즉 자기효능감에 의해 피드백의 효과가 조절된다는 것을 의미한다.

5) 자기효능감의 역할

일반적으로 이론 발전의 초기에는 그 이론이 대상으로 삼는 현상의 핵심 변인들에 관한 연구가 양산되기 마련이다. 그러다가 어느 정도의 경험적 증거가 쌓이고 그 핵심 변인에 대한 윤곽이 나타나게 되면, 다음으로 그 이론의 정교화를 위해서 다른 관련 변인의 효과에 관심을 두기 시작한다. 심리학의 이론 발전과정 중 매개변인 혹은 조절변인에 대한 탐구가 시작되면 제일 먼저 고려되는 것이 개인차변인 또는 성격변인들이다. 목표설정이론에서도 마찬가지 현상을 볼 수 있다. Locke의 1968년 첫 번째 요약 논문에서 검토된 연구들은 개인차변인에 관한 내용을 포함하지 않았으나, 1981년의 두 번째 요약 논문에서는 개인차변인에 대한 요약이 포함되었다. 여기서 다루어진 변인들은 주로 개인의 배경변인들과 성격변인들 중에서 성취동기와 욕구, 그리고 자존감과 내적/외적 통제소재에 관한 것들이었다. 고찰 결과는 전혀 일관성이 없는 것으로 나타나, 좀 더 체계적인 탐구가 요구된다는 제안으로 끝났다 (Locke et al., 1981).

이후 목표설정 연구에서 가장 흔히 볼 수 있는 개인차변인은 자기효능감이다. 자기효능감은 목표설정이론의 핵심 변인인 목표의 난이도, 목표의 구체성, 목표에 대한 전념, 목표설정 시의 참여, 결과에 대한 피드백 등 모든 핵심 변인의 효과에 대한 결과해석에 빠지지 않고 포함되었다. 목표설정 연구 분야에서 수행된 자기효능감에 관련된 대표적인 연구결과를 요약하면 다음과 같다. 첫째, 같은 목표를 추구한다고 가정할 때, 자기효능감이 높을수록 수행수준이 높다(Locke, Frederick, Lee, & Bobko, 1984). 둘째, 자기효능감이 높은 사람들은 낮은 사람들에 비해 더 어렵고 도전적인 목표를 설정한다(Lee & Bobko, 1994; Locke et al., 1984; Mone, Baker, & Jeffries, 1995). 셋째, 자기효능감이 강할수록 목표성취를 위해 더욱 전념한다(Locke & Latham, 1990b). 넷째, 타인으로부터 부과된 목표는 행위자의 자기효능감을 증진시키고, 이는 다시 목표에 대한 전념 정도를 높여 수행수준을 향상시킨다(Locke & Latham, 1990b; Salancik, 1977). 다섯째, 목표설정 시의 참여는 자기효능감의 조절효과를 통해 높은 수행수준으로 귀결된다(Latham, Winters, & Locke, 1991). 여섯째, 목표 추구 과정에서 제공되는 긍정적 피드백은 자기효능감을 증진시키고 결과적으로 수행수준을 높인다(Bandura & Jourden, 1991). 물론 이러한 결과들은 해당 연구에서 적용하고 있는 변인들에 대한 조작적 정의에 따라 해석의 일반화 범위를 제한시켜야 할 것이다.

6) 요약

목표설정이론이 출발한 지 40년이 넘는 세월 동안 수행된 연구들에서 나타난 핵심적인 결과를 Locke와 Latham(2006)이 요약한 것을 정리하면 다음과 같다. 첫째, 구체적이고 어려운 목표는 쉽거나 최선을 다하는 것과 같은 모호하고 추상적인 목표보다 높은 수행수준으로 이어진다. 개인이 주어진 목표에 전념하고, 목표달성에 필요한 능력을 갖추고 있으며, 갈등적인 목표가 존재하지 않는 한, 목표난이도와 과제수행 간에는 정적 선형관계가 존재한다. 둘째, 목표는 다음 네 가지 기제를 통해서 수행에 영향을 미친다: ① 목표는 주의집중과 행동의 방향을 결정하고, ② 개인으로 하여금 그 목표에 달성하기 위하여 노력을 투여하게 하며, ③ 그 목표를 달성할 때까지 끈기를 유지하게 한다. 또한, ④ 목표는 그것을 달성하기 위해 개인으로 하여금 각성하게 하고, 기술을 개발하며 습득하도록 동기화시킨다. 셋째, 목표는 과제특수적 자기효능감과 연계하여 성격특성, 피드백, 의사결정 참여, 직무자율성, 금전적 보상과 같은 다른 동기유발 변인들의 영향력을 매개한다. 넷째, 목표설정의 핵심 조절변인은 피드백, 목표전념, 과제 복잡성 등으로 나타났다.

3. 목표설정 연구의 현 상태와 전망

앞에서도 여러 차례 언급했듯이 목표설정이론은 조직심리 분야에서 가장 주목받고, 현장적용을 위한 다양한 시도가 이루어지고 있는 동기이론이다. 특히 Locke와 Latham이 이미 1990년 논문에서 확인한 경험적 연구만 하더라도 다양한 문화권에서 88가지 이상의 과제로 40,000명 이상의 연구참여자를 대상으로 하여 400편이 넘게 발표되었으며, 목표설정 효과를 강력히 지지하는 증거를 제공하고 있다. Locke와 Latham은 이처럼 목표설정에 영향을 미치는 것으로 나타난 핵심적인 요인들을 종합하여, 직무현장에서의 효율적인 수행을 예측할 수 있는 '높은 수행 순환성' 모형을 제안하였다(1990b, 2002).

1) '높은 수행 순환성' 모형

Locke와 Latham은 초기(1990b)에 제시한 '높은 수행 순환성' 모형으로부터 핵심적인 요소만을 남기고 적용범위를 일반화시킨 2002년 간명한 모형으로부터(Locke & Latham, 2002), 다시 2007년 [그림 7-2]와 같이 재수정한 모형을 제시하였다(Latham & Locke, 2007). 높은 수행을 보장하는 과정이 순환적으로 반복되기 위해서는 먼저 도전적이고 의미 있으며 자신의 성장을 촉진시킬 수 있는 과제에서 높은 목표를 설정할 수 있거나, 또는 높은 자기효능감을 느끼는 일련의 과제들이 주어져야한다. 이 과제들에서 세워진 목표는 방향설정, 노력투여, 끈기, 과제특수적 전략사용 등 동기적 기제의 매개를 통해 수행으로 이어지며, 직무수행 수준과 직접 관련된봉급, 승진, 진로기회, 인정, 성취감 등 내적, 외적 유관적 보상에 따라 만족감으로

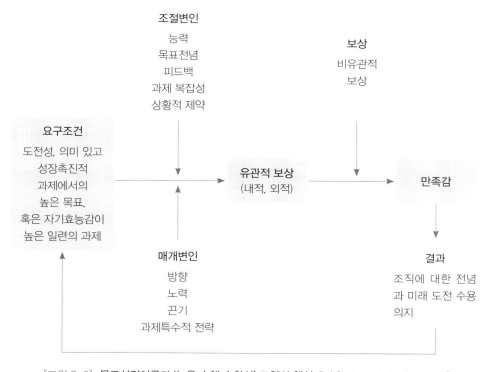

[그림 7-2] 목표설정이론과 '높은 수행 순환성' 모형의 핵심 요소(Latham & Locke, 2007)

연결된다. 수행과 직접 관련이 없는 비유관적 보상(기본급, 수당, 안정적 고용상태, 유연한 근무시간, 휴가기간 등) 역시 만족감에 영향을 미친다. 이때 목표수행에 따른 보상이 주어질지는 개인의 능력, 목표전념, 피드백, 과제 복잡성과 상황적 제약이라는 변인들에 의해 조절된다. 수행결과에 대한 만족감은 자신이 속한 조직에 대해 전념하고 미래 도전을 기꺼이 수용하는 결과를 초래하며, 이는 다시 새로운 목표설정에 긍정적 영향을 주는 선순환을 반복하게 된다.

이 모형은 이제까지 목표설정이론의 연구 분야에서 다루어지고 그 효과가 검증된 다양한 관련 변인들을 포함해서 직무동기와 직무만족도와의 관계성을 보이려고 시도한 것으로, 귀납적 이론의 정련과정을 보여 주고 있다고 할 수 있다(Latham & Locke, 2007; Locke & Latham, 1990b, 2002). 다만, 모형에 포함된 핵심 구성요소들이 조직심리학 분야에 치중되어 있고, 수행의 개념이 가시적인 생산성이나 효율성으로 정의되어 있어, 학업장면에서의 적용가능성에는 한계가 있다.

2) 자기조절 체계와의 통합

자기조절이론(Bandura, 1986)은 인간의 모든 의도적인 행동을 설명하는 일반적인 틀로 받아들여지고 있는데, 목표설정은 자기조절 과정의 핵심적인 하위요인이다. 목표를 설정하는 것과 그것을 실제 행동으로 옮기는 것은 모두 의지적(volitional) 과정이므로, 자기조절은 목표설정이론 안에 이미 전제된 것이다. 목표가 되는 기준을 설정하는 것이 자기조절의 시발점이기 때문에 자기조절은 목표설정에 의해 시작된다고 할 수 있다(Latham & Locke, 1991). 목표설정이론은 Bandura(1986)가 자기효능감이론과의 접목을 시도한 후 Locke와 Latham 그리고 Schunk 등의 연구에 의해 자기조절 체계 속으로 통합되어서 다루어지고 있다.

자기조절 체계, 목표설정과 자기효능감이론의 통합을 시도한 Schunk(1991)는 목표설정과 자기효능감이 자기조절 과정에서 다른 관련 변인들과 어떻게 연결되는가를 [그림 7-3]과 같이 제시하고 있다. 이 모형 속에서 목표설정과 자기효능감은 과제지향적인 행위들을 조정하고, 자기평가적 행위들에 영향을 주는 것으로 제시되고 있다. 개인이 어떤 과제수행 상황에 임할 때는 특정한 목표가 있고, 사전 경험과 태도를 지닌다. 개인은 이러한 변인들의 영향을 받으며 목표전념 수준, 구체성, 근접성과 난이도가 다른 목표를 설정하며, 이 목표를 달성하는 데 대한 자기효능감을 형성한다. 이렇게 설정된 목표와 개인의 자기효능감은 과제지향적인 활동들, 즉 지시에 주의를 집중하고 지식을 처리하며 종합하는 등의 정보처리, 노력과 끈기, 도움을 구하는 등의 행동, 지각된 과제중요도와 결과에 대한 기대감 등을 포함하는 신념, 만족감과 자긍심 같은 감정, 그리고 목표진전에 대한 자기판단, 자기반응을 포함하는 자기평가적 행위들에 영향을 미친다. 개인은 과제를 수행하면서 자신의 수행을 목표와 비교하고 진전상황을 판단한다. 수행자는 자신의 진전상태에 대한 판단에 반응하는데, 자신이 진전을 보이고 있다는 믿음은 과제를 시작할 때 지녔던 자기효능감의 타당성을 확인해 주고 목표달성을 위하여 속행해 나가게 한다. 그리고 원래의 목표가 달성되면 새로운 도전적인 목표를 설정한다. 이것이 Schunk가 제시하는 자기효능감과 목표설정을 포함하는 자기조절 과정의 일부이다.

목표설정은 개인에게 적절한 수행수준이 무엇인가를 알 수 있게 해 줌으로써 자기조절을 촉진한다(Latham & Locke, 1991). 개인이 설정한 목표수준에 미치지 못하는 행위는 수행에 대한 부정적인 평가를 가져온다. 이러한 부정적인 평가는 개인이 실패에 대한 내성이 높은 경우에는 후속 수행을 향상시키기 위해 노력을 증가시키는 것 같은 자기조절 기능을 향상시켜 목표달성을 이루게 할 수 있다. 그러나 개인

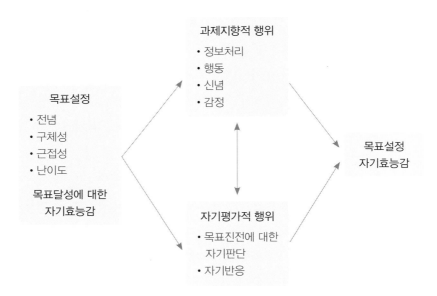

[그림 7-3] 목표설정과 자기평가적 측면을 중심으로 제시한 자기조절 모형(Schunk, 1991)

에 따라서는 실패에 대한 부정적 평가에 따른 혐오적인 감정에 집착하게 되어 자기
조절 기능이 떨어질 수 있다. 반면, 일단 설정한 목표수준에 도달하는 행위는 수행
에 대한 긍정적 평가를 가져온다. 이러한 긍정적 평가는 같은 목표수준의 후속 상황
에서의 성공을 쉽게 예측할 수 있게 하므로 더욱 높은 자기효능감을 갖게 하고, 높
은 목표를 설정하게 할 가능성을 높인다.

　자기조절적 행위들은 개인으로 하여금 현재와 미래 행동들을 특정한 목표를 향
한 진전상태를 평가할 수 있게 해 주는 규준과 맞추게 한다. 일단 개인이 어떤 목표
를 향해 나가기로 결정하면 노력, 끈기, 방향제시의 동기적 기제가 어느 정도 자동
적으로 기능하게 된다. 즉, 목표설정은 지각된 목표로의 진전상태와 자기효능감의
매개적인 효과를 통해서 수행에 영향을 준다. 만약 개인이 자신의 기준인 목표와 자
신의 수행수준과의 차이를 인식하게 되면 더 많은 노력을 투여할 동기가 유발되고,
자기조절의 하위기능들을 통해 후속적인 행동계획을 세우게 된다는 것이다(Latham
& Locke, 1991). 따라서 개인에게 자기조절을 효과적으로 수행하게 하는 훈련은 큰
의미가 있는 것이다.

　초기 조직행동 연구 분야에서는 개인의 수행목표 대부분이 상사나 조직으로부
터 부여받는 것이고, 스스로 목표를 설정하는 상황이 많지 않았기 때문에 목표를 설
정하는 것이 출발점이 되는 자기조절 훈련에 대해서는 특별한 관심을 두지 않았다.
이 분야에서 자기조절 훈련이 체계적으로 연구되기 시작한 것은 Frayne과 Latham
(1987)의 연구이다. 연구자들은 시설관리과 공무원들의 결근율을 낮추기 위해 이들
에게 8주 동안 자기조절 훈련을 시켰는데, 그 결과 통제집단보다 결근율이 유의하
게 줄어들었고, 3주 후에도 그 효과가 지속되었다. 연구자들은 또한 6개월과 9개월
후에도 훈련의 효과가 지속되는 것을 관찰하였다(Latham & Frayne, 1989). 또 다른
연구에서 Cervone, Jiwani와 Wood(1991)는 복잡한 의사결정 시뮬레이션 과제수행
시 높은 자기조절 기능을 보이는 피험자들이 높은 자기효능감을 가진 것을 관찰하
였다. 또한, 구체적인 목표를 부여받은 집단의 피험자들이 뚜렷한 목표가 제시되지
않았거나 스스로 목표를 선택한 집단의 피험자들보다 높은 수행수준을 보였다. 구
체적 목표집단에서는 자기효능감과 자기평가적 반응 및 수행 간 높은 정적인 상관
이 나타났으나, 다른 집단에서는 이런 관계가 나타나지 않았다. 이런 결과는 효과적
인 자기조절 기술 훈련의 정당성을 제공해 주는 것이며, 이외에도 목표달성에서 자

기조절 체계의 하위기능과 자기효능감 증진 훈련의 긍정적인 효과를 보여 주는 연구결과들이 보고되고 있다(Bouffard-Bouchard, 1990; Brown & Latham, 2000; Eden & Aviram, 1993).

3) 교육현장 적용 연구 및 시사점

교육에서 목표와 목표설정이 필수적인 개념인 것에 비하면, 목표설정이론을 직접 교육현장에 적용하는 연구는 국내외 할 것 없이 그다지 활성화되지 않은 상태이다. 학업장면에서 목표에 관한 연구는 목표설정 자체보다는 다음 장에서 논의할 성취목표에 더 큰 관심이 치중되어 있다. 그러나 목표설정을 포함하는 자기조절이론은 교육 및 학습동기 분야에서 자기조절학습이라는 이론 아래 다량의 연구와 현장 적용을 위한 프로그램이 개발되고 시행되고 있다. 조직행동 분야에서도 자기효능감 증진 훈련과 더불어 자기조절 훈련의 효과에 대해 많은 관심을 보이고 있다.

(1) 자기조절학습을 통한 목표설정 훈련

자기조절 기술을 가르치는 것은 Kanfer(1970)가 임상상황에서 자기통제(self-control) 기술을 훈련시킨 것을 시작으로 하여 자기관리(self-management) 훈련으로 진행되어 왔고, 후에는 학습상황에서 Bandura, Zimmerman, Schunk 등이 자기조절학습이라는 체계를 구축하여 학생들의 학업성취 증진을 위한 자기조절 훈련 프로그램의 개발과 그 효과에 관한 연구로 진행되었다. Zimmerman, Bandura와 Martinez-Pons(1992)는 학습상황에서 자기조절을 잘하는 학습자는 도전적인 목표를 세우고, 자신의 목표를 달성하기 위한 적절한 전략을 효과적으로 사용하고, 자신의 노력을 자극하고 조정하는 자기조절 효과의 도움으로 자신의 학습과정과 목표달성을 주도한다는 연구결과들을 요약 제시하였다. 이 연구자들은 또한 자기조절을 하는 학습자는 자신의 능력에 대한 효능감이 높고, 높은 목표를 설정하는 동시에 이러한 도전을 충족시키기 위해 높은 목표전념 수준을 보인다고 주장하였다.

목표설정이론과 관련 연구들에서 확인된 목표의 난이도와 구체성, 목표의 출처, 목표전념과 같은 목표설정이론의 주요 변인들이 학습상황에서도 동일하게 나타나는가에 대한 경험적 검증은 필수적인 것으로 보인다. 또한, '높은 수행 순환성' 모형을 학업상황에서 검증하는 것 역시 교육장면에서 학생들의 동기유발과 수행을 증진시킬 수 있는 효과적인 방안 마련에 중요한 정보를 제공할 것이다.

교육장면에서 목표설정이론을 적용하여 목표의 난이도와 출처의 효과를 검증한 연구로는 Kim과 Clifford(1988)의 연구가 있다. 연구자들은 대학생을 대상으로 목표의 난이도를 어려움, 중간, 쉬움의 세 가지 조건으로 설정하고, 또한 목표의 출처를 스스로 설정, 참여설정, 부과된 목표의 세 가지 조건으로 제시하여 목표난이도와 출처의 효과가 목표수용과 실패내성에 미치는 효과를 비교하였다. 연구결과, 어려운 목표와 중간수준의 목표가 쉬운 목표난이도 조건에 비해 더 높은 목표수용과 실패내성을 보였으며, 스스로 설정한 목표와 참여설정한 조건이 부과된 목표 조건보다 목표수용과 실패내성에 긍정적인 영향을 주는 것을 확인하였다. 이 연구의 결과는 목표난이도가 증가할수록 목표의 긍정적 효과가 선형적으로 증가한다는 목표설정이론의 예측과 정확히 일치하지 않는데, 이는 앞에서 논의한 바와 같이 교육장면에서 다루는 목표수준과 조직장면에서 다루는 목표수준에 대한 범위의 차이에 기인한 것으로 보인다. 수행자가 참여하여 설정하는 목표가 스스로 설정한 목표만큼 긍정적인 효과를 보여 준 것 역시 교육장면에 주는 시사점이 큰 결과로 평가할 수 있다.

국내에서도 목표설정이론과 자기조절학습이론을 통합하여 대학생들의 학습관리 프로그램 효과를 탐색한 연구가 보고되었다. 김민아와 박승호(2016)는 대학생들로 하여금 구체적이고 도전적인 학습목표를 스스로 설정하게 하고 그것을 실행하는 과정에서 필요한 자기조절 학습관리 프로그램을 개발하였다. 연구결과, 이 프로그램은 대학생의 자기조절학습을 향상시키고 만성적 학업지연행동을 감소시킨 것으로 나타났다.

(2) 목표설정이론의 교실 적용

목표설정이론을 교육현장에 직접 적용한 예는 국내는 물론이고 국외에서도 찾기 어렵다는 것은 앞에서 이미 지적하였다. 그 가장 큰 이유는 아마도 목표설정이론이 생산성의 증대에 관심을 둔 조직행동 분야에서 시작된 이론이라는 것일 것이다. 또하나의 이유를 찾는다면 교육 분야와 조직 분야에서 관심을 두는 목표나 목적에 대한 접근이 다르기 때문일 수 있다. 다시 말해서, 교육의 효과는 즉각적으로 나타나는 것이 아니어서 수립한 목적이 효과적인지 아닌지를 단기간에 판단하기가 어려운 반면, 조직장면에서는 즉각적인 생산성 증대를 가져오는 데 효과적인 방안이 무엇인가에 관한 관심의 일환으로 목표의 구체적인 특성을 연구할 수 있기 때문이다.

목표설정이론을 교육현장에 적용시켜 그 효과를 검증한 경험적 연구를 찾기는 어렵지만, 이제까지 논의한 목표설정이론과 경험적 연구결과에 근거해서 다음과 같이 교실에서 적용해 볼 수 있는 아이디어를 제시할 수 있다.

첫째, 학생들로 하여금 스스로 자신의 목표를 세우도록 권장한다. 스스로 목표를 설정하기 힘들어하는 학생은 교사와 함께 자신의 목표수준을 결정하게 한다. 학습자를 목표설정에 참여시키는 것은 자기결정성이론을 포함한 내재동기이론가들도 동의하는 바람직한 방안이다.

둘째, 능력수준의 범위에서 가능한 한 높은 수준의 목표를 세우게 한다. 즉, 목표설정이론에서 가장 강력한 성취의 예측변인인 목표의 난이도 수준을 조정하는 것이다. 교사나 부모는 학생들로 하여금 자신의 능력수준에 대한 정확한 평가에 기초해서 가능한 한 높은 목표를 세울 것을 권장할 필요가 있다. 이때, 역량에 비해 지나치게 높은 목표를 계속 세워 불필요한 실패 경험을 반복하게 하지 않도록 주의해야 한다. 이는 자기효능감을 저하시키고 불안감과 무력감을 증폭시켜 노력의 중단을 초래하는 등 자기가치 보호기제를 발동시키기 때문이다. 다시 말해서, 적당한 도전을 경험하게 하는 자신의 최적 수준의 목표를 찾는 것이 중요하다.

셋째, 자신이 세운 목표를 기록하고, 수행에 대한 평가결과를 함께 기록하는 자기평가를 통해 수행을 모니터할 수 있게 한다. 이것은 스스로 구체적이고 즉각적인 피드백을 얻을 수 있는 방법이다.

넷째, 장기적인 목표를 세우고 이를 달성하기 위해 여러 개의 단기적인 하위목표를 세우게 한다. 장기 목표는 큰 그림을 제시하고 행동의 방향을 제시해 주기 때문에 반드시 필요하다. 그러나 도달하는 데 걸리는 기간이 길기 때문에 효과적으로 노력을 동원하는 데 한계가 있다. 사람들은 자신의 수행에 대한 피드백에 관심이 많고, 피드백 결과에 따라 자신의 수행에 대한 평가를 하고 후속 행동에 대한 계획을 세운다. 각 장기 목표당 여러 개의 단기 목표를 수립함으로써 즉각적 보상과 함께 수행에 대한 피드백을 제공받을 수 있다. 따라서 장기 목표는 단계별로 하위 목표로 나누어서 설정한 후 추진해 나가는 것이 효과적이다.

다섯째, 목표달성에 방해가 되는 요소를 찾아내도록 하고, 습관적으로 해야 할 일을 미루는 지연행동을 하는 학생은 단기 목표를 세우고 모니터하게 한다.

교실상황에서 적용해 볼 수 있는 이와 같은 방안들의 효과는 현장연구를 통해 확인해야 할 것이다. 현장연구를 통해 이러한 방안들이 학생들의 어떠한 개인적 특성들과 상호작용하는가에 관한 결과를 수집하여 반영함으로써 더욱 실질적인 목표설정의 효과를 기대할 수 있다.

4) 목표설정이론의 발전방향

Locke와 Latham(2006)은 목표설정이론이 '열린' 이론이라고 칭하면서 계속적인 발전가능성을 시사하였다. 즉, 목표설정에 직간접적으로 영향을 미치는 매개변인과 조절변인들에 대한 연구가 계속되면 새로운 요소들이 추가되고 새로운 연구방향이 결정될 수도 있다는 것이다. 실제로 최근 목표설정이론에 관한 연구 추세를 보면 다른 동기이론들과의 통합이 활발하게 이루어지는 것을 관찰할 수 있다. 앞에서 논의했듯이 이미 자기효능감이론과 자기조절이론은 목표설정이론의 중요한 부분으로 통합되었고, 최근에는 목표지향성이론(Phillips & Gully, 1997)이나 자기결정성이론(Meyer, Becker, & Vandenberghe, 2004)과 통합해서 연구문제를 설정하고 결과를 예측하는 경우들을 볼 수 있다.

학업 관련 연구의 예를 들면, Phillips와 Gully(1997)는 능력, 목표설정, 자기효능감과 다양한 성격특성을 하나의 체계 속에 포함시켜서 개인의 수행을 설명하고 예측하기 위한 연구를 수행하였다. 대학생들의 설문자료를 분석한 구조방정식모형을 통해 변인 간 관련성과 매개효과를 검증한 결과, 능력, 학습목표지향성, 통제소재가 자기효능감과 정적인 상관을 보였다. 이와 반대로, 수행목표지향성은 학업과제에 대한 자기효능감과 부적으로 관련된 것을 발견하였다. 자기효능감과 성취욕구는 다시 목표수준과 정적 상관을 보였으며, 능력은 자기효능감과 함께 수행과 정적 상관이 있음을 확인하였다. 이 연구는 자기효능감과 목표설정 과정이 통제소재, 목표지향성 등 다른 변인이 수행에 미치는 영향을 매개하는 변인임을 확인했다는 의미를 가진다.

목표설정이론에서 특별히 다루지 않은 목표의 내용 차원으로는 목표의 근접성과 맥락이 있다. 즉, 장기적(원격: distal) 목표 대 단기적(근접: proximal) 목표의 차별적 효과에 대한 연구가 활발히 이루어지지 않았다. 또한, 학업 혹은 직무상황과 같이 주로 인지적 수행에 관한 연구가 중심이었고, 다양한 목표가 동시에 존재할 수 있는 사회적 상황에서의 목표의 특성에 관한 연구는 찾아보기 어렵다. 그러나 학생들의 경우, 학업상황이라는 제한된 환경 안에서도 사회적 목표를 추구하게 되므로 다중목표(multiple goals)가 활성화될 수 있고, 목표설정에 영향을 미치는 요인들 또한 다양할 것으로 예상된다. 예를 들어, 청소년기 학생들이 가진 목표의 종류를 알아보기 위해 Wentzel(1989)은 학생들에게 교실에서 성취하고자 하는 것이 무엇인가를 물은 후 이를 분석하여 12가지 목표 목록을 도출하였다. 이 목록 속에 포함된 것은 공부 잘하기, 시간 내에 과제 완성하기, 책임감 등의 학업적인 내용뿐만 아니라 재미있게 지내기, 친구와 상호작용하기 등의 사회적 목표(social goal)도 있었다. 후속 연구에서는 이러한 다중목표에 대한 연구 등 이제까지 상대적으로 간과된 목표 측면에 관한 연구가 확대되어야 할 것이다.

　Locke와 Latham(2006)은 목표선택, 학습목표와 수행목표, 목표설정의 틀 (framing), 감정, 집단목표, 목표와 특성, 목표의 위계와 다양한 규모의 조직에서의 대단위 목표, 의식적 목표와 잠재의식에서의 목표 간의 관계 등 여덟 가지를 앞으로 목표이론에서 다루어야 할 범주로 제안하였다. 이와 함께 교육, 스포츠 등 직무 상황 이외의 다양한 상황에서 목표설정이론의 실제적 적용에 관해 적극적인 연구가 이루어져야 할 것이다.

목표가 '무엇'을 성취하고자 하는지 그 대상을 구체화한 것이라면, 성취목표는 개인이 무언가를 성취하고자 하는 궁극적인 '목적' 혹은 '이유'가 무엇인지를 가리키는 구인이다. 성취목표이론은 목표설정이론에 대한 관심이 최고조였던 1980~1990년대 이후 성취상황에서 목표 중심적 행동의 다양성을 잘 설명하는 이론으로 부상하기 시작하였으며, 성인의 업무장면에 주로 적용되어 온 목표설정이론과 달리 주로 아동과 청소년의 학업장면을 대상으로 활발한 연구가 이루어져 왔다. 특히, 성취와 수행수준의 차이만을 설명하는 데 그치지 않고, 투자되는 노력과 전략의 질, 도전적 과제 선호도, 실패에 대한 반응, 불안수준, 학업의 깊이 등 성취과정의 질적 차이를 설명하고자 한다는 이론적 특징을 지닌다. 또한, 학습자 개인이 추구하는 개인 수준의 성취목표와 함께, 학습상황의 성격을 결정짓는 맥락 수준의 목표구조에 관한 연구가 동시에 이루어지고 있다. 성취목표이론은 다른 동기이론에 비해 비교적 최근 등장하였으며, 이로 인해 구인의 정의와 종류, 효과에 관한 논의가 현재까지도 지속되고 있다. 이 장에서는 성취목표이론이 처음 제안된 이후로부터 현재에 이르기까지 어떻게 변화하여 왔으며, 이러한 변화가 주는 교육적 시사점이 무엇인지에 관해 소개하고자 한다.

1. 성취목표이론의 발달 배경

성취목표이론(Achievement Goal Theory)은 사회인지이론의 체계 내에서 특별히 성취행동을 설명하기 위해 개발되었으며, 초기에는 '목표지향성이론(Goal-Orientation Theory)'이라 불렸다. 목표는 개인이 성취하려고 노력하는 특정한 결과를 의미하는 반면, 목표지향성은 목표의 방향 또는 추구하는 목표 뒤에 있는 의도를 말한다(Dweck, 1992, 1999). 성취목표는 개인이 성취상황에서 당면하는 사건과 결과들을 해석하고 반응하여, 결과적으로 자신의 인지, 정서, 행동의 패턴을 만들어 내는 인지적 틀을 제공한다(Dweck & Leggett, 1988). 성취목표이론은 개인이 능력에 대해 가지고 있는 견해가 어떻게 개인의 동기로 연결되는지에 관한 설명을 제공함으로써 학습상황에서 학생들의 성취행동을 가장 직접적으로 설명하는 동기이론으로 발전하였으며, 현재 학업장면에서 가장 많은 관심을 받고 있는 동기이론 중 하나이다. 성취목표이론은 최근까지도 계속 발전하고 있으며, 점차 그 적용범위가 확장되어 학업장면뿐만 아니라 인간행동과 관련된 다양한 영역에서 많은 연구가 수행되고 있다.

성취상황에서 사람들이 왜 그리고 어떻게 행동하는지는 모든 동기이론의 핵심 질문이다. Atkinson(1964)의 성취동기이론 초기 연구들은 사람마다 다양한 성취상황에서 수월성을 추구하고자 하는 욕구의 수준이 다르다는 것을 확인함으로써 사람들의 행동을 설명하는 기초를 제공하였다. 이 초기 이론은 행동의 인지적 기초뿐만 아니라, 목표를 추구하는 행동의 정서적 요소를 통합하는 데 초점을 맞춘 몇 가지 이론들로 분화되었는데, Brophy(2004)는 성취동기이론의 분화와 발달에 대해 다음과 같이 설명하고 있다. 성취동기이론은 초기 이론이 다양화되어 궁극적으로 보다 광범위한 주제의 각기 다른 측면들에 초점을 맞춘 일군(一群)의 이론과 연구들을 산출하였다. 이러한 작업은 주로 Carol Dweck 등의 암묵적 지능이론, Weiner 등의 성공과 실패에 대한 귀인이론, Bandura 등의 성취상황에서의 자기효능 지각에 관한 자기효능감이론으로 나타났으며, 학교교육 현장에서 학생들의 동기유발에 관한 적용과 시사점에 대한 탐색으로 이어졌다. 아동들이 처음 학교에 들어갈 때는 배움에 대한 열망이 높지만, 학년이 올라감에 따라 점차 이러한 동기가 떨어지는 경향을 보고하는 연구결과들이 쌓이면서 이에 대한 학자들의 관심이 커졌기 때문이다. 이런 현상의 원인에 대한 탐색에서 선두적인 역할을 한 학자는 John Nicholls이다.

Nicholls(1978)에 의하면, 어릴 때는 대부분 아동이 열심히 노력하면 능력도 높아진다, 즉 노력이 곧 능력이라고 믿지만, 성장함에 따라 능력과 노력 간 반비례하는 역의 관계가 있다고 생각을 바꾸게 된다. 다시 말해, 아동들은 학년이 올라감에 따라 같은 결과를 성취하기 위해 능력이 높은 사람은 조금만 노력해도 되지만, 능력이 낮은 사람은 많이 노력해야 한다는 생각을 갖게 된다는 것이다. 따라서 아동들이 능력과 노력 간의 관계를 어떻게 이해하느냐에 따라 주어진 상황에서 그들이 추구하려는 목표나 성공에 대한 정의가 달라질 수 있다(Nicholls, 1984).

Dweck과 동료들이 제안한 능력에 대한 암묵적 이론은 Nicholls(1984)의 이러한 주장과 유사하다. 암묵적 지능이론(implicit theory of intelligence)이란, 아동이 능력의 속성에 대해 가지고 있는 암묵적인 믿음이 그들이 학습상황에서 어떠한 목표를 선호하느냐를 결정한다고 보는 이론이다. 암묵적 지능이론은 Dweck(1975)이 실패를 경험한 후 크게 다른 반응을 보이는 아동들을 관찰함으로써 시작되었다. 어떤 아동은 과제 실패에 대해 격앙되고 부정적인 정서반응과 함께 후속 과제를 회피하고자 하며 수행수준이 저하되는 데 반해, 어떤 아동은 같은 실패를 경험하였음에도 불구하고 그 결과로 인해 의기소침해지기보다는 도리어 후속 과제에 다시 도전해 보고자 하는 의지를 피력하며 좀 더 향상된 과제 전략을 사용하거나 노력을 투자하는 모습을 보였다. 인터뷰 결과, 전자와 같은 반응을 보인 아동과 후자와 같은 반응을 보인 아동은 지능의 속성에 대해 상반된 견해를 지닌 것으로 나타났으며, 이처럼 아동이 능력에 대해 어떤 믿음을 가지고 있느냐가 실패에 대한 귀인에 영향을 주고, 후속 상황에서의 목표에 대한 기대와 그들이 취할 행동을 결정하는 것으로 드러났다.

암묵적 지능이론은 크게 실체지능이론(entity theory of intelligence)과 증진지능이론(incremental theory of intelligence)으로 나뉜다. 실체지능이론을 믿는 아동은 지능 혹은 능력이란 대부분 태어날 때부터 결정된 고정된 것이어서, 노력해도 크게 변하지 않는 것이라고 믿는다. 반면, 증진지능이론을 믿는 아동은 능력이란 유동적이고 변화하는 속성을 지니고 있으며, 노력과 새로운 학습에 의해 얼마든지 향상될 수 있다고 믿는다. 어린 아동 중에는 주로 능력이 노력을 통하여 향상될 수 있다고 믿는 증진이론가의 비중이 높지만, 나이가 들수록 능력이 좀처럼 변화하지 않는다는 실체이론가의 비중이 늘어나게 되는데, 이는 어린 아동의 경우 노력이 곧 능력이라고 믿지만 성장함에 따라 능력과 노력이 반비례한다고 믿게 된다는 Nicholls(1978, 1984)의 주장과 일맥상통한다. Dweck과 동료들은 아동의 암묵적 지능이론과 목표 추구 사이의 관련성을 탐색하였는데(Dweck & Elliott, 1983; Elliott & Dweck, 1988), 실체이론을 믿는 아동은 실패를 자신의 능력부족으로 귀인하고 무기력에 빠지기 쉬운 경향을 보이는 반면, 증진이론을 믿는 아동은 실패내성이 높을 뿐 아니라 실패에 대해 훨씬 생산적으로 반응하였다.

2. 성취목표의 유형, 기능 및 발달

1) 성취목표의 종류와 기능

성취목표의 종류는 연구가 거듭됨에 따라 변화해 왔으며, 현재도 과연 몇 가지 성취목표가 존재하며 이들을 어떤 기준으로 분류하는 것이 가장 타당한 것인지에 대해 여러 다른 의견이 존재한다. 그러나 연구자들은 공통적으로, 성취상황에서 주어진 과제에 대해 접근, 몰두, 반응하는 방식을 결정하고, 개인이 스스로의 수행을 판단하는 평가의 기준을 제공하며, 성공했는지 실패했는지 여부를 결정하는 준거로 작용하는 것이 성취목표의 기능이라는 데 대부분 동의하고 있다. 성취목표의 종류는 어떤 시각에서 성취목표를 이해하느냐에 따라 이원, 삼원, 2×2, 3×2 목표구조 및 목표복합체에 이르기까지 다양한 형태로 제시되고 있다.

(1) 이원목표구조

성취목표이론은 발표 당시 목표지향성이론(Goal-Orientation Theory)이라고 불렸으며, 당시에는 상반된 특징을 지닌 두 가지 목표지향성에 대한 논의가 집중적으로 이루어졌다. Dweck(1986), Nicholls(1990), Ames(1992) 등의 학자들에 의해 제기된 목표지향성이론은 성취목표를 크게 두 가지 유형으로 분류하는 이원(二元)목표구조로 시작되었다. 연구자에 따라 명칭이나 이론적 가정에 차이가 존재하기는 하였으나, 기본적으로는 같은 개념적, 실제적 의미를 가졌다. 목표지향성이란 성취와 관련된 목표에 대한 신념으로, 주어진 상황에서 성취행동을 보이는, 즉 목표를 추구하는 이유와 그 목표를 향한 진전을 평가하기 위해 사용되는 기준을 포함하는 개념으로 정의되었다. Nicholls(1984)는 과제개입형(task-involvement) 목표 대 자아개입형(ego-involvement) 목표, Dweck과 Leggett(1988)은 학습목표지향성(learning goal orientation) 대 수행목표지향성(performance goal orientation), 그리고 Ames와 Archer(1988)는 숙달목표(mastery goal) 대 수행목표(performance goal)로 목표지향성을 구분하였다.

과제개입형, 학습목표지향적, 숙달목표지향적인 학생들은 주어진 학습상황에서 새로운 것을 배우거나 과제 숙달에 초점을 두며(Nicholls, 1984), 문제해결과 관련지어 정보를 처리하고, 실수나 오류를 자신들의 전략을 조절하는 데 필요한 지표로 받아들인다(Elliott & Dweck, 1988). 이들은 암묵적 지능이론 중 증진이론을 믿기 때문에, 새로운 학습을 통해 자신들의 능력을 향상하는 것을 목표로 삼아 노력을 투자하며 실패를 불가피한 학습과정의 일부로 간주한다. 또한, 학습참여도가 높고, 정보의 심층처리와 관련된 학습전략을 사용하는 경향을 보이며(Ames & Archer, 1988), 타인과의 비교에 좌우되기보다는 자기참조적 기준에 기초한 과제 숙달에 도달하고자 한다(Nicholls, 1989).

이러한 숙달목표는 자기조절학습의 필수적 매개요인으로 작용하며(Ames & Archer, 1988), 자기효능감과도 정적으로 관련되어 있다(Pajares, Britner, & Valiante, 2000; Phillips & Gully, 1997). 또한, 학습자로 하여금 자신의 수행결과를 긍정적인 관점에서 보게 하므로 적극적인 후속 행동으로 유도한다(Pintrich & De Groot, 1990). 숙달목표지향적인 학습자들은 능력 향상에 도움이 되는 도전적인 과제를 선호하고, 모험을 추구하며, 학습활동에 대해 높은 내재적 흥미(Ames, 1992; Meece & Holt, 1993)와 긍정적 태도를 보인다(Ames & Archer, 1988; Butler, 1987; Meece et al., 1988). 이러한 특징들을 종합하여 볼 때 과제개입형 목표, 학습목표지향성, 혹은 숙달목표지향성은 적응적이고 바람직한 학습자의 특성이라는 결론을 도출할 수 있다.

이와는 대조적으로 자아개입형 혹은 수행목표지향적인 학생들은 암묵적 지능이론 중 실체이론을 믿기 때문에, 과제를 수행할 때 타인으로부터 자신의 능력에 대해 호의적인 평가를 받는 데 초점을 둔다(Elliott & Dweck, 1988; Nicholls, 1989). 이들은 능력과 노력이 서로 반비례한다고 믿으므로 능력이 뛰어나다면 그렇지 않은 사람들에 비해 노력을 적게 하고도 같은 수준의 성취를 올릴 수 있어야 한다고 생각한다. 또한, 실수는 자신의 능력부족을 드러내는 일이라고 생각하여 최대한 피하고자 한다. 실패를 하면 능력부족으로 귀인하여 부정적 정서를 갖게 되며, 가능한 한 적은 노력을 투여하려고 하고, 피상적이고 단기적인 학습전략을 선호한다(Meece et al., 1988). 다른 사람과 비교해서 상대적으로 유능하게 보이기를 원하고, 무능한 사람으로 보이는 것을 기피하며, 자기가치감을 높이는 방향으로 학업에 임한다(Dweck, 1986, 1999).

따라서 이러한 수행지향성이 높을수록 자기효능감이 낮고(Phillips & Gully, 1997),

선택이 가능한 상황에서는 실패 가능성이 있는 도전적인 과제를 회피하고 성공이 보장된 쉬운 과제를 선호하는 경향을 보인다(Bong, Woo, & Shin, 2013). 자신의 능력을 증명할 수 있는 과제를 추구하기 때문에 간혹 남들이 다 불가능하다고 생각하는 과제에 과감히 도전하기도 하는데, 이는 도전 자체만으로도 타인으로부터 능력을 인정받는 효과가 있기 때문이다. 학습 자체가 목표인 숙달목표지향적 학습자와 달리 수행목표지향적인 학생들에게 학습은 목표달성을 위한 수단일 뿐이며, 절대적 의미의 성취보다는 타인과의 비교에 기반하여 규준적으로 정의된 성공에 도달하는 것을 지향한다(Ames, 1992; Meece et al., 1988; Nicholls, 1989). 결론적으로, 숙달목표지향성에 비해 수행목표지향성은 부적응적 특성이라고 결론이 내려졌다. 다만, 수행목표지향적인 학습자들 중 자신의 능력이 뛰어나다고 믿는 경우, 숙달목표지향적 학습자와 유사한 적응적인 학업태도를 나타내기도 한다.

(2) 삼원목표구조

성취목표지향성에 대한 초기 이원목표구조는 시간이 지나면서 점차 다양화되기 시작하였다. 성취목표에 대해 대안적 모형이 제기된 가장 큰 이유는, 수행목표지향성이 학업상황에서 원래 이원목표구조에서 예측한 것처럼 부적응적인 결과만을 초래하는 것이 아니라는 연구결과들이 속속 보고되었기 때문이다. 특히, 수행목표지향성과 학업성취도가 종종 정적으로 유의한 관계를 보이는 것을 관찰한 Elliot과 Harackiewicz를 비롯한 여러 연구자는 수행목표에 내재한 접근과 회피라는 상반된 방향성을 구분해야 한다고 주장하였다(Elliot, 1999; Elliot & Harackiewicz, 1996).

이들은 숙달목표, 수행접근목표, 수행회피목표를 포함하는 삼원(三元)목표구조를 제안하고 이를 지지하는 연구결과들을 발표하였다(Elliot & Church, 1997; Middleton & Midgley, 1997; Skaalvik, 1997). 수행접근목표는 성공에 대한 접근에 초점을 두는 반면, 수행회피목표는 실패에 대한 회피에 초점을 두는데, 이는 성취동기이론에서 이야기한 접근과 회피지향성을 목표지향성이론과 통합한 결과이다. 수행접근목표를 지향하는 학생은 다른 사람들과의 경쟁에서 이기고 자신의 유능성을 보여 주기 위하여 동기화되어 높은 성적을 얻는 등 긍정적인 적응결과를 보인다. 반면, 수행회피목표를 지향하는 학생은 자신의 무능함을 남들에게 드러내지 않고 자기가치감을 보호하기 위해 평가상황을 회피하고, 낮은 자기효능감을 가지며, 낮은 학업성취도를 보이는 등 부적응적인 결과를 더 많이 나타낸다(Barron & Harackiewicz, 2001; Elliot & Church, 1997; Elliot & McGregor, 1999; Middleton & Midgley, 1997; Pajares et al., 2000; Wolters, 2004). 수행접근목표를 측정하기 위한 문항들은 다른 학생들보다 더 좋은 결과를 얻는 것이 자신의 목표라는 내용들로 구성되는 반면에, 수행회피목표를 측정하는 문항들은 다른 학생들보다 나쁜 결과를 얻지 않는 것이 자신의 목표라는 회피지향적 내용들로 구성된다.

그러나 수행목표를 수행접근목표와 수행회피목표로 구분한 이후에도, 수행접근목표를 대상으로 한 경험적 연구에서 일관성이 없는 결과들이 도출되었으며, 이에 따라 구인에 대한 재검토가 요구되었다. 일부 연구자들은 수행접근목표의 긍정적 효과가 학습자의 연령, 성취수준 혹은 문화에 따라 다르다고 주장하기도 한다(Midgley, Kaplan, & Middleton, 2001; Pajares et al., 2000; Urdan, 2004). Harackiewicz, Barron과 Elliot(1998) 또는 Linnenbrink(2005)의 연구에서는 수행접근목표가 학업성취와 시험불안에 바람직하지 않은 효과를 나타낼 수 있다는 것이 보고되었다. Lau와 Nie(2008)의 연구에 참여한 싱가포르 초등학생들의 경우, 수행접근목표가 학업참여와 정적인 관계를 보였으나 수학 성취도, 노력철회와 회피적 대처 등 다른 결과변인들과는 유의한 관계가 없는 것으로 나타나 수행접근목표의 긍정적인 효과에 일관성 없음이 확인되었다. Brophy(2005)는 상대평가로 학점을 받는 조건에 있는 대학생들의 경우, 수행접근목표의 효과가 성적에 대해서는 긍정적이었으나, 다른 사람들과의 비교에 초점을 맞추는 데서 오는 불안이나 자신에 대한 부정적 평가에 신경 쓰기 때문에 생기는 주의 분산 등으로 인해 학습몰입에는 부정적이라고 주장하였다.

수행접근목표의 효과에 관해 이처럼 일관성이 부족한 경험적 연구결과들에도 불구하고, 수행접근목표가 숙달목표와 같이 적응적인 목표라는 Elliot(1997)의 주장을 지지하는 Rawsthorne과 Elliot(1999)의 메타분석 결과가 발표되었다. 이 메타분석에서는 수행목표와 숙달목표가 내재동기에 미치는 효과에 대한 실험연구들을 검토하였는데, 수행목표가 숙달목표에 비해 내재동기를 저해하는 효과가 있는 것은 분명하지만 이는 실험절차가 학생들을 수행회피지향적 목표로 유도한 경우에만 나타났다는 결과를 얻었다. Pajares 등(2000)은 중학생을 대상으로 한 작문과 과학 과목에서의 성취목표에 관한 연구에서 6~8학년생들의 수행접근목표와 자기효능감, 자기개념 간 상관을 검토하였다. 그 결과, 수행접근목표의 동기화 촉진기능은 발달수준에 따라 다르며, 초등학생과 같은 어린 나이에는 촉진기능이 없으나 중학교 이상으로 성숙한 후에는 촉진기능을 수행할 수 있다고 주장하였다.

결국, 숙달목표는 적응적이고 수행회피목표는 부적응적이라는 것은 분명하지만, 수행접근목표는 적응적인 측면과 부적응적인 측면을 모두 가지고 있는 것으로 잠정적인 결론을 내릴 수 있다. 삼원목표구조를 측정하기 위한 척도로는 Elliot과 Church(1997)가 개발한 척도와 Midgley 등(1997)의 미시간 대학교 연구자들이 개발한 'Patterns of Adaptive Learning Scales(PALS)'가 많이 사용된다.

(3) 2×2 목표구조

Elliot과 Harackiewicz를 비롯한 연구자들이 이원목표구조를 삼원목표구조로 수정하기 위해 도입한 성취동기이론의 접근과 회피성향이라는 개념은 이후 Elliot(Elliot & McGregor, 2001)과 Pintrich(2000)에 의해 사원(四元)목표구조 혹은 2×2 목표구조의 틀로 재구성되었다. 접근-회피 구분을 수행목표뿐 아니라 숙달목표에도 적용한 결과이다. 이 틀에 근거해서 첫 번째 경험적 연구를 수행한 Elliot과 McGregor(2001)는 유능성을 정의하는 방식 혹은 유능성을 평가하는 기준, 즉 목표에 대한 정의(goal definition)를 개인 내적이며 과제중심적인 것(숙달)과 상대적이며 규준적인 것(수행) 두 가지로 나누고, 동시에 유능성에 대한 유인가(goal valence)를 긍정적인(접근하려고 하는) 것과 부정적인(회피하려고 하는) 것 두 가지로 나누어 위계적인 2×2 구조를 만들었다. 목표 정의와 유인가의 조합에 따라 이전의 삼원목표구조 속 숙달(접근), 수행접근, 수행회피목표에 새롭게 숙달회피목표가 더해져 네 개의 성취목표가 만들어진 것이다.

각 성취목표의 정의 역시 이전에 비해 변화되었다. 먼저, 이전 학자들(Dweck, 1986; Nicholls, 1989)이 성취목표를 개인이 성취행동을 보이는 궁극적인 목적(purpose) 또는 이유(reason)라고 정의한 데 비해, Elliot과 동료들은 성취목표를 이렇게 정의하는 것이 혼동을 일으킨다고 비판하였다(Elliot, Murayama, & Pekrun, 2011). 그들은 성취목표를 개인이 성취하고자 노력하는 특정한 결과 또는 성취행동이 조준하는 과녁(aim), 즉 목표설정이론에서 이야기하는 다른 목표들과 마찬가지의 목표 개념으로 재정의하였다. 이와 함께, 자신의 우수한 능력을 증명하고 이를 인정받고 싶은 욕구가 주된 부분을 차지하던 수행목표의 정의로부터 능력 인정이라는 요소를 제거하고, 동료에 비해 자신의 성취가 더 우수하거나 열등한 것에 초점을 두는 것으로 재개념화하였다. 이에 따라, 숙달접근목표는 주어진 과제에서 배울 수 있는 만큼 최대한 학습하고 숙달을 이루려는 목표로, 숙달회피목표는 주어진 과제에서 배울 수 있는 만큼 최대한 학습하지 못할 가능성을 회피하려는 목표 또는 과거 숙달수준으로부터 퇴보할 가능성을 회피하려는 목표로 정의되었다. 수행접근목표는 다른 사람에 비해 우수한 수행수준을 성취하려는 목표로, 수행회피목표는 다른 사람에 비해 열등한 수행수준을 보일 가능성을 피하는 목표로 정의되었다(Elliot & McGregor, 2001). 즉, 삼원목표구조에 포함된 세 가지 성취목표에 숙달회피목표가 새롭게 더해진 형태이며, 숙달회피목표는 제대로 배우는 것을 실패하지 않기 위한 노력, 자신의 기술과 지식을 유지하려는 노력, 실수하지 않기 위한 노력으로 대변되는 등 완벽주의에서 볼 수 있는 많은 특성을 공유하며, 수행회피목표와 마찬가지로 부정적인 결과를 얻을 가능성을 피하려는 성향으로 개념화되었다. Elliot과 McGregor(2001)의 정의에 따른 2×2 구조에 포함된 요소들은 〈표 8-1〉에 제시되어 있다. 또한, 〈표 8-2〉에는 이제까지 제안된 성취목표이론의 변천에 따른 목표구조의 종류와 각 성취목표의 특징에 대한 설명, 그리고 각각의 목표를 측정하기 위해 개발된 척도문항의 예가 제시되어 있다.

Elliot과 McGregor(2001)는 각 성취목표의 선행요인과 결과요인들로 구성한 법칙론적 네트워크(nomological network)에서 숙달회피목표가 숙달접근목표보다는 부정적이고 수행회피목표보다는 긍정적일 것으로 예측하였다. 연구결과를 보면 숙달회피목표는 실패에 대한 공포, 인지적 혼란, 시험불안과 정적인 상관이 있었고, 자기결정성과는 부적 상관이 있는 것으로 나타났다(Elliot & McGregor, 2001). 연구자

표 8-1 2×2 목표구조에 포함된 요소와 정의

		목표정의(Goal Definition)	
		절대적/개인내적(숙달)	규준적(수행)
목표유인가 (Goal Valence)	긍정적 (성공에 대한 접근)	숙달접근목표	수행접근목표
	부정적 (실패에 대한 회피)	숙달회피목표	수행회피목표

표 8-2 목표구조의 종류와 특징 및 측정문항의 예

이원구조	삼원구조	2×2 구조	특징	문항 예
숙달	숙달	숙달접근	과제숙달에 초점. 학습에 대한 내재적 흥미와 긍정적 태도. 높은 학습참여도. 학습의 내재적 가치 존중. 자기조절과 정보의 심층처리와 관련된 학습전략 사용. 자기참조적 기준 도입. 도전적 과제 선호. 실패는 노력부족으로 귀인	나는 수업에서 가능한 한 많은 것을 배우고 싶다.
		숙달회피	과제숙달의 실패나 학습부진을 기피. 오류를 범하는 것을 기피. 학습전략의 퇴보를 기피	나의 좋은 공부습관을 잃지 않는 것이 나에게는 중요하다.
수행	수행접근	수행접근	유능하게 평가받는 것에 초점. 능력에 대한 호의적 평가 기대. 자기가치감을 높이는 방향으로 학업에 임함. 학습은 목표달성을 위한 수단. 피상적이고 단기적인 학습전략을 선호. 규준적으로 정의된 성공을 지향. 도전적 과제 기피. 실패는 능력부족으로 귀인	나의 목표는 다른 학생보다 좋은 성적을 받는 것이다.
	수행회피	수행회피	다른 학생보다 무능한 사람으로 평가되는 것을 기피. 꼴찌가 되지 않는 것. 낙제점수를 받지 않는 것	나의 목표는 다른 학생들과 비교하여 나쁜 성적을 받지 않는 것이다.

들은 이러한 결과를 숙달회피목표의 구인타당도 증거로 해석하였다. 성취목표의 2×2 구조는 연구자들의 계속적인 관심을 유도하여 Elliot과 McGregor와 일관된 결과를 보여 준 연구들(Cury, Elliot, Da Fonseca, & Moller, 2006; Finney, Pieper, & Barron, 2004; Karabenick, 2004)이 다수 발표되기는 했으나, '숙달회피'라는 개념 자체가 가지는 상충성 혹은 복합성으로 인해 교육현장에서는 별로 많은 연구를 유도하지 못하고 있다. '숙달'이라는 목표 자체가 성공적인 학습을 향한 '접근'을 가정하고 있으므로, 이를 다시 '회피'한다는 것이 과연 어떤 의미인지 모호한 것이 사실이다.

또한, 숙달회피목표의 핵심 특성이 숙달을 유지하기 위한 목표설정이기 때문에 이미 해당 영역에서 어느 정도의 숙달을 이룬 상태를 가정해야 한다. 따라서 낮은 연령의 학습자들에게는 적용되지 않는 부적절한 목표로 인식되기도 한다. 설혹 성취상황에서 이 네 가지 목표가 실제 존재한다 하더라도, 발달수준이 낮은 어린 아동들이 이 네 가지 목표를 명확하게 변별할 만한 능력을 갖추고 있는가에 대한 의문 역시 경험적 연구수행에 저해가 되는 요인이다. 특히, 숙달회피목표와 수행접근목표는 목표 정의 측면과 유인가 측면 중 어느 것도 공유하지 않으므로 유의한 상관이 없어야 한다는 이론적 주장(Elliot, 1999; Elliot & Harackiewicz, 1996)과는 달리, 2×2 목표구조를 적용한 많은 연구(Bong, 2009; Elliot & McGregor, 2001)에서 유의한 정적 상관이 지속적으로 발견되고 있는 점 역시 숙달회피목표의 성격에 의문을 제기하는 결과이다. 예를 들어, 한국 학생들을 대상으로 한 Bong(2009)의 연구에서 학생들의 숙달회피목표는 '숙달'이라는 목표정의를 공유한 숙달접근목표와 $r = .20 \sim .40$에 불과한 정적 상관을 보였으나, 목표 정의와 유인가 어느 것도 공유하지 않은 수행접근목표와는 $r = .35 \sim .83$, '회피'라는 유인가만을 공유한 수행회피목표와는 $r = .42 \sim .87$의 높은 상관을 보였다.

숙달회피목표와 수행회피목표가 지나치게 많은 선행변인을 공유하고 있는 점도 해결되어야 하는 부분이다. 두 회피목표 모두 실패에 대한 공포, 인지적 혼란, 시험불안과 정적 상관을, 자기결정성과는 부적 상관을 보이는데(Elliot & McGregor, 2001), 이처럼 많은 선행변인과 결과변인을 공유한다면 과연 숙달회피목표가 수행회피목표에 비해 그 태생과 기능면에서 어떤 차이를 보이는지 확실치 않다. 심지어 Elliot 자신도 삼원구조를 도입한 연구(Murayama & Elliot, 2009)를 발표하는 점을 보더라도, 2×2 목표구조의 실용성에 대해서는 좀 더 많은 후속 연구와 실질적 증거가 요구된다고 할 수 있다.

(4) 그 밖의 목표구조

성취목표 분야에서는 2×2 목표구조 이후에도 ① 사원목표구조, ② 3×2 목표구조, ③ 오원목표구조, ④ 목표복합체 등 다양한 형태의 이론적 구조들이 발표되었다. '사원목표구조', '오원목표구조'는 분야에서 활발히 통용되는 명칭은 아니지만, 각 이론에서 주장하고 있는 성취목표의 숫자가 각각 4개, 5개이므로 편의상 그렇게 부르기로 한다.

우선 Elliot과 McGregor(2001)가 2×2 목표구조를 통해 수행목표를 수행접근과 수행회피목표로 구분한 이후에도, 수행접근목표의 효과는 연구에 따라 조금씩 다르게 나타나는 현상이 관찰되었다. Grant와 Dweck(2003)은 이러한 비일관성의 이유로, 각 성취목표의 조작적 정의가 연구마다 다르다는 점을 지적하였다. 숙달접근목표의 경우, 학습목표(learning goal) 또는 도전–숙달목표(challenge-mastery goal)로 측정되며, 수행접근목표의 경우, 자신의 능력을 증명하고자 하는 능력목표(ability goal), 좋은 성취를 올리고자 하는 성과목표(outcome goal), 자신의 능력이 남들보다 우수하다는 것을 증명하고자 하는 규준적 능력목표(normative ability goal), 그리고 남들보다 우수한 성취를 올리고자 하는 규준적 성과목표(normative outcome goal)로 측정된다고 주장하였다. 이들은 다섯 가지 성취목표를 동시에 측정한 후 요인분석을 하였는데, 그 결과 학습목표와 도전–숙달목표가 단일 요인으로 묶였으며, 규준적 능력목표와 규준적 성과목표 역시 타인과의 비교에서 상대적 우월성 획득을 강조하는 규준목표(normative goal)로 함께 묶였다. 능력목표와 성과목표는 각각 독립 구인으로 나타났다. 결과적으로, 학습목표, 규준목표, 능력목표, 성과목표로 구성된 사원목표구조라고 볼 수 있다.

요인분석을 통해 규명된 4개 성취목표의 예측력 검증 결과, 학습목표를 강하게 추구할수록 도전적인 학업을 수행하는 상황에서 어려움에 적극적으로 대처하는 정도, 동기 유지 수준, 그리고 학업성취가 높았다. 능력목표를 강하게 추구하는 학습자일수록 학업에 어려움을 겪는 상황에서 쉽게 포기하고 낮은 학업성취를 보였다. 다만, 이전 시험에서 우수한 성적을 얻은 학습자들에 한해 능력목표가 학업성취를 정적으로 예측하였다. 규준목표는 다른 동기변인이나 학업성취도에 대해 유의한 예측력을 보이지 못했으며, 성과목표의 경우 학습목표, 능력목표 둘 다와 정적인 상관을 보였을 뿐 아니라 다른 성취목표와 함께 분석에 투입되었을 때 독립적인 예측력을 나타내지 못하여 논의에서 제외되었다. 결과적으로 Grant와 Dweck(2003)의 결과는 학습목표의 적응성과 능력 중심 수행목표의 부적응성을 강조한 Dweck(1986)의 원래 주장과 일치하였다.

Hulleman 등(2010)은 이후 각 성취목표의 조작적 정의에 따른 예측력을 비교하는 메타분석을 실시하였는데, Grant와 Dweck(2003)이 발견한 것과 같이 규준목표와 능력목표의 구분 필요성을 지지하는 결과를 보고하였다. 숙달목표의 이론적, 조작적 정의가 거의 유사한 것과는 반대로, 수행목표의 경우 어떤 척도를 사용하여 측정하였느냐에 따라 성취도 등 다른 변인과의 관계에서 큰 차이를 보였다. Elliot과 동료들(Elliot & Church, 1997; Elliot & McGregor, 2001)에 의해 개발되고 사용된 성취목표 측정도구인 AGQ(Achievement Goal Questionnaire)로 측정된 수행접근목표의 조작적 정의는 타인의 성취에 비해 더욱 우수한 성취를 올리고자 하는 규준목표였으며, Midgley 등(2000)에 의해 개발된 성취목표 측정도구인 PALS(Patterns of Adaptive Learning Survey)로 측정된 수행접근목표의 조작적 정의는 남들로부터 자신의 우수한 능력을 인정받고자 하는 능력목표였다. 규준목표는 성취도와 정적인 관계를 보인 반면, 능력목표는 성취도와 부적인 관계를 보였다. 따라서 두 가지 수행접근목표 중, 특히 부적응적인 결과를 초래하는 것은 능력목표인 것으로 나타났다.

봉미미 등(2016)은 기존 삼원목표구조에서 수행접근과 수행회피목표를 다시 규준중심과 능력중심 목표로 각각 구분하여 오원성취목표구조를 제안하였는데, 다시 말해 숙달목표, 규준중심 수행접근목표, 능력중심 수행접근목표, 규준중심 수행회피목표, 능력중심 수행회피목표가 이 모형에 포함된 다섯 가지 성취목표이다. 연구자들은 확인적 요인분석을 실시하여 5요인 모형의 절대적 적합도와 함께, 다양한 3요인 모형과의 비교를 통한 상대적 적합도를 검증하고, 선행변인과 결과변인 간 관계를 구조방정식모형을 통해 규명하였다. 분석결과, 5요인 모형은 숙달, 수행접근, 수행회피, 또는 숙달, 규준, 능력목표로 이루어진 3요인 모형에 비해 유의하게 월등한 적합도를 보였다. 성취욕구는 모든 성취목표의 정적 예측변인이었으나, 실패에 대한 공포는 숙달목표를 제외한 네 가지 수행목표만을 정적으로 예측하였다. 또한, 학업적 자기효능감은 3개 접근목표(숙달, 규준중심 수행접근, 능력중심 수행접근)를 정적으로, 2개 회피목표(규준중심 수행회피, 능력중심 수행회피)를 부적으로 예측하여 오원목표구조를 지지하였다. 단, 4개 수행목표 사이의 상관계수가 $r = .65 \sim .88$로 높아, 오원목표구조의 안정성에 대한 추가적인 연구가 필요하다.

한편, Elliot과 동료들(Elliot, Murayama, & Pekrun, 2011)은 2×2 목표구조에서 한 걸음 더 나아간 3×2 목표구조를 제안하였다. 이들은 2×2 목표구조에서 이야기한 목표 정의와 유인가를 그대로 차용하였다. 다만, 유능성을 평가하는 기준, 즉 목표정의를 세 가지로 구분하였는데, 2×2 목표구조에서 동일하게 취급했던 개인 내적인 기준과 절대적인 기준을 분리하여 절대적인(absolute) 기준에 의해 유능성을 평가하는 과제기반목표(task-based goal), 과거에 비해 향상 여부 등 개인 내적(intrapersonal) 기준에 의해 유능성을 평가하는 자기기반목표(self-based goal), 그리고 다른 사람과의 비교 등 개인 간(interpersonal) 기준에 의해 유능성을 평가하는 타인기반목표(other-based goal) 세 가지를 제시하였다. 이 세 가지 목표정의와 접근-회피의 두 가지 유인가의 조합에 의해 모두 여섯 가지 성취목표가 가능해진다. 예를 들어, 과제에서 요구되는 절대적 기준에 의한 성공적인 성취를 거두기 위해 노력하는 사람은 과제기반접근목표(task-based approach goal)를 추구하는 것이며, 과거보다 수행수준이 뒤떨어지는 가능성을 피하려고 노력하는 사람은 자기기반회피목표(self-based avoidance goal)를 추구하는 것이다. 이 3×2 목표구조는 발표 당시 잠시 관심을 받았으나, 현재는 활발히 연구되지 않고 있다.

성취목표 연구에서 가장 최근 등장한 개념은 목표복합체(goal complex)이다. 자기결정성이론가인 Vansteenkiste 등(2010a, 2010b)이 처음 제안한 후, Elliot이 연구에 합류하였다(Vansteenkiste et al., 2014). Vansteenkiste와 동료들은 동일한 수행접근목표를 추구한다 하더라도, 이 목표를 추구하는 이유가 자율적(autonomous)인 것인지 혹은 통제적(controlled)인 것인지에 따라 학습자의 경험과 결과가 달라진다고 주장하였다. 성취목표의 정의를 Dweck과 Nicholls 등이 제안한 성취행동의 '이유'로부터 성취행동이 겨냥하는 '목표'로 재정의했던 Elliot은 이 주장을 받아들여, 학습자의 동기를 심도 있게 이해하기 위해서는 이들이 성취상황에서 추구하는 성취목표와 그 성취목표 아래 가로놓인 다양한 이유를 함께 고려할 필요가 있다고 주장하면서, 이러한 위계적인 성취목표-이유 조합을 일컬어 목표복합체라고 명명하였다. 목표복합체에 관한 경험적 연구는 조금씩 시도되고 있으나, 성취목표이론이나 자기결정성이론 선행연구에서 보고된 연구결과 이외에 특별히 새로운 결과를 밝혀내지 못하고 있다. 앞에서 소개한 3×2 목표구조와 마찬가지로, 논리적으로는 어느 정도 설득력이 있으나 실제로는 제안된 각각의 성취목표 또는 목표복합체를 일관성 있고 타당하게 측정하기가 어렵다는 점은 연구의 큰 걸림돌로 작용한다. 또 성공적으로 측정했다 하더라도 학업과정과 결과에 대한 예측력이 기존 구인들보다 월등히 탁월하지 않은 점 역시 새로운 구인들이 지니는 유용성의 한계로 지적된다.

2) 성취목표의 발달경향

앞서 거론하였듯이, 성취목표이론 수립의 기초를 제공한 것은 Nicholls와 Dweck 의 아동의 능력에 대한 견해 혹은 지능에 대한 암묵적 이론이었다. 지능에 대한 암묵적 이론이 성취목표의 선행변인이며, 아동들의 발달이 진행됨에 따라 증진지능이론에서 실체지능이론으로 전환된다는 것은 이미 언급하였다. 이로부터, 아동들이 주로 추구하는 성취목표도 발달이 진행됨에 따라 변화하리라 예측할 수 있다. Nicholls(1984)는 보통 아동들이 초등학교 고학년 혹은 대략 9~10세 정도가 되면 노력과 능력이 동일한 것이 아니라는 것을 깨닫는, 즉 능력에 대한 분화된 개념을 획득하기 시작한다고 주장하였다. 이에 따르면, 능력에 대한 증진적 견해를 가진 어린 아동들은 숙달목표를 추구할 가능성이 크지만, 이들이 초등학교 3~4학년 즈음에 이르러 능력에 대한 견해가 실체적인 것으로 변하고 학급 동료들과의 경쟁적인 구도에 본격적으로 진입하기 시작하면 점차 수행목표를 강하게 추구하리라는 예측이 가능하다.

학생들의 성취목표는 부모나 교사, 학습활동을 하는 환경의 영향을 받아 변하기도 한다. 대부분의 초등학교 저학년 교실은 숙달지향적인 환경으로, 능력이나 성취결과에 대한 상대적 비교나 평가를 강조하지 않는다. 하지만 학년이 올라감에 따라 점차 학업성취결과에 대한 규준적 평가기회가 많아지고 급우들 간의 경쟁이 증가하는 수행지향적 환경으로 변화한다(Ames, 1992; Eccles et al., 1993; Stipek & MacIver, 1989). 이러한 교실환경과 교사들의 태도가 교실목표구조(classroom goal structure)를 조성하며, 교실목표구조는 다시 학생들이 그 교실 안에서 어떤 성취목표를 추구할 것이냐에 지대한 영향을 미친다(Ames, 1992; Ames & Archer, 1988; Lau & Nie, 2008; Murayama & Elliot, 2009; Urdan, 2004; Urdan & Midgley, 2003; Wolters, 2004). 교실목표구조에 관해서는 다음에서 자세히 다룰 것이다.

성취목표의 발달에 관한 다수의 경험적 연구들은 대개 이원목표구조 또는 삼원목표구조를 이론적 기초로 하여 성취목표를 측정하였으며, 그 결과 초등학생들은 수행목표보다 숙달목표를 더 강하게 추구하지만, 중학생들은 숙달목표보다 수행목표를 더 강하게 추구한다고 보고하였다(Anderman & Midgley, 1997; Midgley, Anderman, & Hicks, 1995; Midgley & Urdan, 2001). 그러나 2×2 목표구조, 3×2 목표구조 등으로 성취목표 개념의 분화가 거듭되고, 숙달과 수행에 따른 구분 위에 회피와 접근이라는 유인가치 체계, 또 개인 내적, 절대적, 상대적이라는 능력 평가 기준에 의한 구분이 합쳐지면서, 어린 아동들이 각각의 성취목표를 명확히 변별하기 어려우리라는 것은 쉽게 예측할 수 있다. 이는 앞서 숙달회피목표가 아동들이 이해하기에는 개념적으로 지나치게 복잡하다고 지적한 것과 같은 논리이다.

아동의 성취목표에 대한 정확한 이해와 평가는 교육현장에서 중요한 과제이다. 그러나 Elliot을 비롯한 미국 연구자들이 제시한 삼원목표구조 혹은 2×2 목표구조에 관한 경험적 증거들은 대부분 대학생을 대상으로 수행된 연구들에서 나온 것으로, 초등학교 시절부터 중등학교를 거쳐 보다 세분화된 목표에 대한 개념이나 지향성이 어떠한 발달과정을 따라 변화하는가에 대해서는 잘 알려지지 않았다. Bong(2009)은 한국 초등학교 1학년부터 중학교 3학년 학생들로 구성된 표본을 대상으로 2×2 목표구조의 연령별 차이를 조사했다. 연구참여 학생들을 초등−저학년생(1, 2학년), 초등−중학년생(3, 4학년), 초등−고학년생(5, 6학년), 중학생(중 1~3학년)의 네 개 연령집단으로 나눈 후 확인적 요인분석 방법을 적용하여 성취목표 구인을 확인한 결과, 모든 집단에서 네 가지 성취목표 요인을 가정한 모형이 가장 양호한 적합도를 나타냈다. 어린 아동의 경우 숙달목표를 가장 강하게 추구한다는 이원목표구조 기반 선행연구의 결과와 마찬가지로, 초등−저학년생과 초등−중학년생 집단에서는 숙달접근목표 점수가 가장 높고 수행접근목표 점수가 두 번째로 높았다. 그러나 초등−고학년생과 중학생 집단에서는 수행접근목표점수가 가장 높고 숙달접근목표 점수가 그다음으로 높은 역전 현상이 관찰되었으며, 이 역시 발달에 따라 점차적으로 숙달목표보다 수행목표를 강하게 추구하게 된다는 이원목표구조 기반 연구결과와 일치한다.

다만, 초등−저학년생의 경우 성취목표 요인 간 상관이 $r=.40 \sim .88$로 지나치게 높고, 숙달접근−숙달회피($r=.40$), 숙달접근−수행회피 간 상관($r=.63$)을 제외한 모든 상관이 $r=.80$이 넘는 것으로 미루어 볼 때, 초등−저학년생들은 네 가지 목표 유형을 충분히 변별하지 못했다고 보는 것이 타당하다. 이러한 상관 강도는 학년이 올라감에 따라 약해져서, 초등−중학년생 이상부터는 네 가지 목표 유형에 대한 변별이 확연히 증가한다. 한국 초 · 중학생들을 대상으로 한 이와 같은 연구결과는 Elliot과 McGregor(2001)가 2×2 모형을 제안하면서 숙달회피목표가 완벽주의자 또는 성인에게서 주로 나타날 것이라고 한 가설과 맞지 않는다. 이러한 불일치가 문화적 차이에 의한 것인지 또는 설문에 의해 유도된 응답으로 인한 것인지는 좀 더 많은 후속 연구를 통해 검증되어야 할 것이다.

3) 기타 성취목표

(1) 다중목표

성취목표에 대한 초기 이원목표구조 모형에서는, 숙달목표는 바람직하고 수행목표는 바람직하지 않은 상호대립적인 개념으로 정의되었다. 실제로 많은 경험적 연구들이 숙달목표는 적응적이고 바람직한 교육적 성과와, 반대로 수행목표는 부적응적인 결과와 관련되어 있다는 증거를 제시하였다. 또한, 두 목표지향성은 서로 상관이 없는 독립적인 것으로 나타나기도 하고(Ames & Archer, 1988; Harackiewicz et al., 1997) 또는 정적으로 상관이 있는 것으로 나타나기도 하였다(Archer, 1994). 이처럼 숙달목표는 강하게 추구하고, 수행목표는 추구하지 않는 것이 좋다는 주장을 통칭하여 숙달목표 모형(mastery goal model)이라고 부르기도 한다.

그러나 수행목표가 항상 교육적 성과에 부정적인 것만은 아니고 도리어 학업성취도와 정적 상관을 보이는 결과들이 나타나면서, 수행목표를 수행접근과 수행회피목표로 분할하는 삼원목표구조가 출현하였다. 동시에, 이제까지 수행목표와 관련된 부정적인 결과는 수행 '회피' 목표에 의한 것이고 수행 '접근' 목표는 학업 성과에 이로울 수 있다는 주장이 등장하였으며, 이는 다시 성취상황에서 숙달목표만 추구하는 것보다는 숙달목표와 수행접근목표를 함께 추구하는 것이 유리하다는 다중목표 모형(multiple goal model)으로 이어졌다(Barron & Harackiewicz, 2001). 실제로 몇몇 연구자들은 숙달목표와 수행접근목표 모두 학업성취를 높이는 데 중요하며, 두 가지 목표 유형을 다 수용하는 것이 과제수행과 학업성취에 가장 적응적이라는 연구결과를 제시하였다(Harackiewicz et al., 1998; Harackiewicz, Barron, Tauer, Carter, & Elliot, 2000; Pintrich & Garcia, 1991).

예를 들어, Harackiewicz 등(2000)은 대학생들을 대상으로 단기와 장기적인 자료수집을 통해 숙달목표가 단기적으로는 과목에 대한 흥미를, 장기적으로는 해당과목의 수강 정도를 예측한다는 것을 보고하였다. 이에 비해 접근성향만을 포함한 문항들로 측정한 수행목표는 단기, 장기적으로 모두 학업성취를 정적으로 예측한다는 것을 발견하였다. 또 다른 연구에서 Barron과 Harackiewicz(2001)는 숙달목표만 추구하는 것과 숙달목표와 수행목표를 동시에 추구하는 다중목표 접근 중 어느 것이 더 적응적인가를 상관연구와 실험연구를 통해 확인하였다. 그 결과, 두 경우 모두 다중목표 접근이 숙달목표 접근보다 학업성취에 더 유익하다는 결과를 얻었다. 이처럼 수행접근목표의 긍정적인 효과에 집중하는 연구자들은 목표 유형에 대한 분류와 그에 대한 차별적 효과보다는, 각 유형의 긍정적 측면에 초점을 두고 통합하는 다중목표 접근이 교육연구와 현장에 적극적으로 도입되어야 하며 성취목표 이론 역시 이를 반영하여 수정되어야 한다고 주장하였다(예: Harackiewicz, Barron, Pintrich, Elliot, & Thrash, 2002). 다중목표 접근을 주장하는 학자들은 또한 학생들이 학교 밖에서 부닥치게 될 사회는 그리 이상적이지 않으며, 과정보다는 결과를 선호하는 경쟁적인 환경이기 때문에 학생 시절부터 다중목표 추구에 익숙해지는 것이 더 유익하다고도 주장하였다.

　주로 사회심리학자들에 의해 제기된 이러한 주장은 그러나 많은 교육심리학자의 반대를 불러일으켰다. 먼저, Midgley, Kaplan과 Middleton(2001)은 성취목표이론의 수정은 시기상조라고 주장하면서, 수행접근목표가 우수한 성취도로 이어진 연구결과도 있지만 반대의 경우도 존재하며, 숙달목표가 강하지 않은 상태에서 수행접근목표만을 추구할 때는 적응적인 결과를 도출할 수 없다는 점을 지적하였다. 따라서 일괄적으로 수행접근목표 추구가 유리하다는 결론을 도출하기보다는, 이런 성취목표가 누가, 어떤 상황에서, 어떤 종류의 학업이나 과제를 수행할 때 유리한지 좀 더 연구가 이루어질 필요가 있다고 반박하였다. Kaplan과 Middleton(2002) 역시 수행접근목표가 긍정적인 측면만 가지고 있지 않기 때문에 다중목표 접근은 위험할 수 있다는 점을 주지시키면서, 학교 밖에서 만나게 될 사회가 바람직하지 않은 모습을 지녔다고 해서 사회를 바로잡으려고 노력하기보다 학교 안에서부터 이에 맞추어 교육하는 것이 과연 옳은 일인가 하는 다소 철학적인 화두를 던지기도 하였다.

　Bong(2005)이 한국 고등학교 여학생을 1년간 추적하여 그들이 일반적 학업상황과 국어, 영어, 수학 교과목 학업상황을 통틀어 모두 네 가지 학업상황에서 추구하는 성취목표와 다른 변인 간 관계를 종단측정한 결과, 수행접근목표가 지니는 위험성이 관찰되었다. 이 연구에서는 학생들의 학업적 자기효능감이 함께 측정되었는

데, 수학을 제외한 모든 학업상황에서 자기효능감만이 성취도의 유의한 예측변인으로 작용하였다. 수학에서는 숙달목표(β=.26)와 수행접근목표(β=.13)가 함께 1학기 말 성취도를 예측하였는데, 숙달목표가 수행접근목표에 비해 더 강한 예측력을 보였다. 무엇보다 네 가지 학업상황 모두에서 1학기에 측정된 수행접근목표가 2학기에 측정된 수행회피목표의 예측변인으로 작용하였다(β=.28~.63). Kim, Lee, Chung과 Bong(2010)에 의해 수행된 fMRI를 활용한 뇌연구에서도 상대평가 피드백을 받은 대학생의 경우, 수행접근목표 점수가 높을수록 부정적 정서와 연관된 뇌영역이 활성화되는 결과를 보였다. 이들 연구결과를 종합하면, 상대평가적 요소가 강한 학업상황에서 수행접근목표를 추구하는 것은 단기적으로 더 우수한 성취로 귀결될 수 있으나 부정적 정서를 동반하게 되며, 장기적으로는 수행회피목표를 추구하게 만든다. 이는 숙달목표 모형을 지지하는 결과이다.

Brophy(2005)는 수행접근목표의 적응적인 측면을 부각시킨 다중목표 모형이 장기적으로 교육의 궁극적 목적을 왜곡시킬 수 있다는 것을 경고하고, 교육상황에서는 학습자들이 내재동기에 근거한 숙달목표를 지향하도록 해야 한다고 주장하였다. 특히, 다중목표 모형이 이론적으로는 그럴듯해 보이지만 실제 학업상황에서 학생들이 서로 상충되는 숙달목표와 수행목표를 동시에 조화롭게 추구해 나가는 것은 실현하기 어렵다고 지적하였다. 그는 따라서 목표이론가들이 수행접근목표의 단기적인 효과에 근거해서 교사나 부모 등 현장에서 청소년의 교육을 담당하는 주체에게 시사점을 제안하는 것을 경고하였다. 또한, 수행목표가 접근 성향이든 회피 성향이든 관계없이 타인과의 경쟁과 사회적 비교를 조장하는 목표이므로 교육현장에서 이러한 용어의 사용조차 피해야 한다고 주장하였다.

(2) 사회적 목표

다중목표에 대한 접근은 단지 숙달목표나 수행목표에 국한되는 것은 아니다. 학생들이 학교나 학업상황에서 추구하는 목표는 매우 다양해서, 공부나 학습과제 자체에 대한 숙달이나 남보다 좋은 성적을 받기 위한 목표뿐만 아니라 자신이 처한 상황, 즉 부모와의 관계, 친구나 교사와의 관계 등 사회적 맥락 속에서 중요하게 생각하는 가치와 그것을 성취하고자 하는 목표도 추구할 수 있다(Dowson & McInerney, 2003; Wentzel, 1989). 개인에 따라서는 학업적 목표보다 이러한 사회적 목표가 더욱 중요할 수 있다. 예를 들어, 미국 중학생을 대상으로 한 Wentzel(1998)의 연구에서는 학생들의 학교에 대한 흥미, 수업에 대한 흥미와 더불어, 책임감을 추구하는 사회적 목표가 학생들의 성적을 유의하게 예측하였다. Dowson과 McInerney(2003)는 호주 초·중등학생들을 대상으로 이들이 학교에서 좋은 성취를 올리고자 하는 이유가 무엇인지에 대한 반구조화된 인터뷰를 실시하였는데, 놀랍게도 학생들은 숙달목표, 수행목표, 공부회피목표 등 학업과 관련된 목표보다 훨씬 다양한 종류의 사회적 목표를 언급하였다. 즉, 학생들은 사회적 관계를 잘 구축하기 위해(social affiliation), 사회적으로 인정받으려고(social approval), 사회적 책무를 다하려고(social responsibility), 사회적 지위를 차지하기 위해(social status), 또는 사회적 문제들을 해결하는 데 도움이 되고자(social concern) 공부를 한다고 응답하였다.

한국 중학생 천여 명을 대상으로 한 Lee와 Bong(2016)의 연구에서도 비슷한 결과가 관찰되었다. 연구자들은 "여러분이 공부를 하는 이유는 무엇입니까?"라는 개방형 질문을 학생들에게 던지고, 자신에게 가장 중요한 순서대로 3개 또는 5개 이유를 적어내도록 하였다. 3개의 연구로 나누어 시행된 설문조사 중 연구 1에서는 "좋은 대학교에 진학하기 위해서"와 "내 꿈을 실현하기 위해서"가 최상위에 랭크되었고, 연구 2와 연구 3에서는 "내 꿈을 실현하기 위해서" "학생으로서 의무를 다하기 위해서" "나 자신의 행복을 위해서"가 가장 상위에 랭크되었다. 또 연구 1, 2, 3 모두에서 "돈을 벌기 위해서"가 세 번째 중요한 이유에 랭크되었다. 이와 같이 각 연구당 1,000개 이상씩 모두 3,399개의 구체적인 이유들이 제시되었는데, 연구자들은 이들 답변을 Midgley 등(2000)의 삼원목표구조, Elliot과 McGregor(2001)의 2×2 목표구조, 그리고 Grant와 Dweck(2003)의 사원목표구조 등 다양한 목표구조에 등장하는 성취목표로 구분하고 동시에 Dowson과 McInerney가 제시한 다섯 가지 사회적 목표로도 분류하여, 어떤 성취목표구조가 학생들의 심리를 가장 잘 대변하는지 판단하고자 하였다.

분류한 결과를 보면, 3개 연구에서 모두 공통적으로 사회적 목표 중 '사회적 지위' 목표가 다른 목표에 비해 압도적으로 많이 등장하였다. 다음으로, 성취목표 중 Midgley 등(2000) 또는 Elliot과 McGregor(2001)의 정의에 따른 수행접근목표, Grant와 Dweck(2003)의 정의에 따른 규준목표와 능력목표가 숙달목표나 학습목표에 비해 훨씬 빈번하게 언급되었는데, 이러한 경향은 특히 연구 1과 연구 3에서 두

드러졌다. 얼핏 이러한 결과만 보면 대다수 학생이 경쟁적이고 외재적인 목표를 위해 공부한다고 결론내릴 수 있다. 그러나 연구자들은 사회적 지위와 수행접근목표로 분류된 다양한 이유들이 학교를 졸업한 이후 먼 미래를 가리키고 있다는 점에 주목하였다. 개인이 성취상황에서 장기적 목표와 단기적 목표로 이루어진 다중목표를 추구한다는 점을 고려할 때, 단기적 혹은 근접목표 양상은 다르게 전개될 수 있다. 이러한 가정에 따라 학생들의 응답 중 현재 학업상황과 직접 관련된 응답만을 추려 분류한 결과, 3개 연구 모두에서 학생들은 Grant와 Dweck(2003)의 정의에 따른 학습목표를 가장 많이 추구하는 것으로 나타났다. 즉, 학생들이 추구하는 다중목표의 양상은 Harackiewicz, Elliot 등이 주장하는 것처럼 여러 개의 성취목표를 추구한다기보다는 주로 성취목표와 사회적 목표가 혼합된 형태인 것으로 드러났다.

다만, 이러한 결과가 개인주의보다는 집단주의가 강한 한국 등 동양권 학생들에게 국한되어 나타나는 현상인지 또는 일반적인 현상인지에 관해서는 추가 검증이 필요하다. 예를 들어, 가족 간의 유대관계를 중요시하고 가족과의 동일시 경향이 큰 한국 학생들의 경우, 사회적 목표가 다른 유형의 목표보다 더욱 영향력이 클 것을 예측할 수 있다. 자신의 성공은 가족 전체의 성공이며 가문의 영광이라는 생각을 끊임없이 주입시키는 가정교육을 받으며 성장하며, 게다가 성공에 대한 명시적인 기준이 경쟁이 치열한 유명 대학에 진학하는 것으로 받아들여지기 때문이다. Lee와 Bong(2016)의 연구에서 많은 한국 중학생이 "부모님을 기쁘게 해드리기 위해" "부모님의 잔소리를 피하려고" "부모님을 실망시키지 않으려고" 공부한다고 응답한 사실은 이런 가설을 뒷받침한다.

(3) 공부회피목표

학업상황에서 학생들이 갖는 또 한 가지 유형의 목표로는 일회피목표(work avoidance goal) 또는 공부회피목표를 들 수 있다(Brophy, 2004). 공부회피목표는 소외되거나 위축된 학생들에게서 주로 볼 수 있는 것으로, 이러한 학생들은 아예 성취에 관심이 없고 어떻게 하면 공부를 하지 않고 지낼까에 관심을 집중한다. 이들은 공부는 학교에서 쫓겨나지 않을 정도의 최소한으로 하며, 시험에서 낙제를 받지 않고 수업 시간에 선생님한테 꾸중을 듣지 않기 위해 편법을 동원하기도 한다(Brophy, 2004). 학업성취도가 낮고 공부에 흥미를 잃은 학습자들의 경우 수행회피목표와 공부회피목표를 함께 추구하는 경우가 많다.

3. 교사의 성취목표와 교실의 목표구조

1) 교사의 성취목표

교실상황에서 학생들이 어떤 성취목표를 추구하게 되는가는 교사의 성취목표에 크게 좌우된다. Turner 등(2002)은 교실환경의 여러 측면과 청소년들이 수학을 공부할 때 사용하는 회피전략 간의 관계를 알아보기 위해 양적, 질적 연구방법을 적용한 종단연구를 실시하였다. 이들은 특히 교사들의 화법(discourse)에 주목하였는데, 학생들의 숙달지향성이 높고 회피지향성이 낮은 교실의 교사와, 반대로 학생들의 숙달지향성이 낮고 회피지향성이 높은 교실의 교사 사이에는 사용하는 교수적 화법과 동기적 화법에서 현격한 차이가 발견되었다.

높은 숙달−낮은 회피 교실의 교사들은 학생들에게 인지적, 동기적 지지를 제공하는 화법을 구사하였는데, 즉 정답을 요구하기보다는 이해를 요구하고, 어째서 그런 답을 도출하였는지 이유를 설명하게 하며, 독립적 사고를 통해 과제 숙달의 책임을 지도록 하는 등 교수적 비계(instructional scaffolding)를 설정함과 동시에, 학생들이 중요한 내용을 명료화, 복습, 요약할 기회를 제공하는 인지적 지지를 제공하였다. 이와 함께, 학습에 어려움을 겪는 학생들을 격려하고, 모든 학생이 성공적으로 해낼 수 있다는 기대를 표출하며, 학습의 내재적 가치를 강조하고 학생들이 경험하는 노력과 불안감을 이해하고 협동을 응원하는 동기적 지지를 제공하였다. 이와 반대로, 낮은 숙달−높은 회피 교실의 교사들은 학생들에게 충분히 과제를 이해할 기회를 제공하지 않은 상태에서 자신의 답이나 수학적 사고과정을 설명, 방어, 평가하도록 요구하였다. 정답을 강조하고 그에 대한 설명은 소홀히 하며, 학생들에게 할 수 있다는 자신감을 주는 등의 동기적 지원을 충분히 제공하지 않는 특징을 보였다. 이런 교실의 학생들은 다른 교실의 학생들에 비해 자기구실만들기(self-handicapping), 도움요청회피(avoiding help-seeking), 새로운 내용 기피(avoiding novelty) 등의 회피전략을 많이 사용하였다.

Turner 등(2002)의 연구에서 얻어진 결과는 다음과 같이 요약된다. 첫째, 학생들은 학습, 이해, 노력과 즐거움을 강조하는 교사가 가르치는 교실에서 자기구실만들기, 도움요청회피, 새로운 내용 기피 행동을 덜 보였다. 둘째, 학생들은 교사가 학습에 대한 지도를 충분히 제공하고 동기부여를 위한 지지를 많이 해 주는 교실에서는 회피전략을 사용하는 경우가 적었다. 셋째, 숙달지향적인 교사는 학생들에게 학습내용을 빨리 이해하지 못하더라도 불편하거나 부끄럽게 생각하지 말라는 분명한 충고를 통해서 동기적 지지 메시지를 전달하였다. 넷째, 숙달지향적인 교사는 자신의 사고과정을 모델로 보여 줌으로써 자신의 수행에 대해 확신하지 못하는 것, 실수로부터 배우는 것, 질문하는 것 등이 학습에서 자연스럽고 필요한 과정이라는 것을 보여 주었다. 다섯째, 교사가 학생이 이해하려는 것을 도와주는 데 주의를 별로 기울이지 않고, 동기유발을 위한 지원을 잘해 주지 않는 교실의 학생들은 회피전략을 많이 사용하였다.

교실수업 관찰을 통해 교사의 성취목표지향성을 판단한 Turner 등(2002)의 연구와 달리, Jiang 등(2014)은 학생들이 인식하는 교사의 성취목표가 학생들 스스로 추구하는 성취목표와 어떤 연관성을 지니는지를 조사하였다. 학생들이 인식한 교사의 숙달목표는 "우리 수학 선생님은 모든 학생이 수학을 잘할 수 있다고 믿는다." "우리 수학 선생님은 우리가 얼마나 배우는지가 시험 점수나 성적보다 더 중요하다고 생각하신다." 등의 문항을 활용하여 측정되었고, 학생들이 인식한 교사의 수행목표는 "우리 수학 선생님은 성적이 좋은 학생들을 다른 학생들보다 잘 대해 주신다." "우리 수학 선생님은 어떤 학생들을 포기하셨다." 등의 문항을 활용하여 측정되었다. 구조방정식모형을 통한 경로분석 결과, 학생들이 인식한 교사의 숙달목표는 한국 초등학생과 중학생의 자기효능감(β=.47, .34), 숙달목표(β=.48, .22)뿐 아니라 수행접근(β=.19, .21)과 수행회피목표(β=.39, .14)를 정적으로 예측하였다. 다만, 학생의 수행접근 및 회피목표보다 자기효능감과 숙달목표를 훨씬 더 강하게 예측했다는 것을 알 수 있다. 학생들이 인식한 교사의 수행목표는 초등학생과 중학생의 자기효능감과 관련이 없었으며, 초등학생 집단에서만 학생의 세 가지 성취목표를 모두 정적으로 예측하였는데, 숙달목표(β=.20)나 수행접근목표(β=.27)보다는 수행회피목표(β=.50)를 가장 강하게 예측하였다. 중학생 집단의 경우 학생의 수행회피목표만을 정적으로 예측하였다(β=.16). 이 연구를 통해 학생들은 교사의 성취목표와 일치하는 성취목표를 추구하는 경향이 강하다는 것과 중학생보다는 초등학생이 교사의 성취목표에 더 크게 좌우된다는 것을 볼 수 있다.

2) 교실의 목표구조와 학생의 성취목표

학업상황에서 학생들이 추구하는 목표는 그들이 가진 능력에 대한 신념이나 과거 성취 경험의 영향뿐만 아니라 그들이 속한 학업환경, 즉 교실이나 학교환경에 따라 달라진다. 이처럼 학생들이 어떤 교실환경에서 숙달목표를 지향하게 되고 어떤 환경에서 수행목표를 지향하게 되는가에 대한 성취목표이론의 맥락적 접근이 Ames와 Archer를 필두로 시작되었다(Ames, 1992; Ames & Archer, 1988). 앞에서 살펴보았듯이, 개인 교사의 성취목표는 이들이 학생들에게 보이는 교수적 행위와 동기적 메시지의 종류와 수준을 결정한다. 이와 더불어, 교사 혹은 학교가 어떤 평가 시스템과 보상구조를 사용하느냐에 따라 성취와 관련된 교실과 학교의 전반적인 풍토가 형성되는데, 이를 교실목표구조(classroom goal structure) 또는 학교목표구조(school goal structure)라 일컫는다. 교실목표구조와 학교목표구조는 개인 성취목표와 달리 대개 숙달목표구조(mastery goal structure)와 수행목표구조(performance goal structure)의 두 가지로 구분된다.

표 8-3 교실풍토에 대한 성취목표 분석(Ames & Archer, 1988)

풍토의 차원	숙달목표	수행목표
성공에 대한 정의	향상, 진보	높은 성적, 높은 규준적 수행
가치부여	노력/학습	규준적으로 높은 능력
만족감을 느끼는 이유	열심히 공부한 것, 도전	다른 사람보다 잘하는 것
교사의 지향성	학생들의 학습	학생들의 수행
오류나 실수에 대한 태도	학습의 일부	불안 유도
주의집중 대상	학습과정	타인의 수행과 비교한 자신의 수행
노력하는 이유	새로운 것을 학습	높은 성적, 다른 사람보다 잘하는 것
평가 준거	절대적, 진보	규준적

Ames와 Archer(1988)는 숙달목표구조와 수행목표구조를 지닌 교실풍토를 분석하여 〈표 8-3〉과 같이 정리하였다. 교실의 풍토는 성공에 대한 정의, 가치부여, 만족감을 느끼는 이유, 교사의 지향, 오류나 실수에 대한 태도, 주의집중 대상, 노력하는 이유, 그리고 평가기준 등 여덟 가지 차원에 따라 결정된다고 보고, 차원별로 숙달목표구조인 경우와 수행목표구조인 교실풍토의 특성을 구체적으로 제시하였다.

또한, 앞에서 언급된 Turner 등(2002)의 연구에서는 숙달지향적인 교사가 학업적인 지지뿐만 아니라 정서적인 지지도 함께 제공하는 것으로 나타났는데, Alderman(2008)은 Turner 등의 연구결과와 Meece(1991)가 제시한 숙달목표지향적 환경조성에 필요한 맥락 요인들을 종합하여 〈표 8-4〉와 같이 제시하였다.

특히, Ames(1992)는 학생들의 숙달목표를 증진시키는 데 도움이 되는 교실목표구조의 특징을 TARGET이라는 약자로 정리되는 여섯 가지 측면에서 논의하였는데, 이는 학생의 동기와 학습에 영향을 미치는 교실요인을 Epstein(1989)이 각각 T(task: 과제와 학습활동 설계), A(authority: 권위와 책임의 분배), R(recognition: 학생에 대한 인정), G(grouping: 개인활동과 모둠활동 마련), E(evaluation: 평가방식), T(time: 시간 배분)의 여섯 가지로 정리한 것이다. Ames는 특히 과제 설계, 권위 분배, 학생 인정과 평가방식 차원에서 어떤 교수전략이 사용되느냐에 따라 교실목표구조가 형성되고, 학생의 동기 유형에 결정적인 영향을 미친다고 설명하였다.

구체적으로, 교실숙달목표구조를 증진시키기 위해서 도입할 수 있는 교수전략은

표 8-4 숙달목표 환경에 공헌하는 맥락 요인들(Alderman, 2008)

교실구조 혹은 전달 메시지	구체적 예
유능감 증진 기회 제공	학생들로 하여금 해당 학습내용에 대한 기초 이해뿐만 아니라 다른 영역에서의 유능성을 발달시킬 수 있게 한다.
자기지시적 학습기회 제공	학생들 스스로 자신들이 수행한 과제를 평가하도록 도와주고, 유능성을 획득하면 학생에게 책임을 이전한다.
학습에 대한 기대와 내재적 가치 강조	학생들이 배우는 것의 가치와 흥미 그리고 적용을 강조하고, 모든 학생이 학습할 것을 기대한다.
협동과 협력기회 제공	효율적으로 같이 공부하는 것과 서로 돕는 것을 강조하면서 집단작업을 하게 한다.
능력/노력 메시지 전달	진보한 것을 인정해 주고, 향상을 위한 재시험을 허용한다.

다음과 같다. 첫째, 학습과제와 활동이 의미 있어야 한다. 과제는 새롭고 다양하며 흥미를 유발할 수 있고, 학생들이 도전의식을 느낄 수 있도록 설계한다. 그리고 학생들이 자기참조적 단기 목표를 수립하고, 효과적인 학습전략을 개발하여 사용할 수 있도록 지원해 준다. 둘째, 평가는 개인의 향상, 진전, 숙달에 초점을 두어야 하고, 평가결과는 공개적이 아닌 개별적으로 커뮤니케이션하며, 학생의 노력을 인정하고, 향상할 기회를 제공하며, 실수를 학습의 일부로 생각할 것을 학생에게 권장한다. 셋째, 학생이 권위와 책임의식을 공유하도록 의사결정에 학생들을 참여시키고, 의사결정은 능력의 평가가 아닌 노력에 기초해서 진정한 의미의 선택이 될 수 있도록 돕는다. 또한, 학생이 책임감과 독립심을 개발할 기회를 제공하고 자기관리와 감찰기술을 개발하여 사용할 수 있도록 지원해야 한다.

Ames(1992)는 이러한 교수전략들이 사용되는 교실환경이 학생들의 숙달목표지향적 동기상태를 유도할 수 있다고 주장하였다. 즉, 학생들은 노력과 학습에 초점을 맞추게 되고, 활동에 대한 높은 내재적 흥미를 표출하며, 자신들의 성공이나 특히 실패에 대해 능력귀인보다는 노력귀인과 전략귀인을 하게 된다. 학생들은 나아가 효과적인 학습전략과 자기조절전략을 사용하고, 학업에 적극적으로 참여하며, 노력이 많이 요구되는 과제에 대해서도 긍정적 정서를 가진다. 또한, 교실이나 학교에 대한 소속감이 강해지고 실패에 대한 내성을 갖게 되는 등 숙달목표를 추구할 때 나타나는 긍정적인 동기유발 상태에 들어가게 된다는 것이다. 여기서 중요한 점은, 객관적인 교실환경이 아닌 학생들이 주관적으로 인지한 교실환경이 그들의 동기와 성취에 중대한 영향력을 행사한다는 점이다. 따라서 교사가 아무리 좋은 의도로 구사한 교수전략이라 하더라도 그것이 학습자에 의해 숙달목표지향적인 것으로 인식되지 않으면 아무 소용이 없거나 도리어 부정적인 결과를 초래할 수도 있다.

교실목표구조와 학생의 성취목표 간 관계를 검증한 연구들은, 교사 혹은 교실의 목표구조가 숙달목표지향적이냐 또는 수행목표지향적이냐에 따라 학생들이 추구하는 성취목표에 차이가 있으며, 학업성취도와 내재동기, 부정적인 학업 관련 변인들과 상관이 있다고 보고하고 있다(Lau & Nie, 2008; Linnenbrink, 2005; Nolen & Haladyna, 1990; Urdan, 2004; Urdan & Midgley, 2003; Wentzel, 1996; Wolters, 2004). 교실목표구조가 숙달목표지향적일수록 학생들이 숙달목표를 추구할 가능성이 크고(Linnenbrink, 2005; Wolters, 2004), 수행목표를 지향하는 목표구조인 교실일수록 학생들이 수행목표를 추구할 가능성이 높다(Linnenbrink, 2005; Urdan, 2004). 교실숙달목표구조가 학생들의 내재동기를 정적으로 예측하고, 자기구실만들기, 도움요청회피, 수업방해 행동 등을 부적으로 예측하는 데 반해, 수행목표구조는 이러한 부정적인 행동들을 정적으로 예측하는 것으로 나타난다(Lau & Nie, 2008).

예를 들어, Lau와 Nie(2008)는 학생들의 개인적 성취목표와 교실의 목표구조가 그들의 수학 성취도, 참여, 흥미, 노력철회, 회피대처와 어떤 관계가 있는가를 알아보기 위해 싱가포르 초등학교 5학년 학생들을 대상으로 자료를 수집하여 위계적 선형 모형을 적용해서 분석하였다. 그 결과, 교실의 수행목표구조는 학생 개인의 수행회피목표와 학습참여 간의 부적 관계를 악화시키고 개인적 수행회피목표와 노력철회, 회피적 대처 간 정적 관계를 심화시키는 것을 관찰하였다. 다시 말해서, 교실의 수행목표구조와 개인의 수행회피목표가 모두 학생들의 부적응적인 결과와 관련된 것임을 확인한 것이다. 반면에 교실의 숙달목표구조와 학생 개인의 숙달목표는 적응적 관계를 보였다. 즉, 학생들은 교사가 학습이나 향상을 강조하는 것으로 지각하면 수학시험에서 더 높은 성적을 보이고, 수학공부를 하는 노력을 줄이지 않았으며, 수학공부가 어렵고 재미없어도 쉽게 포기하지 않는 것으로 나타났다. Murayama와 Elliot(2009)의 일본 학생들 대상 연구에서도 교실의 숙달목표구조가 학생들의 수학 학업성취도에 대한 정적 예측변인이고 노력철회와 회피적 대처에 대한 부적 예측변인인 반면, 교실수행목표구조는 학생들의 수학 성취도와 참여에 대한 부적 예측요인이며 노력철회와 회피적 대처에 대한 정적 예측변인이었다.

한국 중학생들을 대상으로 한 Bong 등(2013)의 연구에서는 특정 과목을 대상으로 한 교실목표구조가 아닌, 학교 전체의 풍토를 대상으로 한 학교목표구조를 측정하였는데, 학생들은 자신이 속한 학교의 숙달목표구조가 강하다고 믿을수록 수행목표구조는 약하다고 믿는 경향을 보였다($r=-.54$). 학교숙달목표구조에 대한 인식이 높을수록 학생 개인적으로 숙달목표($\beta=.37$)와 수행목표($\beta=.35$) 모두를 더욱 강하게 추구하였으며, 학교수행목표구조를 강하게 인식할수록 개인적으로도 수행목표($\beta=.64$)를 더욱 강하게 추구하였다. 나아가, 숙달목표를 추구하는 학습자일수록 어렵고 도전적인 과목을 수강하려는 의지가 강했으나($\beta=.41$), 수행목표를 추구하는 학습자일수록 쉬운 과목을 수강하겠다는 의지가 강했다($\beta=.40$). 이 같은 결과는 학교현장에서 학생들이 인지하는 목표구조와 교실풍토가 학생들이 어떤 성취목표를 추구할지에 큰 영향력을 행사한다는 것을 확인시켜 주는 것이다.

실제로, 3개 연구로 이루어진 Lee와 Bong(2016)의 결과 중 학업상황과 직접적으로 관련된 수행목표만을 대상으로 한 분석에서는 연구 1, 연구 2의 결과와 연구 3의 결과 사이에 큰 차이가 관찰되었다. 연구 1과 2에서 성과목표, 규준목표, 능력목표가 비슷한 비중으로 집계된 반면, 연구 3에서는 무려 75.7%에 이르는 학생들의 응답이 능력목표인 것으로 드러났기 때문이다. 연구 3에서 성과목표와 규준목표를 추구한다고 한 응답의 비율은 각각 12.9%와 11.4%에 불과했다. 조사결과, 연구 1과 2에 참여한 학생들의 학교와 달리 연구 3에 참여한 학생들의 학교에서는 영어와 수학 과목에서 수준별 수업이 이루어지고 있었으며, 따라서 많은 학생이 자신의 우수한 능력을 입증하거나 부족한 능력을 드러내지 않기 위해 공부한다고 응답한 것으로 추정된다. 이는 평가와 보상시스템에 의해 만들어지는 학교풍토가 학생들의 성취목표와 동기, 학업성취에 얼마나 지대한 영향을 미치는지를 잘 보여 주는 결과이다.

대다수 목표이론가는 학생들이 수행목표보다는 숙달목표를 지향하는 것이 바람직하다는 것을 강조하면서, 어떻게 하면 학생들이 숙달목표를 설정하게 할 것인지 그 방안 마련에 고심한다. 이들이 공통적으로 반대하는 것은 학업현장에서 학생들이 성공을 경험하기 어렵게끔 지나치게 엄격한 기준을 적용하는 성적 평가, 분포에 따른 상대평가제도의 도입, 다른 학생들과 공공연하게 수행결과를 비교하는 것, 그리고 학생 개인이 얼마나 향상되었는가에 관심을 두는 것이 아니라 사회적 비교에 관심을 집중하는 것과 같은 관행이다(Brophy, 2004). 이와 같은 관행이 바로 교실의 목표구조를 형성해 가는 것이다. 학교의 전체적인 풍토나 교실의 문화가 학생들 간 경쟁을 부추기고, 성취를 이루어 나가는 과정보다 결과에만 초점을 맞추는 수행목표지향적이 되면 그 안에서 기능하는 학생들도 자연히 수행목표를 추구하게 될 수밖에 없다. 수행접근목표의 적응적인 측면을 보여 준 연구들도 있었지만, 이러한 적응적인 측면은 모두 학업성취에 국한됨으로써 학습자의 내재동기에 미치는 부정적인 영향을 간과했다는 비판을 받는다.

4. 성취목표이론 발전방향과 전망

1) 성취목표이론의 현 상태

성취목표이론은 발달이 진행되고 있는 이론이다. 많은 연구자가 초기 이원목표구조에서 삼원목표구조로의 전환을 수용했고 이후 2×2 목표구조까지 제시되었지만, 아직 어떤 목표구조가 가장 이론적, 실제적 타당성이 높은 것인지에 대한 의견의 일치를 보지 못하고 있다. 특히 하위목표 유형 간 일관성 없는 상관 양상으로 인해 삼원구조나 2×2 구조를 도입한 연구결과의 해석에서도 통합을 이루지 못하고 있다. 교육현장에 대한 적용이나 시사점도 숙달목표지향성에 관해서는 비교적 일치하는 제안이 나오고 있지만, 수행접근이나 수행회피목표에 관한 시사점은 결론이 나지 않은 상태이다. 게다가 2×2 구조에서 이야기하는 숙달회피목표의 경우 개념적 혼란조차 완전히 해결되지 않은 상태이기 때문에, 이를 근거로 한 경험적 연구들은 거의 일관된 결과를 도출하지 못하고 있다.

Jagacinski, Kumar와 Kokkinou(2008)가 대학생을 대상으로 Elliot과 McGregor(2001)의 2×2 구조를 도입한 연구에서도 숙달회피목표는 다른 세 가지 목표와 $r = .30 \sim .63$의 비교적 높은 상관을 보였다. 이 연구자들도 숙달회피목표라는 개념이 숙달접근이나 수행회피목표와 구별되기 어렵고 불필요한 개념일 수 있음을 시사하였다. 한국 중학생들이 직접 제공한 응답을 분석한 Lee와 Bong(2016)의 연구에서도 다양한 성취목표와 사회적 목표가 골고루 도출되었으나, 3개 설문 모두에서 숙달회피목표에 해당하는 응답을 적은 학생은 0명에 가까웠다. 이는 2×2 목표구조의 타당성에 심각한 의문을 제기하는 결과이다. 따라서 성취목표에 관한 연구는 당분간 삼원목표구조를 중심으로, 목표복합체의 가능성을 검증하고자 하는 방향으로 이루어지리라 예상된다.

2) 상황적 접근 대 특질적 접근

많은 다른 동기이론에서와 마찬가지로, 성취목표이론의 적용범위 역시 과제나 상황특수적인 수준(수학 성취상황 혹은 심리학 수업 등)으로 제한할 것인지 아니면 일반적 수준(모든 학업상황)으로 확대할 것인지 고려할 필요가 있다. 이론 개발 초기에 목표지향성은 모든 성취상황에서 개인이 나타내는 일반적 특질로 다루어지기도 하였으나, 점차 상황특수적인 수준이나 과제특수적인 수준에서 기능하는 구인으로 다루어지고 있다. 이 문제는 연구자가 성취목표를 활용해 예측하고자 하는 것이 무엇인지에 따라 성취목표와 결과변인 간 측정의 일관성을 확보하는 방향으로 결정되어야 할 것이다.

Seijts, Latham, Tasa와 Latham(2004)이 수행한 연구는 이 문제와 관련하여 한 가지 흥미로운 결과를 보고하였다. 이 연구자들은 목표설정이론은 주로 조직심리학에서, 목표지향성이론은 주로 교육심리학에서 다루어지기는 했지만, 결국 인간의 수행이라는 공통적인 내용을 다루고 있다는 점, 그런데도 다른 진영에서 나타난 이론과 연구 발견에 대해서는 서로 관심을 가져오지 않았다는 점을 상기시키면서 이 두 이론의 통합을 시도하였다. 이들은 수행은 능력과 동기에 의해 결정되는 것인데, 목표지향성이론은 주로 능력에, 목표설정이론은 동기에 초점을 두고 있다고 주장하였다. 또한, 수행목표와 수행목표지향성 간의 관계, 행동의 결정요인으로서 상황적 목표(situational goal)와 기질적 목표(dispositional goal)의 역할, 학습목표와 학습목표지향성이 수행수준을 증진시킬 수 있는 환경, 그리고 목표지향성이 목표와 수행 간의 관계에서 조절요인으로 기능하는가에 대한 의문 등 많은 혼란이 증가하고 있기 때문에, 목표설정과 목표지향성이라는 서로 관련되어 있으면서도 분리되어 있는 연구흐름에서 연관성을 찾아내는 것이 필요하다고 주장하였다.

연구자들은 이러한 노력의 일환으로, 피험자들의 기질적 특성으로서 학습목표지향성, 수행접근목표지향성, 수행회피목표지향성을 실험 시작 2주 전에 측정한 후, 상황적 목표를 반영하는 세 가지 실험처치 조건인 '수행목표,' '학습목표,' '최선의 목표' 조건에 피험자들을 배정하여 실험과제를 수행하게 하였다(Seijts et al., 2004). 이후 3집단의 수행수준, 자기효능감, 정보탐색, 과제 복잡성, 목표구체성과 목표전념 수준을 비교하였다. 그 결과, 학습목표 조건의 피험자가 모든 변인에서 수행목표나 최선의 목표 조건의 피험자보다 높은 점수를 나타냈다. 또한, 수행목표 조건의 피험자가 최선의 목표 조건보다 높은 수행수준을 보이지 않았는데, 이는 구체적인 목표가 최선의 목표보다 수행을 증진시킨다는 목표설정이론의 가장 핵심적인 예측과 일치하지 않는 결과이다. 연구자들은 그 이유가 이 연구에서 사용된 과제가 매우 복잡한 과제였기 때문이라고 설명하였다.

이 연구에서 보고한 또 하나의 중요한 발견은 개인의 기질적 특성으로서의 목표지향성은 수행에 영향을 미치는 안정적인 개인차변인이라는 점이다. 연구자들은 그 증거로 목표지향성 측정에 대한 검사–재검사 신뢰도가 만족스러웠으며, 2주 후의 수행수준과도 유의한 상관을 보인 점이 이러한 결과의 타당성을 지지한다고 주장하였다. 이 연구에서는 또 자기효능감과 정보탐색이 학습목표 설정과 수행 간의 관계를 매개하는 것으로 나타나, 자기효능감의 동기적 기능을 다시 한 번 확인하였다. 이처럼 조직장면에서 목표지향성이론에 관한 연구를 하는 경우에는 교육장면에서 성취목표를 과제나 상황특수적 변인으로 취급하는 것과는 대조적으로, 목표지향성을 개인의 안정적인 특질로 다루는 경향이 강하다. 이렇게 서로 다른 연구접근은 성취목표이론가들과 목표설정이론가들 모두에게 시사점을 제공하는데, 유사한 심리적 개념에 관한 이론적 · 경험적 결과의 차이를 그대로 방치하는 것은 심리학의 발전에도 부정적 영향을 미칠뿐더러 심리학의 이론들을 현장에 적용하는 실천가들에게도 혼란을 가중시키기 때문이다. 따라서 앞으로 교육장면과 조직장면 모두에서 이 두 이론을 통합하기 위한 연구가 확대되어야 할 것이다.

또 하나의 연구 예로, Payne, Youngcourt와 Beaubien(2007)은 목표지향성의 법칙적 네트워크(nomological network)에 대한 메타분석적 연구에서 학습목표, 수행접근목표, 수행회피목표를 포함하는 목표지향성 차원에 대한 선행변인과 근접 및 원격 결과변인을 검토하였다. 선행변인에는 인지능력, 지능에 대한 암묵적 이론, 성취욕구, 자존감, 일반적 자기효능감, 5요인 성격특성이 포함되었다. 근접 결과변인에는 상태목표지향성, 과제특수적 자기효능감, 자기설정 목표수준, 학습전략, 피드백추구, 상태불안이 포함되었고, 원격 결과변인에는 학습, 학업적 수행, 과제수행, 직무수행이 포함되었다. 전반적으로, 학습목표는 대부분의 결과변인과 정적인 관계를 보였으며, 수행회피목표는 부적인 관계를, 그리고 수행접근목표는 유의한 관계를 보이지 않았다. 또한, 상태목표지향성은 특질목표지향성에 비해 원격 결과변인과 더 많이 관련되어 있는 것으로 나타났으며, 특질목표지향성은 인지적 능력과 성격특성이 예측하고 난 후에도 직무수행을 유의하게 예측하는 변인으로 나타났다. 이러한 연구결과들은 성취목표지향성을 상황특수적 변인으로 보아야 하는가 혹은 일반적 특성 변인으로 보아야 하는가에 대한 논의가 여전히 유효하다는 것을 시사한다.

3) 수행목표의 본질

이론개발 초기에 수행목표는 암묵적 지능이론 중 실체이론을 믿는 아동이 성취상황에서 추구하는 목표로 개념화되었고(Dweck, 1999; Dweck & Leggett, 1988), 따라서 고정불변인 자신의 능력을 타인에게 증명하고자 하는 목표로 정의되었다. 이후 목표 정의와 유인가를 구분하는 2×2, 3×2 목표구조가 등장하면서(Elliot & McGregor, 2001; Elliot et al., 2007) '남에게 무언가를 보여 주려고 하는 의도'는 목표가 될 수 없다는 주장에 따라 수행접근목표와 수행회피목표는 능력에 대한 언급을 철저히 배제한 채 그저 타인보다 월등한 성취를 올리고자 하거나 타인보다 열등한 성취를 회피하고자 하는 규준목표로만 정의되었다. 그러나 둘 중 어떤 정의가 더 수행목표의 본질을 잘 반영하고 있는 것인지에 대해서는 아직 합의가 이루어지지 못하고 있다.

Urdan과 Mestas(2006)는 학생들이 수행목표를 설정하는 진짜 이유가 무엇인가를 아직 알지 못하고 있다고 주장하면서, 설문지를 사용하는 조사나 실험적 조작을 통해서가 아닌 학생들과의 면담을 통해 학생들 자신의 말로 수행목표를 설정하는 진짜 이유가 무엇인가를 조사하고자 했다. 연구자들은 수행회피목표 수준이 특히 높은 것으로 조사된 53명 고등학생의 면담내용을 분석하여 이들이 수행목표를 추구하는 이유를 능력회피(appearance-avoidance), 능력접근(appearance-approach), 경쟁회피(competition-avoidance), 경쟁접근(competition-approach)의 네 가지 범주로 분류하였다. 능력회피는 다른 사람들이 자신을 무능한 사람으로 보는 것을 원치 않기 때문이라는 이유이고, 능력접근은 다른 사람들에게 학업적으로 유능하게 보이는 것에 신경을 쓰는 것이다. 경쟁접근은 다른 사람보다 더 잘하고 싶은 소망에 관한 것이고, 경쟁회피는 다른 사람들보다 못하는 것을 피하는 내용을 포함한다. 면담대상자 중에는 능력접근 유형과 경쟁회피 유형이 많았고, 능력회피와 경쟁접근은 적었다.

이 연구를 통해 학생들이 수행회피목표를 추구하는 이유가 매우 다양하다는 점과, 흔히 사용되고 있는 설문지 문항들을 연구자의 의도와 다르게 이해한다는 사실도 드러났다. 연구자들은 기존 설문이 다른 사람들에게 유능하게 보이고 싶은 욕망과 다른 사람들보다 못하고 싶지 않은 마음을 구별하지 못했기 때문에 수행회피목표와 수행접근목표 간에 높은 상관이 나타날 수밖에 없으며, 앞으로 성취목표이론에 관한 연구는 수행목표의 다차원적인 속성과 개인차에 대해 더욱 심도 있는 탐색을 진행해야 할 것이라고 제안하였다(Urdan & Mestas, 2006).

최근에는 다수의 성취목표 연구자들이 이런 제안을 받아들여, 수행목표의 대표적인 두 유형인 능력목표와 규준목표의 차별성에 관한 연구가 활발히 이루어지고 있는 추세이다. 예를 들어, Senko와 Dawson은 Hulleman 등(2010)의 메타분석에서 간과되었던 지각된 역량, 학습·자기조절·회피 전략, 그리고 정서적 반응과 두 수행목표와의 상관을 살펴보았다. 두 성취목표 모두 과제를 기준으로 한 역량과 다른 학생들과의 비교에 의한 역량 모두와 정적인 상관이 있었으나, 능력목표보다 규준목표가 보다 강한 정적 상관을 보였다. 다양한 전략과의 관계에서는 규준목표가 자기조절전략, 심층전략, 그리고 적응적 표면전략과 정적 상관을 보인 것에 비해, 능력목표는 이들과 유의한 상관이 없었으며 자기구실만들기와 도움요청회피의 두 비적응적 회피전략과 유의한 정적 상관을 보였다. 두 수행목표 모두 부정적 정서, 불안, 긍정적 정서와 비슷한 크기의 정적 상관을 보였으나, 규준목표만이 즐거움과도 유의한 정적 상관을 나타냈다. 이 메타분석 결과는 규준목표와 능력목표 모두 긍정적, 부정적 측면을 지니고 있으나, 규준목표의 경우 학습에 도움이 되는 전략사용과도 정적인 관계를 보임으로써 Hulleman 등(2010)의 메타분석에서 관찰된 것과 같이 학업성취도와 정적인 상관을 보인다는 추론을 가능하게 한다. 능력목표는 규준목표에 비해 훨씬 회피성향이 강한 부정적인 성취목표인 것으로 드러났다.

Chung, Bong과 Kim(2020)은 능력목표의 부적응적 영향력이 특히 어려운 과제 혹은 실패가 예상되는 상황에서 분명하게 나타날 것이라 가정하고, 3개의 실험연구를 통해 규준목표와 능력목표의 차별성을 직접 검증하였다. 실험결과, 3개 실험 모두에서 가설을 지지하는 결과가 관찰되었다. 능력목표 조건의 학습자들은 규준목표 또는 숙달목표 조건의 학습자에 비해 더 높은 불안수준과 낮은 흥미, 낮은 지구력을 보였으며, 특히 실패를 경험하고 난 후에는 규준목표 조건의 학습자에 비해 유의하게 낮은 과제수행 수준을 보였다. 연구 1의 매개분석 결과, 능력목표의 부정적인 효과는 부분적으로 높은 불안수준에 의한 것으로 나타났으나, 연구 2와 3에서는 동일한 효과가 관찰되지 않아 추가 검증이 필요하다. 또한, 규준목표와 능력목표 모두 유인가 측면에서 접근목표로 정의되어, 회피목표 형태에서는 과연 어떤 차이가 있을 것인지 불분명하다.

이와 관련해서, Daumiller, Dickhäuser와 Dresel(2019)은 숙달목표를 과제목표와 학습목표로, 수행목표를 규준목표와 능력목표로 구분한 후, 다시 각각을 접근형태와 회피형태로 나누어 관계목표, 일회피목표와 함께 측정하였다. 연구대상은 천여명의 독일 대학교 교강사 집단이었다. 구조방정식모형 분석 결과, 숙달목표 중에서는 과제접근목표가 강할수록 긍정적 정서와 도움요청의 유용성에 대한 인식이 높았고, 스스로 자신의 교수활동 질이 높다고 평가하였다. 학습접근목표가 강할수록 도움요청이 유용하다고 생각하고, 도움요청이 위협으로 작용한다는 생각이 적었다. 수행목표 중 능력접근목표가 강할수록 스스로의 교수활동 질을 높이 평가하였고, 반대로 능력회피목표가 강할수록 자신의 교수활동 질을 낮게 평가하였다. 또한 규준접근목표가 강할수록 긍정적 정서가 강해지고, 규준회피목표가 강할수록 긍정적 정서가 약해졌다. 이 연구의 결과는 규준목표와 능력목표의 접근−회피 형태를 구분할 필요성을 시사한다. 그러나 앞서 언급한 봉미미 등(2016)의 결과와 마찬가지로, 이 연구에서도 역시 능력접근−능력회피($r=.81$), 규준접근−규준회피($r=.75$) 등 같은 수행목표의 접근−회피목표 사이는 물론, 능력접근−규준접근($r=.68$), 능력회피−규준회피($r=.80$)와 같이 유인가가 같은 서로 다른 수행목표 사이, 심지어 능력접근−규준회피($r=.70$) 목표 사이에도 높은 상관이 존재하는 점은 향후 해결해야 할 과제이다.

4) 요약

학업상황에서 주로 적용되던 성취목표이론이 최근에는 수행에 관심을 두는 다양한 장면에 적용되고 있다. 예를 들어, 스포츠와 운동 관련 분야의 학술지들에서 선수들의 성취목표가 동기와 수행결과에 미치는 영향에 관한 연구와, 이 변인들 간 관계를 매개하는 관련 변인에 대한 연구들이 많이 보고되고 있다. 조직행동 연구 분야에서는 기업이나 생산현장의 조직원들의 성취목표를 다루는 경험적 연구가 증가하고 있으며, 앞에서 살펴본 Seijts 등(2004)의 연구와 같이 성취목표이론과 목표설정 이론과의 통합 시도 역시 계속 증가할 것으로 예측할 수 있다. 마지막으로 주목할 사항은 학업상황과는 달리 조직상황에서는 목표설정이나 성취목표와 같은 동기변 인측정 시 과제나 상황특수적 접근보다는 일반적 접근이 선호된다는 것인데, 이러한 경향은 조직장면에서는 이론이 제공하는 실용적인 측면에 더욱 관심을 두기 때문일 것이다. 마찬가지로 학업상황에서도 학생들의 일반적인 성취목표에 대한 이해가 학생지도에는 더 효율적인 접근일 수도 있다는 점을 상기할 필요가 있다.

제9장

흥미와 호기심

학습에 대한 흥미와 호기심은 학습의 주요 목적이면서 학습의 효과와 지속성에 지대한 영향을 미치는 변인이다. 그러나 흥미와 호기심은 개념적으로 혼용된 탓에 연구가 다소 미진할 뿐만 아니라 학습자의 흥미와 호기심은 학습에 꼭 필요한 동기 요인이 아니라 불필요하고 사치스러운 감정 정도로 취급받아 왔다. 그 결과, 대한민국 학생의 과학 및 수학 성취도는 세계 최정상급이지만, 안타깝게도 과학과 수학 교과에 대한 흥미는 가장 낮은 편에 속한다. 이 장에서는 흥미와 호기심을 구분하여 각각의 유형, 발생요인, 효과, 발달 등을 체계적으로 살펴보고, 흥미와 호기심 증진을 위한 학습환경 설계의 실제적인 방안을 모색해 보고자 한다.

1. 흥미

1) 흥미의 정의

흥미란 특정 대상과의 상호작용에서 오는 인지적-정서적 만족(즐거움)을 말한다. 흥미는 일시적인 정서 및 인지 효과와 더불어 장기적 측면에서 참여와 성취와 같은 동기 효과를 수반한다(Hidi, 1990). 특정 대상에 흥미를 느낀다는 것은 그 자극을 처리할 때 주의가 집중되며 에너지가 생겨나고 긍정적인 느낌이 들어 다시 접근하고 싶어지는 상태를 말한다. 따라서 흥미란 정서, 인지, 동기, 행동의 복합체이자, 기대-가치이론의 내재가치 개념과 자기결정이론에서 자율성, 유능성, 관계성 욕구가 만족되면 발생하는 내재동기와 유사하다. 실제로 내재동기를 측정하는 척도는 흥미척도와 구분하기 어렵다. 흥미 없는 내재동기는 없다. 내재동기 연구자들은 외부 보상에 의한 외재동기와의 구분을 전제로 하지만, 흥미는 타인의 인정과 같은 외부 보상에 의해서도 유발될 수 있다. 인간의 동기수준을 측정하는 효과적인 지표 중의 하나는 얼마나 오랫동안 그 행동을 지속하는가이다. 재미있는 일은 오래하게 마련이므로 외적 강화물을 제외하고 행동 지속성을 가장 효과적으로 예측하는 변인이 바로 흥미이다. 그럼에도 불구하고 유사개념과의 혼용 및 명확한 측정방법의 부재로 인해 흥미 연구는 발전이 더디었다.

흥미의 중요성을 제일 먼저 간파한 독일의 철학자 Johann F. Herbart는 흥미가 의미 있는 학습과 기억을 유도할 뿐만 아니라 성격과 자기개념의 핵심요소라 주장하였다(Herbart, 1806). 초창기 심리학자 William James와 John Dewey 역시 개인과 환경의 상호작용으로 발생하는 흥미가 행동을 조절한다고 보았다. James(1890)는 인간 마음의 핵심적이고 지배적인 힘으로 흥미를 꼽았다. 그는 우리가 외부 환경에서 제공되는 수많은 자극을 모두 의식적으로 경험하지 못하는 이유는 이러한 자극들이 개인의 흥미를 끌지 못하기 때문이라고 생각하였다. Dewey(1913)는 흥미를 개인적 의미를 지닌 실제 대상에 대한 능동적이며 추진력 있는 상태로 가정하였다. 그에 따르면, 노력에 기반한 학습은 기계적이어서 목적이나 가치를 상실한 채 훈련된 지식과 습관을 만들지만, 흥미에 기반한 학습은 즐거운 감정을 수반하고 심리적 욕구를 만족시키는 효과를 낳는다. 스키마의 재구성 과정을 실험적으로 입증한 Bartlett(1932) 역시 인간 기억에 있어서 흥미의 중요성을 강조하였다. 그는 흥미가 가이드하는 사회문화적 스키마에 의해 기억이 구성된다고 보았다.

캐나다 토론토 대학교의 Daniel Berlyne(1960, 1974)은 흥미에 관해 가장 먼저 체계적으로 연구한 사람이다. 그는 흥미를 친숙함-새로움, 단순-복잡, 기대-놀람, 명확-모호, 그리고 안정-변화 등의 대조(collative)변인들의 함수라고 보았다. 대조

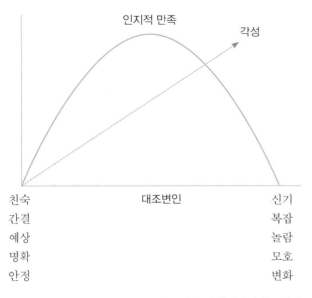

[그림 9-1] Berlyne의 대조변인과 각성 및 흥미와의 함수관계

변인은 자극의 구조적 혹은 형식적 속성으로, 갈등과 불확실성을 유도함으로써 개인의 심리적 상태에 영향을 주고 각성(arousal)이라는 생리적 변화를 수반한다. 대조변인과 각성수준은 선형 함수의 관계를 이루고 있다. 즉, 자극이 너무 새롭거나 복잡하거나 놀라우면 각성수준이 너무 높아져 과잉흥분이 되어 불안을 느끼고, 자극이 친숙하거나 단순하거나 기대에 딱 맞아떨어지면 각성수준이 너무 낮아져 지루하게 된다. 한편, 각성수준과 흥미는 뒤집어진 U자 모양의 함수 관계를 이루고 있어 각성수준이 너무 높거나 낮지 않을 때 최적의 흥미가 발생한다([그림 9-1] 참조). Berlyne의 연구는 주로 지각적 형태의 자극에 대한 판단을 다루었다. 실험참가자들에게 시각적 형태나 미술작품, 혹은 음악 등의 흥미도를 평정하게 한 결과, 대조변인의 각 차원에서 중간수준의 값을 지닌 자극(예: 적당히 새롭거나 복잡하거나 놀랍거나 모호한 자극)이 중간수준의 각성을 일으키고 최적의 흥미를 유발한다는 사실을 발견하였다(Berlyne, 1960, 1974).

2) 흥미의 유형

일반적으로 흥미와 호기심은 개념적으로 구분되지 않고 사용되어 왔다. Shin과 Kim(2019)은 이러한 개념의 혼용이 호기심 기제의 이해를 방해하였다고 비판하고 이를 구분하였다. 호기심은 인지적 흥미에 해당한다고 볼 수 있는데 흥미와 호기심의 가장 큰 차이는 정서가(valence)이다. 흥미는 긍정적인 정서를 수반하는 반면, 호기심은 정보의 공백(information gap)으로 인해 순간적으로 발생하는 불편한 각성상태이다(Grossnickle, 2016). 호기심이 성공적으로 해결되면 비로소 긍정적인 정서가 발생하므로 이때의 상태는 흥미와 유사하다. 이와 유사하게 Frick(1992)은 관심(interestedness)과 흥미(interestingness)를 구분하였다. 관심이란 한 사건의 결과를 알기 전에 느끼는 상태를 지칭하는 반면, 흥미란 사건의 결과 이후에 생기는 심리적 쾌감을 말한다. 관심은 호기심에 가까우며, 즐거운 감정은 상황적 흥미에 해당한다. 흥미와 호기심의 보다 상세한 구분은 뒤의 절에서 다루도록 하고 이 절에서는 흥미만을 다루고자 한다.

흥미는 크게 상황적 흥미(situational interest)와 개인적 흥미(individual interest)로 구분한다(Hidi, 1990; 〈표 9-1〉 참조). 개인적 흥미는 특정 대상, 주제, 혹은 활동

흥미 유형 \ 특성	개인적 흥미	상황적 흥미
대상	특정 주제나 활동	특정 자극이나 상황
발생 원인	개인적 성향	자극과의 상호작용 결과
발생 속도	점진적	즉각적
개인차	개인차 심함	개인차 적음
지속 정도	지속적	일시적
정서 및 인지	정서적	인지적
지식 및 가치체계와의 관계성	밀접함	적음

표 9-1 개인적 흥미와 상황적 흥미 비교(김성일, 1996)

에 대한 개인의 지속적 관심, 선호도 및 접근성향을 말한다. 비교적 서서히 발달되며, 대상에 따른 개인차가 심하고, 개인의 지식과 가치체계와 밀접한 관련이 있다(Krapp, Hidi, & Renninger, 1992). 따라서 개인적 흥미는 특정 대상에 대한 안정적인 동기 성향으로 정의할 수 있다(김성일, 1996). 개인적 흥미는 쉽게 주의집중을 하고, 깊게 몰입하게 하며, 더 많은 노력을 자발적으로 투입하도록 함으로써 행동의 선택 및 지속성에 강력한 영향을 미친다. 나아가 개인적 흥미는 가치나 목표와 통합되어 자기개념의 한 구성요소로 발달한다. 전문가들은 자신의 전문영역에 강한 개인적 흥미를 지니고 있으며, 장기간의 취미나 여가활동 역시 개인적 흥미의 대상이다. 이와 대조적으로 상황적 흥미는 특정 자극을 지각하거나 행위에 참여함으로써 즉각적으로 야기되는 긍정적 정서로, 비교적 단기간 지속되며 개인 간의 차이가 적다(Hidi & Baird, 1986). 상황적 흥미는 개인의 지식이나 가치체계와 같은 내부 요인이 아니라 주로 인지적-사회적 강화물과 같은 외부 요인에 의해 유발되는 즐거움과 만족감을 말한다(Shin & Kim, 2019). 상황적 흥미는 개인적 흥미로 발전하기 위한 시발점이다.

학습동기를 설명할 때 가장 중요한 변인은 바로 개인적 흥미이다. 그러나 개인적 흥미가 생겨나기 위해서는 상황적 흥미가 우선적으로 유발되어야 한다. 예를 들면, 과학시간에 선생님께 칭찬을 듣거나 게임과 같은 학습활동에 참여함으로써 학습자가 즐거움을 느꼈다면, 이는 상황적 흥미가 유발된 것이다. 이를 계기로 학년이 올라감에 따라 과학 관련 지식이 늘어나고 과학교과에 자신감이 생기면서 과학에 대한 가치가 증가하면 개인적 흥미가 유발된 것이다. 따라서 초기 학습단계 혹은 발달 초기에는 상황적 흥미의 유발에 초점을 맞추고, 점차 개인의 능력, 지식, 가치를 고려하여 개인적 흥미로 발전시키는 것이 바람직하다.

3) 흥미의 효과

흥미는 학습자의 정서, 인지 및 동기에 지대한 영향을 미친다(Hidi & Harackiewicz, 2000). 흥미를 느끼면 즐거움과 만족감으로 인해 기분이 좋아지고 나중에 다시 하고 싶은 욕구를 일으킨다. 흥미로운 자극을 처리하거나 흥미로운 활동을 할 때는 주의집중이 잘되며, 정교화 등의 인지 전략을 사용하여 이해, 기억, 학습이 증진된다(Schiefele, Krapp, & Winteler, 1992). 그 결과, 흥미는 자발적으로 특정 활동에 지속적으로 참여하도록 하며 자기조절적인 행동으로 이끈다.

흥미는 긍정적인 정서(즐거움, 만족감)를 수반한다. Deci(1992)는 흥미를 쾌락적인(hedonic) 정서가를 지니며, 흥분이나 즐거움과 같은 감정과 밀접한 관련이 있다고 보았다. 흥미를 기본 정서 중 하나로 간주한 Izard(2007)는 흥미가 탐색과 학습을 유발시켜 결과적으로 흥미 스키마가 발달하는 것으로 보았다. 상황적 흥미 척도들의 문항을 살펴보면 '즐겁다', '좋아한다', '흥분된다', '재미있다' 등의 긍정 정서를 표현하는 형용사가 대부분이다(Shin & Kim, 2019). 그러나 흥미가 반드시 긍정적인 정서를 수반하지 않는다고 주장하는 연구자들도 있다(Iran-Nejad, 1987). 일례로 뱀은 유쾌한 감정을 일으키지는 않지만 흥미로울 수 있으며, 사과주스에 대한 별다른 흥미 없이도 사과주스를 좋아할 수 있다는 것이다. 그러나 이때의 뱀은 흥미의 대상이라기보다는 호기심의 대상으로 보는 것이 타당하고, 사과주스를 특별히 좋아한다면 개인적 흥미가 있는 것이라고 볼 수 있다. 만약 특정 자극이 불편한 정서를 야기했다가 인지적 추론 과정을 거쳐 긍정적 정서로 바뀌었다면 이는 호기심 유발과 해결로 보아야 한다.

흥미와 관련된 초기 연구는 읽기 및 이해 분야에 집중되었는데, 흥미는 주의를 비롯하여 학습 및 기억과 관련된 각종 인지과정에 직접적 영향을 미치는 것으로 나타났다(글 이해 분야에서의 흥미는 김성일, 1996 참고). 예를 들면, 흥미로운 내용의 글을 읽을 때 집중이 잘되며 이해가 촉진되고 읽기 시간이 빨라진다(Anderson, Shirey, Wilson, & Fielding, 1987; Schiefele, 1996). 이는 자발적으로 주의가 할당되어 빠르고 효율적인 정보처리를 하기 때문이다(Hidi, 1995, 2001). 또한, 흥미는 정교화와 같은 깊은 처리를 유도하여(Schiefele & Krapp, 1996) 회상과 학습을 촉진시킨다(Hidi & Baird, 1988; McDaniel, Waddill, Finstad, & Bourg, 2000). 특정 주제에 대한 흥미는 학습효과와 학습의 지속성에도 강력한 영향을 미친다(Ainley, Hidi, & Berndorff, 2002). Fredrickson(2001)의 확장–축적 이론(broaden-and-build theory)에 따르면, 흥미를 포함한 긍정 정서는 주의와 사고의 폭을 확장시키므로 지식획득과 창의성의 핵심요소이다. 상황적 흥미의 인지적 효과는 이러한 일반 긍정 정서의 효과와 동일하다.

학습내용이나 과제의 중요하지 않은 측면을 흥미롭게 만드는 것은 학습자의 주의를 분산시키고 인지적 부담을 가중시켜 오히려 중요한 내용의 학습을 방해할 수 있다. 이처럼 흥미롭기는 하지만 중요하지 않은 정보를 유혹적 세부정보(seductive details)라 한다(Garner, Gillingham, & White, 1989). 학습과정을 흥미롭게 만들기 위해 신기하고 극적이지만 꼭 필요하지 않은 유혹적 세부정보를 사용하는 것은 주의해야 한다. 예를 들어, 불필요한 게임형식을 도입하거나 학습내용과 관련 없는 유머, 동영상, 삽화 등을 사용하는 것은 학습효과를 떨어뜨린다(Harp & Mayer, 1998; Kim, Yoon, Whang, Tversky, & Morrison, 2007).

흥미와 각 교과 학업성취도(수학, 과학, 사회, 외국어, 문학) 간의 관계를 메타분석한 결과, 대략 $r = .30$ 정도의 상관을 보였다(Schiefele et al., 1992). 국내 중·고등학생의 학업성취도와 흥미의 상관 역시 $r = .29 \sim .47$로 나타났다(윤미선, 김성일, 2004a). 개인적 흥미와 상황적 흥미를 구분하여 살펴보면, 개인적 흥미는 $r = .37 \sim .55$, 상황적 흥미는 $r = .10 \sim .34$로 개인적 흥미와 성취도와의 상관이 더 높았다(윤미선, 2007; 윤미선, 홍창용, 2006).

인지적 능력에 비해 흥미가 단기간 내의 학업성취도 점수나 성적을 예측하는 데에는 다소 한계가 있는 것은 사실이다. 그러나 흥미는 지속적인 노력을 통한 참여를 이끌어 장기적인 성과를 가져올 가능성이 높다(우연경, 김성일, 2015; Ainley et al., 2002). 김성일과 동료들은 국내 초·중·고 학생들의 수학 및 영어 교과 수업참여에 대한 상대적 예측력을 비교한 결과, 흥미가 유용가치보다 월등하게 강력한 예측 요인임을 확인하였다(송주연, Yi Jiang, 김성일, 2013; Kim, Jiang, & Song, 2015). 흥미가 수업참여를 유도하는 이유 중의 하나는 흥미가 노력이라는 비용을 적게 지각하게 하여 노력의 회피를 막기 때문이다(Song, Kim, & Bong, 2019). 그 결과, 흥미는 학습자로 하여금 학습내용에 대한 관심과 노력을 지속적으로 유지하는 효과를 갖는다. 장기적 관점에서 보면, 흥미가 학업태도, 학업참여나 노력에 미치는 영향은 점차적으로 커져 궁극적인 성취를 향상시킨다. 실제로 학습내용의 가치를 높이는 다양한 방식으로 학습자의 흥미를 증진시킨 중재연구들은 일관되게 향상된 성취도를 보고하고 있다(Hulleman & Harackiewicz, 2009). 게다가 학업성취도가 기억에 의존하는 시험이 아니라, 깊은 이해나 사고를 바탕으로 하는 문제해결 차원의 과제나 수행평가 방식으로 측정되는 경우에는 흥미가 성취수준에 미치는 영향은 더욱 커질 수도 있다.

잘 발달된 개인적 흥미는 내재동기의 본질이므로 흥미는 동기와 관련된 여러 구인과의 상관이 매우 높다. 흥미는 숙달목표와 과제가치와 상관이 높으며(Hulleman, Durik, Schweigert, & Harackiewicz, 2008), 특정 교과나 과제에 흥미를 보일수록 자기효능감이 높고(Bong, Lee, & Woo, 2015) 자기조절도 잘하는 경향이 있는 것으로 나타났다(Lee, Lee, & Bong, 2014; Sansone & Smith, 2000). 학업상황이나 일상생활에서의 각종 선택을 예측하는 데에도 흥미가 결정적인 역할을 한다(Meece, Wigfield, & Eccles, 1990). 예를 들면, 학창 시절 발생한 흥미는 교과, 방과 후 활동, 전공, 진로, 여가활동 선택에 이르기까지 인생의 여러 측면에서 막대한 영향을 미친다(김성일, 윤미선, 소연희, 2008; Harackiewicz et al., 2008). 또한 흥미로운 활동에 의도적으로 참여하거나 관심 영역이 있는 경우, 삶의 만족도와 주관적 안녕감 역시 높은 것으로 나타났다(Sheldon & Elliot, 1999; Sheldon & Lyubomirsky, 2007).

4) 흥미발달

흥미가 어떻게 발달하는지에 대한 확고한 이론은 없지만, 흥미이론가들은 상황적 흥미가 촉발되어 개인적 흥미로 발전한다는 데에는 이견이 없다. 상황적 흥미의 중요성을 맨 처음 강조한 Mitchell(1993)은 모둠활동, 컴퓨터, 퍼즐이 수학에서의 상황적 흥미를 유발하지만 개인적 관련성이나 관여가 상황적 흥미를 유지시킨다고 보았다. Hidi와 Renninger(2006)는 상황적 흥미가 개인적 흥미로 발달하는 과정에서 촉발된(triggered) 흥미, 유지된(maintained) 흥미, 새로 생겨난(emerging) 흥미, 잘 발달된(well-developed) 흥미의 네 가지 유형을 제안하였다. 앞의 두 가지는 상황적 흥미, 뒤의 두 가지는 개인적 흥미에 해당한다. 상황적 흥미는 대상이나 활동에서 오는 일시적 정서반응이므로 다양한 방식으로 외부 요인에 의해 촉발될 수 있다. 그러나 일시적인 상황적 흥미가 지속적인 개인적 흥미로 발달하기 위해서는 지식의 습득과 가치의 내면화가 필수적이다. 특정 내용에 대해 알면 알수록 재미를 느끼고 가치롭게 여기기 때문이다. 일단 상황적 흥미를 느낀 다음에는 계속 새로운 지식이나 기술을 습득하고 있다는 자각이 중요하며, 이를 자신의 가치체계와 통합하여야 개인적 흥미로 발달한다. 이렇게 생겨난 개인적 흥미는 미래 가치인 목표와 자연스럽게 연결되고 목표지향적 자기조절과정을 통해 유지된다.

학년이 올라갈수록 교과에 대한 흥미가 떨어지는 현상은 전 세계에 공통적이다 (Lepper, Corpus, & Iyengar, 2005). 교과 흥미에 대한 국내 연구결과를 보면, 학년이 올라가면서 수학에서의 흥미는 감소하지만 사회교과 흥미는 증가하는 등 교과에 따라 차이가 나기도 한다(윤미선, 김성일, 2003; 한국 학생들의 학업흥미 발달에 관해서는 김성일 외, 2008 참고). 국내 중·고등학생의 교과 흥미의 변화를 종단적으로 살펴본 결과, 학교급이 높아짐에 따라 영어에 대한 흥미는 증가하는 데 반해 과학에 대한 흥미는 감소하는 것으로 나타났다(임효진, 2012). 이러한 교과별 흥미 변화의 차이는 교과의 특성에 기인한 것으로 여겨진다. 사회와 영어 교과에 대한 흥미의 증가는 학년이 증가함에 따라 사회교과에서 배우는 내용에 대한 자기관련성이 높아졌기 때문으로 해석할 수 있으며(김성일 외, 2008), 영어교과에서는 유용가치를 더욱 절실하게 지각하기 때문일 가능성이 높다(우연경, 김성일, 2015).

학년이 올라감에 따라 학업흥미가 감소하는 이유는 청소년 시기의 발달적 특성 (자아정체성 위기, 새로움 추구, 자율성)과 학습환경(교수 및 평가방식)과의 불일치에 있다(김성일, 2008; Wigfield, Eccles, MacIver, Reuman, & Midgley, 1991). 자아정체성이 확립되지 않은 청소년기는 자율성과 새로움을 추구하려는 욕구가 강한 데 반해, 학교급이 올라갈수록 통제적이고 경쟁적인 학습환경이 학습자의 유능감을 저하시키고 지루함과 불안을 증폭시킨다(김성일, 2013). 청소년은 학교 밖의 환경에서 새로운 자극들을 자주 경험하므로 박물관, 운동경기장, 놀이공원, 공연장에서도 다양한 분야(예술, 건강, 과학, 역사)의 흥미가 유발될 수 있는 환경을 설계하여야 한다(김성일,

2003). Reynolds와 Walberg(1992)에 따르면, 초·중학교 시절에 형성된 흥미는 쉽게 변하지 않는 경향이 있으므로 학습 초기에 형성된 교과 흥미나 태도는 향후 교과 선택과 진로결정에 큰 영향을 미치게 된다. 초·중학교 시절의 교육목표와 방향이 학습자의 흥미 유발에 초점을 맞추어야 하는 이유이다.

김성일과 동료들은 수학교과에서 수업참여와 성취에 대한 흥미와 유용성의 상대적 예측력을 학년별로 비교하였다(Kim et al., 2015). 그 결과, 초등학생의 경우 흥미가 학업성취를 예측하지는 못하였지만, 중·고등학생의 학업성취는 직접적으로 예측하였다. 이는 초등학교 시기에 촉발된 상황적 흥미가 나타난 반면, 중·고등학교 시기에는 유지된 상황적 흥미나 개인적 흥미가 생겼다는 점을 시사한다. 학년, 교과 및 개인차(능력, 성차) 등에 따라 흥미발달 패턴 및 상황적 흥미의 주요 원인이 달라질 수 있으므로 종단연구와 함께 세부적인 조절변인을 탐색하는 연구가 필요하다(송주연, Yi Jiang, 김성일, 2013).

5) 교육현장 적용과 시사점: 흥미 유발을 위한 학습환경 설계

학습에서 흥미의 중요성에도 불구하고 실제 학교에서는 흥미를 불필요하거나 사치스러운 감정으로 치부하고, 심지어 흥미를 없애는 각종 방법을 적극 활용하고 있는 형국이다(윤미선, 김성일, 2004b). 예를 들면, 학습자와 관련 없는 교과내용, 선행학습으로 새로움이 전혀 없는 수업, 학습내용의 무한반복, 상대평가와 경쟁으로 인한 불안, 실수가 용납되지 않는 평가 등이 그러하다(김성일 외, 2008). 그 결과, 한국 학생들의 과학 및 수학 학업성취도는 세계 최고 수준인데, 학업흥미도는 다른 국가에 비해 현저히 낮다. 흥미를 잃으면서 얻어낸 성취는 무의미하므로 학습자의 흥미를 유발시키는 학습환경을 설계하는 일은 무엇보다 시급하다.

Bergin(1999)은 교실에서의 흥미 유발 요인으로 소속감, 정서, 유능감, 목표 관련성, 사전지식 등의 개인적 요인과 참여활동, 불일치, 신기성, 사회적 상호작용, 모델링, 환상(fantasy), 유머 등의 상황적 요인을 제안하였다. 일반적으로 학습자를 기분 좋게 하는 욕구 충족 상황은 상황적 흥미를 유발한다. 예를 들어, 학습활동에 선택권이 주어지거나(자율성 욕구), 칭찬을 받거나(유능감 욕구), 또래와의 상호작용(소속감 욕구)을 하면 상황적 흥미를 느낀다(Bergin, 2016; Thoman, Sansone, & Pasupathi,

2007). 청소년기는 보상에 민감한 시기이므로 적절한 조건에서 보상을 잘 사용하면 상황적 흥미를 유발할 수 있다(김성일, 2013). 예를 들어, 학습 초기 단계에 다양한 언어적 보상을 간헐적으로 사용하고, 통제의 수단으로 보상을 활용하지 않으면 보상은 상황적 흥미를 높이는 데 효과적으로 활용될 수 있다.

김성일과 윤미선(2004)에 따르면, 교실에서의 상황적 흥미는 학습자, 학습자료, 학습활동 간의 상호작용에 의해 발생한다. 학습자의 특성에 따라 어떤 학습자료를 어떤 활동을 통해 처리하는지가 상황적 흥미 유발 여부를 결정짓는다. 예를 들면, 성실성이 낮은 학습자에게 흥미는 특히 중요한 역할을 하며(Trautwein et al., 2015), 자기효능감이 낮은 학습자는 경쟁이 약한 상황에서 흥미가 높은 것으로 나타났다(소연희, 김성일, 2005). 절차적 지식을 습득하는 경우에는 학습 동안 동일한 과정이 반복되므로 지루해지기 쉽다. 이때 학습자가 신기성(novelty)을 느낄 수 있도록, 동일한 학습내용을 새로운 맥락에서 상이한 과제나 다양한 학습활동을 통해 접하도록 하면 흥미를 유지할 수 있다(김성일 외, 2003, 2004; 이명진, 김성일, 2003).

특정 내용을 학습해야 하는 이유를 실제 생활과 연관지어 제시하면 개인적 관련성이 높아져 상황적 흥미가 발생한다(Brown, Collins, & Duguid, 1989). Hoffmann (2002)은 생물학이나 화학에 비해 여학생들의 선호도가 현저하게 낮은 물리학에 대한 여중생들의 흥미를 증진시키는 중재 프로그램을 개발하였다. 그녀는 물리학의 주요개념이 주로 운동, 힘, 속도 등의 남성적 개념이라 여성에게 적합하지 않다고 판단하고 학습내용을 여학생의 관심과 실생활에 맞도록 수정하였다. 예를 들어, '파동'은 '악기 만들기', '열'은 '음식 만들기'의 맥락에서 학습내용을 재구성한 결과, 여학생의 교과 흥미와 성취가 향상되었다. 국내 연구진 역시 초등학생을 대상으로 다양한 직업 및 공동체 가치와 관련된 과학의 유용성을 강조함으로써 과학에 대한 흥미를 증진시켰다(Shin et al., 2019).

상황적 흥미가 개인적 흥미로 발달하는 과정에서 가치의 내면화가 중요하므로 학습을 의미 있고 가치 있는 과정으로 지각하도록 하여 학습자의 참여를 유도하면 흥미는 증진될 수 있다. Harackiewicz와 동료들은 학습내용의 유용함을 알려 주거나 학습내용이 실생활에 어떻게 적용될 수 있는지를 직접 기술하게 하는 방식으로 유용가치를 조작하여 흥미를 증진시켰다(Durik & Harackiewicz, 2007; Hulleman & Harackiewicz, 2009). 그러나 유용가치가 학업성취를 예측하는 데는 자기효능감이 낮은 학습자들에게서만 상황적 흥미의 매개효과가 나타났다(우연경, 2014).

대학생과 고등학생의 흥미와 숙달목표의 관계를 종단적으로 살펴본 결과, 초기의 숙달목표는 나중의 학업흥미를 예측하였다(Harackiewicz et al., 2008). 연구자들은 숙달목표가 과제의 가치를 깨닫게 하여 후속 흥미를 발달시키는 것으로 해석하였다(Harackiewicz & Hulleman, 2010). 따라서 학습상황에서 숙달목표를 강조하여 학습자가 과제의 가치를 발견하도록 도와주는 것은 궁극적으로 흥미를 유발하는 좋은 방법이 될 수 있다.

학습자가 과제를 수행할 때 최소한의 유능감을 느끼지 못하면 흥미는 금세 사라진다(이선영, 김성일, 2005; Lepper & Henderlong, 2000). 김성일 등(2008)은 자율성 박탈, 지나친 경쟁과 상대평가를 흥미 저하의 주범으로 꼽았다. 숙달목표를 강조하고 학습자의 흥미를 유발하기 위해서는 피드백과 평가방식의 변화가 절실하다(김성일 외, 2005; 윤미선, 김성일, 2003). 상대평가가 만연한 경쟁적 학습에서는 실패에 대한 두려움으로 인해 학업에 대한 흥미도가 떨어질 수밖에 없다(최정선, 김성일, 2004; Bong, 2003). Kim, Lee, Chung과 Bong(2010)은 fMRI를 사용하여 상대평가 시 뇌의 변화를 관찰한 결과, 평균보다 잘하고 있다는 비교적 긍정적인 평가를 받을 때조차, 자신감이 낮고 수행목표가 높은 참가자들은 두려움을 느끼는 것으로 나타났다. 경쟁이 심한 상황에서는 현재의 성공이 나중의 성공을 보장하지 못하기 때문에 모두를 늘 불안하게 만든다. 대부분의 학생이 피드백으로 받고 있는 석차는 개인의 숙달 정도나 수행향상에 대한 아무런 정보를 제공하지 않는다. 학습자의 유능감을 높이는 평가방식은 자신의 숙달 정도를 모니터링할 수 있는 구체적 정보를 제공하는 것이다(권은주, 김성일, 2003). 비록 오류나 실패를 알려 주는 부정적 피드백일지라도 왜 틀렸는지에 대한 정보를 제공하면 보상과 관련된 뇌가 활성화되어 긍정적인 효과를 수반한다(Kim, Hwang, & Lee, 2018; Woo et al., 2015).

상황적 흥미를 증진시키기 위한 또 다른 방법은 학습자들에게 선택권을 제공하여 자율적인 학습환경을 만드는 것이다. 선택의 기회가 제공되어 스스로 결정하여 주체적이 되면 과제에 대한 흥미는 증가하게 된다(Cordova & Lepper, 1996; Flowerday, Schraw, & Stevens, 2004). 그러나 선택권이 언제나 과제 흥미를 증가시키지는 않는다. 개인적 흥미가 높은 경우나 유능감이 낮은 경우에는 과제에 대한 구체적인 정보를 제공할 경우에만 선택권 제공이 흥미를 유발하는 것으로 나타났다(김원식, 김성일, 2005; Patall, 2013). 중요한 타인의 의견을 존중하는 상호의존적 문화권이나 선택의 범위가 너무 넓은 경우, 혹은 선택의 강화효과를 경험하지 못한 개인의 경우에는 자율적 선택이 반드시 흥미를 불러일으키지 않을 수도 있다(소연희, 김성일, 2006; 오미진, 김성일, 2007; Iyengar & Lepper, 2000). 따라서 의미 있는 선택이 이루어질 수 있도록 충분한 사전 정보가 제공되고, 선택의 결과가 치명적이지 않도록 다양한 기회가 제공되는 환경이 뒷받침되어야 할 것이다(김성일, 2013).

학습상황에서 동료 학습자와의 상호작용은 상황적 흥미를 유발한다(Bergin, 2016; Mitchell, 1993). 특히 청소년 시기에는 또래와의 상호작용이 중요한 보상으로 작용한다(김성일, 2013). 또래 교수(peer tutoring)나 다양한 유형의 협동학습은 사회적 관계에 대한 욕구를 충족시키므로 학습자의 상황적 흥미 유발에 적절한 방법이다(손영, 김성일, 2005). 그러나 흥미 수준이 다른 학습자들이 모둠활동을 할 경우에는 부작용이 발생할 수도 있으므로 학습자의 흥미발달 단계를 고려하는 것이 중요하다(Lipstein & Renninger, 2007). 유사한 흥미를 보이는 학생들이 함께 상호작용하여 서로의 흥미를 공유하고 이를 발전시킬 수 있도록 학습자의 개인적 흥미에 따른 교과목 선택의 폭을 넓혀 주는 것이 바람직하다(김성일, 윤미선, 2004).

학습내용을 쉽게 이해할 수 있도록 잘 구성된 교재를 사용하여 사전지식을 충분히 제공하는 것 역시 흥미 유발에 도움을 준다(Schraw, Flowerday, & Lehman, 2001). 특히 만화는 이야기 구조를 토대로 생생하고 구체적인 이미지를 제공할 뿐만 아니라 컷이 나뉘어 있어 인지적 관여를 유도하기 적절한 방식이므로 만화를 이용한 교재를 개발하고 이를 적극 활용하는 것도 흥미를 유발하는 좋은 방법이다(임묘진, 김성일, 2006; 최인희, 김성일, 2008). 이 외에도 김성일과 윤미선(2004)은 흥미를 증진시키는 방법으로 학습자의 개인차를 고려한 지능형 교수기계를 활용한 개별화 학습, 개인적 흥미를 중심으로 한 통합교과의 개발, 특기 적성 교육의 활성화 등을 주장하였다. 발달 시기, 교과의 특성, 개인차 등의 요소들도 흥미 유발의 조절변인으로 작용할 가능성이 높으므로 보다 체계적인 연구를 통해 흥미 기반 학습환경을 설계해야 할 것이다.

2. 호기심

1) 호기심의 기능

호기심은 알고자 하는 욕망이다. 이는 환경에 적응하기 위한 학습에 매우 적합하고 유용한 심리적 기제이다. 호기심이 없으면 새로운 자극에 대한 탐색이 줄어들고, 정보획득과 학습이 일어나지 않아 궁극적으로 적응이 어렵게 된다. 이렇듯 호기심의 진화적 기능은 학습에 있다. Shin과 Kim(2019)은 호기심을 식욕에 비유하였다. 영양소가 결핍되면 식욕이 생기듯, 정보가 생략되면 인지적 식욕이 생기게 마련이다. 배고픔과 식욕의 관계는 동전의 양면 같아서 불편함과 기대가 공존한다. 음식을 눈앞에 두고 있을 때의 식욕은 맛에 대한 기대로 좋은 기분을 유발하지만, 오랫동안 음식을 발견하지 못하면 식욕은 곧 고통이다. 마찬가지로 호기심이 조만간 충족될 거라는 기대가 들면 긍정적인 정서를 느끼지만, 언제 충족될지 모르는 호기심은 불편하다. 음식의 결핍은 자동으로 생물학적 식욕을 유발하지만, 정보의 공백이 반드시 인지적 식욕을 유발하지는 않는다. 호기심은 적응에 유리할 수 있지만, 생존에 필수적인 것은 아닐 뿐더러 비용이 들기 때문이다. 정보 공백을 메꿀 자신이 없거나, 정보탐색을 위해 시간과 노력이 많이 든다고 판단되면, 그냥 호기심을 없애 버리면 된다. 호기심이 생겨나도 주의를 다른 곳으로 돌리면 불편한 심리상태에서 쉽사리 벗어날 수 있다. 호기심을 성공적으로 해결해 본 경험이 많지 않은 사람은 주로 이러한 전략을 사용한다. 반면 호기심을 해결해 본 경험이 있는 사람들은 불편함을 무릅쓰고 적극적으로 정보를 탐색하여 인지적 식욕을 충족시켜 성공적인 학습에 도달하는 차이를 보인다.

2) 호기심의 발생 기제

Berlyne(1974)의 대조변인은 호기심을 불러일으키는 자극 특성으로 정보의 공백을 만든다. 예를 들어, 새롭거나 모호한 자극은 기존의 지식으로는 쉽게 해결되지 않아 정보 공백이 생기고 불확실함으로 이어진다. 새롭거나 모호한 자극이 안전이나 위험의 신호인지 확인하지 않으면 불안은 계속될 수밖에 없다. 호기심으로 인해 특정 자극에 주의를 기울이고 정보탐색을 거쳐 자극의 안전 여부를 학습하는 것은 매우 적응적인 행위이다. 정보 공백은 알고 있는 것과 알고 싶은 것 사이의 간격이다. Loewenstein(1994)의 정보 공백 이론에 따르면, 무엇을 모른다는 자각은 높은 각성상태와 불안을 야기한다. 누구나 이 불편한 심리상태에서 벗어나려 하며 심지어 부정적인 결과일지라도 알고 싶어 한다. 배우자의 부정 소문, 망친 시험성적, 염려되는 건강검진의 결과 등이 그러한 예이다. 호기심은 지식이 결핍된 상태이므로 이를 방치하는 것은 환경에 대한 이해 부족과 통제 능력의 손실을 의미한다. 환경에 적응하기 위해 호기심은 자동적으로 정보탐색을 유도한다. 그러나 호기심 해결의 성공 여부는 개인의 능력이나 정보 획득의 용이함, 시간과 노력의 투자 등 여러 요소에 의해 결정된다.

다수의 연구자가 호기심을 인지적 정보처리과정으로 파악하였다. Kintsch(1980)는 글 이해 과정에서의 흥미를 정서적 흥미와 인지적 흥미로 구분하였다. 정서적 흥미는 자동적인 각성효과나 직접적인 정서반응을 일으키는 사건에 의해 야기되는 흥미로 상황적 흥미와 유사하다. 반면 인지적 흥미는 글의 구조적 특성과 사전 지식과의 상호작용에 의해 유발되는 호기심에 해당한다. 그는 사후 해결가능성(postdictability)이란 개념을 제안하여, 이상하거나 놀라운 정보가 이야기의 맥락 내에서 해결되는(resolved) 과정을 호기심으로 보았다. 이와 유사하게 Mandler(1982)는 글을 읽는 동안 스크립트와 불일치하는 정보가 나오게 되면 능동적인 기대가 붕괴되어 호기심이 발생한다고 주장하였다. Kim(1999)은 적절히 생략된 정보가 인지적 추론을 유도하면 호기심이 발생한다고 보았다. Kang 등(2009)의 연구에서 수수께끼에 대한 호기심은 답에 대한 확신과 뒤집어진 U자 모양의 관계를 이루었다. 즉, 답에 대한 지식이 전혀 없을 때와 답을 완전히 확신할 때 호기심은 줄어들며 대신 답을 알듯 말듯 할 때 답을 알고 싶은 욕구는 최고조에 달한다. 특정 내용이 기억나지는 않고 입안에서 뱅뱅 맴도는 설단(tip-of-the-tongue) 현상이 대표적인 예이다. 이 순간의 심리적 상태는 즐거움이라기보다는 답답함에 가깝다.

호기심이 충족될 것으로 기대하거나 실제로 호기심이 해결되면 인지적 만족을 느낀다. 호기심은 정보 공백에서 시작되어 최종 해결에 이르기까지 하나의 주기로 이루어진다. 호기심 해결은 만족스러운 상태이지만 호기심 자체는 불확실한 상태를 감내해야 하는 부정적 정서를 수반한다(Litman & Jimerson, 2004; Shin & Kim, 2019). 호기심에 관한 뇌영상 연구결과에 따르면, 호기심이 유발될 때는 갈등과 각성을 담당하는 뇌 영역이 활성화되지만, 호기심이 해결될 거라고 기대하거나 실제로 호기심이 해결되었을 때에는 보상 관련 뇌 영역이 활성화되는 것으로 나타났다(Gruber, Gelman, & Ranganath, 2014; Kidd & Hayden, 2015).

3) 흥미와 호기심의 구분

호기심과 흥미는 유의어로 혼용되어 왔으나 Shin과 Kim(2019)은 상황적 흥미와 호기심을 개념적으로 구분하고 각각 개인적 흥미로 발달하는 별도의 과정을 기술하였다([그림 9-2], 〈표 9-2〉 참조). 이들의 구분에 따르면, 호기심과 상황적 흥미는, ① 이론적 설명틀, ② 생물학적 기제, ③ 유발요소, ④ 관련 정서, ⑤ 정보탐색 차원에서 차이가 난다. 상황적 흥미는 쾌감을 주는 자극에 접근하려는 쾌락원칙(hedonic principle)으로 설명될 수 있는 반면, 호기심은 항상성 유지를 위한 추동이론(drive theory)으로 설명된다. 상황적 흥미는 뇌의 아편계(opioid) 선호(liking) 시스템과, 호기심은 도파민계 원함(wanting) 시스템과 각각 관련된다. 상황적 흥미는 칭찬, 사회적 상호작용이나 자율성지지와 같이 즐거움과 만족을 주는 다양한 원천에 의해 유발되지만, 호기심은 새로움, 모호함, 놀람 같은 자극의 대조적 특성으로 인한 정보 공백에 의해 유발된다. 상황적 흥미는 만족이라는 긍정적 정서를, 호기심은 불확실성이라는 부정적 각성상태를 수반한다. 또한 상황적 흥미는 주제와 관련된 제반 정보에 접근하도록 하는 반면, 호기심은 정보 공백을 메꿀 특정 지식을 적극적으로 탐색하도록 한다.

상황적 흥미와 호기심 모두 가치와 지식이 더해지면서 개인적 흥미로 발달한다는 점은 동일하다(Hidi & Renninger, 2006). 그러나 상황적 흥미는 흥미를 느끼는 대상에 대한 접근성향을 증가시키는 반면, 호기심은 적극적인 정보추구를 통한 학습을 유도한다. 지속적인 인지적 탐색을 통한 호기심 해결은 학습의 증진과 지식의 확장을 이끈다. 그 결과, 상황적 흥미에 비해 호기심은 훨씬 강력한 개인적 흥미를 유발한다. 일단 특정 주제에 대한 개인적 흥미가 발생하면, 그와 관련된 내용에 대한 호기심 또한 지속적으로 발생한다(Shin & Kim, 2019). 예를 들면, 과학수업 시간

표 9-2	호기심과 상황적 흥미의 비교(Shin & Kim, 2019)

	상황적 흥미	호기심
이론적 설명	쾌락원칙	추동이론
원인	즐거움을 유발하는 맥락 요인들	정보의 공백
정서	긍정 정서	부정적 각성
지식특성	관심 주제에 대한 일반적 지식	정보 공백을 해결할 특정 지식
인지적 해결	불필요	필수적
개인적 흥미와의 관계	개인적 흥미 이전 단계	상보적 관계

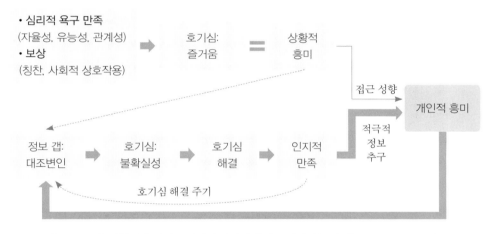

[그림 9-2] 상황적 흥미와 호기심이 개인적 흥미로 발달하는 과정(Shin & Kim, 2019)

에 친구들과 같이 실험하는 활동이 즐겁고 모둠활동 결과에 대해 칭찬을 받아 과학
수업에 재미를 느꼈다면, 이는 상황적 흥미가 발생한 것이다. 그러나 다음 과학시
간에 수업이 지루하거나 교사의 인정을 받지 못하면, 상황적 흥미는 금방 사라진
다. 반면 과학실험 도중 예상치 못한 실험결과에 놀라서 왜 그런 현상이 발생하는
지 궁금해졌다면, 호기심이 생긴 것이다. 호기심을 해결하기 위해 교사에게 물어보
거나 스스로 정보를 탐색하여 호기심이 충족되면, 인지적 만족을 느끼게 된다. 상
황적 흥미는 주로 외부 요인들에 의해 결정되는 반면, 호기심 충족은 개인 주도적
인 정보탐색-인지적 추리 및 학습활동의 결과이다. 호기심 충족 주기가 여러 차례
반복되면, 누적된 학습효과로 인해 과학에 대한 지식과 가치가 증가하여 개인적 흥

미로 발전하게 된다. 과학에 대한 개인적 흥미는 다시 과학 관련 정보에 대한 호기심을 끊임없이 유발시키는 순환적 효과를 가져와 호기심과 개인적 흥미는 계속 상보적인 관계를 유지하며 발전한다.

4) 호기심의 유형

많은 심리적 구인을 상태와 특성으로 구분하듯 호기심 역시 상태 호기심(state curiosity)과 특성 호기심(trait curiosity)으로 구분하기도 한다. 상태 호기심은 특정 자극이나 상황에 의해 유발되는 호기심으로 대부분의 사람에게 보편적으로 발생한다. 반면 특성 호기심은 선천적으로 타고나는 안정적인 개인 성향으로서의 호기심이다. 특성 호기심이 높은 사람은 호기심을 자주 강하게 오래 느낄 뿐만 아니라 새로운 경험에 대한 개방성이 높고, 모호함을 잘 견디며, 인지적 욕구가 높은 것으로 알려져 있다(Litman, 2010; McCrae, 1996).

불확실성이 호기심이라는 불편한 각성상태의 직접 원인이기는 하지만, 불확실성은 두 가지 조건에 의해 야기된다. 하나는 지식이 부족한 경우이고, 다른 하나는 예상이 깨질 때이다. 둘 다 호기심을 유발하지만, 후자의 경우 놀람(surprise)이라는 독특한 심리적 반응을 수반하여 더욱 강력한 궁금증을 유발한다. Shin과 Kim(2019)은 이를 순행 호기심(forward curiosity)과 역행 호기심(backward curiosity)이라 명명하였다. Piaget(1977)의 인지적 불평형(cognitive disequilibrium)과 Rescorla와 Wagner(1972)의 연합학습 모형과 유사하게, 역행 호기심에서의 놀람은 기대가 어긋났을 때 발생하는 일종의 예측오류(prediction error) 신호로 주의를 집중시키고 학습을 유도한다. 예를 들어, 수수께끼의 답을 전혀 모르는 경우의 순행 호기심은 단순히 답이 무엇인지 알고 싶다는 욕구이다. 반면, 예상을 깨는 답을 알게 되었을 때의 역행 호기심은 놀람과 동시에 "왜?"라는 질문을 유발한다. 그리고 이를 해결하기 위한 본격적인 인지적 탐색이 시작된다. Marvin과 Shohamy(2016)는 정보를 보상으로 간주하고 보상예측오류(reward prediction error)에 빗대어 호기심을 정보예측오류(information prediction error)로 보았다. 이는 전형적인 강화학습 모형으로 예측을 벗어나는 정보가 강력한 보상 역할을 하여 학습을 주도한다는 관점이다. 따라서 놀람이 포함된 역행 호기심은 꾸준한 인지적 탐색과 학습을 이끌어 내는 데 효과적이다.

이와 유사하게 Litman과 Jimerson(2004)은 호기심을 흥미(I)-유형(interest-type) 호기심과 박탈(D)-유형(deprivation-type) 호기심으로 구분한다. D-유형 호기심은 정보의 박탈로 인한 불편한 심리에서 비롯되는 반면, I-유형 호기심은 새로운 지식에 대한 긍정적 태도를 말한다. I-유형은 상황적 흥미와 관련되지만, D-유형은 상황적 흥미를 일시적으로 감소시킨다. 일반적으로 D-유형 호기심이 I-유형 호기심보다 더 강력하며, 지속적인 정보추구 행동으로 이끈다. 이러한 구분은 좋아함(liking)과 원함(wanting)을 담당하는 뇌 영역이 구분되어 있다는 Berridge(2007)의 신경생물학적 연구에 기반하고 있다(Kim, Reeve, & Bong, 2016). 좋아함은 자극 처리 후의 정서적인 평가결과인 반면, 원함은 자극 처리 직전의 접근준비 상태를 말한다.

5) 호기심 효과

호기심은 학습과 기억에 긍정적인 영향을 미칠 뿐만 아니라(Kang et al., 2009; Marvin & Shohamy, 2016) 직장에서의 성취나 작업 수행을 잘 예측한다(Mussel, 2013). 호기심 많은 사람은 새롭고 도전적인 자극에 접근하고 배우는 것을 선호하기 때문에 학업성취도 역시 높다(Von Stumm, Hell, & Chamorro-Premuzic, 2011). 또한, 기대에 어긋난 것을 선호하는 경향이 있고 위험을 감수하므로 창의적일 가능성이 높다(Kashdan & Silvia, 2009). 특히 기억에 있어서는 호기심의 효과가 강력한 것으로 일관되게 보고되고 있다. 지각적으로 흐릿하게 하여 호기심을 유발한 그림과 궁금한 수수께끼일수록 기억이 잘되었으며, 이 과정에서 기억과 학습을 담당하는 해마의 활성화가 관찰되었다(Gruber et al., 2014; Kang et al., 2009).

Stahl과 Feigenson(2015)은 기대위반(violation of expectation)이 유아의 학습과 발달을 이끈다고 주장하였다. 11개월 유아들은 기대에 부합하는 장면보다 기대에 어긋나는 장면에서 더 많은 학습과 정보탐색을 하였다. 많은 발달심리 연구에서 아동들은 설명이 없거나 헷갈리게 만든 장난감을 가지고 노는 것을 더 선호한다는 사실이 밝혀졌다(Schulz & Bonawitz, 2007). 이는 아동이 불확실하거나 모호한 상황에서 가설검증의 방식을 통해 세상의 인과율을 학습한다는 점을 시사한다. 즉, 호기심이 전략적 정보탐색을 통해 세상을 이해하는 핵심기제라는 의미이다.

호기심은 개방성, 사회성, 건강, 수명과 높은 상관을 보인다(Swan & Carmelli, 1996). 호기심이 많은 사람은 타인에게 낮은 공격성을 보이며, 낯선 사람과의 만남에 대해서도 긍정적인 태도를 보이는 것으로 나타났다(Gallagher & Lopez, 2007; Kashdan, Rose, & Fincham, 2004). 이러한 경향은 호기심이 강한 사람이 스트레스 상황을 도전적인 것으로 지각하고, 어려움을 솔직하게 표현하며, 적극적으로 새로운 해결책을 모색하는 경향이 있기 때문인 것으로 해석된다(Langer, 1992). 또한 호기심이 많은 사람은 보다 적극적으로 삶의 의미를 추구하여 삶의 만족도 역시 높은 것으로 나타났다(Kashdan & Silvia, 2009; Kashdan & Steger, 2007).

6) 교육적 적용과 시사점

식욕이 없으면 음식을 먹지 않듯이 인지적 식욕이 없으면 정보를 처리하지 않는다. 호기심이 없는 학습자에게 정보를 강제로 주입하는 것은 마치 배가 고프지 않은 아이에게 강제로 음식을 떠먹이는 것과 같다. 적당히 배가 고파야 음식을 맛있게 먹는 것처럼 가장 효과적인 학습은 정보의 공백이 야기하는 호기심에서 비롯된다(Shin & Kim, 2019).

호기심을 유발하는 확실한 방법은 학습자의 사전지식 체계에서 정보 공백을 만들기 위해 정보를 생략하여 자연스러운 추론을 유도하는 것이다(Kim, 1999). 학습자료를 Berlyne(1960)의 대조변인처럼 새롭고, 모호하고, 다소 복잡하며, 변화무쌍하며, 놀랍도록 구성하는 것이 효과적이다. 최적의 인지적 관여와 추론이 가능하도록 정보의 공백을 제공하는 것이 관건이다. 예를 들어, 수수께끼, 스무고개나 퀴즈가 호기심을 유발하는 대표적인 형식으로 학습자의 상식이 반영된 답을 유도하여 기대에 어긋나게 함으로써 놀라게 한 다음 힌트를 제공해 호기심을 해결할 수 있다고 느끼도록 하는 방법이다. 그런 의미에서 학교에서는 정답을 고르는 문제보다는 하나의 정답만이 존재하지 하지 않는 잘 정의되지 않은 문제(ill-defined problem)가 더 적합하다. 잘 정의되지 않은 문제는 알고리듬이 명확하지 않아 창의적으로 문제에 접근해야 하는 경우가 많다. 이 경우 호기심은 새롭고 다양한 해결을 시도하게 하고 실패했을 경우 회복탄력성을 높여 지속적인 탐색과 학습의 효과를 낳는다.

사실 호기심 발생 자체보다는 호기심 해결이 교육적으로 더 의미가 있다. 호기심

충족이라는 기쁨을 자주 경험해 보지 못한 학습자들은 호기심에 대한 가치나 기대가 없으므로 불편한 호기심을 군이 유지하려고 하지 않는다. 호기심이 생겨나도 이를 해결할 시간적 여유나 정보 자원이 풍족하지 않으면 호기심은 금방 사라지게 마련이다. 호기심 해결을 위해서는 충분한 정보탐색 시간을 보장해 주어야 하며, 힌트나 보충 학습자료를 제공하여 목표정보에 접근하는 것을 도와주어야 한다. 이 과정에서 학습자의 지식수준과 개인적 흥미를 파악하고 반영하는 것이 중요하다. 개별화된 교수-학습 프로그램을 통해 학습자의 사전지식을 정확하게 파악하여 최적의 놀람을 유도하는 인지적 공백을 만들고, 적절한 단서를 단계적으로 제공하여 호기심 충족을 경험하도록 하여야 한다.

호기심이 언제나 성취와 높은 상관을 보이는 것은 아니다. 호기심이 많은 학생의 성취도가 높은 경우는 도전적인 학습상황에서만 나타났다(Kashdan & Yuen, 2007). 호기심과 성취의 관계는 학습상황에 영향을 받는다. 학습자의 호기심을 불러일으키기 위해서는 자율적이고 실수를 허용하는 학습환경이 절대적이다(Shin, Lee, Lee, & Kim, 2019). 실수는 예상치 못한 놀람을 유발하여 정보 공백을 채우려는 노력의 시발점이 된다. 실수나 실패가 허용되지 않는 위협적이고 경쟁적인 분위기에서는 불안이 지배적이다(Kim et al., 2010). 이런 학습환경에서 호기심을 느끼고 정보를 탐색하는 것은 쓸모없거나 현명하지 못한 행동으로 느껴지기 쉽다. 실제로 불안이 높으면 놀람이 있어도 호기심이 증가하지 않는 것으로 밝혀졌다(이현지, 2016). 또한, 숙달목표와 성장 마인드셋을 강조하는 학습상황에서 호기심은 더욱 강력한 효과를 발휘한다.

제10장

내재동기

1950년대 심리학의 주요 패러다임이 행동주의에서 인지주의로 이동하기 시작하면서 동기이론에서도 관점의 변화가 일어났다. 인지주의가 새로운 패러다임으로 강조되기 전에는 행동주의에 기반한 Skinner의 강화이론이 대표적인 동기이론으로 주목받았다. 행동주의 동기이론은 외부 환경이 제공하는 자극과 보상에 따라 인간의 행동이 결정된다는 가정에 기초한다. 반면 인지주의 동기이론에 의하면, 인간의 행동은 보상과 같은 외적 요인의 영향만으로 설명되기 어렵고, 개인의 사고나 신념, 태도와 같은 개인 내 인지적 요인에 의해 더 크게 영향을 받는다. 행동주의에 기반한 외재동기이론에 대응하는 과정에서 '내재동기이론(Intrinsic Motivation Theory)'이 인지주의에 기반한 동기이론으로 주목받기 시작하였다.

다양한 외적 보상이 만연한 교육현장에서 내재동기에 대한 새로운 연구결과는 외적 보상이 학습동기에 부정적 영향을 미칠 수 있음을 인식시키는 데 기여하였다. 물론 외적 보상이 항상 유해하지는 않으므로 어떤 상황과 조건에서 외적 보상의 효과가 긍정적인지 부정적인지에 대한 이해를 향상시키는 데 일조하였다. 이런 측면에서 내재동기이론은 행동주의이론가들의 주의를 환기시킨 계기를 마련했다고 볼 수 있다.

1990년대에 들어서서 보상의 효과에 대한 대규모 메타분석 연구들이 발표됨에 따라 내재동기가 더욱 중요하게 인식되고, 교육현장에서는 외재동기보다는 내재동기를 유발할 수 있는 방법에 대한 관심이 증가하였다. 더불어 내재동기 유발에 영향을 미치는 개인변인과 환경변인을 탐색하는 연구들이 증가하였다.

지난 60여 년 동안 내재동기의 주요 특징과 영향요인을 어떤 관점으로 설명하느냐에 따라 내재동기 관련 개념과 이론들이 다양하게 제시되었다. 이 장에서는 대표적인 인지주의 기반 내재동기이론들과 관련 경험연구들을 고찰할 것이다.

1. 내재동기의 개념적 특성

1) 내재동기와 외재동기의 개념 차이

연구자들마다 내재동기를 다양하게 정의하고 있어 모두가 동의할 수 있는 단일한 정의를 제시하기는 어렵다. Deci와 Ryan(1985b)은 내재동기란 개인이 흥미를 느끼는 활동에 대해 자신의 능력을 최대한 발휘하여 도전하고자 하는 타고난 성향이라고 정의하였다. 또한 Reeve(2005)는 내재동기를 심리적 욕구, 개인적 호기심, 성장을 향한 타고난 경향성으로 정의하고 자연적으로 유발된다고 보았다. 한편, Csikszentmihalyi(1975)는 과제 자체가 어떤 행동의 목표가 되고, 개인이 받고자 하는 보상이 과제와 밀접한 관련이 있는 것을 내재동기로 정의하였다. 종합해 보면, 내재동기란 과제 자체에 흥미가 있거나, 과제수행이 즐겁기 때문에 어떤 과제에 참여하는 것을 의미한다.

내재동기 개념을 보다 정교하게 이해하기 위해 외재동기와의 차이점을 살펴보면 다음과 같다.

첫째, 동기의 원천이 다르다. 외재동기의 원천은 과제나 개인의 외부에 존재한다. 외재동기를 가진 학습자는 외부 환경이 제공하는 보상, 칭찬같이 개인이 원하는 결과물을 받거나, 외적 압력이나 처벌같이 개인이 원하지 않는 결과물을 피하기 위해 과제에 참여한다. 반면, 내재동기의 원천은 과제나 개인의 내부에 존재한다. 내재동기를 가진 학습자는 과제에 대한 흥미나 호기심, 과제수행 과정에서 재미와 즐거움을 경험하기 위해서 과제에 참여한다. 예를 들어, 어떤 학생이 영어공부를 열심히 하는 이유가 영어에 관심이 많고 재미있기 때문이라면 영어학습에 대해 내재적으로 동기화되었다고 볼 수 있다. 반면, 부모님으로부터 용돈을 받고 꾸중을 피하기 위해서 영어공부를 한다면 이 학생은 외재적으로 동기화되었다고 볼 수 있다.

둘째, 학습자의 동기 유형(내재동기 vs. 외재동기)에 따라 과제가 목적이 될 수도 있고, 수단이 될 수도 있다. 내재동기의 경우, 과제 자체가 학습의 목적이 된다(Brophy, 2004; Deci, Vallerand, Pelletier, & Ryan, 1991; Ormrod, 2004). 내재적으로 동기화된 학습자는 과제가 주는 흥미, 재미, 즐거움, 도전감, 만족감을 추구하므로 그 과정에서 긍정적 정서를 경험하게 되는데, 이는 학습자에게 내적 보상으로 작용한다. 따라서 내재동기의 경우, 과제 자체가 학습의 목적이면서 학습자가 원하는 보상의 출처가 된다. 즉, 학습자가 원하는 보상이 과제 자체로부터 나오므로 과제와 보상은 별개로 분리되지 않는다. 반면, 외재적으로 동기화된 학습자는 외적 보상(물질적 보상, 칭찬, 인정 등)을 획득하는 데 주로 관심이 있으므로 보상이 목적이 되고, 과제는 보상을 얻기 위한 수단이 된다. 외재동기를 가진 학습자가 원하는 보상은 과제의 특성과 대부분 무관하므로, 외재동기의 경우 보상과 과제는 별개로 분리된다(Brophy, 2004; Patrick, Hisley, & Kempler, 2000). 이러한 차이점 때문에 외적 보상이 제공되지 않는다면 외재동기를 가진 학습자는 과제에 더 이상 참여할 이유가 없어지지만, 내재동기를 가진 학습자는 보상과 무관하게 과제에 지속적으로 참여한다.

2) 내재동기의 효과

내재동기는 학습에 어떤 영향을 미치는가? 내재동기는 교육현장에서 많은 관심을 갖는 학습자 특성 중 하나로 학습과정 및 성취도에 긍정적 영향을 미친다. 내재동기를 가진 학습자는 좋아하는 과제에 자발적으로 참여하기 때문에 학습과정을 즐기고 높은 학업성취도와 자기효능감을 나타내는 경향이 있다. 또한 내재적으로 동기화된 학습자는 자신의 흥미와 호기심을 만족시키기 위해 쉬운 과제보다는 도전적인 과제를 선호하고, 주의집중력과 몰입 수준이 높고, 효과적인 학습전략(조직화, 정교화)을 사용하며, 불안 같은 부정적인 정서를 덜 경험한다. 내재동기를 가진 학습자의 긍정적 학습 경험과 성취도는 결과적으로 학습에 대한 내재동기를 더욱 강화시키기도 한다. 그뿐만 아니라, 어떤 일을 수행할 때 내재동기가 높은 사람이 외재동기를 가진 사람보다 높은 창의력을 발휘한다는 연구결과가 확인되기도 하였다(Amabile, Hill, Hennessey, & Tighe, 1994). 이에 따라, 많은 연구자가 학습상황에서 학습자의 내재동기를 증진시키는 전략들을 탐색하는 데 관심을 갖게 되었다.

3) 내재동기 측정

내재동기에 대한 조작적 정의는 연구자들마다 조금씩 상이하다. 따라서 개별 연구에서 내재동기가 어떻게 정의되고 측정되었는지에 주목하여 연구결과를 이해할 필요가 있다. 선행연구에 적용된 내재동기에 대한 조작적 정의와 측정방법은 크게 두 가지 유형으로 구분된다.

첫째, 실험참여자의 자유선택 행동(free choice behavior)을 내재동기의 지표로 간주한다. 어떤 과제에 반드시 참여해야 할 의무가 없는 상황에서 참여자가 해당 과제를 자발적으로 선택하고 오래 지속할수록 내재동기 수준이 높다고 가정한다. 예를 들어, 연구자는 실험참여자들에게 특정 과제를 수행하도록 하고, 실험이 끝난 후에 자유시간을 제공한다. 자유시간 동안 참여자들이 각자 원하는 행동을 자유롭게 할 수 있다고 안내한다. 여기서 연구자들이 주목하는 것은 자유시간 동안 참여자들이 어떤 과제를 선택하여 시간을 보내는가에 있다. 외적 압력이나 보상이 주어지지 않는 상황에서 참여자들이 특정 과제를 자발적으로 선택하여 참여하는 시간을 측정한다. 그러나 이 같은 측정방법은 참여자의 자유선택 행동이 내재동기가 아닌 다른 이유(예를 들어, 단순히 이전 실험상황에서 해당 과제를 수행할 것을 요구받았기 때문)에 기반할 수도 있다는 점에서 제한점이 있다.

둘째, 자기보고식(self-report) 자료수집 방법을 적용하여 과제에 대한 흥미나 즐거움, 만족감 등을 측정한다(Ryan & Deci, 2000a). 예를 들어, 실험이 종료된 후에 과제가 얼마나 재미있었는지, 과제수행을 얼마나 즐겼는지, 미래에 유사한 과제를 수행할 기회가 생긴다면 다시 선택하고 싶은가와 같은 질문에 자기보고식으로 응답한 설문 자료를 분석하는 방법이다. 이러한 측정은 과제참여를 통해 경험한 긍정 정서가 내재동기의 핵심이라는 가정에 기반한다. 그러나 자기보고식 응답 자료는 사회적 바람직성이나 묵종경향성, 불성실한 반응 등의 문제점을 수반하는 것으로 알려져 있다. 따라서 자기보고식 응답으로 수집된 자료가 얼마나 신뢰롭고 타당한가에 따라 해당 연구결과의 타당성이 좌우된다.

앞서 언급한 대표적인 두 가지 측정방법 외에도 다양한 방법이 적용되고 있다. 내재동기를 보다 객관적으로 측정하기 위해 학습자의 행동을 직접 관찰한 자료를 사용할 것을 권장하기도 한다. 또한, 어려운 문제를 풀기 위해 학습자가 투자하는 시간의 양이나 끈기 정도를 내재동기의 지표로 활용하는 방법이 있다. 그러나 이러한 방법에도 제한점이 있다. 즉, 어려운 과제를 해결하기 위해 끈기를 가지고 매달렸던 학생이 자유선택 상황에서 해당 과제를 선택하지 않거나, 해당 과제가 별로 흥미롭지 않다고 보고하는 상황이 발생할 수 있다. 이 경우, 어느 측정치가 그 학생의 내재동기를 잘 반영하는가를 결정하는 것은 연구자들의 숙제로 남게 된다. 이러한 문제점들을 보완하기 위해 내재동기 연구자들은 동일 연구 내에서 복수의 측정치(객관적 자료, 자기보고식 자료)를 적용하는 방안을 제안하지만, 측정방법에 따라 연구결과가 불일치하는 등의 문제점들이 존재한다. Mayer와 동료들(2007)의 메타분석 연구에서 여러 동기측정치 간의 상관이 높지 않다는 결과가 보고되었다. 예를 들어, 성취욕구 측정을 위한 TAT 자료와 자기보고식 응답 자료 간의 상관이 거의 없는 것으로 나타났다. 이에 대해 연구자들은 각 척도들이 미묘하게 다른 동기특성을 측정한 결과라고 해석하기도 하였고, 이러한 이유로 몇몇 동기 연구자들은 동일 연구 내에서 여러 가지 측정방법을 사용하는 것을 피할 것을 제안하였다.

최근에 시도되고 있는 방법은 뇌기능을 측정하는 fMRI 기법이다. 피험자가 흥미 있는 과제를 수행할 때와 그렇지 않은 과제를 수행할 때 뇌의 어떤 부분이 활성화되는지를 관찰, 비교함으로써 내재동기 수준을 측정하는 방법이다. 혹은 내재적으로 동기화된 상태에서 과제를 수행할 때와 외재적으로 동기화된 상태에서 과제를 수행할 때 생리적인 지표에 어떤 차이가 있는가를 확인할 수 있다. 생리적 지표는 객관성을 확보하는 데는 유용할 수 있으나, 이 역시 동기상태와 생리적 지표 간의 일대일 대응관계를 보장할 수 없다는 문제점을 내포하고 있다.

결론적으로 동기 연구자들은 보다 정교화하게 내재동기에 대한 조작적 정의를 내리고, 관련 연구의 발전을 도모해야 할 것이며, 교육의 실제를 담당하고 있는 현장실천가들은 다양한 연구결과가 자신이 교육하고 있는 학생들의 특성과 교육 맥락에 맞는지 확인하고, 그로부터 적절한 시사점을 도출해야 할 것이다.

2. 내재동기의 원천과 발달

1) 내재동기의 선행요인

(1) 효능동기와 숙달동기

초기 내재동기이론가들의 주장에 의하면, 인간은 어떤 일을 할 때 자신의 환경을 유능하게 통제하고자 하는 경향성을 가지고 있고, 이러한 경향성을 통해 내재동기가 유발된다. 이와 같은 맥락에서 White(1959)와 Harter(1978)는 내재동기에 영향을 미치는 요인으로 효능동기(effectance motivation) 개념을 강조하였다. 효능동기는 유능감(perceived competence)을 느끼고자 하는 인간의 욕구에 해당된다. 인간은 유능성 욕구를 실현하고 환경을 효과적으로 통제하기 위해 자신이 잘할 수 있는 과제에 참여하고자 하는데, 이 과정에서 내재동기가 유발된다는 것이다. 즉, 외부 사건들을 얼마나 통제할 수 있는가 그리고 자신이 얼마나 능력이 있다고 느끼는가에 따라 내재동기가 결정된다. 이런 점에서 White의 효능동기는 효능성(effectance)과 유능성(competence)을 포괄하는 동기 개념이다.

White의 효능동기와 더불어 Harter(1978, 1981)는 숙달동기(mastery motivation) 개념에 기초하여 내재동기를 설명하였다. Harter(1981)는 White(1959)의 효능동기 관련 변인들을 통합한 효능동기 모형을 제시하였고, 이 모형에서 효능동기를 유지, 강화하기 위해 필요한 요인들(성공/실패, 보상, 숙달 시도)의 하나로 숙달동기를 강조하였다. 효능동기를 가진 개인은 유능감을 느끼고 과제를 숙달하기 위해 다양한 시도를 하게 된다. 이러한 숙달 시도가 성공하면 개인의 지각된 유능감이 향상됨에 따라 과제수행의 즐거움을 경험하게 되고, 효능동기가 강화된다는 것이다. 반면, 숙달 시도가 실패하면 지각된 유능감이 낮아지고 효능동기도 감소하게 된다. 이 모형에서 '숙달' 개념이 유능감과 효능동기에 영향을 미치는 핵심요인으로 간주된다는 점에서 '숙달동기이론'으로 지칭되기도 한다(Pintrich & Schunk, 2002). Harter의 모형에 포함된 변인들 간의 관계를 경험적으로 검증하는 여러 연구가 수행된 결과, 내재동기와 지각된 유능감이 정적 상관관계를 갖는 것으로 나타났다. 자신의 능력을 높게 지각하는 사람들이 그렇지 않은 사람들에 비해 과제수행 과정에서 즐거움을 더 많이 경험하고 내재동기 수준이 더 높은 것으로 나타났다(Gottfried, 1985).

(2) 지각된 통제소재와 지각된 인과성

초기 내재동기이론에서 '지각된 통제감(perceived control)'은 내재동기의 핵심적인 선행요인으로 강조되었다. 지각된 통제감은 크게 두 유형의 신념으로 구분되는데, Rotter(1966)가 개념화한 지각된 통제소재(perceived locus of control)가 첫 번째 신념에 해당된다. 지각된 통제소재는 개인의 행동이 결과에 미치는 영향력에 대한 신념을 의미한다. 학습결과에 영향을 미치는 요인이 학습자 내부에 존재한다고 믿는 학습자는 내적 통제소재 신념을 갖고, 학습결과는 학습자의 통제를 벗어난 외적 요인에 의해 결정된다고 믿는 학습자는 외적 통제소재 신념을 갖는다. 내적 통제소재는 환경을 효과적으로 통제할 수 있다는 믿음이라는 점에서 앞서 언급한 '효능동기' 개념과 일맥상통한다. 내적 통제소재 신념을 가진 학습자는 외적 통제소재 신념을 가진 학습자에 비해 더 적극적인 태도로 학습에 참여하고 학습과정에서 흥미와 재미를 더 많이 경험하게 된다. 이처럼 지각된 통제감은 내재동기 유발에 중요한 선행요인으로 작용한다.

지각된 통제감의 두 번째 신념은 지각된 인과성(perceived causality)이다. deCharms(1968)의 개인적 인과성이론(Personal Causation Theory)에 기초한 개념으로 행동 원인에 대한 통제감을 의미한다. 지각된 인과성이란 개인이 어떤 행동을 시작할 때 어느 정도의 주도권을 가지고 자신의 행동을 결정하는가에 대한 신념이다. 앞서 언급한 지각된 통제소재가 행동의 '결과'에 영향을 미치는 요인이 개인 내부에 있는지 외부에 있는지에 대한 신념이라면, 지각된 인과성은 행동의 '원인'이 개인 내부에 있는지 외부에 있는지에 대한 신념이다. 개인의 행동 선택에 영향을 미친 주체가 누구라고 지각하는가에 따라 '주인(origin)'의식과 '노예(pawn)'의식으로 구분된다. '주인'의식을 가진 학습자는 어떤 행동을 하고 어떤 과제에 참여할지를 스스로 선택하고 결정하므로 지각된 인과성이 높은 반면, '노예'의식을 가진 학습자는 자신의 의지와 상관없이 타인의 강요나 압력에 의해 어떤 행동을 하게 되므로 지각된 인과성이 낮다.

deCharms(1968)은 지각된 인과성이 높을수록 내재동기가 높아진다고 주장하였다. 왜냐하면 학습자가 학습행동의 '주인'이라고 지각할수록 자신에게 의미 있고 재미있는 과제를 선택하고 참여할 가능성이 높아지기 때문이다. deCharms(1976)은 교사들에게 학생의 주인 행동을 향상시키는 방법을 훈련한 결과, 학생들의 주인 행동이 유의미하게 증가하는 효과를 확인하였다. 또한 학생들을 대상으로 주인 행동 증진 프로그램을 실시하였는데, 그 결과가 효과적임을 보고하였다(deCharms, 1984).

종합하자면, 초기 내재동기이론에서는 지각된 통제소재와 지각된 인과성이 내재동기를 유발하는 핵심적인 요인으로 간주되었다. 행동의 '결과'를 통제할 수 있다는 지각된 통제소재 신념은 현대 동기이론의 '지각된 유능감' 개념과 유사하고, 행동의 '원인'을 통제할 수 있다는 지각된 인과성 신념은 '지각된 자율성' 개념과 유사하다고 볼 수 있다. 이 점에서 학습자의 유능성 욕구와 자율성 욕구가 모두 만족되었을 때 내재동기가 유발됨을 강조하는 자기결정성이론과 맥락을 같이한다(Deci & Ryan, 1985b).

2) 내재동기를 유발하는 과제특성: 호기심, 도전성, 통제성

과제에 내재된 어떤 특성들이 내재동기를 유발하는가에 대한 연구들이 수행되었고, 그 결과 다양한 요인이 제안되었다. Lepper와 Hodell(1989)은 과제에 대한 호기심, 도전성, 통제성이 내재동기를 유발한다고 주장하였다. 이후 Lepper와 Henderlong(2000)은 이와 같은 과제특성들이 내재동기를 촉진한다는 경험적 근거를 확인하였다.

첫째, 과제에 대한 호기심은 초기 내재동기이론에서 언급된 불일치나 각성 개념과 관련된다. 학습자는 주어진 학습내용이 선행지식과 불일치할 때 호기심을 경험한다. 또한 불일치 경험은 개인의 각성수준을 높이는 역할을 한다. 인간에게는 적정수준의 각성을 유지하려는 경향성이 있어서 높은 각성수준을 낮추고 낮은 각성수준을 높임으로써 균형을 유지하고자 한다. Berlyne(1960)은 과제의 새로움, 신기함, 모호함, 불일치 특성이 학습자의 각성수준을 높인다고 주장하였다. 학습자는 과제가 신기하거나, 모호하거나, 새롭거나, 놀라운 정보를 제공할 때 자신의 이전 지식과의 불일치를 경험하게 된다. 적정수준의 불일치 경험은 호기심을 유발한다. 높은 각성수준을 적정수준으로 조정하고 불일치를 해소하고자 하는 동기는 과제를 이해하기 위한 학습자의 노력으로 이어진다. 이는 불일치와 각성 경험이 과제 흥미와 내재동기를 유발할 수 있음을 보여 준다.

둘째, 과제의 도전성은 과제의 난이도와 관련된다. 과제난이도가 적절해야 학습자가 과제에 도전하고 싶은 동기가 유발된다. 학습자의 능력을 기준으로 중간수준(너무 어렵지도 않고 쉽지도 않은 수준)의 과제난이도가 가장 적절하다. 중간수준의 난이도는 학습자의 능력보다 조금 높은 수준으로 맞춰진 과제를 의미하며, 이러한 수준의 과제는 학습자의 도전 욕구를 자극하고 내재동기를 촉진한다.

셋째, 통제성도 내재동기와 관련이 있다. 통제성을 주는 과제는 학습자가 자신의 행동을 스스로 선택할 수 있고, 행동과 결과 간의 관계를 통제할 수 있다는 믿음을 높여 준다. 학습자가 통제감을 높게 인식할 때 과제에 대한 내재동기가 유발된다.

3) 내재동기의 발달

내재동기가 학습에 미치는 긍정적인 효과는 학년이나 학교급과 관계없이 일관되게 보고되어 왔다. 내재동기가 높을수록 공부 자체에 대한 흥미와 즐거움이 크기 때문에 학업성취 수준도 높게 나타난다. 그러나 내재동기 역할의 중요성에도 불구하고 내재동기의 발달에 대한 연구는 상대적으로 큰 주목을 받지 못했다(Otis, Grouzet, & Pelletier, 2005). Harter와 동료들(Harter, 1981; Harter & Jackson, 1992)이 초등학생들을 대상으로 수행한 내재동기 발달경향성 연구나 Eccles를 중심으로 미시간 대학교의 연구자들(예를 들어, Anderman, Midgley, Wigfield 등)과 Nicholls가 아동들의 능력에 대한 신념의 변화를 발달적 관점에서 살펴본 연구들을 제외하면 실제로 아동들의 내재동기의 발달적 변화를 살펴본 연구가 부족하다.

내재동기 발달에 대해 가장 많은 관심을 가졌던 Harter(1981)의 연구에서 초등학생들이 중학교로 진급함에 따라 내재동기가 전반적으로 점차 감소하고, 반면에 외재동기는 증가하는 것으로 나타났다. 이러한 현상에 대해 Lepper, Corpus와 Iyengar(2005)는 Harter의 척도가 내재동기와 외재동기를 연속선상의 양끝에 존재하는 상반되는 개념으로 측정하였기 때문에 한쪽이 증가하면 다른 쪽은 필연적으로 감소할 수밖에 없다고 주장하였다. 그러므로 내재동기와 외재동기를 각각 독립적인 차원에서 측정해야만 정확한 상태를 파악할 수 있다고 강조하였다. 내재동기와 외재동기가 독립적이라는 것은 내재동기가 외재동기와 무관하게 높을 수도 있고 낮을 수도 있음을 의미한다. Lepper 등(2005)은 3학년부터 8학년까지 아동들을 대상으로 내재동기와 외재동기를 독립적인 척도로 측정한 결과, 내재동기는 점차 감소하나, 외재동기는 별로 달라지지 않는다는 결과를 확인하였다. 연령 증가에 따른 내재동기 감소가 외재동기 증가로 이어지거나, 외재동기 증가가 내재동기 감소로 이어지지 않음을 경험적으로 확인하였다(Lepper et al., 2005). 이는 내재동기와 외재동기는 독립적으로 발달함을 보여 준다.

많은 선행연구를 통해 학년 증가에 따라 내재동기가 감소된다는 결과들이 보고되어 왔다(Anderman & Maehr, 1994; Gottfried, Fleming, & Gottfried, 2001; Nicholls, 1978). Gottfried 등(2001)의 연구에서는 초등학교 4학년부터 고등학교 3학년에 걸친 종단 자료를 분석한 결과, 학습에 대한 내재동기가 점차적으로 감소하는 것으로 나타났다. 초등학교 고학년부터 고등학생에 이르는 학생들을 대상으로 수행된 국내 연구에서도 학년이 올라감에 따라 내재동기가 낮아지는 경향이 확인되었다(김아영, 2002b; 이은주, 2000; 임지현, 류지헌, 2007). 동기이론가들은 학교급이 올라갈수록 내재동기가 감소하는 이유를 다양한 관점에서 설명하였다.

첫째, 발달적 관점에서 살펴보면, 인지발달에 따른 자기평가의 정확성 증가로 설명할 수 있다. 일곱 살 이하의 어린 아동들의 자기개념과 성공에 대한 기대는 비현실적으로 높게 나타나지만(Stipek, 1984), 연령 증가와 함께 아동의 인지발달이 진행되면서 아동들은 다른 아동들과의 비교를 통해 자신의 능력을 보다 정확하게 평가할 수 있게 된다(Stipek, 1984). 또한, 자신에게 주어지는 피드백을 이해함으로써 객관적인 자기평가가 가능해지고, 능력에 대한 실체적 관점(entity view)을 학습하게 되는 경우 자기개념과 유능감이 낮아지고, 내재동기 또한 감소하게 된다(Nicholls & Miller, 1984).

둘째, 아동들을 둘러싼 교육적 환경의 변화로 설명할 수 있다. 초등학교에서 상급학교로의 진학은 새로운 학습환경에서의 적응을 요구하고, 다양화되는 교과목이나 학습량 증가로 인해 학습 관련 스트레스가 증가한다. 또한, 학년이 올라감에 따라 개별 학생을 관리할 수 있는 교사의 시간이 줄어들기 때문에 학생들은 피드백을 받을 기회가 줄어드는 반면, 상대적 비교와 경쟁이 강조되는 환경에 노출될 기회가 증가함에 따라 잦은 실패나 좌절을 경험할 수 있고, 이에 따라 자신감과 내재동기가 감소하게 된다. Deci와 Ryan(1985b)은 학년 증가에 따른 내재동기 감소 현상을 학습환경이 제공하는 외적 보상과 관련하여 설명하였다. 학교와 가정에서 제공하는 유관적 보상과 외적 제약요인들이 누적됨에 따라 내재동기가 감소한다고 주장하였다.

경쟁과 입시위주의 교육이 만연한 교육환경에서 학생들의 내재동기와 외재동기가 종단적으로 어떻게 발달하는지를 이해하기 위해 장기적인 종단 자료수집과 정밀한 분석이 요구된다. 또한, 이와 병행해서 내재동기의 증진과 외재동기(외적 보상)를 줄이는 방안에 대한 연구가 요구된다.

3. 출현동기이론과 몰입 경험

앞에서 설명한 내재동기이론들과는 약간 다른 특성을 가진 동기이론으로 Mihalyi Csikszentmihalyi(1975, 1978, 1990, 1997)가 제안한 '출현동기이론(Emergent Motivation Theory)'이 있다. 몰입(flow)은 출현동기이론의 핵심이 되는 개념(Csikszentmihalyi, 1975)으로 좋아하는 활동에 완전히 몰두하여 물 흐르듯이 자연스럽게 참여하는 상태를 의미한다. 또한 몰입의 목표와 보상이 행위로부터 '흘러나온다'는 것을 함의하기도 한다. Csikszentmihalyi가 1975년도 발간한 저서인『지루함과 불안을 넘어서 (Beyond Boredom and Anxiety)』를 통해 몰입 개념이 처음으로 소개되었다.

Csikszentmihalyi(1975)는 긍정심리학을 창시한 초기 연구자들 중 한 사람으로서 인간의 행복과 그 원천에 대해 관심을 가지고 연구를 진행하였다. 특히 그는 인간의 행복과 몰입 경험의 관계에 주목하였다. Csikszentmihalyi(1975)는 열정과 즐거움으로 특정 영역에 몰두하는 전문가(미술가, 운동선수, 음악가, 체스마스터, 외과 의사)들을 인터뷰하고 그 내용을 분석한 결과, 즐거움의 핵심은 '몰입 경험(flow experience)'이라는 것을 발견하였다. Csikszentmihalyi(1993)는 몰입 경험이 제공하는 이득 중에 가장 중요한 것은 행복이라고 하였다. 그는 사람들은 몰입을 경험할 때 행복하고, 행복은 존재의 기초이므로 삶의 질이 몰입 경험에 달려 있다고 주장하였다. 이와 같은 맥락에서 Csikszentmihalyi(1990)는 우리 삶에서 가장 행복한 순간은 도전적이고 가치 있는 일을 성취하기 위해 자신의 역량을 최대치로 활용하는 노력을 자발적으로 행하는 순간이라고 언급하였다. Csikszentmihalyi는 몰입 경험은 창의성과 탐구, 최고 수행, 재능 개발, 생산성, 자존감, 스트레스 감소에 중요한 영향을 미칠 수 있고, 임상장면에서 심리치료 기법으로 적용할 수 있음을 제안하였다.

몰입과 내재동기는 밀접한 관련성이 있다. 몰입행동이 내재적으로 동기화되어 나타나기 때문에 '자기목적적 경험(autotelic experience)'이라고도 한다(Csikszentmihalyi & Csikszentmihalyi, 1988). 몰입 경험 자체가 개인이 원하는 보상이기 때문에 외적 보상이 필요하지 않다(Csikszentmihalyi, 1975). 몰입 경험을 하는 사람들에게는 어떤 과제를 도전하기 위해 자신의 능력과 기술을 사용하고, 기술을 향상시킬 수 있는 기회 자체가 보상이다. 이러한 점에서 Csikszentmihalyi에게 몰입 활동과 내재적으로 동기화된 활동은 동의어라고 볼 수 있다. 출현동기이론과 몰입 개념은 인지적 측면을 강조하는 다른 내재동기이론들과는 달리 흥미나 즐거움 같은 정서적 측면을 강조하는 인본주의 동기이론에 해당된다. 몰입에 대한 초기 연구들은 스포츠와 예술 분야에서 많이 연구되었으나 최근에는 교육현장을 비롯한 경영 및 조직심리학 분야에서 활발하게 연구되고 있다.

1) 몰입의 개념과 특징

몰입(flow)은 개인이 흥미를 느끼는 활동에 참여할 때 고도의 집중을 통해 기쁨과 성취감을 느끼는 최적 경험(optimal experience) 상태를 말한다(Csikszentmihalyi, 1997). 활동이 주는 즐거움 때문에 사람들이 반복적으로 그 활동에 참여하고 완전히 집중한 상태를 의미한다. 한 개인이 내재동기가 매우 높은 도전적인 행위(예: 암벽등반, 공연, 혹은 게임)를 하는 동안 강한 흥미나 즐거움과 같은 절정 경험(peak experience)을 느꼈다면 몰입을 경험한 것이다. Csikszentmihalyi(1990)는 개인이 몰입상태를 경험할 때 자신의 인지적 능력의 최적 수준에 도달할 수 있다고 보았다. 호기심과 끈기가 많은 사람이 몰입을 자주 경험하며, 몰입 경험이 많을수록 창의성과 행복감도 높은 것으로 나타났다(Csikszentmihalyi, 1997).

몰입이 발생하기 위해서는 과제난이도(도전수준)와 개인의 능력(기술수준)이 비교적 높은 수준에서 균형을 이루어야 한다([그림 10-1]과 [그림 10-2] 참조). 이는 몰입 경험의 핵심요소이다. 최적의 도전감이 생기기 위해서는 개인의 기술이 충분히 숙달되어서 거의 자동적으로 처리될 수 있는 수준에 이를 필요가 있다. 사람들이 게임이나 취미 활동을 하면서 몰입 경험을 많이 하는 이유는 자신의 기술수준

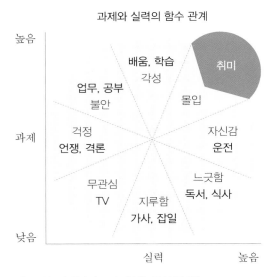

[그림 10-1] 몰입: 과제난이도와 개인능력의 균형(Csikszentmihalyi, 1990)

에 맞거나 약간 어려운 활동에 도전하기 때문이다. 몰입의 대척점에 있는 심리상태는 불안과 지루함이다. 개인의 기술수준이 낮은데 과제가 어려우면(예: 어려운 공부) 불안을 느끼고, 반대로 기술수준에 비해 과제가 쉬우면(예: 집안일) 지루함을 느낀다. 과제가 너무 쉬워 별다른 기술이 필요 없는 활동의 대표적인 예가 TV 시청이다 (Csikszentmihalyi, Rathunde, & Whalen, 1993). TV 시청은 목적지향적 행위가 아니라

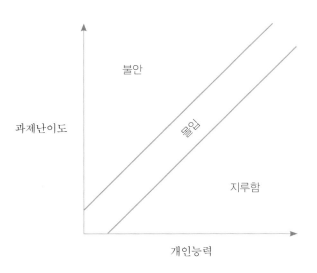

[그림 10-2] 몰입상태모형(Csikszentmihalyi, 1990)

도전감이 낮고 자신보다는 타인에게 집중하므로 능동적인 몰입이라기보다는 감각기관의 수동적인 사용으로 보는 것이 타당하다.

Csikszentmihalyi(1990)는 몰입(flow)을 구성하는 요소로 도전과 기술수준의 조화 외에도 명확한 목표, 구체적인 피드백, 행위와 인식의 일치, 과제에 대한 주의집중, 통제감, 자의식의 상실, 시간 감각의 왜곡, 자기목적적 경험을 제시하였다. 이에 대해 간략히 설명하면 다음과 같다.

- 도전과 기술수준의 균형(challenge-skill balance): 과제난이도와 개인의 능력이 비슷한 수준으로 조화를 이룰 때, 즉 성공적인 과제수행을 위해 요구되는 능력과 기술을 충분히 보유하고 있을 때 몰입상태를 경험할 수 있다.
- 행위와 인식의 일치(action-awareness merge): 몰입상태에서는 행위자의 활동과 인식이 분리되지 않고 하나로 통합되어 혼연일체감을 느낀다. 이러한 상태에서 행위자는 자신의 행위가 거의 자동적으로 물 흐르듯 진행되는 느낌을 경험한다.
- 제한된 자극(과제)에 대한 주의집중(centering of attention on a limited stimulus): 몰입상태에 있는 사람은 다른 과제에는 전혀 관심을 가지지 않고 자신이 수행 중인 과제에만 전적으로 집중한다.
- 자의식의 상실(loss of self-consciousness): 몰입하는 동안에는 행위에 푹 빠져 자신을 잊게 되는 현상이다. 자아의 상실, 자기망각 등으로도 기술되는 상태로 명예, 성공, 위협과 같은 자신의 사적인 특징은 잊어버리고 자신의 존재를 인식하지 못할 만큼 과제에 몰두한다.
- 행위와 환경에 대한 통제감(perceived control of actions and the environment): 몰입은 외부의 압력이나 강제에 의한 상황이 아닌 자발적인 상황에서 발생하므로 개인은 과제수행 상황에서 자신의 행동과 환경을 원하는 상황으로 만들 수 있다는 고도의 통제감을 느낀다. 몰입상태에서는 상황을 통제하려는 실질적인 노력을 하지 않아도 자연스럽게 통제감을 경험하게 된다.
- 자기목적적 경험(autotelic experience): 몰입 경험 자체가 목적이 된다. 외적으로 부과되는 목표나 보상이 없어도, 몰입 활동 자체가 목표가 되고 보상(즐거움과 만족감)을 주는 것이다. 이는 몰입 경험을 지속시키는 원동력이다.

- 분명한 과제요구(목표)와 피드백(coherent, noncontradictory task demand and clear, unambiguous feedback): 과제요구는 행위자가 설정한 목표로 성공적인 수행 기준을 의미한다. 사전에 자신이 무엇을 달성하고자 하는지에 대한 명확한 목표 설정과 과제수행에 대한 구체적 피드백을 통해 몰입 경험과 수행을 더욱 발전시킬 수 있다.
- 왜곡된 시간 감각(altered sense of time): 몰입상태에서는 집중이 잘되어 시간 가는 줄 모르기 때문에 실제보다 시간이 빠르게 흘러가거나 정지된 것처럼 느낀다.

종합하면, 몰입은 어떤 과제를 수행할 때 온전히 그 과제에만 깊게 몰두함에 따라 과제활동과 자신이 혼연일체가 되어 자신의 존재와 시간 감각마저 잃어버린 채 스스로 설정한 도전 목표에 어느 정도 다가가고 있는지를 모니터링하면서 최적의 수행을 즐기는 심리적 상태이다. 이러한 몰입상태에 있는 개인은 자신의 행동과 환경에 대한 통제감과 성취감을 느끼고, 아무런 외적 보상 없이도 활동 자체만으로 즐거움과 만족감을 느끼는 절정 경험을 하게 된다.

2) 몰입상태의 측정

출현동기이론은 기본적으로 몰입 경험을 하고 있는 사람들로부터 수집한 집중적인 조사와 인터뷰 자료에 기초해서 수립되었다. 몰입은 인터뷰와 설문조사 방법과 더불어 Csikszentmihalyi(1975)가 고안한 독창적인 방법인 '경험표집방법(Experience Sampling Method: ESM)'에 기초해서 연구되었다. 연구 초기에는 몰입 중인 피험자들을 직접 관찰하고, 추후에 설문이나 인터뷰를 통해 그 순간의 느낌과 경험을 알아내는 방법을 적용하였다. 많은 예술가와 발명가, 운동선수들을 인터뷰한 자료에 기초하여 몰입 경험의 요소와 몰입 활동이 주는 보상을 분석하였다.

Csikszentmihalyi가 동료들과 함께 주관적인 경험의 질을 측정하기 위하여 개발한 기술인 경험표집방법(Csikszentmihalyi, Larson, & Prescott, 1977)에서는 연구에 참여한 사람들에게 전자호출기(electronic beeper)와 경험표집용지(experience sampling form)를 나누어 주고, 일주일 동안 하루에 8번씩 호출기 신호를 받을 때마다 어디에 있고, 무엇을 하고 있으며, 누구와 같이 있고, 무슨 생각을 하고 있는지를 기록한 후에, 20문항 척도에 호출기가 울린 순간의 기분과 의식상태를 평가하게 하였다. 이처럼 참여자들이 일주일 동안 경험하는 내재동기 상태뿐만 아니라 일상생활의 다양한 활동과 심리상태를 면밀하게 분석하는 데 유용하다. 하지만 경험표집방법은 몰입상태에 있는 참여자들이 호출기 신호를 받게 되면 몰입 경험에 방해를 받게 된다는 단점이 있다.

마지막 방법은 사회과학 분야 연구에서 흔히 사용되는 설문지법이다. Jackson과 Marsh(1996)는 Csikszentmihalyi가 제안한 몰입상태 측정을 위한 설문지법을 최초로 도입하였다. 이들은 에어로빅 선수들을 대상으로 스포츠 상황에서 몰입상태를 측정하기 위한 '몰입상태척도(Flow State Scale: FSS)'를 개발하였다. 몰입 경험의 9가지 특성을 하위요인으로 구성하고, 36개의 5점 Likert식 문항을 개발하였다. 요인별 내적 일관성 계수는 높은 것으로 나타났고, 9개의 하위 요인구조의 타당성을 확인하였다. 그 후 Mundell(2000)의 타당화 연구에서는 도전과 기술의 균형, 명확한 목표, 분명한 피드백은 몰입상태에 이르게 하는 선행요인이고, 집중력, 통제감, 자의식의 상실, 시간의 변형은 몰입상태를 나타내는 요인이며, 자기목적적 경험은 몰입의 결과로 보았다. 이후, Engeser와 Rheinberg(2008)의 연구나 Martin과 Jackson(2008)의 연구와 같이 몰입상태 측정도구 개발 및 타당화 연구가 계속되었다. 설문지법은 이미 몰입상태를 겪은 뒤에 지나간 시간을 회상하며 답하는 방법이므로 경험표집방법이나 관찰법에 비해서는 왜곡의 위험이 있지만, 사용방법이 편리하고 시간적, 공간적 제약이 비교적 적어 대규모 집단을 대상으로 하는 경험적 연구에서 상대적으로 많이 사용되고 있다.

3) 교육현장 적용 연구

몰입모형은 우리가 날마다 하는 활동에서 적절한 도전과 기술수준의 조화만 이루면 외적 보상 없이 활동 자체가 목적이 되고 보상이 되는 즐거운 활동으로 만들 수 있음을 보여 준다. 학생들의 공부, 직장에서의 사무, 운동선수들의 연습, 가사활동을 하면서도 몰입상태에 들어가서 일을 놀이로 만들 수 있다는 것이다. 학습상황에서의 내재동기를 탐색하기 위해 몰입모형을 활용한 연구들이 발표되었다.

고등학생들에게 학교에서 공부하는 과목과 활동의 도전과 기술수준을 평정하게 한 결과(Mayers, 1978), 학생들이 좋아하는 활동은 도전과 기술수준이 비슷한 영역에 위치하고, 텔레비전 시청하기와 음악 감상은 둘 다 낮은 영역, 친구관계는 중간 영역, 미술과 체육은 둘 다 높은 영역에 위치하는 것으로 나타났다. 과목별로 살펴보면, 인문학과 사회과학 분야 과목에서는 기술이 도전보다 높아서 지루함 영역에, 수학과 과학 과목은 도전이 기술보다 높아서 불안 영역에 위치하는 것으로 나타났다.

Csikszentmihalyi와 Nakamura(1989)는 경험표집방법(ESM)을 활용해서 이탈리아의 상위 수준 학교에 재학 중인 청소년 집단, 미국 시카고의 중상위급 고등학생 집단과 수학 영재학생 집단의 몰입 경험을 비교한 결과, 이탈리아 청소년들이 미국 학생들보다 몰입을 더 자주 경험하고, 미국 영재학생 집단보다 일반 고등학생 집단이 몰입을 더 많이 경험하는 것으로 나타난 결과를 보고하였다. 또한, 학생들이 ESM 설문 문항들을 통해 평정한 내재동기는 이탈리아와 미국 영재학생 집단에서는 몰입상태에 있을 때 가장 높고, 미국 보통학생들의 경우에는 통제상태에 있을 때 가장 높은 것으로 확인되었다.

이와 같은 결과는 교육환경과 사회문화적 배경에 따라 학생들이 경험하는 동기 관련 정서가 다르다는 것을 보여 준다. Csikzentmihalyi와 Larson(1984)의 연구와 Csikzentmihalyi, Rathunde와 Whalen(1993)의 연구에서는 몰입 경험과 학업성취 간의 유의미한 관련성이 확인되었다. 이는 학습상황에서 몰입 경험의 긍정적인 효과를 최대한 경험할 수 있도록 학습환경을 조성하는 것이 중요함을 시사한다.

몰입 관련 국내 연구 초기에는 대부분 스포츠, 여가활동, 소비자 행동, 건강, 일상생활에서의 몰입 경험을 다루었으며, 학습상황에서의 몰입 경험 연구는 상대적으로 부족하였다. 교육장면에서는 김정환과 이기택(2001)의 절정학습증진훈련이 몰입 경험에 미치는 영향, 이은주(2001)의 학습 관련 변인과 몰입 간의 관계, 석임복과 강이철(2007)의 학습몰입척도 개발, 석임복(2008)의 학습몰입의 특성 분석, 김아영, 이채희, 최기연(2008)의 교수몰입척도 개발에 관한 연구들이 수행되었다.

국내 연구에도 일상생활의 몰입 경험을 살펴보기 위해 경험표집방법이 사용되었으나(김기옥 외, 2004; 엄나래, 정영숙, 2002; 최인수 외, 2003), 수행상의 어려움 때문에 미국에서와 마찬가지로 국내에서도 경험표집방법을 활용한 연구가 활성화되지 못하였다. 이후 몰입상태를 보다 수월하게 측정할 수 있는 설문지 형태의 척도[예: 김아영, 탁하얀, 이채희(2010)의 학업상황에서의 몰입척도, 김아영, 이채희, 최기연(2008)의 교수몰입척도)]가 개발되면서 학습상황에서의 몰입 경험을 살펴보는 연구가 증가하고 있다.

몰입에 영향을 미치는 학습자 특성과 환경적 특성을 탐색하는 연구들이 지속적으로 수행되고 있다. 몰입에 영향을 미치는 요인으로 학습자의 성격특성, 학습동기(성취욕구, 자기효능감, 자기결정성, 숙달목표), 교사-학생관계 등이 탐색되었다(김아영, 탁하얀, 이채희, 2010; 김희정, 송인섭, 2013; 이숙정, 2011; 이윤주, 지연정, 2013; 이지혜, 2009). 또한, 몰입이 학습자의 인지, 행동, 정서, 적응 등에 미치는 영향을 살펴본 결과, 몰입 경험이 학습참여와 흥미를 유발하고, 학업성취도 향상에 유의미한 영향을 미치는 것으로 확인되었다(김아영, 탁하얀, 이채희, 2010; 박성익, 김연경, 2006; 이숙정, 2011).

교육현장에서의 몰입 연구는 학습몰입뿐만 아니라 교사의 교수몰입과 학교조직몰입을 살펴보는 연구로 확장되고 있다(박영주, 전주성, 2018; 이재신, 이지혜, 2011). 교수몰입을 살펴본 연구들은 교사의 소진(변석민, 2007), 주관적 안녕감과 교사동기(권두승, 2007; 양난미, 이지연, 2008) 등과의 관련성을 살펴본 연구들이 수행되고 있다. 또한, 교육 플랫폼이 오프라인에서 온라인으로 확대되면서 이러닝이나 블랜디드러닝 상황에서의 몰입 경험을 살펴보는 연구들이 증가하고 있다. 나아가, 양적 연구에서 질적 연구를 활용한 몰입 연구(김규은, 김민성, 2020; 유지은, 2018)들이 증가하면서 방법론적 확장도 이루어지고 있다.

4. 보상과 내재동기

내재동기란 외적 보상이 제공되지 않아도 과제 자체에 대한 흥미 때문에 어떤 활동에 참여하는 것을 의미한다. 그런데 교육현장에서는 학생들의 학습동기를 유발하기 위해 다양한 외적 보상을 활용하는 경우가 많다. 만약 내재적으로 동기화된 학습자에게 외적 보상을 제공한다면 학습자의 내재동기가 어떻게 변화할 것인가(증가 vs. 감소)는 많은 연구자가 오랫동안 관심을 가져온 연구 주제 중 하나이다. 교육현장에서 외적 보상을 동기유발 방법으로 활용하는 이유는 외적 보상과 내재동기의 결합이 과제에 대한 흥미, 성취도, 내재동기를 증가시킬 것이라는 믿음에 기초하기 때문이다. 이를 '증대원리(augmentation principle)'라고 일컫기도 하며, 외적 보상이 내재동기를 높여 준다는 원리라는 점에서 행동주의 강화이론과 맥락을 같이한다.

환경이 제공한 외적 보상이 내재동기에 직접적으로 영향을 미친다고 보는 행동주의적 접근과 달리, 인지주의적 접근에서는 학습자가 주어진 외적 보상을 어떻게 평가하고 지각하느냐에 따라 내재동기가 증가할 수도 있고 감소할 수도 있다고 설명한다. 그런데 내재동기가 이미 유발된 상황에서 외적 보상이 주어지면 내재동기가 오히려 감소한다는 경험적 연구결과가 보고되기 시작하면서 연구자와 교육현장에서는 외적 보상의 부작용과 폐해를 보고하는 사례들에 주목하게 되었다. 인지주의에 기반한 동기이론들은 이와 같은 외적 보상의 부정적인 측면을 '보상의 숨겨진 대가(hidden costs of reward)'라고 지칭하였다. 이는 행동주의 강화이론에 대한 정면 도전이라고 볼 수 있다. 1978년 Lepper와 Greene이 당시의 대표적인 내재동기 연구자들의 주요 이론과 경험적 연구들을 종합해서 편집한 단행본『Hidden Costs of Reward: New Perspectives on the Psychology of Human Motivation』을 발간하였고, 이후 심리학자들의 지대한 관심을 받았고, 그 속에 포함된 논문들은 지금까지도 자주 인용되고 있다.

외적 보상이 내재동기에 미치는 효과에 대한 실증적 연구결과들은 복잡한 양상을 나타냈다. 각 이론 진영에 따라 연구결과에 대한 해석과 보상의 효과 및 기제를 설명하는 방식에 분명한 차이가 드러났고, 상반된 관점에 따른 논쟁은 오랫동안 지속되어 왔다. 보상의 효과를 설명하기 위해 많은 학자가 적용한 주요 이론들(인지평가이론, 과정당화이론)과 메타분석결과를 살펴보면 다음과 같다.

1) 보상 관련 초기 연구

내재동기와 보상 간의 관계를 살펴본 초기 연구들은 외적 보상이 특정 조건이나 상황에 따라서 내재동기에 긍정적 혹은 부정적인 영향을 미친다고 보고하였다. Deci의 초기 인지평가이론과 실증적 연구들에서도 외적 보상이 항상 부정적인 효과를 나타내는 것이 아니라 개인의 동기상태, 과제유형, 보상 제시방법과 맥락에 따라 내재동기에 미치는 효과가 다름을 보여 주었다.

Deci(1971)는 금전적 보상이 내재동기에 미치는 영향을 살펴보기 위해 대학생을 실험집단과 통제집단으로 나눈 후 사흘 동안 세 세션의 실험을 수행하였다. 첫째 날 세션에서는 실험집단과 통제집단이 동일하게 퍼즐 맞추기 과제에 참여하였고, 둘째 날 세션에서는 실험집단에게는 퍼즐 한 문제당 1달러의 금전적 보상을 약속하고 퍼즐 풀이 후 보상을 제공하였고, 통제집단에게는 보상에 대한 언급도 없었고 실제로 보상을 제공하지도 않았다. 셋째 날 세션에서는 실험집단에게 보상이 더 이상 제공되지 않는다고 공지하였고, 두 집단 모두에게 보상을 제공하지 않았다. 매 세션 중간에 연구자는 볼일이 있다고 말한 후 약 8분 동안 실험실에 참여자들만 남겨두고 자리를 떠났다. 실험실을 나가면서 연구자는 실험참여자들에게 퍼즐을 계속 풀든지 실험실에 비치된 잡지를 보든지 자유롭게 시간을 보내라고 말했다. 연구자는 일방경을 통해 참여자들이 자유시간 동안 어떤 활동을 하는지를 관찰하였다. 참여자들의 퍼즐 활동에 대한 내재동기는 자유시간 동안 퍼즐 풀이에 참여한 시간을 지표로 측정하였다. 금전적 보상을 받은 두 번째 세션에서 실험집단은 자유시간 동안 퍼즐 풀이에 관심을 보였으나, 보상이 제공되지 않은 세 번째 세션에서는 실험집단이 자유시간 동안 퍼즐을 푸는 시간이 이전 세션에 비해 줄어들었다. 반면, 세 번째 세션에서 통제집단이 자유시간 동안 퍼즐 풀이에 참여한 시간이 첫 번째 세션보다 증가하였다. Deci(1971)의 첫 실험 결과는 물질적 보상이 내재동기를 감소시키는 것으로 확인되었다.

그렇다면 외적 보상은 내재동기를 감소시킨다는 결론을 내릴 수 있는가? 이와 관련하여 흥미로운 연구결과가 보고되었다. Deci(1971)의 두 번째 실험연구에서 보상 유형을 달리하여 금전적 보상 대신 언어적 보상과 긍정적 피드백을 제공한 결과, 통제집단은 세 번째 세션에서 내재동기가 감소하였으나, 언어적 보상을 받은 실험집단은 통제집단보다 내재동기가 덜 감소하거나 소폭 상승하는 패턴이 나타났다. 물질적 보상이 내재동기를 감소시킨다는 첫 연구결과와는 다르게 언어적 보상이나 긍정적 피드백은 내재동기를 감소시키지 않음을 확인하였다. 모든 외적 보상이 부정적인 기능만 하는 것이 아님을 확인할 수 있었고, 이를 계기로 보상의 긍정적 효과와 부정적 효과가 어떤 조건과 맥락에서 나타나는지를 파악하기 위한 연구자들의 노력과 관심이 증폭되었다.

2) 보상의 두 가지 기능: 정보와 통제

Deci는 물질적 보상과 언어적 보상이 내재동기에 미치는 차별적 영향력을 이해하기 위해서 보상의 두 가지 기능, 즉 통제적 기능과 정보적 기능에 주목할 필요가 있다고 강조하였다. 보상과 내재동기 간의 관계를 설명하기 위해 Deci는 인지평가이론(Cognitive Evaluation Theory)을 적용하였다. 인지평가이론에 의하면, 사람들은 어떤 외적 보상이 주어지면 이 보상이 자신의 행동을 통제하기 위한 목적인지 혹은 능력에 대한 정보를 주기 위한 목적인지를 평가하게 된다. 즉, 개인이 지각한 보상의 기능이 통제적인가, 정보적인가에 따라 내재적 동기 수준이 달라진다고 설명하였다.

보상의 정보적 기능(informational function)은 보상의 주요 목적이 과제수행의 질이나 학습자의 능력이 향상되었다는 정보를 제공하는 데 있다. 정보적 기능이 강조된 보상은 학습자의 유능감 지각에 긍정적 영향을 미치고, 이는 내재동기를 증진시키는 데 영향을 미친다. 앞서 살펴본 Deci의 실험연구에서 언어적 보상과 긍정적 피드백은 개인의 능력에 대한 정보를 제공함으로써 유능감을 향상시키고, 그 결과 내재동기를 증가시켰다고 볼 수 있다. 반면, 보상의 통제적 기능(controlling function)은 과제수행의 질과 상관없이 학습자가 단순히 과제에 참여했는지 여부, 과제를 완료했는지 여부에 따라 보상을 제공함으로써 개인의 행동을 통제하는 데 목적이 있다. 통제적 기능이 강조된 보상은 개인이 과제를 얼마나 잘 수행하고 있는지, 예전보다 어느 정도 진전이 있는지에 대한 정보를 제공하기보다는, 단순히 과제에 참여하거나 과제를 끝내기만 해도 보상을 제공하기 때문에 학습자는 외적 보상이 자신의 행동을 통제한다고 생각하므로 자율성이 훼손되고, 결국 과제에 대한 내재동기가 감소된다. 또한 어떤 행동을 하는 이유가 오직 보상을 얻기 위함이므로 보상이 더 이상 제공되지 않을 경우에는 내재동기가 유발되지 않는다는 문제점이 있다.

Deci가 제안한 인지평가이론에 따르면, 외적 보상의 정보적, 통제적 기능에 따라서 내재동기에 긍정적 혹은 부정적 영향을 미칠 수 있다. 개인이 외적 보상의 정보적 기능과 통제적 기능 중 어떤 측면을 상대적으로 강하게 인지하느냐에 따라 학습자의 기본심리욕구인 지각된 유능감과 자율성에 영향을 미치고, 이는 다시 내재동기에 영향을 미친다. 인간의 유능성 욕구와 자율성 욕구는 내재동기의 선행요인으로 이 두 가지 욕구가 모두 만족되지 않는 상태에서는 내재동기가 유발될 수 없다는 전제에 기초한다. 다시 말하면, 개인이 외부 사건(보상 포함)을 얼마나 통제할 수 있다고 느끼느냐 그리고 자신이 얼마나 유능하다고 느끼느냐에 따라 내재동기가 유발됨을 강조한다. 따라서 외적 보상이 내재동기에 긍정적 영향을 미치기 위해서는 보상이 학습자의 유능성 욕구와 자율성 욕구를 충족해야 한다는 논리가 성립된다. 외적 보상의 정보적 기능은 유능성 욕구에 정적 영향을 주는 반면에, 통제적 기능은 자율성 욕구에 부적 영향을 준다.

3) 보상의 역효과: 과정당화이론

보상의 효과는 보상의 기능과 주어진 상황에 따라 달라진다는 초기 연구결과와는 달리, 수많은 경험적 연구가 누적될수록 내재적으로 동기화된 행동에 외적 보상이 주어지면 내재동기가 감소된다는 연구결과가 보고되었다. Lepper와 동료들은 외적 보상이 내재동기에 미치는 유해한 효과를 설명하기 위해 과정당화이론(Overjustification Theory; Lepper, 1973; Lepper & Greene, 1978; Lepper et al., 1973)을 제안하였다. 과정당화이론은 사람들이 행동결과의 원인을 인지적으로 파악하려는 경향성이 있다는 귀인이론의 기본 전제에 기초한다. 사람들은 자신의 행동이 어떠한 내적 혹은 외적 요인들에 의해 동기화되었는가를 인지적으로 이해하고자 하는 경향성이 있다. 내재동기로 시작된 행동에 외적 보상이나 외적 제약이 주어지면, 사람들은 자신이 해당 행동을 하는 이유를 내적 요인(과제흥미)보다는 외적 요인(보상이나 위협)으로 귀인하는 경향이 있다(Lepper & Greene, 1978). 왜냐하면 사람들은 행동의 이유를 설명할 때 모호한 내적 요인보다는 명확하고 분명한 외적 요인에 귀인하는 경향이 있기 때문이다.

내재적으로 동기화된 학습자에게는 외적 보상 없이도 과제를 수행해야 할 이유가 충분한데, 여기에 외적 보상이 더해지면 과제를 수행해야 할 이유가 불필요하게 많아져서 과정당화 현상이 발생한다. 즉, 좋아하는 일은 그 자체로 수행할 이유가 충분한데, 외적 보상의 등장으로 목적과 수단이 바뀌게 된다. 행위자에게는 보상을 얻는 것이 주목적이 되고, 과제는 보상을 얻기 위한 수단(means to an end)으로 전환된다. 행동에 대한 인과소재가 내적 흥미에서 외적 보상으로 이동하면서 보상이라는 외적 요인의 통제를 받게 되고, 보상이 없으면 행동해야 할 이유, 동기가 줄어들게 된다. 예를 들어, 영어를 좋아해서 누군가 시키지 않아도 열심히 공부하는 선미라는 학생을 가정해 보자. 어느 날 부모님이 선미의 학습동기를 높이기 위해 성적이 오르면 용돈을 올려준다고 약속한 경우, 선미는 원래 좋아하던 영어공부를 용돈을 받기 위한 수단으로 인식하게 된다. 그 결과, 영어 자체에 대한 내재동기가 줄어들고 용돈이 없으면 더 이상 공부하고 싶은 마음이 생기지 않는다.

Lepper 등(1973)은 과정당화이론을 경험적으로 검증하기 위해 사인펜으로 그림 그리기를 좋아하는 유아원 아동들을 대상으로 실험연구를 수행하였다. 연구자는 아동들을 무선적으로 세 집단으로 나누고, 첫 번째 집단에게는 그림 그리기를 시작하기 전에 보상을 주겠다고 미리 약속하였고, 그림 그리기가 종료된 후 실제로 보상을 제공하였다. 두 번째 집단에게는 보상 제공에 대한 사전 약속이 없었으나, 그림을 다 그린 후에 깜짝 선물로 보상을 주었다. 세 번째 집단에게는 그림을 그려 달라고 부탁하였으나 보상을 미리 약속하지도 않았고 보상을 제공하지도 않았다. 연구 결과, 보상을 미리 약속한 첫 번째 집단에 속했던 아동들의 그림은 다른 두 집단 아동들의 그림보다 질적으로 현저히 떨어지고 단순히 그림 개수만 채워 끝낸 것으로 나타났다. 또한 일주일 후에 연구자들이 유아원을 다시 방문하여 아동들이 자유놀이시간에 어떤 활동을 주로 하는지를 일방경을 통해 관찰하였다. 그 결과, 보상을 받을 것을 미리 예상했던 첫 번째 집단의 아동들이 다른 두 집단의 아동들보다 그림을 그리거나 사인펜을 가지고 노는 빈도가 낮은 것으로 나타났다. 연구대상과 보상의 종류를 달리한 후속 연구들에서도 유사한 결과가 확인되었다. 이는 내재적으로 동기화된 활동에 대해 외적 보상이 제공되면 내재동기가 감소함을 보여 준다.

앞서 살펴본 실험연구에서 내재동기가 왜 감소했는가에 주목할 필요가 있다. 내재동기의 감소는 보상의 '현저성'과 '기대감'과 관련된다. 보상을 주겠다고 활동 전에 미리 약속한 경우는 예측가능한 보상으로서 보상의 현저성과 기대감을 높인다. 이 경우, 개인은 자신의 행동이 이러한 외적 요인에 의해 통제되고 있다고 지각할 가능성이 높아진다. 보상이 제공될 것을 미리 알았던 첫 번째 집단은 보상의 현저성과 기대감을 높게 지각함에 따라 내재동기가 감소했다고 해석할 수 있다. 반면, 보상이 제공될 것을 미리 알지 못했던 두 번째 집단 참여자의 경우, 보상의 현저성과 기대감을 낮게 지각했을 것이고, 이로 인해 내재동기에 미친 부정적 영향력이 작게 나타났다고 볼 수 있다. 보상 이외에도, 학습자가 처한 환경의 압력, 감독, 마감일, 지켜야 할 규칙 등과 같은 통제적 외적 요인들에 의해서 과정당화가 발생할 수 있다 (Amabile, DeJong, & Lepper, 1976; Lepper & Greene, 1975). 특히 학습자가 이러한 외적 요인의 존재를 명확히 지각하고 예상할 수 있을 때 과정당화가 발생할 수 있다. 반대로, 예상하지 않은 보상은 과정당화를 초래하지 않는다. 예를 들어, 어려움에 처한 사람을 도와준 행동에 대해 받은 '모범시민상'은 이미 수행한 행동에 대해 추후 주어진 보상이므로 미리 예상할 수 있는 보상이 아니다. 이러한 형태의 보상은 어려운 상황에 놓인 타인을 돕고자 하는 개인의 내재동기를 감소시키지 않는다. 보상의 예측가능성, 현저성, 기대감이 높을수록 학습자는 보상이 자신의 행동을 통제한다고 지각하고, 이에 따라 내재동기가 감소하게 된다(Greene & Lepper, 1974; Lepper & Greene, 1975; Lepper et al., 1973).

4) 보상 효과에 관한 메타분석 연구결과와 쟁점

Cameron과 Pierce가 1994년에 보상의 효과에 대한 메타분석 연구를 발표한 이후 행동주의와 인지주의 진영 간의 상반된 주장은 더욱 첨예하게 대립하게 되었다. 수년에 걸쳐 같은 데이터베이스를 다른 방식으로 분석한 여러 편의 메타분석 연구논문(Deci, Koestner, & Ryan, 1999, 2001; Eisenberger & Cameron, 1996; Lepper & Henderlong, 2000)이 발간되었다. Cameron과 Pierce(1994)는 1971년 Deci의 연구부터 1991년 9월까지 발표된 96편의 연구를 대상으로 보상과 강화가 내재동기에 미치는 영향을 분석한 메타분석 논문을 『Review of Educational Research』에 게재하였다. Cameron과 Pierce(1994)는 부정적 영향을 미친 특정 유형의 보상을 제외하고는 대체로 '외적 보상이 내재동기를 감소시키지 않는다'는 결론을 내렸다. 그들은 보상의 부정적 효과를 지나치게 부정적으로 부각하는 것을 경계하고, 교사들이 교실에서 보상체계를 활용하는 것을 기피할 이유가 없다고 주장하였다. 더불어, 메타분석 결과를 Deci의 인지평가이론에 입각해서 해석하는 것이 부적절함을 강조하였고, 행동주의적 관점을 강조하였다.

Cameron과 Pierce(1994)의 주장은 내재동기이론가들에게 커다란 반향을 불러왔고, 1996년에 이들의 주장을 반박하는 논문들(Lepper, Keavney, & Drake, 1996;

Ryan & Deci, 1996)이 『Review of Educational Research』, 66권 1호에 게재되었다. Cameron과 Pierce는 이러한 논평들을 재반박하는 논문을 발표하였으나, 지적된 문제나 논평에 대한 적절한 설명보다는 여전히 외적 보상이 내재동기를 감소시키지 않는다는 주장을 되풀이하였다. 이와 같은 태도에 대해 Deci와 동료들(2001)은 Cameron과 Pierce(1994)의 원논문과 이것을 요약 발표한 Eisenberger와 Cameron(1996)의 논문이 연구절차에서의 문제와 메타분석방법의 오류를 포함하고 있음을 지적하였다. 또한 Deci와 동료들(2001)은 Cameron과 Pierce(1994)의 연구표집에도 문제가 있음을 비판하였다. 즉, 효과크기(effect size)의 이질성이 높은 연구들(outlier)을 메타분석에서 제외하였는데, 분석에서 제외된 논문이 전체 논문의 20%에 가까우므로 적절한 표집이 이루어지지 않았고 편파성이 개입되었다고 비판하였다.

그뿐만 아니라, Deci와 동료들(2001)은 Cameron과 Pierce(1994)의 메타분석 연구에는 실험과제에 대한 흥미가 낮은 참여자들이 포함된 연구들이 분석에서 제외되지 않은 것을 문제점으로 제기하였다. 왜냐하면 내재적으로 동기화된 학습자가 보상으로 인해 이들의 내재동기가 추후 어떻게 변화하는지를 확인하는 연구에서 원래 내재동기가 낮은 참여자를 포함하는 것은 적절하지 않기 때문이다. Deci와 동료들(2001)은 초기 흥미수준이 높은 참여자가 포함된 연구들만으로 메타분석을 새롭게 수행한 결과, 물질적 보상은 내재동기를 감소시킨 반면, 언어적 보상은 내재동기를 증진시키는 것을 확인하였다. 또한, 물질적 보상이더라도 학습자가 예상하지 못한 상태에서 제공하거나, 과제수행 여부(과제유관적)에 대한 보상은 내재동기에 유의미한 영향을 미치지 않았다. 반면 학습자가 예상한 물질적 보상은 내재동기에 부정적 영향을 미쳤으며, 이러한 부정적 효과는 아동집단에서 더욱 두드러지게 나타났다. 이러한 연구결과는 보상의 유형과 시행방법에 따라 내재동기에 미치는 효과가 달라짐을 보여 준다는 점에서 인지평가이론을 지지하는 근거로 사용되었다. 또한, 교육자들이 교육현장에서 보상을 언제, 어떻게 사용할 것인가에 대한 실제적 시사점을 제공하였다(Deci et al., 2001).

이에 대한 Cameron(2001)의 대응과 Deci와 동료들(2001)의 대응이 뒤따르는 공방전이 지속되었다. 계속되는 양 진영의 공방은 많은 사람의 관심을 촉발시키기에 충분하였고, 아직도 끝나지 않은 논쟁에 관심이 모아지고 있다. 하지만 두 진영의 이론적 가정, 메타분석에 투입한 연구표집 기준, 조절변인 분류 방식이 다르기 때문에 두 대립되는 진영이 주장하는 종합적인 결론은 평행선을 달릴 수밖에 없을 것이다.

5. 발전방향과 전망

　인간의 행복 추구를 화두로 삼는 긍정심리학이 최근 심리학 분야에서 많은 주목을 받고 있다는 점에서 내재동기와 몰입은 계속해서 관심주제로 남을 것으로 예측할 수 있다. 아동기와 청소년기 동안 대부분의 학생은 학교라는 형식적인 틀 속에서 정해진 내용의 지식을 학습하는 것이 현실이다. 이와 같은 상황에서 학업에 관련된 과제수행을 할 때 즐거움과 만족감을 느낄 수 있는 환경이 가능하다면, 그것은 당연히 고려해야 할 사안임에 틀림이 없다. 이런 측면에서 학습자의 성장과 행복을 이끄는 내재동기와 몰입 관련 연구가 더욱 활성화될 것으로 보인다. 몰입 관련 연구에서는 그동안 연구방법에서의 제한점 때문에 활성화되지 못했으나, 점차 자기보고식 설문지 형태의 척도 개발과 더불어 몰입대상(학생과 교사의 몰입 경험), 맥락(면대면 교실학습, 비대면 온라인 학습), 방법론(양적, 질적, 혼합연구)의 확장이 지속적으로 이루어지고 있다.

　궁극적으로 삶의 질 향상에 기여하는 몰입 경험은 교육현장에서 보다 적극적으로 받아들여야 할 동기 개념이다. 내재동기의 증진 방안에 대한 연구 또한 교육현장에서는 지대한 관심을 받는 주제이다. 특히 장기적으로 볼 때 외재동기에 비해 내재동기가 다양한 측면에서 바람직하므로 내재동기 증진에 효과적인 중재 프로그램의 개발과 효과성에 대한 연구가 요구된다.

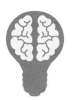

자기결정성이론(Self-Determination Theory: SDT)은 미국 로체스터 대학교의 Edward Deci와 Richard Ryan이 이끈 연구팀에 의해 제안되었고, 1980년대 중반부터 빠르게 발전해 왔다. Ryan과 Deci가 내재동기와 외재동기를 자기결정성이론 체계 안에서 재개념화한 논문을 2000년도에 『Contemporary Educational Psychology』라는 학술지에 게재한 이후, 자기결정성이론은 학업상황과 임상상황뿐만 아니라 일, 운동, 건강, 육아를 비롯한 다양한 영역에서 인간의 동기와 행동을 이해하는 데 적용되고 있다.

1. 자기결정성이론 개관

기존 동기이론들은 동기유발 요인의 소재(개인 내부 vs. 외부)에 따라 내재동기와 외재동기를 이분법적으로 개념화한 반면, 자기결정성이론에서는 자기결정성 혹은 자율성이라는 새로운 관점에서 내재동기와 외재동기의 개념을 재정립하고 자기결정성 수준에 따라 세분화된 동기 유형을 제시하였다(Ryan & Deci, 2000b). 자기결정성이란 개인이 어떤 행동을 선택, 시작, 조절하는 과정에서 어느 정도의 자율성을 갖는가를 의미한다. 내재적으로 동기화된 행동은 개인의 흥미와 관심에 따라 선택된다는 점에서 내재동기는 자기결정성이 가장 높은 동기로 정의되고, 외재적으로 동기화된 행동은 외적 압력이나 보상에 따라 선택된다는 점에서 외재동기는 자기결정성이 낮은 동기로 개념화된다. 그러나 외재동기의 경우도 개인이 외적 가치를 어느 정도로 내재화(internalization)하느냐에 따라 자기결정성 수준이 다른 다양한 동기 유형이 존재한다.

인간은 언제 최적의 기능을 수행하고 행복감을 느끼는가? 이는 자기결정성이론 연구자들이 답하고자 하는 핵심적인 질문이다. 자기결정성이론은 인간의 수행과 성취뿐만 아니라 더 나아가서 인간의 심리적 안녕을 촉진하는 요인들을 설명하는 데 중점을 둔다. 자기결정성이 높은 동기는 높은 성취와 심리적 안녕감을 촉진하는 데 핵심적인 역할을 수행한다. 자기결정성이론에서 내재동기가 핵심적인 개념으로 주목받는 이유는 내재동기가 인간의 성장과 심리적 안녕에 긍정적인 영향을 미치는데, 내재동기의 이러한 긍정적 영향력은 높은 자기결정성에서 비롯된다고 보기 때문이다.

자기결정성이론에 의하면, 인간은 자신의 행위를 스스로 결정함으로써 통합된 유기체로 성장하고자 하는 선천적 경향성이 있다. 인간이 자기결정욕구를 실현하는 것은 심리적 건강과 성장을 위해 필수적이라고 본다. Ryan과 Deci(2002)는 자기결정성이론이 유기적 변증법적 관점(organismic dialectical perspective)을 취한다고 주장하였다. 여기서 '유기적'이란 개념은 인간이 환경과의 능동적인 상호작용을 통해 끊임없이 변화, 발달함을 의미한다. 따라서 개인의 성장과 발달을 돕기 위해 자기결정성 동기를 증진하는 사회적 환경을 조성하는 것이 중요하다.

자기결정성이론은 자기결정성과 관련된 다양한 주제(내재동기, 외재동기의 내재화, 기본심리욕구, 자율지향성, 목표내용, 관계 등)를 설명하는 여섯 가지 미니 이론을 통합한 매크로 이론(macro theory)이다. 자기결정성이론의 미니 이론들은 인지평가이론(Cognitive Evaluation Theory), 유기적 통합이론(Organismic Integration Theory), 기본심리욕구이론(Basic Psychological Needs Theory), 인과지향성이론(Causality Orientation Theory), 목표내용이론(Goal Content Theory), 관계동기이론(Motivation in personal relationship)을 포함한다. 이 장에서는 여섯 가지 미니 이론 가운데 자기결정성이론의 핵심개념인 내재동기와 직접 관련 있는 세 가지 미니 이론(인지평가이론, 유기적 통합이론, 기본심리욕구이론)을 중심으로 설명하고, 이들 간의 관련성을 살펴봄으로써 자기결정성이론에 대한 전체적인 이해를 도모하고자 한다.

2. 인지평가이론

인지평가이론은 사회적 환경이 제공한 외적 보상이 내재동기에 어떤 영향을 미치는지를 설명한다. 인간은 자신의 환경을 인지적으로 평가함으로써 외적 보상이 자신의 행동을 통제하려는 목적인지, 과제수행능력에 대한 정보를 제공하려는 목적인지를 파악할 수 있다. 개인이 지각한 보상의 기능이 정보적인가 혹은 통제적인가에 따라 내재동기가 촉진될 수도 있고 감소될 수도 있다. 즉, 내재동기는 보상 그 자체에 의해 영향을 받기보다는 학습자가 지각한 보상의 기능에 의해 영향을 받는다.

인지평가이론가들은 학습자가 보상의 정보적 기능을 통제적 기능보다 상대적으로 높게 지각할 때 내재동기가 증진된다고 강조하였다. 예를 들어, 책 읽기를 끝낸 학생들에게 칭찬 스티커를 제공하는 상황을 가정해 보자. 칭찬 스티커는 학생들의 책 읽기 행동에 영향을 줄 수 있지만(통제적 기능), 학생의 읽기 능력 향상에 대해서는 알려 주지(정보적 기능) 못한다. 이 경우 칭찬 스티커는 정보적 기능보다는 통제적 기능이 강한 보상이다. 학생이 책 읽기를 끝냈기 때문이 아니라 책 내용을 잘 이해했기 때문에 보상을 받았다고 인식한다면 정보적 기능이 강한 보상이다.

Deci(1971)는 학습자의 유능성 욕구와 자율성 욕구가 충족될 때 내재동기가 자연스럽게 유발됨을 강조하였다. 그렇다면 보상의 정보적 기능과 통제적 기능은 내재동기와 어떤 관련성이 있는가? 정보적 보상은 학습자의 유능성 욕구 충족에 도움을 주는 반면, 통제적 보상은 학습자의 자율성 욕구를 훼손한다. 따라서 정보적 보상은 내재동기에 긍정적 영향을 미치고, 통제적 보상은 내재동기를 감소시킨다. 학습자의 유능성 욕구와 자율성 욕구는 사회적 환경이 보상의 어떤 기능을 강조하느냐에 따라 충족될 수도 있고 결핍될 수도 있으므로 사회적 환경이 내재동기 증진에 중요한 역할을 한다. 종합해 보면, 바람직한 사회적 환경의 역할은 보상의 정보적 기능을 강화하고 통제적 기능을 최소화하여 학습자의 유능성 욕구와 자율성 욕구를 충족시킴으로써 내재동기를 유발한다고 볼 수 있다.

3. 유기적 통합이론

인간은 환경과의 상호작용을 통해 자신을 통합하고자 하는 유기체로서 끊임없이 변화하고 성장하려는 경향성을 가지고 태어난다. 이러한 경향성을 실현하기 위해 인간은 자신의 환경을 통제하고 어떤 행위를 취할 것인가를 스스로 결정하기를 원한다. 내재동기는 이러한 경향성을 대표하는 개념으로, 자기결정성 수준이 가장 높은 동기이다. 하지만 교육현장에서는 온전히 내재적으로 동기화되기보다는(Ryan & Connell, 1989; Ryan & Deci, 2000b), 외재동기를 가진 학습자들이 많이 관찰된다.

유기적 통합이론은 외재동기가 내재화 과정을 통해 자기결정성이 높은 동기로 변화되는 과정을 설명하고, 이 과정에서 사회적 환경의 역할을 강조한다. 인간은 외적 가치를 자기 것으로 내재화하고 통합함으로써 자기결정성 욕구를 실현시킨다. 학습 초기에는 외적 보상이나 제약에 의해 외재적으로 동기화되더라도 학습자가 외적 가치를 자신의 내면으로 수용하고 통합하는 과정에서 점차 자기결정적으로 변화된다.

1) 자기결정성 수준에 따른 동기 유형 분류

동기 유형을 내재동기와 외재동기로 양분하는 전통적 접근과는 달리 유기적 통합이론에서는 동기 유형을 자기결정성 수준에 따라 다양한 유형으로 세분화하였다([그림 11-1] 참조). 자기결정성이 낮은 수준부터 높은 수준으로 분류할 경우에 무동기(amotivation), 외적 조절(external regulation)동기, 내사된 조절(introjected regulation)동기, 확인된 조절(identified regulation)동기, 통합된 조절(integrated regulation)동기, 내재동기(intrinsic motivation)가 연속선상에 순서대로 놓이게 된다(Deci & Ryan, 2000; Ryan & Connell, 1989; Ryan & Deci, 2000b). 자기결정성 수준이 가장 낮은 '무동기'는 행동하려는 의지가 결핍된 상태이다. 무동기 상태의 학생들은 공부를 왜 해야 하는지 모른다. '내재동기'의 경우, 과제 자체에 대한 흥미, 재미, 즐

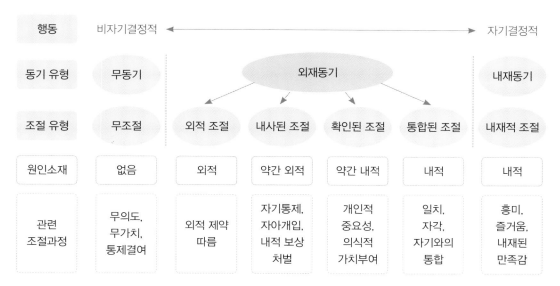

[그림 11-1] 자기결정성 수준에 따른 동기 유형(김아영, 2010)

거움이 과제수행의 원천이 된다. 흥미나 재미는 외부의 강요에 의해 경험될 수 없고 개인의 자발적 선택에 기초한다는 점에서 내재동기는 자기결정성이 가장 높은 동기 유형에 해당된다.

자기결정성 연속선상에서 무동기와 내재동기 사이에는 세분화된 외재동기 유형들이 위치한다. 공부 이유를 개인의 내적 흥미나 즐거움에서 찾지 못한 경우에는 다양한 외적 요인에 의해 동기화된다. 이때 외재동기에 영향을 미치는 외적 요인은 외적 보상이나 제약, 의무감이나 책임감 같은 내적 압력, 다른 목표달성을 위한 수단적 가치 등 다양한 형태로 존재한다. 개인의 행동에 영향을 미치는 외적 요인을 어느 정도로 수용하고 자신의 것으로 통합(내재화)하는가에 따라 외재동기를 자기결정성 수준이 낮은 유형에서 높은 유형으로 구분할 수 있다.

자기결정성 수준에 따라 세분화된 외재동기는 외적 조절동기, 내사된 조절동기, 확인된 조절동기, 통합된 조절동기를 포함한다. 다양한 외적 요인이 개인의 행동에 영향을 미치고 조절한다는 점에서 외재동기 유형을 '조절동기'로 명명한다. 각 유형의 조절동기를 살펴보면, 첫 번째 유형은 '외적 조절동기'로서 외재동기 유형들 중에서 자기결정성이 가장 낮다. 외적 보상이나 제약(소위 말하는 당근이나 채찍)이 개인의 행동을 조절한다. 외적 조절동기를 가진 학생들은 용돈을 받기 위해, 야단이나 체벌을 피하기 위해, 혹은 부모님이나 선생님의 요구에 응하기 위해서 공부한다.

두 번째 유형은 '내사된 조절동기'로서 개인이 외적 가치를 내재화하는 첫 단계에 해당된다. 개인의 행동에 내적 압력이 영향을 미치는 상태이다. 내적 압력은 어떤 행동을 해야만 한다고 생각하는 의무감이나 과제에 성공해서 자존감을 지켜야 한다는 압박감을 의미한다. 행동의 원인소재가 내부(내적 압력)로 이동했지만, 외적 가치의 내재화가 완전히 이루어지지 않은 과도기 단계이다. 내사된 조절동기를 가진 학습자는 자기가치(self-worth)를 성공 결과와 결부시키는 조건적 자존감을 갖는다. 따라서 자기가치를 유지하기 위해 자신의 능력을 과시하거나 실패를 기피하는 방식으로 동기화되는 경향이 있다(Ryan & Deci, 2000b). 더불어, 내사된 조절동기는 어떤 일을 열심히 수행하지 않았을 때 느끼는 죄책감, 실패에 대한 불안감, 수치심을 피하기 위해 동기화되기도 한다. 이처럼 동기의 근원이 개인 내부에 있지만 어떤 행위를 하는 이유가 스스로 부과한 심리적 부담감이나 내적 갈등에 기초한다는 점에서 자기결정성 수준이 상대적으로 낮다. 따라서 내사된 조절동기는 외적 조절동기와 함께

'통제동기(controlled motivation)'로 분류된다.

　세 번째 유형은 '확인된 조절동기'로서 개인이 학습의 가치를 충분히 수용한 상태에 해당된다. 확인된 조절동기를 가진 학습자는 학교에서 배운 내용을 일상생활에 유용하게 활용하거나, 진학이나 취업과 같은 진로목표를 달성하는 데 도움이 되기 때문에 과제에 참여한다. 처음에는 과제와 무관한 외적 요인이나 개인이 느끼는 내적 압력으로 과제에 참여했더라도 학습과정에서 점차 과제의 가치와 중요성을 자신의 것으로 내재화함에 따라 행동의 인과소재가 개인 내부로 전환된다. 확인된 조절동기는 외재동기 중에서 자기결정성 수준이 상대적으로 높은 '자율동기(autonomous motivation)'로 분류된다. 확인된 조절동기를 가진 학습자는 공부의 중요성을 알기 때문에 학업에 열심히 참여하지만, 공부에 대한 재미나 즐거움을 반드시 경험하는 것은 아니다. 이 점에서 확인된 조절동기는 내재동기와 개념적으로 구분된다.

　마지막 유형은 '통합된 조절동기'로서 어떤 과제에 참여하는 이유가 해당 과제의 중요성을 넘어 개인의 가치체계나 자기도식, 정체성과 부합되는 상태를 의미한다. 과제참여의 의미를 개인의 정체성 수준에서 온전히 수용한 단계이다(Deci & Ryan, 2000). 과제수행의 즐거움보다는 개인의 정체성에 부합하는 중요한 가치를 실현하기 위해 동기화된다는 점에서 외재동기에 해당되지만, 외재동기 유형들 중에서 자기결정성 수준이 가장 높은 동기이다. 동기 유형 분류에 관한 첫 경험적 연구인 Ryan과 Connell(1989)의 연구에서는 통합된 조절동기 개념이 포함되지 않았으나, Ryan과 Deci(2000a, 2000b)의 후속 연구에서는 통합된 조절동기를 외적 요인이 가장 완전하게 내재화된 동기 유형으로 포함하였다. 하지만 통합된 조절동기와 확인된 조절동기를 명확히 구분하여 측정하는 데 어려움이 있어 대부분의 연구에서 통합된 조절동기를 포함하지 않고 있다. 국내 몇몇 연구들이 통합된 조절동기를 독립된 하위요인으로 측정했으나, 통합된 조절동기와 확인된 조절동기 간에 매우 높은 상관이 존재하는 것으로 나타났다(김아영, 2002b; 박병기, 이종욱, 홍승표, 2005; Kim, 2002).

2) 외재동기의 내재화

학습자의 최적의 성장과 발달을 위해 내재동기를 촉진하는 것이 가장 이상적이나, 현실에서는 항상 내재적으로 동기화될 수는 없다. 그렇다면 학습자의 내재동기를 촉진하는 노력과 함께 외재동기의 내재화를 돕는 노력이 병행될 필요가 있다. 학습 초기에 외재적으로 동기화되었더라도 개인이 외적 가치를 자신의 것으로 얼마나 내재화하느냐에 따라 자기결정성이 향상될 수 있다.

자기결정성이론에 의하면, 외재동기의 내재화는 연령 증가에 따라 자연적으로 발생하는 것이 아니다(Ryan & Deci, 2002). 오히려 사회적 환경의 특성이나 개인의 경험이 내재화 과정에 영향을 미친다. 만약 외재동기의 내재화가 자연스럽게 나타나는 현상이라면 연령이 증가할수록 통합된 조절동기를 가진 학습자가 많아져야 할 것이다. 그러나 외재동기의 발달 경향을 집중적으로 탐색한 연구가 아직 별로 없고, 종단연구는 더욱 드물기 때문에 앞으로 이 부분에 관한 체계적이고 심도 있는 연구가 요구된다. 학습동기의 발달 양상과 특성을 파악하는 것은 교육환경 설계를 위한 유용한 정보로 활용될 수 있으므로 매우 중요하다고 볼 수 있다.

3) 조절동기 유형과 학습변인들 간의 관계

자기결정성 수준에 따라 세분화된 동기 유형들이 학습변인들과 차별적 관련성을 갖는 것으로 나타났다(Reeve, 2005; Ryan & Deci, 2002). 외적 조절동기가 높은 학생들은 과제에 대한 흥미나 가치가 높지 않으므로 열심히 노력하지 않고, 결과가 나빠도 책임감을 느끼지 않으며, 실패를 다른 사람의 탓으로 돌리는 경향이 있다. 내사된 조절동기가 높은 학생들은 노력은 하지만, 불안수준이 높고, 실패 시 적응적 대처를 하지 못하는 것으로 나타났다. 반면 확인된 조절동기를 가진 학생들은 학습에 대한 흥미가 높고, 실패하더라도 긍정적으로 대처하는 것으로 나타났다(김아영, 오순애, 2001; 신영희, 김아영, 2005; Kim, 2002; Ryan & Connell, 1989).

외적 조절동기와 내사된 조절동기가 통합된 '통제동기'와 확인된 조절동기와 내재동기가 통합된 '자율동기'의 효과를 살펴본 연구에서도 유사한 패턴이 확인되었다. 자율동기가 높을수록 학업성취가 높고(Fortier, Vallerand, & Guay, 1995; Guay &

Vallerand, 1997; Soenens & Vansteenkiste, 2005; Vansteenkiste et al., 2005), 중도 탈락률이 낮으며(Vallerand et al., 1997), 심층적인 학습전략을 사용하고(Grolnick & Ryan, 1987), 표면적 정보처리를 덜 사용하는 것으로 나타났다(Vansteenkiste, Simons, Lens, Sheldon, & Deci, 2004). Burton, Lydon, D'Alessandro와 Koestner(2006)가 캐나다 초등학생들과 대학생들을 대상으로 진행한 연구에서도 흥미로운 결과가 나타났다. 확인된 조절동기는 학업성취도를 정적으로 유의하게 예측하고, 내재동기는 긍정 정서와 같은 심리적 안녕감을 정적으로 유의하게 예측하는 것으로 드러났다. 이러한 결과에 대한 연구자들의 해석은 다음과 같다. 확인된 조절동기를 가진 학습자는 자신의 중요한 목표를 이루기 위해 어려움에 부딪혀도 포기하지 않고 열심히 노력한 결과 높은 성취도를 보이고, 내재동기를 가진 학습자는 학습과정에서 흥미나 즐거움을 경험하므로 심리적 안녕감을 유지할 수 있다(Burton et al., 2006). 이처럼 조절동기 유형들이 학생들의 심리나 성취도와 관련하여 각각 고유한 역할을 수행함을 확인할 수 있다.

4. 기본심리욕구이론

기본심리욕구이론은 사회적 환경이 인간의 기본심리욕구를 활용하여 외재동기의 내재화에 어떻게 기여하는지를 설명하는 데 초점을 둔다(Ryan & Deci, 2000b). 내재동기 촉진과 외재동기의 내재화를 돕기 위해 인간의 선천적 성장 경향성과 내적 자원을 적극적으로 활용하는 것이 중요하다. 여기서 내적 자원이란 인간의 성장과 발달에 핵심적인 역할을 하는 기본심리욕구를 의미한다(Ng et al., 2012; Slemp et al., 2018; Van den Broeck et al., 2016; Vasquez et al., 2016; Yu et al., 2018). 기본심리욕구는 유능성 욕구(need for competence), 자율성 욕구(need for autonomy), 관계성 욕구(need for relatedness)를 포함한다. 유능성 욕구는 과제를 효과적으로 통제하고 성공적으로 수행할 수 있는 능력에 대한 욕구이며, 자율성 욕구는 외부의 통제나 간섭없이 자신의 행동을 자율적으로 선택하고 결정하고자 하는 욕구이다(deCharms, 1968; Ryan & Grolnick, 1986). 마지막으로 관계성 욕구는 의미 있는 타인과 관계를 맺고자 하는 욕구이다(Levesque et al., 2004). 세 가지 욕구는 인간의 성장과 발달에 꼭 필요한 심리욕구라는 점에서 기본심리욕구(basic psychological needs)라고 불린다. 또한 이러한 욕구들은 누구나 태어날 때부터 가지고 있으며, 모든 문화권에서 나타나므로 보편성을 갖는다.

신체적 기능과 건강을 도모하기 위해서 5대 영양소를 골고루 섭취해야 하듯이, 세 가지 기본심리욕구는 인간의 심리적 적응과 안녕을 도모하기 위해서 반드시 충족되어야 하는 심리적 3대 영양소라고 볼 수 있다(Ryan & Deci, 2002). 수면욕이나 식욕과 같은 생리적 욕구들이 충족되어야 신체적 건강이 확보되듯이, 심리적 건강이 최적화를 이루기 위해서는 기본심리욕구가 충족되어야 한다. 기본심리욕구가 결핍되거나 균형을 이루지 못한다면 개인의 역량을 발휘하기 어렵고 과제수행에 대한 즐거움을 경험하기 어렵다. 따라서 세 가지 기본심리욕구의 충족은 최적의 역량과 기능을 발휘하기 위한 기본 전제 조건이라고 볼 수 있다.

Deci와 Ryan(1985b)은 기본심리욕구가 얼마나 충족되느냐에 따라 내재동기와 외재동기의 내재화가 촉진된다고 보았다. 내재동기를 경험하기 위해서는 유능성, 자율성, 관계성에 대한 욕구가 우선적으로 충족되어야 한다. 실패에 대한 두려움이 앞서거나(낮은 유능감), 외부의 압력으로부터 통제받을 때(낮은 자율성), 동료와 친밀한 관계를 형성하지 못할 경우(낮은 관계성), 과제에 집중하기 힘들고 즐거움과 만족감을 경험하기 어렵다. 따라서 사회적 환경은 인간의 성장과 발달을 위한 필수 영양소, 즉 기본심리욕구가 충분히 충족되도록 지원하는 것이 매우 중요하다. 기본적으로 인간은 환경을 통제하고 자율적으로 행동하고자 하는 경향성을 가지고 태어나지만 좋은 사회적 환경이 갖추어졌을 때 이러한 경향성이 잘 발휘된다는 점에서 사회적 환경의 역할이 시사하는 바가 크다. 사회적 환경이 학습자의 기본심리욕구를 충분히 지지해 주는가, 혹은 방해하는가에 따라 내재동기가 촉진될 수도 있고 훼손될 수도 있다. 따라서 교육환경이 학습자의 유능성, 자율성, 관계성 욕구를 얼마나 충족시키는가 혹은 좌절시키는가에 따라 바람직한 환경과 그렇지 않은 환경으로 구분된다. 사회적 환경이 학습자의 기본심리욕구를 충족시킬수록 내재동기가 증진되고, 성취도와 심리적 안녕감이 함께 향상될 수 있다. 반면 기본심리욕구를 좌절시키는 사회적 환경에 속한 학습자는 내재동기를 경험하기 어렵고 심리적 건강과 기능이 약화된다. 따라서 개인의 욕구충족을 촉진시키거나 방해하는 사회적 환경의 특성을 이해하는 것이 중요하며, 다양한 상황과 분야, 문화권에 적용할 수 있는 기본심리욕구 지원방안에 대한 경험적 연구가 필요하다.

1) 세 가지 기본심리욕구: 유능성, 자율성, 관계성

앞서 살펴보았던 세 가지 기본심리욕구의 개념을 보다 구체적으로 살펴보면, 첫째, 유능성 욕구는 White(1959)와 Harter(1983)의 효능동기와 숙달동기 개념에서 발전된 구인으로 볼 수 있다. 인간은 누구나 능력 있는 사람이기를 원하고, 기회가 주어지면 자신의 능력이나 기술을 향상시키기를 원한다. 유능성 욕구가 충족된 학습자는 자신의 능력에 맞게 최적의 도전을 추구하고, 이러한 행위를 통해서 기술과 역량을 유지, 향상시키려고 노력한다. 유능성 욕구는 획득한 역량이라기보다는 자신이 유능하다고 느끼고 싶다는 지각을 의미한다. 이러한 이유로 유능성 욕구는 맥락에 따라서 '유능감'이라고 말하는 것이 더 적절한 경우도 있다. 유능성 욕구는 사회적 환경과 효과적으로 상호작용할 기회가 주어질 때 충족된다.

유능성 욕구와 관련된 경험적 연구를 살펴보면, 긍정적 피드백은 유능성 욕구를 충족시킴으로써 내재동기를 증진시키는 것으로 확인되었다(Deci & Ryan, 1980). 즉, 긍정적 피드백이 지각된 유능감(유능성 욕구 충족)을 매개로 내재동기에 영향을 미친다(Deci & Cascio, 1972; Vallerand & Reid, 1984). 또한, 지각된 유능감이 높은 학생들이 학교에서 긍정적 태도와 수행을 나타내는 것으로 확인되었다(Miserandino, 1996).

둘째, 자율성 욕구는 deCharms(1976)의 개인적 인과성(perceived causality)과 관련된 개념이다. 사람들은 자신이 행동의 주체가 되기를 원하고, 스스로 가치 있는 목표를 세우고 행동할 수 있는 자유를 원한다(Ryan & Deci, 2000b). 자율성은 개인이 자신의 흥미와 가치에 기반하여 행동을 선택, 결정함으로써 행동에 대한 주도권을 갖는 것을 의미한다. 자기결정성이론에서는 자율성이 보장되어야 비로소 유능감의 영향력이 제대로 발휘될 수 있다고 가정하므로, 자율성이 가장 핵심적인 개념으로 간주된다(Ryan, 1982).

자율성 개념을 '독립성', '의존성'과 구별하여 이해해야 한다(Ryan & Deci, 2002). 독립성이 외부의 영향력이나 타인에 의존하지 않는 정도를 의미하므로 '개인 간(interpersonal)' 관계를 반영하는 반면, 자율성은 개인의 의지가 자신의 행동 선택에 반영된 정도를 의미하므로 '개인 내(intrapersonal)'에 초점을 둔 개념이다. 또한, 자율성의 반대는 타인의 지원을 원하는 의존성이 아니라 통제당하고 조종당하고 있다고 느끼는 '타율성(heteronomy)'이다(Ryan & Lynch, 1989). 따라서 자율성은 다른 사람에게 의존하기를 거부하고 관계로부터의 분리, 독립을 원하는 것과 구별되어야 한다(Ryan & Deci. 2002). 의존성이 높다고 해서 자율성이 낮고 독립성이 높다고 해서 자율성이 높다고 간주할 수 없다. 의존성과 독립성이 개인의 선택과 결정에 따른 것인지에 따라 자율적 의존성과 비자율적(통제적) 독립성이 가능하다. 예를 들어, 개인이 정말 원해서 친구나 부모에게 의존한다면 자율적 의존성에 해당되고 부모의 강요에 의해 원하지 않는 독립을 한다면 비자율적 독립성에 해당된다.

셋째, 관계성 욕구는 타인과 관계를 맺음으로써 서로 연결되고, 상호 관심과 배려를 느끼고, 자신이 속한 집단에서 소속감을 느끼고 싶은 욕구를 의미한다(Ryan & Deci, 2000b). 관계성 욕구는 소속감에 대한 욕구(need for belongingness)나 친애의 욕구(need for affiliation)와 유사한 개념이다. 관계성 욕구는 Harlow(1958), Bowlby(1979), Baumeister와 Leary(1995)에 이어 Ryan(1995)의 연구에서 도입한 개념으로 타인으로부터 어떤 결과를 얻어내거나 공식적인 지위를 획득하는 것에 대한 관심이 아니라, 타인과 안정적인 교제나 조화를 이루고 있다는 심리적 지각을 의미한다. 자기결정성이론에서는 내재동기를 유지하기 위해서는 유능성 욕구 및 자율성 욕구와 함께 관계성 욕구가 충족되어야 함을 강조한다(Ryan & Deci, 2002). 또한, 관계성 욕구의 충족은 외재동기의 내재화를 증진시키고, 개인 간의 활동에서 내재동기를 유지하는 데 기여한다(Ryan & Deci, 2002). 일반적으로 외재동기를 가진 학습자는 과제 자체에 흥미를 느끼기는 어렵지만, 동기부여를 하는 타인이 자신에게 의미 있는 사람일 경우 외적 가치를 보다 쉽게 자신의 것으로 수용할 수 있다. Ryan, Stiller와 Lynch(1994)는 부모나 교사와 안정적인 관계를 형성한 아동들이 그렇지 않은 아동들에 비해 긍정적인 행동을 더 적극적으로 내재화함을 확인하였다. 이는 관계성이 외재동기의 내재화 증진에 중요한 역할을 함을 보여 준다.

관계성 욕구가 충족된 유아들이 탐색활동에 참여할 때 내재동기가 높은 것으로 나타났다(Frodi, Bridges, & Grolnick, 1985). 반대로, 차갑고 냉담한 교사의 지도를 받은 학생들의 내재동기가 상대적으로 낮게 나타났다(Anderson, Manoogian, & Reznick, 1976).

2) 기본심리욕구의 효과

기본심리욕구는 인간이 효율적으로 기능하기 위해서 필수적으로 충족되어야 하는 욕구이다. Deci와 Ryan(1985b)은 특정 활동을 수행하는데 내재동기를 갖기 위한 전제 조건으로서 유능성 욕구와 자율성 욕구가 충족되어야 함을 강조한다. 자기결정성이론에서는 지각된 유능감은 내재동기를 갖기 위한 필요조건이나 충분조건은 아니라고 주장한다(Danner & Lonky, 1981; Deci & Ryan, 1985b; Levesque et al., 2004). 즉, 지각된 유능감이 일반적으로 내재동기에 긍정적 기여를 하지만, 지각된 자율성이 동반되지 않는 경우에는 긍정적 역할을 충분히 발휘하지 못한다. 유능성 욕구는 충족되었지만 자율성 욕구가 충족되지 않은 학생들은 학습에 대한 내재동기를 경험하기 어렵다(Niemiec & Ryan, 2009). 결국 내재동기를 향상시키기 위해서는 유능성 욕구와 자율성 욕구가 동시에 충족되어야 함을 시사한다.

기본심리욕구의 충족은 일상생활 전반에서 심리적 안녕감을 증진시키는 것으로 확인되었다(La Guardia, Ryan, Couchman, & Deci, 2000; Reis, Sheldon, Gable, Roscoe, & Ryan, 2000). Sheldon, Ryan과 Reis(1996)는 성인들을 대상으로 조사한 결과, 자율성 욕구와 유능성 욕구가 많이 충족된 날일수록 긍정적 정서와 활력을 더 많이 경험하고 부정적인 정서와 두통, 위장장애나 불면증과 같은 신체적 증상이 약화되는 것으로 나타났다. 그리고 자율성 욕구와 유능성 욕구의 충족은 직무상황과 같은 특수한 상황에서 신체적 건강이나 심리적 안녕에 중요한 영향을 미치는 것으로 나타났다(Ilardi, Leone, Kasser, & Ryan, 1993; Kasser & Ryan, 1999; Vansteenkiste et al., 2006).

우리나라 청소년을 대상으로 기본심리욕구와 심리적 안녕감 간의 관계를 탐색한 연구결과, 자율성 욕구와 유능성 욕구의 충족이 우울을 부적으로 유의하게 예측하였고, 특히 관계성 욕구의 충족은 학교생활 적응과 정적 상관을 나타냈다(김아영, 이명희, 2008). 또한 자율성, 유능성, 관계성 욕구의 충족이 학교생활 만족도, 가정생활 만족도, 자존감과 우울을 지표로 측정한 심리적 안녕감을 유의하게 예측하였다(이명희, 김아영, 2008). 초등학생을 대상으로 실시한 한국청소년패널조사 자료를 분석한 결과에서도 부모-아동 간의 관계성이 아동의 자존감을 유의하게 예측하는 것으로 나타났다(최희철, 황매향, 김연진, 2009). 중·고등학생들을 대상으로 한 연구에서는 기본심리욕구 만족이 자율동기(내재동기와 확인된 조절동기)와 주관적 삶의 질을 정적으로 예측하는 것으로 나타났다(이민희, 정태연, 2008).

유능성, 자율성, 관계성 욕구의 충족을 지지해 주는 사회적 환경은 내재동기를 유지시키고, 외재동기의 내재화(자기결정적인 동기 유형으로 전환)를 촉진시킨다. 이러한 세 가지 기본심리욕구 충족을 허용하는 교실환경은 학습 참여의 질을 높이고, 성장과 안녕감을 촉진시키는 최적의 조건을 제공한다(Ryan, 1995).

김아영 등(2007)이 한국청소년정책연구원의 청소년패널조사 자료를 활용하여 다변량 잠재성장모형을 분석한 결과, 중학교 2학년에서 고등학교 2학년까지 4년 동안 유능감이 향상된 학생들의 경우 부모, 교사, 친구와의 관계성이 향상되었고, 교사나 부모와의 관계성이 긍정적일수록 청소년 비행 경험이 감소함을 확인하였다.

3) 사회적 환경의 역할: 교사와 부모의 자율성지지

외재동기를 가진 학습자가 내재화 과정을 통해 자기결정성이 높은 동기를 갖도록 돕기 위해서는 무엇보다도 교사와 부모가 학습자의 자율성을 지지해 주는(autonomy-supportive) 환경을 조성할 필요가 있다. 학습자의 자율성을 지지해 주는 환경은 학생에게 목표와 행동의 방향을 스스로 선택할 기회를 제공하고, 평가에 대한 압박과 요구사항들을 줄여 줌으로써 통제를 최소화하는 특징이 있다. 또한, 자율성을 지지해 주는 환경은 정보적 피드백(informational feedback)을 제공하고, 학생들의 관점을 존중하는 경향이 있다(Deci & Ryan, 1985b, 2000; Reeve, 1998).

자기결정성이론에서는 교사가 학생들의 자율적 행동을 지지해 주느냐 혹은 교사가 만든 규칙을 따르도록 통제하는 분위기를 조성하느냐에 따라 학생들의 동기와 행동이 크게 달라진다는 점에 주목한다. 실제로 많은 경험적 연구에서 교사의 자율성지지는 학생들의 자율동기와 학업참여, 학업성취에 직간접적인 영향을 미치는 것으로 나타났다(김주영, 김아영, 2014; Grolnick & Ryan, 1987; Guay & Vallerand, 1997; Jang et al., 2009; Reeve & Jang, 2006; Vallerand et al., 1997; Vansteenkiste et al., 2005). Niemiec와 Ryan(2009)이 교육환경과 내재동기 간의 관련성을 살펴본 연구들을 종합한 결과, 교사의 자율성지지는 학생들의 내재동기를 촉진하는 반면, 통제적인 교육풍토는 학생들의 내재동기를 훼손시킨다는 결론을 제시하였다.

자율성을 지지해 주는 교실환경이 학생들의 동기, 정서, 수행에 긍정적 영향을 미치는 이유는 자율성지지를 통해 학생들의 기본심리욕구가 만족되기 때문이다 (Chirkov & Ryan, 2001; Jang et al., 2009). 이러한 관점을 지지해 주는 연구결과들이 계속 보고되고 있다. 교사의 자율성지지는 학생들의 자율성 욕구와 유능성 욕구 충족을 매개로 학업성취도에 영향을 준다(Jang et al., 2009). 또한, 교사가 학생들의 자율적 행동을 권장하는 분위기를 만들어 주면, 학생들의 자율성 욕구뿐만 아니라 유능성 욕구와 관계성 욕구까지 충족되고, 나아가서 학생들의 내재동기와 심리적 안녕감이 증진되는 것으로 나타났다(Jang et al., 2009).

한편, 교사의 통제적 지도 방식은 학생의 부정적 감정을 유발하고 이를 매개로 무동기를 유발하는 것으로 나타났다(김주영, 김아영, 2014; Assor, Kaplan, Kanat-Maymon, & Roth, 2005). 통제적인 교사는 학생들의 행동을 지시하고, 자주 간섭하는 특징을 보이며, 학생들의 비판적 의견을 허용하지 않는다. 통제적인 교사의 지도를 받은 학생들은 분노와 불안과 같은 부정적인 감정을 경험하고, 학습에 대한 무관심이 커지고, 학습 참여가 감소하는 것으로 나타났다(Assor et al., 2005). 김주영과 김아영(2014)의 초등학교 고학년을 대상으로 한 연구에서는 교사의 통제적 훈육 태도에 해당하는 조건부 관심철회(conditional negative regard)와 관심강화(positive regard) 행동이 학생들의 통제적 동기와 낮은 학업참여를 예측하였다.

부모의 자율성지지의 영향력을 살펴본 연구들에서도 유사한 결과를 찾아볼 수 있다. 많은 연구에서 부모의 자율성지지는 자녀의 학업수행과 적응, 흥미, 동기(높은 자기결정성, 유능감) 등에 긍정적 역할을 하는 것으로 나타났다(Deci & Ryan, 2000; Grolnick & Ryan, 1989; Ryan, 1995; Vallerand, 1997). 예를 들어, 자율성 지지적인 부모의 자녀가 통제적인 부모의 자녀들에 비해 유능감, 자기조절, 학교적응 면에서 긍정적인 모습을 보였다(Grolnick & Ryan, 1989; Grolnick, Ryan, & Deci, 1991). 부모의 자율성지지가 자녀의 학업과 사회적 관계에 대한 유능감과 자율성에 긍정적 영향을 미치는 것으로 나타났다(Soenens & Vansteenkiste, 2005). 국내 연구에서도 부모의 자율성지지가 학생들의 자율적 동기를 매개로 학업적 자기효능감 수준에 긍정적 효과를 보이는 것으로 나타났다(김아영, 차정은, 이다솜, 임인혜, 탁하얀, 송윤아, 2008). 또한, 어머니의 자율성지지는 중학생의 학업적 자기효능감을 매개로 학업성취에 유의미한 영향을 준다는 결과가 보고되었다(임지현, 2004). 이러한 연구결과에 대해 김아영 등(2008)은 부모의 자율성지지 행동이 자녀들의 학습동기에 영향을 미치므로 부모교육을 통해 자율성지지의 중요성을 주지시킬 필요가 있음을 강조하였다.

5. 최근 연구동향

1) 조절동기 유형별 효과 탐색

자기결정성 동기의 효과를 살펴본 초기 연구들은 '상대적 자율성 지수(Relative Autonomy Index: RAI)'를 활용하였다(김아영, 2002b; Grolnick & Ryan, 1989). RAI는 자기결정성 연속선상에 위치한 자율동기와 통제동기 간의 상대적 차이로 결정된다. 결과적으로 두 가지 동기 유형 간의 점수 차이가 개인의 상대적 자율성을 보여 주는 것이다. 이 경우에는 자기결정성의 긍정적 영향력을 확인하는 데에는 도움을 주지만, 자율동기와 통제동기의 고유한 영향력을 확인하기 어렵다는 제한점이 있다. 따라서 자율동기와 통제동기의 영향력을 따로 살펴보고자 할 경우에는 외적 조절동기와 내사된 조절동기를 합산하여 통제동기 점수를 산출하고, 확인된 조절동기와 내재동기를 합산하여 자율동기 점수를 산출한다. 그러나 최근에는 내사된 조절동기와 외적 조절동기의 고유한 특성과 영향력을 이해하기 어렵다는 주장이 제기됨에 따라(이은주, 2017; Vansteenkiste et al., 2009) 조절동기 유형들의 개별 측정치를 활용하여 각각의 차별적 영향력을 살펴보는 시도가 증가하고 있다(이은주, 2017; 정지영, 김희화, 2010; Vansteenkiste et al., 2009).

(1) 내사된 조절동기의 양면성

외적 조절동기가 학업성취와 심리적 안녕감에 일관되게 부정적 영향을 미치는 반면, 내사된 조절동기의 효과는 일관되게 나타나지 않았다. 학습변인과의 관계를 살펴보기 위해 메타분석을 실시한 결과(이은주, 2017), 내사된 조절동기는 투입된 결과 변인에 따라 긍정적 영향을 미치기도 하고, 부정적 영향을 미치는 것으로 나타났다. 내사된 조절동기는 학업성취도, 몰입, 자기조절 등에 긍정적 영향력을 행사하지만, 높은 학업 스트레스에도 영향을 미침으로써 긍정과 부정의 양면성을 나타냈다(이은주, 2017). 이러한 양면성은 초등학생보다 학업성취에 대한 압력이 높아지는 중·고등학생들에게 더 강하게 나타났다.

　내사된 조절동기의 양면성은 개념적 특성과 연관지어 살펴볼 수 있다. 내사된 조절동기는 외적 조절동기로부터 내재화가 갓 시작된 조절동기로서 통제동기에 해당하는 외적 조절동기와 자율동기에 해당하는 확인된 조절동기 사이에 낀 동기 유형이다. 완전히 외재동기는 아니지만 자율동기에 근접해 가고 있는 동기 유형이므로 긍정적 측면과 부정적 측면을 모두 포함하고 있다고 볼 수 있다. 이에 대해 Assor, Vansteenkiste와 Kaplan(2009)은 내사된 조절동기의 양면성을 명확하게 설명하기 위해 내사-접근과 내사-회피 유형으로 구분할 것을 주장하였다. 국내 연구에서는 내사-접근과 내사-회피를 구분한 척도가 개발되기도 하였다(정지영, 김희화, 2010).

　내사된 조절동기의 긍정적 효과가 집단주의 가치가 강조되는 문화권에서 많이 나타난다는 점에서 문화적 현상으로 해석하는 경우도 있다. 개인주의 가치를 강조하는 문화권에서는 내사된 조절의 부정적 기능이 강하게 나타나는 경향이 있고, 집단주의 가치를 강조하는 문화권에서는 내사된 조절의 긍정적 기능이 상대적으로 부각되는 경향이 있다는 것이다. 내사된 조절동기의 양면성과 문화적 차이, 종단적 효과를 살펴보는 연구들이 지속적으로 수행될 필요가 있다.

(2) 확인된 조절동기와 내재동기의 차별적 영향력

　확인된 조절동기와 내재동기는 자율동기로 분류된다는 공통점이 있지만, 학습에 미치는 영향력이 차별적이라는 결과가 보고되고 있다(Burton et al., 2006). 내재동기는 심리적 안녕감을 유의하게 예측하는 반면, 확인된 조절동기는 성취도를 유의미하게 예측하는 것으로 나타났다(Burton et al., 2006). 또한, 과제특성에 따라 성취도를 예측하는 조절동기 유형이 달라진다는 연구결과도 확인되었다(Gagné & Deci, 2005). 흥미로운 과제에 참여할 경우에는 내재동기가 성취도에 긍정적 영향을 미치고, 흥미롭지는 않으나 중요한 과제에 참여할 경우에는 확인된 조절동기가 내재동기에 비해 성취도에 미치는 영향력이 큰 것으로 나타났다.

　각 조절동기의 효과에 대한 심층적 탐색이 시도되고 있으나 연구대상과 분석방법에 따라 일관되지 않은 결과도 보고되고 있으므로 더 많은 연구결과가 누적될 필요가 있다. 종단적 효과를 살펴본 Taylor 등(2014)의 연구에서는 내재동기가 학업성취도에 긍정적 영향력을 행사하는 유일한 변인으로 확인되었다. 반면, 내재동기와 확인된 조절동기의 영향력을 메타분석을 통해 비교한 결과, 확인된 조절동기가 내재동기에 비해 학습 관련 변인(학업성취, 스트레스 등)에 미치는 영향력이 부족하지 않은 것으로 나타났고, 확인된 조절동기의 긍정적 영향력은 학교급이 올라갈수록 강해지는 것으로 나타났다(이은주, 2017). 학년이 올라갈수록 내재동기가 감소한다는 연구결과를 고려할 때, 내재동기 촉진을 위한 노력과 함께 확인된 조절동기를 촉진하는 교육적 개입이 필요함을 보여 준다.

2) 기본심리욕구 관련 연구의 확대

(1) 기본심리욕구의 이중과정모형: 욕구충족 vs. 욕구좌절

기본심리욕구에 대한 초기 연구에는 욕구충족과 욕구좌절을 단일한 연속선상의 양극단에 있는 반대 개념으로 간주하였다. 최근에는 욕구충족과 욕구좌절을 독립적인 개념으로 구분하고 각각의 차별적 기능을 살펴봐야 한다는 이중과정모형(dual process model)이 제안되었다. 욕구충족이 부족하다고 해서 반드시 욕구좌절을 경험했다고 볼 수는 없다는 것이다. 욕구좌절은 욕구충족의 부족을 넘어서 욕구 결핍과 위협이 발생했음을 의미한다(Vansteenkiste & Ryan, 2013). 이에 따라, 욕구충족과 욕구좌절을 별도로 측정하는 도구(the Basic Psychological Need Satisfaction and Frustration Scale)를 개발하고(Bartholomew et al., 2011; Chen et al., 2015), 각각의 역할을 탐색하는 연구들이 수행되고 있다(Jang, Kim, & Reeve, 2016; Vansteenkiste & Ryan, 2013). 연구결과, 욕구충족과 욕구좌절은 약한 부적 상관관계를 나타내고, 욕구좌절은 욕구충족의 예측력을 넘어 고유의 예측력을 나타냈다(Jang et al., 2016). 욕구좌절은 무동기와 통제동기와는 정적 상관(Bartholomew et al., 2018; Haerens et al., 2015), 자율동기와 심리적 안녕감과는 부적 상관을 보였다(Bartholomew et al., 2018). 고등학교 학생들을 대상으로 한 국내 종단연구(Jang et al., 2016)에서도 유사한 결과가 나타났다. 학기 중반에 욕구좌절 경험이 증가할수록 학습 참여가 감소하는 것으로 나타났다. 욕구좌절이 부적응에 미치는 영향력(Campbell et al., 2017; Weinstein & Ryan, 2011)은 개인 간 차이에서도 나타났지만 개인 내 차이에서도 확인되었다. 월별, 주별, 일별, 시간별로 측정된 욕구좌절의 정도에 따라 부정 정서

(Vandenkerckhove et al., 2019), 스트레스(Howell et al., 2011), 우울증상(Bartholomew et al., 2018)의 변화도 함께 일어나는 것으로 확인되었다. 욕구충족과 욕구좌절에 대한 개념적 분리와 측정, 차별적 영향력에 대한 연구가 비교적 최근부터 수행되기 시작하였으므로 경험적 연구결과가 아직 미비한 실정이다. 욕구좌절의 영향력과 욕구좌절이 발생하는 환경의 특성에 대한 이해를 높이기 위해 더 많은 경험적 연구가 요구된다.

(2) 새로운 유형의 기본심리욕구

자기결정성이론에서 지금까지 논의되어 온 세 가지 기본심리욕구(유능성, 자율성, 관계성 욕구)가 인간의 성장과 심리적 안녕감을 예측하는 데 충분한가에 대한 질문이 대두되기 시작하였다. 기존의 세 가지 심리욕구만으로는 인간의 성취와 심리적 건강을 충분히 설명할 수 없는 경우가 있다면 새로운 유형의 기본심리욕구를 검토할 필요가 있다는 주장이다. 최근 새로운 유형의 심리욕구를 제안하고 기존의 욕구들과 개념적으로 기능적으로 구별되는지를 검증하는 시도가 이루어지고 있다.

자기결정성이론에서의 욕구는 구체적이고 협소하고 엄격하게 정의된다는 점에서 일상생활에서 통용되는 '욕구' 개념과 구분된다. 일상생활 맥락에서 사용하는 욕구는 한 개인의 욕망이나 선호도를 나타내므로 개인차가 존재한다. 그러나 기본심리욕구이론에서 논의되는 욕구는 모든 인간이 태어날 때부터 갖는 선천적 경향성이고, 이러한 욕구가 인간의 동기와 행동에 미치는 영향력은 문화나 개인의 특성과 상관없이 동일하다는 점에서 보편적 특성을 갖는다. 최근에 새로운 후보로 제안되는 욕구 개념들이 기본심리욕구로 인정받기 위해서는 몇 가지 기본 전제를 충족시켜야 한다(Vansteenkiste, Ryan, & Soenens, 2020). 첫째, 자기결정성이론은 인간의 심리적 욕구가 충족되어야 긍정적인 성장과 발달이 가능하다는 전제에 기반한다. 따라서 욕구의 충족은 인간의 성장, 발달, 적응, 심리적 건강에 긍정적 영향을 미치는 반면, 욕구의 좌절이나 결핍은 심리적 안녕감에 부정적인 영향을 미친다는 전제를 충족해야 한다. 만약 어떤 욕구가 충족되었으나 심리적 안녕감에 긍정적인 영향을 미치지 못한다면 기본심리욕구로 고려되기 어렵다. 예를 들어, 물질적 욕구가 충족되어도 심리적 행복을 높여 주지 못한다면 기본심리욕구로 간주되기 어렵다. 둘째, 욕구충족이 인간에 미치는 긍정적 영향력이 인지적, 정서적, 행동적 변인에 이르기까지 광범위하고 지속적이어야 한다. 셋째, 이러한 욕구의 존재와 영향력은 보편적인 성격을 가지므로 개인의 특성에 따라 영향력이 달라지지 않는다. 기본적이고 보편적인 특성을 강조하는 이유는 적은 수의 욕구로 이론의 단순성을 유지하고자 하는 의도가 아니라, 인간 동기의 가장 핵심적인 원천을 확인하고자 하기 때문이다.

이와 같은 전제 조건에 기초해서 기존의 세 가지 기본심리욕구에 새롭게 추가될 수 있는 후보군들이 제안되고 있다. 최근에 논의되고 있는 개념들은 새로움 욕구(a need for novelty; Gonzalez-Cutre et al., 2020), 새로움—다양성 욕구(novelty-variety; Bagheri & Milyavskaya, 2020), 선행 욕구(beneficence; Martela & Ryan, 2020), 도덕성 욕구(morality; Prentice et al., 2020) 등을 포함한다. 새로움 욕구는 이전에 경험하지 않은 것을 경험하고 일상과 다른 것을 경험하고자 하는 욕구를 의미한다. 연구결과, 기존의 세 가지 욕구(유능성, 자율성, 관계성)를 통제했을 때, 새로움 욕구의 만족은 안녕감에 긍정적 영향을 미치고, 욕구좌절은 안녕감에 부적 영향을 나타냈다(Gonzalez-Cutre et al., 2020). 두 번째 후보군인 새로움—다양성에 대한 욕구는 다양하고 새로운 경험을 추구하고자 하는 욕구를 의미한다. 경험적 연구결과, 기존의 욕구 개념들과 독립된 요인으로 구분되고, 기존 욕구들을 통제했을 때에도 심리적 안녕감을 고유하게 예측하는 것으로 나타났다(Bagheri & Milyavskaya, 2020). 세 번째 후보인 선행 욕구는 타인에게 긍정적인 영향력을 행사하고자 하는 욕구이다. 연구결과, 이 욕구의 충족과 좌절 정도가 심리적 안녕감을 예측하지만, 기존 기본심리욕구의 설명력을 뛰어넘지는 못하는 것으로 나타났다(Martela & Ryan, 2020). 마지막으로 도덕성 욕구는 자신의 행동이 도덕적 기준을 충족시키기를 원하는 욕구를 의미한다. 경험적 연구결과, 기존 기본심리욕구를 통제했을 때에도 도덕성 욕구충족이 심리적 안녕감 변인을 추가적으로 예측하는 것으로 나타났다(Prentice et al., 2020). 기존의 세 가지 기본심리욕구의 포괄성에 대한 검토와 이에 대한 탐색이 계속되고 있으나, 다양한 연구대상과 맥락에서 최근에 제안된 새로운 욕구 후보군들이 보편적이고 광범위한 영향력을 나타내는지를 다각도로 검증할 필요가 있다.

(3) 교사의 기본심리욕구

기본심리욕구는 학습자의 바람직한 성장과 발달을 촉진하기 위한 필수 영양소로 간주되기 때문에 심리욕구 충족의 중요성은 아무리 강조해도 지나침이 없다. 교사는 학생의 기본심리욕구를 충족시키는 가장 중요한 사회적 환경 중 하나이다. 학생들의 기본심리욕구 충족이 중요한 만큼 교사들의 기본심리욕구 충족의 중요성을 간과해서는 안 된다. 교사가 학생의 욕구를 지원해 주기 위해서는 우선적으로 교사의 심리적 욕구가 만족되어야 하고, 최소한 교사의 심리적 욕구가 좌절되지 않도록 지원하는 것이 중요하다. 교사의 심리적 욕구가 충족되지 않은 경우에는 학생들의 자율적 동기, 주도성, 참여, 적응을 촉진하는 데 어려움이 있다. 따라서 교사의 도전적인 노력이 지속되고 결실을 맺기 위해서는 교사의 동기와 심리적 욕구에 대한 지원이 필요하다. 그러나 지금까지 교사의 동기와 심리적 건강에 대한 관심이 비교적 부족한 것이 사실이다.

교육정책이 교사의 책무성을 강조하거나 학교장이 통제적인 리더십을 가진 경우 교사들은 위로부터의 압력을 느끼게 된다. 또한, 요구사항이 까다로운 학부모 및 학생과 소통해야 하는 교사들은 이중으로 압력을 느낀다. 이처럼 교사가 받는 압력이 클수록, 근무 환경이 통제적일수록, 교직업무에 대한 자율적 동기와 학생들을 위한 자율성지지 행동이 감소하는 것으로 나타났다(Pelletier, Seéguin-Lévesque, & Legault, 2002). 업무에 대한 압박(Bartholomew, Ntoumanis, Cuevas, & Lonsdale, 2014)을 높게 지각하거나, 학생의 학업성취도 향상에 대한 부담감이 클수록(Cuevas, Ntoumanis, Fernandez-Bustos, & Bartholomew, 2018), 학교환경이 교사의 자율성을 침해할수록, 교사의 자율동기가 감소하고 통제적인 교수법을 더 많이 사용하는 것으로 나타났다. 반면, 학교장의 자율성지지는 교사의 내재동기와 심리적 안녕감 향상에 긍정적 영향을 미치는 것으로 나타났다(Nie, Chua, Yeung, Ryan, & Chan, 2015).

교사의 자율동기와 심리적 욕구충족이 교수활동과 학생들의 동기에 어떤 영향을 미치는지를 살펴본 결과, 자율적 동기를 가진 교사가 학생들의 자율성을 지지해 주는 경향이 있고, 이들의 지도를 받는 학생들의 자율적 동기가 높은 것으로 나타났다(Roth, Assor, Kanat-Maymon, & Kaplan, 2007). 또한, 관계성 욕구가 충족된 교사들이 수업에 적극적이고 정서적 소진이 덜한 것으로 나타났다(Klassen, Perry, & Frenzel, 2012). 이러한 연구결과들은 학생들의 심리욕구를 지지해 줄 수 있기 위해서는 교사의 기본심리욕구가 우선적으로 충족되어야 하고, 이를 충족시킬 수 있는 근무 환경과 지원이 제공되어야 함을 시사한다.

3) 자율과 통제 개념: 단일 차원에서 다차원적 접근으로

사회적 환경의 주요 역할은 학습자의 기본심리욕구가 충분히 충족되도록 지원해주는 것이다. 기본심리욕구를 지원하거나 방해하는 정도는 바람직한 사회적 환경과 그렇지 않은 환경을 구분하는 기준이 된다. 학습자의 자율성을 지지해 주는 부모나 교사의 양육방식이나 교수방법에 공통된 특징이 있다. 즉, 학생의 흥미, 의견, 관점을 존중하고, 스스로 선택하고 결정할 수 있는 기회를 제공하고, 배움의 가치와 목적을 설명해 준다.

그렇다면 이러한 자율성지지 행동이나 말을 덜 하는 교사는 통제적이라고 보아야 할까? 이에 대한 관점은 크게 두 가지로 나뉜다. 첫째, 자율성지지 수준이 낮은 환경을 통제적인 환경과 동일하게 보는 관점이다. 기존의 관점에서는 통제적 환경을 자율성 지지적인 환경과 대비되는 개념으로 간주하였다. 둘째, 자율성지지 수준이 낮다고 해서 통제적인 환경(특정한 방식으로 사고하고 행동하도록 강요)으로 해석할 수는 없다는 것이다. 자율성지지와 통제는 독립적인 차원에 존재하므로, 자율성지지 수준이 낮은 것이 통제 수준이 높음을 의미하지는 않고, 자율성지지 수준이 높다는 것이 반드시 통제 수준이 낮음을 의미하지는 않는다는 것이다(Jang, Kim, & Reeve, 2016). 이러한 관점을 택할 경우, 자율성지지와 통제적 환경을 별도로 측정하고, 각 개념의 차별적 영향력을 살펴볼 필요가 있다.

선행연구에서 두 개념은 부적 상관관계를 보이나 각각 학업에 미치는 영향력이 차별적이라는 결과가 보고되었다(Haerens et al., 2015; Van der Kaap-Deeder et al., 2017). 자율성지지는 학습자의 긍정적인 행동을 촉진하고 부정적 행동을 감소시키는 데 효과적인 반면, 통제는 부정적 행동을 낮추는 데에는 효과적이나 긍정적 행동을 촉진하는 데에는 한계가 있다는 연구결과가 나타났다(임성애, 이은주, 2020).

자율과 통제 개념을 독립된 두 차원으로 이해하는 관점은 자율동기와 통제동기 간의 관계에도 나타난다(Haerens et al., 2015; Jang et al., 2016). 자율동기와 통제동기는 자기결정성 수준에 따라 단일 연속선상에서 구분되어 왔다. 한 개인의 자기결정성 수준을 이해하기 위해 자율동기 점수에서 통제동기를 뺀 차이 값으로 상대적 자율성 지수를 산출하기도 하였는데, 이러한 방식은 자율과 통제를 단일 차원에 존재하는 상반되는 개념으로 이해하는 관점에 기초한다. 즉, 높은 자율동기는 낮은 통제동기를 의미하고, 낮은 자율동기는 높은 통제동기를 가정한 것이다. 두 동기 유형이 부적 상관관계를 보인다는 연구결과는 이러한 단일 차원 관점을 지지해 준다(Gillet et al., 2012). 그러나 사람중심분석(person-centered analysis)을 활용하여 다양한 조절동기 수준에 따른 잠재 프로파일을 분석한 결과, 자율동기와 통제동기가 모두 높은 잠재집단이 존재하는 것으로 확인되었다(서은희, 김은경, 2013; Gillet, Morin, & Reeve, 2017). 이러한 결과는 자율동기와 통제동기를 단순히 상반되는 개념으로 볼 것이 아니라 다차원적 관점으로 접근할 필요성을 시사한다.

자율성지지 환경 vs. 통제적 환경과 자율동기 vs. 통제동기를 다차원적으로 구분함으로써 인간의 행동과 심리적 건강에 미치는 차별적 영향력을 이해할 필요가 있다. 긍정적 측면의 부재를 부정적 측면으로 단순히 이해하는 것은 부정적 환경이나 동기의 특성을 심도 있게 이해하는 데 걸림돌이 된다. 또한 현실에서는 긍정적 측면과 부정적 측면이 동시에 존재하고 기능한다는 측면에서 자율과 통제 개념을 독립된 차원으로 이해하는 것은 생태학적 타당성을 높이는 접근이라고 볼 수 있다.

4) 자율성지지와 구조제공

학습자의 내재동기와 자율적 외재동기를 촉진하기 위해 사회적 환경이 어떠한 역할을 수행해야 하는지에 대한 이해가 요구된다. 자기결정성 관점에서 보면, 무엇보다도 부모와 교사가 학생의 자율성을 지지(autonomy support)하는 환경을 조성할 필요가 있다. 자율성지지는 학습자 관점을 존중하고, 학생들에게 선택 기회를 부여하는 교수행동이나 양육방식을 의미한다. 그런데 자율성지지의 효과는 때때로 학습자의 준비도나 유능성에 따라 달라질 수 있음에 주목하고(Iyenger & Lepper, 2000), 자율성지지와 함께 적절한 구조(structure)를 함께 제공하는 것이 학습에 미치는 효과를 극대화할 수 있다는 주장이 제기되었다. 덜 준비된 학습자에게 너무 많은 자율성이 주어질 경우 선택이나 자기조절에 어려움을 겪을 가능성(Iyenger & Lepper, 2000)을 고려한 것이다. 구조제공(provision of structure)은 학생들에게 명확한 기대를 설정해 주고, 일관된 규칙과 기준을 제시하고, 정보적 피드백을 제공하는 등 학생들의 유능성을 증진시킴으로써 최적의 도전을 할 수 있도록 돕는 교수행동이나 양육방식을 의미한다(Grolnick et al., 2014; Jang, Reeve, & Deci, 2010). 김소현과 김아영(2012)은 자기결정성이 높은 양육행동의 하위요인으로 자율성지지, 관여와 구조제공을 포함하였으며, 구조제공의 핵심적인 개념 요소로 분명한 지도, 일관성(예측 가능성), 근거제공, 피드백을 포함하였다. 구조제공이 학습자의 성취행동에 대해 압력을 가하는 것이 아니므로 통제적 교수법과 구별되어야 한다. 또한, 구조제공이 학습자의 자율성을 훼손하는 것이 아니므로 구조제공과 자율성지지는 독립적 개념으로 이해할 필요가 있다(김명숙, 2019; 윤초희, 최옥주, 2020; Jang, Reeve, & Deci, 2010).

자율성지지와 구조제공을 병행하는 교수법이나 양육방식이 이들 중 하나만을 제공하는 것보다 학습에 미치는 긍정적 효과가 더 크다는 주장은 여러 경험적 연구결과들에 의해 뒷받침되고 있다. 연구결과, 자율성지지와 구조제공을 모두 높게 인식할수록 학생들의 학습 참여와 자기조절전략 사용이 크게 증가하고, 학습불안과 문제행동 빈도가 낮아지는 것으로 나타났다(Farkas & Grolnick, 2010; Soenens & Vansteenkiste, 2010; Vansteenkiste et al., 2012). 부모의 구조제공이 자율성을 지지하는 방식으로 이루어질수록 중학생의 유능감과 자율성이 높은 것으로 나타났다(Farkas & Grolnick, 2010). 중학생을 대상으로 한 국내 연구에서도 구조제공이 자율동기와 자기조절효능감을 매개로 학습 참여에 긍정적 영향력을 미치는 것으로 나타났고, 이러한 결과는 자율성지지가 높은 집단에서 더 강하게 확인되었다(김명숙, 2019). 국내 고등학생을 대상으로 한 윤초희와 최옥주(2020) 연구에서도 부모의 자율성지지와 구조제공이 병행될 때 자녀의 적응 수준이 가장 높게 나타났고, 자율성지지가 낮은 상태에서 구조만 제공되는 경우 자녀의 통제동기가 높게 나타났다. 또한, 코치상황에서도 구조제공이 자율성을 지지하는 방식으로 이루어질 때에만 학생들의 스포츠 활동 참여가 증가하는 것으로 확인되었다(Curran, Hill, & Niemiec, 2013).

6. 발전방향과 전망

자기결정성이론의 점진적 진화와 복잡해지는 교육 생태계는 연구방법과 연구주제의 다각화를 가져왔다. 몇 가지 주목할 만한 방법론적 변화를 살펴보면 다음과 같다. 자기결정성이론을 활용한 연구들은 주로 변인중심분석(variable-centered analysis)에 의존해 왔다. 변인중심연구는 개별적인 변인들의 유용성과 영향력을 확인하고, 특정 변인에서의 개인 간 차이를 이해하는 데 크게 기여하였다. 그러나 변인의 효과를 분절적으로 이해하는 시도는 교육 생태계의 복잡한 특성과 한 개인의 동기적 특성을 종합적으로 이해하는 데 제한성이 있다는 비판이 제기되어 왔다. 이에 따라 최근에는 한 개인의 내면에 작동하는 동기특성을 전체적으로 이해하기 위해 사람중심분석(person-centered analysis)을 활용한 연구들이 증가하고 있다. 변인중심분석 결과 두 변인 간 부적 상관관계가 확인되어도, 사람중심분석 결과에서는 한 개인 내에 두 변인이 동시에 높은 수준으로 존재할 수 있다. 예를 들어, 변인중심분석에서 자율동기와 통제동기가 부적 상관을 나타내지만, 사람중심분석에서는 두 개념이 모두 높게 존재하는 경우가 존재한다. 따라서 긍정적인 기능을 하는 변인과 부정적인 기능을 하는 변인이 동시에 작동하는 교육 현실을 고려할 때 생태학적 타당성이 높은 연구방법을 적용하는 것이 요구된다. 기본심리욕구를 지지해 주는 사회적 환경을 조성하기 위해 일상에서 부모나 교사가 어떤 노력을 하고 있는가에 대한 심층적 이해가 요구되며, 이러한 질문에 답하기 위해 질적 분석을 적용한 연구들이 증가하고 있는 추세이다(Haerens et al., 2013; Rogat, Witham, & Chinn, 2014; Wallace, Sung, & Williams, 2014). 유능성, 자율성, 관계성 욕구를 지지해 주는 사회적 환경은 구체적으로 어떤 모습과 특성을 갖는지를 알기 위해서는 교육현장의 모습을 생생하게 관찰하고 심도 있게 분석할 필요가 있다. 자율성, 유능성, 관계성 욕구를 지지하거나 혹은 반대로 이를 침해하는 환경에서 부모나 교사는 어떤 행동이나 언어 사용을 나타내는지를 질적 자료를 통해 파악하는 노력이 요구된다.

 마지막으로, 학생의 자율성을 지지해 주는 교사의 역량이 중요하다는 점에서 교육적 개입을 통해 교사의 동기유발 전문성을 함양할 수 있는지를 확인하는 연구들이 증가하고 있다. 자율성지지 훈련을 받은 교사들이 통제집단 교사들에 비해 자율성을 지지해 주는 교수법을 적용하고, 이러한 지도를 받은 학생들이 학습에 더 적극적으로 참여하는 것으로 나타났다(Reeve, Jang, Carrell, Jeon, & Barch, 2004). 교사들의 자율성지지 행동을 증진시키는 교육 프로그램의 효과성을 메타분석한 결과(Su & Reeve, 2011), 프로그램에 참여한 교사들의 자율성지지 행동과 내재동기가 유의미하게 증가하는 것으로 나타났다. 학생의 학습에 미치는 교사의 영향력이 크다는 점에서 바람직한 동기부여 전략을 활용할 수 있도록 교사역량을 제고하는 프로그램의 개발과 교육적 개입의 효과성을 검증하는 연구가 더 많이 수행될 필요가 있다.

♣ 참고문헌

권두승(2007). 성인교육자의 교수동기, 몰입 및 주관적 안녕감 간의 관계. **평생교육학연구, 13**(1), 161-185.

권은주, 김성일(2003). 성취목표와 피드백 유형이 내재동기와 지각된 유능감에 미치는 영향. **교육학연구, 41**(4), 341-364.

김규은, 김민성(2020). 예술고등학교 무용전공 학생들의 몰입체험: 무용교육에서의 몰입에 대한 질적 탐구. **예술교육연구, 18**(3), 59-80.

김기옥, 현은자, 최인수, 유현정(2004). 학교와 학원의 비교를 통해 본 청소년의 플로우 및 내적 경험. **대한가정학회지, 42**(4), 127-142.

김명숙(2019). 부모의 구조제공이 중학생 자녀의 자율적 동기와 학업적 자기조절효능감을 매개로 학업참여에 미치는 영향: 부모의 자율성지지의 조절효과를 중심으로. **교육심리연구, 33**(1), 27-50.

김민아, 박승호(2016). 목표설정이론에 기초한 대학생 학습관리 프로그램 개발 및 효과 연구. **교육학연구, 54**(4), 233-262.

김성일(1996). 글 이해과정에서 흥미의 역할. **한국심리학회지: 실험 및 인지, 8**(2), 273-301.

김성일(2003). 교육적 여가와 여가적 교육: 학습환경으로서의 여가환경과 활동중심의 흥미로운 교육. **한국교육학연구, 9**(2), 143-162.

김성일(2008). 학습자 중심의 학제개편: 교육심리학적 공헌. **교육심리연구, 22**(4), 859-880.

김성일(2013). 청소년의 뇌를 위한 교실이데아. 뇌로 통하다(김성일, 김채연, 성영신 편저). pp. 21-54. 21세기북스.

김성일, 소연희, 윤미선, 김원식, 임가람, 이우걸, 이명진, 이선영(2005). 수행에 대한 피드백 제공방식과 지각된 자기효능감 및 수행목표성향이 과제흥미도와 수행만족도에 미치는 효과. **교육심리연구, 19**(1), 115-133.

김성일, 우연경(2015). 수학과 영어교과에서의 학습동기, 학업참여 및 학업성취 간 구조적 관계. **교육방법연구, 27**(2), 253-273.

김성일, 윤미선(2004). 학습에 대한 흥미와 내재동기 증진을 위한 학습환경 디자인. **교육방법연구, 16**(1),

39-66.

김성일, 윤미선, 권은주, 최정선, 김원식, 이명진(2003). 자극의 모호성, 과제유형 및 인지욕구의 개인차가 흥미에 미치는 효과. 교육심리연구, 17(2), 89-106.

김성일, 윤미선, 소연희(2008). 한국사회와 교육적 성취: 한국 청소년의 학업성취: 한국 학생의 학업에 대한 흥미: 실태, 진단 및 처방. 한국심리학회지: 사회문제, 14(1), 187-221.

김성일, 윤미선, 소연희, 권은주, 김원식, 이명진(2004). 과제지시 유형과 과제의 맥락 및 목표가 흥미와 동기에 미치는 영향. 교육심리연구, 18(2), 35-48.

김소현, 김아영(2012). 아동이 지각한 어머니의 양육행동척도 개발과 타당화. 교육심리연구, 26(3), 717-738.

김아영(1997). 학구적 실패에 대한 내성의 관련변인 연구. 교육심리연구, 11(2), 1-19.

김아영(1998). 동기이론의 교육현장 적용 연구와 과제-자기효능감 이론을 중심으로. 교육심리연구, 12(1), 105-128.

김아영(2002a). 학업동기척도 표준화 연구. 교육평가연구, 15(1), 157-184.

김아영(2002b). 자기결정성이론에 따른 학습동기 유형 분류체계의 타당성. 교육심리연구, 16(4), 169-187.

김아영(2010). 자기결정성이론과 현장 적용 연구. 교육심리연구, 24(3), 583-609.

김아영(2018). 실패는 나의 힘: 성공을 위한 실패학. 서울: 초이스북.

김아영, 김미진(2004). 교사효능감척도 타당화. 교육심리연구, 18(1), 37-58.

김아영, 김민정(2002). 초등교사들의 교사효능감과 학교조직 풍토와의 관계. 교육심리연구, 16(3), 5-29.

김아영, 박인영(2001). 학업적 자기효능감척도 개발 및 타당화 연구. 교육학연구, 39(1), 95-123.

김아영, 박인영(2007). 자기효능감의 위계적 구조: 학업적 자기효능감을 중심으로. 김아영 (편), 학업적 자기효능감: 이론과 현장연구 (pp. 67-88). 서울: 학지사.

김아영, 오순애(2001). 자기결정성 정도에 따른 동기유형의 분류. 교육심리연구, 15(4), 97-119.

김아영, 이명희(2008). 청소년의 심리적 욕구만족, 우울경향, 학교생활 적응 간의 관계구조와 학교급 간 차이. 교육심리연구, 22(2), 423-441.

김아영, 이명희, 전혜원, 이다솜, 임인혜(2007). 청소년이 지각하는 유능감 및 관계성과 비행 간의 종단적 관계 분석. 교육심리연구, 21(4), 945-967.

김아영, 이채희, 최기연(2008). 교수몰입척도 개발 및 타당화. 교육심리연구, 22(4), 647-670.

김아영, 조영미(2001). 학업성취도에 대한 지능과 동기변인들의 상대적 예측력. 교육심리연구, 15(4), 121-138.

김아영, 주지은(1999). 학습된 무기력, 실패내성과 학업성취 간의 관계. 교육과학연구, 29, 157-176.

김아영, 차정은(1996). 자기효능감과 측정. 산업 및 조직심리학회 동계학술발표대회 논문집, 51-64.

김아영, 차정은(2003). 교사효능감 및 학생의 학업적 자기효능감이 학업성취도에 미치는 영향에 대한 다층분석. 교육심리연구, 17(2), 25-43.

김아영, 차정은, 이다솜, 임인혜, 탁하얀, 송윤아(2008). 부모의 자율성 지지가 초등학생의 자기조절학습 효능감에 미치는 영향: 자기결정동기의 매개효과. 한국교육, 35(4), 3-24.

김아영, 차정은, 이채희, 서애리, 최기연(2004). 학교급 간 학업적 자기조절척도의 구인동등성 검증 및 잠재평균분석. 교육심리연구, 18(2), 227-244.

김아영, 탁하얀, 이채희(2010). 성인용 학습몰입척도 개발 및 타당화. 교육심리연구, 24(1), 39-59.

김은하, 신종호(2018). 교실목표구조와 피드백 유형에 따른 학업적 실패내성 차이 분석. 교육심리연구, 32(2), 207-228.

김원식, 김성일(2005). 과제에 대한 선택권이 과제흥미를 증진시키는가?: 과제구체성과 지각된 유능감 효과. 교육심리연구, 19(2), 353-369.

김정환, 이기택(2001). 정상학습과 몰입수준과의 관계분석. 교육심리연구, 15(3), 59-73.

김주영, 김아영(2014). 교사의 조건부 관심 및 자율성지지와 초등학생의 자기결정동기, 학업 참여 및 성취도 간의 관계. 교육심리연구, 28(2), 251-268.

김희정, 송인섭(2013). 중·고등학생의 교사–학생관계, 학습동기 변인, 학습몰입 간의 관계 모형 검증. 교육심리연구, 27(2), 409-429.

박나경, 이은주(2019). 중학생의 수학에 대한 기대–가치 잠재프로파일에 따른 노력, 학업지연, 회피의도, 시험불안의 차이. 교육심리연구, 33(2), 211-234.

박병기, 이종욱, 홍승표(2005). 자기결정성이론이 제안한 학습동기 분류형태의 재구성. 교육심리연구, 19(3), 699-717.

박성익, 김연경(2006). 온라인 학습에서 학습몰입요인, 몰입수준, 학업성취 간의 관련성 탐구. 열린교육연구, 14(1), 93-115.

박영신, 김의철, 민병기(2002). 부모의 사회적 지원, 청소년의 자기효능감과 생활만족도: 변화에 대한 종단자료 분석과 생활만족도 형성에 대한 구조적 관계분석. 교육심리연구, 16(2), 63-92.

박영주, 전주성(2018). 초등학교 교사의 직무수행 준비도, 학습민첩성, 직무자율성, 학교조직문화, 학교조직몰입 간의 구조적 관계 분석. 교원교육, 34(3), 143-166.

변석민(2007). 초등학교 교사의 교수몰입, 부정적 기분조절 기대치와 소진과의 관계. 인천대학교 교육대학원 석사학위논문.

봉미미, 정윤경, 이선경, 이지수(2016). 수행목표 재개념화에 의한 5요인 성취목표 척도 개발. 교육심리연구, 30(1), 61-84.

서은희, 김은경(2013). 자기결정동기 프로파일에 따른 자기조절학습전략의 차이. 교육심리연구, 27(2), 395-407.

석임복(2008). Csikszentmihalyi의 몰입 요소에 근거한 학습몰입척도의 다차원적, 위계적 요인모델 검증. 교육공학연구, 24(3), 187-208.

석임복, 강이철(2007). Csikszentmihalyi의 몰입 요소에 근거한 학습 몰입 척도 개발 및 타당화 연구. 교육공학연구, 23(1), 121-154.

소연희, 김성일(2005). 자기효능감 수준에 따른 과제선택이 과제흥미에 미치는 효과. 교육학연구, 43(4), 195-220.

소연희, 김성일(2006). 성공·실패 피드백에 따른 자기효능감과 과제선택권이 과제흥미와 귀인에 미치는 효과. 교육심리연구, 20(4), 855-872.

손영, 김성일(2005). 또래교수 집단구성 유형이 학업성취도 및 흥미와 동기에 미치는 영향. 교육심리연구, 19(3), 595-613.

손영수, 최만식, 문익수(2002). 스포츠 몰입상태척도(FSS)에 대한 통계적 타당성 검증. 한국스포츠심리학회지, 13(2), 59-73.

송주연, Yi Jiang, 김성일(2013). 학교급과 지각된 유능감 수준에 따른 영어교과 수업참여와 학업성취에 대한 흥미와 유용성의 상대적 예측력 비교. 교육심리연구, 27(4), 911-933.

송주연, 정윤경, 강평원, 엘레나손(2020). 이과계열 대학생들의 전공 관련 기대와 가치, 비용 인식에 기초한 동기 프로파일 분석. 교육심리연구, 34(2), 285-306.

신영회, 김아영(2005). 중학교 영재학생과 일반학생의 학업적 자기조절동기 유형과 실패내성 및 자아존중감 간의 관계. 교육과학연구, 35(3), 65-79.

신종호, 신태섭(2006). 고등학생의 학업성취와 학업적 자기효능감, 지각된 교사기대, 가정환경요인 간의 관계 연구. 아동교육, 15(1), 5-23.

안도희, 김지아, 황숙영(2005). 초, 중, 고등학생의 학업성취에 영향을 주는 변인 탐색: 유능감, 가정의 심리적 환경 및 학교환경 특성을 중심으로. 교육심리연구, 19(4), 1199-1217.

양난미, 이지연(2008). 교사들의 내적 외적 동기, 교수몰입과 행복감의 관계. 상담학연구, 9(1), 1-14.

엄나래, 정영숙(2002). 고등학교 남학생들의 일상활동에서의 몰입경험에 관한 탐색적 연구. 한국심리학회지: 발달, 15(3), 55-69.

오미진, 김성일(2007). 자기효능감, 과제선택범위 및 경쟁이 과제흥미에 미치는 효과. 교육심리연구, 21(3), 573-589.

우연경(2014). 자기효능감 수준에 따른 유용가치와 지속성 및 학업성취의 관계: 상황적 흥미의 매개효과. 교육심리연구, 28(3), 405-420.

우연경, 김성일(2015). 수학과 영어교과에서의 학습동기, 학업참여 및 학업성취 간 구조적 관계. 교육방법연구, 27(2), 253-273.

유지원, 송윤희(2013). 이러닝에서 학습자의 학습참여 및 학습지속의향에 대한 과제가치와 학업적 자기효능감 변인의 상호작용 효과 탐색. 학습자중심교과교육연구, 13, 91-112.

유지은(2018). 몰입학기 활용에 관한 질적사례연구: A 대학교 사례를 중심으로. 기독교교육논총, 54, 299-329.

윤미선(2007). 사고양식, 성취목표지향성, 성취도, 연령, 성별 특성이 교과흥미에 미치는 영향: 중고생의 과학교과를 대상으로. 교육심리연구, 21(3), 557-572.

윤미선, 김성일(2003). 중·고생의 교과흥미 구성요인 및 학업성취와의 관계. 교육심리연구, 17(3), 271-290.

윤미선, 김성일(2004a). 중·고등학생의 학업성취 결정요인으로서 사고양식, 학습동기, 교과흥미, 학습전략 간의 관계모형. 교육심리연구, 18(2), 161-180.

윤미선, 김성일(2004b). 학습동기 증진을 위한 학교학습 환경 디자인 사례 연구: 고려대학교의 「신나고 즐거운 고대부중 만들기」 프로젝트. 교육방법연구, 16(1), 67-94.

윤미선, 홍창용(2006). 중학생의 부모 학습관여 지각과 교과흥미 및 교과성적의 관계. 교육방법연구, 18(2), 139-155.

윤초희, 최옥주(2020). 청소년 발달과 적응의 예측요인으로서 부모 자율성 지지와 구조 제공의 관계 탐색: 자기결정성 이론의 관점에서. 청소년학연구, 27(12), 275-306.

이명진, 김성일(2003). 학습재료의 유형과 제시양식 및 목표지향성이 흥미에 미치는 효과. 교육심리연구, 17(4), 1-17.

이명희, 김아영(2008). 자기결정성이론에 근거한 한국형 기본심리욕구척도 개발 및 타당화. 한국심리학회지: 사회 및 성격, 22(4), 157-174.

이민희, 정태연(2008). 자기결정이론을 토대로 한 학습동기 경로 모형 검증. 한국심리학회지: 문화 및 사회문제, 14(1), 77-99.

이선영, 김성일(2005). 지각된 유능감과 경쟁상대 범위가 흥미와 과제수행에 미치는 영향. 교육심리연구, 19(4), 1109-1123.

이숙정(2011). 대학생의 학습몰입과 자기효능감이 대학생활적응과 학업성취에 미치는 영향. 교육심리연구, 25(2), 235-253.

이윤주, 지연정(2013). 초등학생의 학습성격유형에 따른 학습몰입의 특성. 아시아교육연구, 14(1), 243-273.

이은주(2000). 초등학생들의 학습동기의 변화. 초등교육연구, 14(1), 47-66.

이은주(2001). 몰입에 대한 학습동기와 인지전략의 관계. 교육심리연구, 15(3), 199-216.

이은주(2017). 자기결정성 동기와 학업적 성과의 관계: 동일시 조절과 내사 조절의 효과 재조명. 교육심리연구, 31(4), 713-743.

이재신, 이지혜(2011). 교사의 자율성 낙관성 교수몰입과 주관적 안녕감 간의 관계. 한국진로교육연구,

28(1), 65-90.

이지혜(2009). 대학생의 학습동기적 요인과 학습몰입과의 구조적 관계 분석. 한국교육, 36 (3), 5-26.

이태정(2003). 몰입 경험이 진로태도 성숙 및 진로 결정 효능감에 미치는 영향. 홍익대학교 대학원 박사 학위논문.

이현지(2016). Effects of violation-of-expectation and anxiety on curiosity. 고려대학교 석사학위청구 논문.

임묘진, 김성일(2006). 만화를 활용한 과학학습이 흥미 및 학업성취에 미치는 영향. 교육심리연구, 20(3), 549-569.

임성애, 이은주(2020). 부모와 교사의 자율성지지와 심리적 통제, 자기결정성동기, 수업참여의 관계: 이 중과정모형의 적용. 교육심리연구, 34(2), 259-283.

임지현(2004). 지각된 자율성 지지 정도와 학업성취의 관계에서 자기조절동기 및 학업적 자기효능감의 매개효과 검증. 이화여자대학교 교육대학원 석사학위논문.

임지현, 류지헌(2007). 초등학생의 학년과 성별에 따른 자기결정성 수준이 학업성취도에 미치는 효과. 교육방법연구, 19(2), 163-181.

임효진(2012). 중고생의 영어 및 과학교과 흥미의 변화와 영향요인 분석. 교육학연구, 50(3), 151-175.

정지영, 김희화(2010). 한국 초등학생의 학업동기 척도개발에 관한 연구: 자기결정성 이론을 근거로. 청소년학연구, 17(11), 117-137.

조한익, 조윤희(2011). 지각된 모의 양육행동이 실패내성에 미치는 영향: 성취목표의 매개역할. 청소년학연구, 18(9), 211-236.

천경희, 송영명(2011). 의과대학생의 학업적 실패내성과 학업적 자기효능감에 따른 성취 목표 지향성의 차이. 교육학연구, 49(3), 183-211.

최인수, 이미나(2004). 아동의 동기와 플로우가 창의성에 미치는 영향. 한국교육방법학회, 춘계학술대회 발표논문집, 63-82.

최인수, 김순옥, 황선진, 이수진(2003). 경험표집법을 이용한 고등학생들의 생활 경험에 관한 연구. 대한가정학회지, 41(8), 213-227.

최인희, 김성일(2008). 만화 텍스트 빈칸 메우기 전략을 활용한 읽기 학습이 흥미 및 학업성취에 미치는 영향. 교육심리연구, 22(1), 215-234.

최정선, 김성일(2004). 평가유형과 지각된 유능감이 내재동기와 목표성향에 미치는 영향. 교육심리연구, 18(3), 269-286.

최희철, 황매향, 김연진(2009). 아동의 부모에 대한 관계성과 안녕(well-being) 사이의 자기회귀 교차지연 효과 검증. 교육심리연구, 23(3), 561-579.

한성열(1995). 삶의 질과 내재적 동기의 실현. 한국심리학회지: 사회문제, 2(1), 95-111.

현주, 차정은, 김태은(2006). 학교급별 성취목표지향성이 자기효능감과 학교적응에 미치는 영향. **교육심리연구**, 20(2), 443-465.

황매향, 장수영, 유성경(2007). 학업우수 청소년의 자아존중감 및 애착과 학업적 실패내성과의 관계. **교육심리연구**, 21(4), 1029-1946.

Abramson, L. Y., Seligman, M. E. P., & Teasdale, J. D. (1978). Learned helplessness in humans: critique and reformulation. *Journal of Abnormal Psychology, 87*(1), 49-74.

Ahn, H. S., Usher, E., Butz, A., & Bong, M. (2016). Cultural differences in the understanding of modelling and feedback as sources of self-efficacy information. *British Journal of Educational Psychology, 86*(1), 112-136.

Ainley, M., Hidi, S., & Berndorff, D. (2002). Interest, learning and the psychological processes that mediate their relationship. *Journal of Educational Psychology, 94*(3), 545-561.

Akin, A., Güzeller, C. O., & Evcan, S. S. (2016). The development of a mathematics self-report inventory for Turkish elementary students. *Eurasia Journal of Mathematics, Science and Technology Education, 12*(9), 2373-2386.

Alderman, M. K. (2008). *Motivation for achievement: Possibilities for teaching and learning* (3rd ed.). N. Y.: Routledge.

Amabile, T. M., DeJong, W., & Lepper, M. R. (1976). Effects of externally imposed deadlines on subsequent intrinsic motivation. *Journal of Personality and Social Psychology, 34*(1), 92-98.

Amabile, T. M., Hill, K. G., Hennessey, B. A., & Tighe, E. M. (1994). The work preference inventory: Assessing intrinsic and extrinsic motivational orientations. *Journal of Personality and Social Psychology, 66*(5), 950-967.

Ames, C. (1984). Competitive, cooperative and individualistic goal structures: A cognitive-motivational analysis. In R. Ames & C. Ames (Eds.), *Research on motivation in education: Vol. 1. Student motivation* (pp. 177-207). N. Y.: Academic Press.

Ames, C. (1985). Attribution and cognition in motivation theory. In M. K. Alderman & M. Cohen (Eds.), *Motivation theory and practice for perspective teachers*. Washington, D.C.: Clearing House on Teacher Education.

Ames, C. (1992). Classroom: Goals, structures, and student motivation. *Journal of Educational Psychology, 84*(3), 261-271.

Ames, C., & Archer, J. (1988). Achievement goals in the classroom: Students' learning strategies and motivation processes. *Journal of Educational Psychology, 80*(3), 260-267.

Anderman, E. M., Eccles, J. S., Yoon, K. S., Roeser, R., Wigfield, A., & Blumenfeld, P. (2001). Learning to value mathematics and reading: Relations to mastery and performance-oriented instructional practices. *Contemporary Educational Psychology, 26*(1), 76-95.

Anderman, E. M., & Maehr, M. L. (1994). Motivation and Schooling in the Middle Grades. *Review of Educational Research, 64*(2), 287-309.

Anderman, E. M., & Midgley, E. (1997). Changes in achievement goal orientations, perceived academic competence, and grades across the transition of middle-level schools. *Contemporary Educational Psychology, 22*(3), 269-298.

Anderson, C. A. (1983). Imagination and expectation: the effect of imagining behavioral scripts on personal intentions. *Journal of Personality and Social Psychology, 45*(2), 293-305.

Anderson, C. A., & Jennings, D. L. (1980). When experiences of failure promote expectations of success: The impact of attributing failure to ineffective strategies. *Journal of Personality, 48*(3), 393-407.

Anderson, R., Manoogian, S. T., & Reznick, J. S. (1976). The undermining and enhancing of intrinsic motivation in preschool children. *Journal of Personality and Social Psychology, 34*(5), 915-922.

Anderson, R. C., Shirey, L. L., Wilson, P. T., & Fielding, L. G. (1987). Interestingness of children's reading material. In R. E. Snow & M. J. Farr (Eds.), *Aptitude, learning, and instruction: Vol III, Cognitive and affective process analyses* (pp. 287-298). Hillsdale, NJ: Lawerence Erlbaum Association.

Archer, J. (1994). Achievement goals as a measure of motivation in university students. *Contemporary Educational Psychology, 19*(4), 430-446.

Armor, D., Conroy-Oseguera, P., Cox, M., King, N., McDonnell, L., Pascal, A., Pauly, E., & Zellman, G. (1976). Analysis of the school preferred reading program in selected Los Angeles minority schools (Report No. R-2007-LAUSD). Santa Monica, CA: Rand Corporation.

Ashton, P. T. (1984). Teacher efficacy: A motivational paradigm for effective teacher education. *Journal of Teacher Education, 35*(5), 28-32.

Ashton, P. T., & Webb, R. B. (1986). *Making a difference: Teachers' sense of efficacy and student achievement.* NY: Longman.

Assor, A., Kaplan, H., Kanat-Maymon, Y., & Roth, G. (2005). Directly controlling teacher behaviors as predictors of poor motivation and engagement in girls and boys: The role of anger and anxiety. *Learning and Instruction, 15*(5), 397-413.

Assor, A., Vansteenkiste, M., & Kaplan, A. (2009). Identified versus introjected approach and introjected avoidance motivation in school and in sport: The limited benefits of self-worth strivings. *Journal of Educational Psychology, 101*(2), 482–497.

Atkinson, J. W. (1957). Motivational determinants of risk-taking behavior. *Psychological Review, 64,* 359–372.

Atkinson, J. W. (1958). *Motives in fantasy: Action and Society.* N. Y.: Van Nostrand.

Atkinson, J. W. (1964). *An introduction to motivation.* N. Y.: D. Van Nostrand.

Atkinson, J. W., & Litwin, G. (1960). Achievement motive and test anxiety conceived as motive to approach success and motive to avoid failure. *Journal of Abnormal and Social Psychology, 60*(1), 52–64.

Atkinson, J. W., & Raynor, J. O. (Eds.). (1974). *Motivation and achievement.* Washington, D. C.: Hemisphere.

Bagheri, L., & Milyavskaya, M. (2020). Novelty-variety as a candidate basic psychological need: New evidence across three studies. *Motivation and Emotion, 44*(1), 32–53.

Bandura, A. (1965). Influence of models' reinforcement contingencies on the acquisition of imitative responses. *Journal of Personality and Social Psychology, 1*(6), 589–595.

Bandura, A. (1977). Self-efficacy: Toward a unifying theory of behavioral change. *Psychological Review, 84*(2), 191–215.

Bandura, A. (1986). *Social foundations of thought and action: A social cognitive theory.* Englewood Cliffs, N. J.: Prentice-Hall.

Bandura, A. (1988). Self-regulation of motivation and action through goal systems. In V. Hamilton, G. H. Bower, & N. H. Frijda (Eds.), *Cognitive perspectives on emotion and motivation* (pp. 37–61). Dordrecht: Kluwer Academic Publishers.

Bandura, A. (1989a). Human agency in social cognitive theory. *American Psychologist, 44*(9), 1175–1184.

Bandura, A. (1989b). Regulation of cognitive processes through perceived self-efficacy. *Developmental Psychology, 25*(5), 729–735.

Bandura, A. (1993). Perceived self-efficacy in cognitive development and functioning. *Educational Psychologist, 28*(2), 117–148.

Bandura, A. (1996). A social cognitive view on shaping the future. Paper presented at the KPA 50th anniversary conference. Seoul, Korea.

Bandura, A. (1997). *Self-efficacy: The excercise of control.* N. Y.: Freeman.

Bandura, A., & Jourden, F. J. (1991). Self-regulatory mechanisms governing the impact of social comparison on complex decision making. Unpublished manuscript, Department of Psychology, Stanford University.

Bandura, A., Ross, D., & Ross, S. A. (1963). Imitation of film-mediated aggressive models. *Journal of Abnormal and Social Psychology, 66*(1), 3-11.

Bandura, A., & Schunk, D. H. (1981). Cultivating competence, self-efficacy, and intrinsic interest through proximal self-motivation. *Journal of Personality and Social Psychology, 41*(3), 586-598.

Bandura, A., & Walters, R. H. (1963). *Social learning and personality development*. New York, NY: Holt, Rinehart & Winston.

Bandura, A., & Wood, R. E. (1989). Effect of perceived controllability and performance standards on self-regulation of complex decision-making. *Journal of Personality and Social Psychology, 56*(5), 805-814.

Barfield, V., & Burlingame, M. (1974). The pupil control ideology of teachers in selected school. *The Journal of Experimental Education, 42*(4), 6-11.

Barron, K. E., & Harackiewicz, J. M. (2001). Achievement goals and optimal motivation: Testing multiple goal models. *Journal of Personality and Social Psychology, 80*(5), 706-722.

Bar-Tal, D. (1978). Attributional analysis of achievement related behavior. *Review of Educational Research, 48*(2), 259-271.

Bartholomew, K. J., Ntoumanis, N., Cuevas, R., & Lonsdale, C. (2014). Job pressure and ill-health in physical education teachers: The mediating role of psychological need thwarting. *Teaching and Teacher Education, 37*, 101-107.

Bartholomew, K. J., Ntoumanis, N., Mouratidis, A., Katartzi, E., Thøgersen-Ntoumani, C., & Vlachopoulos, S. (2018). Beware of your teaching style: A school-year long investigation of controlling teaching and student motivational experiences. *Learning and Instruction, 53*, 50-63.

Bartholomew, K. J., Ntoumanis, N., Ryan, R. M., Bosch, J. A., & Thøgersen-Ntoumani, C. (2011). Self-determination theory and diminished functioning: The role of interpersonal control and psychological need thwarting. *Personality and Social Psychology Bulletin, 37*(11), 1459-1473.

Bartlett, F. C. (1932). *Remembering: A study in experimental and social psychology*. New York: Cambridge University Press.

Battle, A., & Wigfield, A. (2003). College women's value orientations toward family, career, and graduate school. *Journal of Vocational Behavior, 62*(1), 56-75.

Baumeister, R. F., & Leary, M. R. (1995). The need to belong: Desire for interpersonal attachments as a fundamental human motivation. *Psychological Bulletin, 117*(3), 497-529.

Beck, R. C. (1990). *Motivation: Theories and principles*. Englewood Cliffs, N. J.: Prentice Hall.

Beery, R. (1975). Fear of failure in the student experience. *Personnel and Guidance Journal, 54*(4), 191-203.

Bergin, D. A. (1999). Influence on classroom interest. *Educational Psychology, 34*(2), 87-98.

Bergin, D. A. (2016). Social influences on interest. *Educational Psychologist, 51*(1), 7-22.

Berlyne, D. E. (1960). *Conflict, arousal and curiosity*. N. Y.: W. H. Freeman and Co.

Berlyne, D. E. (1974). Novelty, complexity, and interestingness. In D. E. Berlyne (Ed.), *Studies in the new experimental aesthetics* (pp. 175-180). Wiley.

Berman, P., & McLaughlin, M. W. (1977). Federal programs supporting educational change. Vol. 7, Factors affecting implementation and continuation. Santa Monica, C. A.: Rand Corporation.

Berridge, K. C. (2007). The debate over dopamine's role in reward: The case for incentive salience. *Psychopharmacology, 191*(3), 391-431.

Blackwell, L. S., Trzesniewski, K. H., & Dweck, C. S. (2007). Implicit theories of intelligence predict achievement across an adolescent transition: A longitudinal study and an intervention. *Child Development, 78*(1), 246-263.

Blumenfeld, P. C., Pintrich, P. R., Meece, J., & Wessels, K. (1982). The formation and role of self perceptions of ability in elementary classrooms. *The Elementary School Journal, 82*(5), 401-420.

Bong, M. (1997). Generality of academic self-efficacy judgments: Evidence of Hierarchical Relations. *Journal of Educational Psychology, 89*(4), 696-709.

Bong, M. (1998). Tests of the internal/external frames of reference model with subject-specific academic self-efficacy and frame-specific academic self-concepts. *Journal of Educational Psychology, 90*(1), 102-110.

Bong, M. (2001). Between-and within-domain relations of academic motivation among middle and high school students: self-efficacy, task value, and achievement goals. *Journal of Educational Psychology, 93*(1), 23.

Bong, M. (2002). Predictive utility of subject-, task-, and problem-specific self-efficacy judgments for immediate and delayed academic performances. *Journal of Experimental Education, 70*(2), 133-162.

Bong, M. (2003). Choice, evaluation, and opportunities for success: Academic motivation of Korean adolescents. In F Pajares & T. C. Urdan (Eds.), *Adolescence and education: Vol 3. International perspectives* (pp. 323-345). Greenwich, CT: Information Age Publishing.

Bong, M. (2005). Within-grade changes in Korean girls' motivation and perceptions of the learning environment across domains and achievement levels. *Journal of Educational Psychology, 97*(4), 656-672.

Bong, M. (2006). Asking the right question: How confident are you that you could successfully perform these tasks? In F. Pajares & T. C. Urdan (Eds.), *Adolescence and education: Vol. 5. Self-efficacy beliefs of adolescents* (pp. 287-305). Greenwich, CT: Information Age.

Bong, M. (2009). Age-related differences in achievement goal differentiation. *Journal of Educational Psychology, 101*(4), 879-896.

Bong, M., & Clark, R. E. (1999). Comparison between self-concept and self-efficacy in academic motivation research. *Educational Psychologist, 34*(3), 139-154.

Bong, M., & Hocevar, D. (2002). Measuring self-efficacy: Multitrait-multimethod comparison of scaling procedures. *Applied Measurement in Education, 15*(2), 143-171.

Bong, M., Lee, S. K., & Woo, Y. K. (2015). The roles of interest and self-efficacy in the decision to pursue mathematics and science. In K. A. Renninger, M. Nieswandt, & S. Hidi (Eds.), *Interest in mathematics and science learning* (pp. 33-48). Washington, DC: American Educational Research Association.

Bong, M., & Skaalvik, E. M. (2003). Academic self-concept and self-efficacy: How different are they really? *Educational Psychology Review, 15*(1), 1-40.

Bong, M., Woo, Y., & Shin, J. (2013). Do students distinguish between different types of performance goals? *Journal of Experimental Education, 81*(4), 464-489.

Borkowski, J., Weyhing, R., & Carr, M. (1988). Effects of attributional retraining on strategy-based reading comprehension in learning disabled students. *Journal of Educational Psychology, 80*(1), 46-53.

Bouffard-Bouchard, T. (1990). Influence of self-efficacy on performance in a cognitive task. *Journal of Social Psychology, 130*(3), 353-363.

Bowlby, J. (1979). *The making and breaking of affectional bonds*. London: Tavistock.

Brehm, J. W. (1966). *A theory of psychological reactance*. Academic Press.

Britner, S. L., & Pajares, F. (2006). Sources of science self-efficacy beliefs of middle school students. *Journal of Research in Science Teaching: The Official Journal of the National Association for Research in Science Teaching, 43*(5), 485-499.

Brophy, J. (2004). *Motivating students to learn* (2nd ed.). Mahwah, N. J.: Lawrence Erlbaum, Associates, Inc., Publishers.

Brophy, J. (2005). Goal theorists should move on from performance goals. *Educational Psychologist,*

40(3), 167-176.

Brown, J., & Weiner, B. (1984). Affective consequences of ability versus effort ascriptions: Controversies, resolutions, and quandaries. *Journal of Educational Psychology, 76*(1), 146-158.

Brown, J. S., Collins, A., & Duguid, P. (1989). Situated cognition and the culture of learning. *Educational Research, 18*(1), 32-42.

Brown, T. C., & Latham, G. P. (2000). The effects of goal setting and self-instruction training on the performance of unionized employees. *Industrial Relations, 55*(1), 80-94.

Bryan, J. F., & Locke, E. A. (1967). Goal setting as a means of increasing motivation. *Journal of Applied Psychology, 51*(3), 274-277.

Burton, K. D., Lydon, J. E., D'Alessandro, D. U., & Koestner, R. (2006). The differential effects of intrinsic and identified motivation on well-being and performance: Prospective, experimental, and implicit approaches to self-determination theory. *Journal of Personality and Social Psychology, 91*(4), 750-762.

Butler, R. (1987). Task-involving and ego-involving properties of evaluation: Effects of different feedback conditions on motivational perceptions, interest, and performance. *Journal of Educational Psychology, 79*(4), 474-482.

Cameron, J. (2001). Negative effects of reward on intrinsic motivation: A limited phenomenon: Comment on Deci, Koestner, and Ryan (2001). *Review of Educational Research, 71*, 29-42.

Cameron, J., & Pierce, W. D. (1994). Reinforcement, reward, and extrinsic motivation: A meta-analysis. *Review of Education Research, 64*(3), 363-423.

Campbell, R., Tobback, E., Delesie, L., Vogelaers, D., Mariman, A., & Vansteenkiste, M. (2017). Basic psychological need experiences, fatigue, and sleep in individuals with unexplained chronic fatigue. *Stress and Health, 33*(5), 645-655.

Cannon, W. B. (1927). The James-Lange theory of emotions. *American Journal of Psychology, 39*, 115-1124.

Carlson, J. G., & Hatfield, E. (1992). *Psychology of emotion*. N. Y.: Harcourt Brace Jovanovich.

Carver, C. S., & Scheier, M. F. (1996). *Perspectives on personality* (3rd ed.). Needham Heights, Mass.: Allyn & Bacon.

Cervone, D., Jiwani, N., & Wood, R. (1991). Goal setting and the differential influence of self-regulatory processes on complex decision-making performance. *Journal of Personality and Social Psychology, 61*(2), 257-266.

Cervone, D., & Palmer, B. W. (1990). Anchoring biases and the perseverance of self-efficacy beliefs.

Cognitive Therapy and Research, 14(4), 401–416.

Chapin, M., & Dyck, D. G. (1976). Persistence in children's reading behavior as a function of N length and attribution retraining. *Journal of Abnormal Psychology, 85*(5), 511–515.

Chase, M. A. (1998). Sources of self-efficacy in physical education and sport. *Journal of Teaching in Physical Education, 18*(1), 76–89.

Chemers, M. M., Hu, L., & Garcia, B. F. (2001). Academic self-efficacy and first-year college students performance and adjustment. *Journal of Educational Psychology, 93*(1), 55–64.

Chen, G., Gully, S. M., & Eden, D. (2001). Validation of a new general self-efficacy scale. *Organizational Research Methods, 4*(1), 62–83.

Chen, A., & Liu, X. (2009). Task values, cost, and choice decisions in college physical education. *Journal of Teaching in Physical Education, 28*(2), 192–213.

Chen, B., Vansteenkiste, M., Beyers, W., Boone, L., Deci, E. L., Van der Kaap-Deeder, J., … & Verstuyf, J. (2015). Basic psychological need satisfaction, need frustration, and need strength across four cultures. *Motivation and Emotion, 39*(2), 216–236.

Chiang, E. S., Byrd, S. P., & Molin, A. J. (2011). Children's perceived cost for exercise: Application of an expectancy-value paradigm. *Health Education & Behavior, 38*(2), 143–149.

Chirkov, V. I., & Ryan, R. M. (2001). Parent and teacher autonomy-support in Russian and U.S. adolescents: Common effects on well-being and academic motivation. *Journal of Cross-Cultural Psychology, 32*(5), 618–635.

Chirkov, V. I., Ryan, R. M., Kim, Y., & Kaplan, U. (2003). Differentiating autonomy from individualism and independence: A self-determination theory perspective on internalization of cultural orientations and well-being. *Journal of Personality and Social Psychology, 84*(1), 97–110.

Chung, Y., Bong, M., & Kim, S. (2020). Performing under challenge: The differing effects of ability and normative performance goals. *Journal of Educational Psychology, 112*(4), 823–840.

Clifford, M. M. (1976). A revised measure of locus of control. *Child Study Journal, 6*, 85–90.

Clifford, M. M. (1984). Thoughts on a theory of constructive failure. *Educational Psychology, 19*(2), 108–120.

Clifford, M. M. (1990). Students need challenge, not easy success. *Educational Leadership, 48*(1), 22–26.

Clifford, M. M., Kim, A., & McDonald, B. A. (1988). Reponses to failure as influenced by task attribution, outcome attribution, and failure tolerance. *Journal of Experimental Education, 57*(1), 19–37.

Clifford, M. M., & McNabb, T. (1983). The comparative effects of ability, strategy, and effort attributions: Three points on the internal stability dimension. Unpublished manuscript, University of Iowa.

Conley, A. M. (2012). Patterns of motivation beliefs: Combining achievement goal and expectancy-value perspectives. *Journal of Educational Psychology, 104*(1), 32–47.

Cooper, H. M., & Burger, J. M. (1980). How teachers explain students' academic performance: A categorization of free response academic attributions. *American Educational Research Journal, 17*(1), 95–109.

Cordova, D. I., & Lepper, M. R. (1996). Intrinsic motivation and the process of learning: Beneficial effects of contextualization, personalization, and choice. *Journal of Educational Psychology, 88*(4), 715–730.

Corno, L., & Mandinach, E. B. (1983). The role of cognitive engagement in classroom learning and motivation. *Educational Psychologist, 18*(2), 88–108.

Covington, M. V., & Beery, R. (1976). *Self-worth and School Learning.* New York: Holt, Rinehart & Winston.

Covington, M. V., & Omelich, C. L. (1979). Effort: the double edged sword in school achievement. *Journal of Educational Psychology, 71*(2), 169–182.

Covington, M. V., & Omelich, C. L. (1981). As failures mount: affective and cognitive consequences of ability demotion in the classroom. *Journal of Educational Psychology, 73*(6), 799–808.

Covington, M. V., & Omelich, C. L. (1984). Task-oriented versus competitive learning structures: motivational and performance consequences. *Journal of Educational Psychology, 76*(6), 1038–1050.

Crandall, J. E. (1967). Familiarity, preference, and expectancy arousal. *Journal of Experimental Psychology, 73*(3), 374.

Crandall, V. C., Katkovsky, W., & Crandall, V. J. (1965). Children's beliefs in their own control of reinforcements in intellectual-academic achievement situations. *Child Development, 36*(1), 91–109.

Csikszentmihalyi, M. (1975). *Beyond boredom and anxiety.* San Francisco: Jossey-Bass.

Csikszentmihalyi, M. (1978). Intrinsic rewards and emergent motivation. In M. R. Lepper, & D. Greene (Eds.), *The hidden costs of reward: New perspectives on the psychology of human motivation* (pp. 205–216). Hillsdale, N. J.: Lawrence Erlbaum Associates, Inc.

Csikszentmihalyi, M. (1990). *Flow: The psychology of optimal experience.* N. Y.: Harper Perennial.

Csikszentmihalyi, M. (1993). *The evolving self*. N. Y.: Harper Collins.

Csikszentmihalyi, M. (1997). *Finding flow: The psychology of engagement with everyday life*. N. Y.: Basic Books.

Csikszentmihalyi, M., & Csikszentmihalyi, I. (1988). *Optimal experiences: Psychological studies of flow in consciousness*. N. Y.: Cambridge University Press.

Csikszentmihalyi, M., & Larson, R. W. (1984). *Being adolescent*. N. Y.: Basic Books.

Csikszentmihalyi, M., Larson, R., & Prescott, S. (1977). The ecology of adolescent activity and experience. *Journal of Youth and Adolescence, 6*, 281-294.

Csikszentmihalyi, M., & Nakamura, J. (1989). The dynamics of intrinsic motivation: A study of adolescents, In C. A. Ames & R. Ames (Eds.), *Research on motivation in education* (Vol. 3, pp. 45-61). San Diego: Academic Press.

Csikszentmihalyi, M., Rathunde, K., & Whalen, S. (1993). *Talented teenagers: The roots of success and failure*. N. Y.: Cambridge University Press.

Cuevas, R., Ntoumanis, N., Fernandez-Bustos, J. G., & Bartholomew, K. (2018). Does teacher evaluation based on student performance predict motivation, well-being, and ill-being? *Journal of School Psychology, 68*, 154-162.

Curran, T., Hill, A. P., & Niemiec, C. P. (2013). A conditional process model of children's behavioral engagement and behavioral disaffection in sport based on self-determination theory. *Journal of Sport and Exercise Psychology, 35*(1), 30-43.

Cury, F., Elliot, A. J., Da Fonseca, D., & Moller, A. (2006). The social-cognitive model of achievement motivation and the achievement goal framework. *Journal of Personality and Social Psychology, 90*(4), 666-679.

Danner, F. W., & Lonky, E. (1981). A cognitive-developmental approach to the effects of rewards on intrinsic motivation. *Child development, 52*(3), 1043-1052.

Daumiller, M., Dickhäuser, O., & Dresel, M. (2019). University instructors' achievement goals for teaching. *Journal of Educational Psychology, 111*(1), 131-148.

deCharms, R. (1968). *Personal causation: The internal affective determinants of behavior*. N. Y.: Academic Press.

deCharms, R. (1972). Personal causation training in the schools. *Journal of Applied Social Psychology, 2*(2), 95-113.

deCharms, R. (1976). *Enhancing motivation: Change in the classroom*. N. Y.: Irvington.

deCharms, R. (1980). The origins of competence and achievement motivation in personal causation.

In L. J. Fyans, Jr. (Eds.), *Achievement motivation: Recent trends in theory and research* (pp. 22-23). N. Y.: Plenum Press.

deCharms, R. (1984). Motivation enhancement in educational setting. In R. E. Ames & C. A. Ames (Eds.), *Research on motivation in education: Student motivation* (Vol. 1, pp. 275-310). San Diego: Academic Press.

Deci, E. L. (1971). Effects of externally mediated rewards on intrinsic motivation. *Journal of Personality and Social Psychology, 18*(1), 105-115.

Deci, E. L. (1972). Effects of contingent and non-contingent rewards and controls on intrinsic motivation. *Organizational Behavior and Human Performance, 8*(2), 217-229.

Deci, E. L. (1992). The relation of interest to the motivation of behavior: A self-determination theory perspective. In K. A. Renninger, S. Hidi, & A. Krapp (Eds.), *The role of interest in learning and development* (pp. 43-70). Hillsdale, NJ: Lawrence Erlbaum Associates.

Deci, E. L., & Cascio, W. F. (1972). Changes in intrinsic motivation as a function of negative feedback and threats. Presented at the meeting of the Eastern Psychological Association, April, Boston.

Deci, E. L., Koestner, R., & Ryan, R. M. (1999). A meta-analytic review of experiments examining the effects of extrinsic rewards on intrinsic motivation. *Psychological Bulletin, 125*(6), 627-668.

Deci, E. L., Koestner, R., & Ryan, R. M. (2001). Extrinsic rewards and intrinsic motivation in education: Reconsidered once again. *Review of Educational Research, 71*(1), 1-27.

Deci, E. L., & Ryan, R. M. (1980). The empirical exploration of intrinsic motivational processes. In L. Berkowitz (Ed.), *Advances in experimental social psychology* (Vol. 13, pp. 39-80). N. Y.: Academic.

Deci, E. L., & Ryan, R. M. (1985a). The general causality orientations scale: Self-determination in personality. *Journal of Research in Personality, 19*(2), 109-134.

Deci, E. L., & Ryan, R. M. (1985b). *Intrinsic motivation and self-determination in human behavior.* N. Y.: Plenum Press.

Deci, E. L., & Ryan, R. M. (2000). The "what" and "why" of goal pursuits: Human needs and the self-determination of behavior. *Psychological Inquiry, 11*(4), 227-268.

Deci, E. L., & Ryan, R. M. (2010). Self-determination. The Corsini encyclopedia of psychology, 1-2.

Deci, E. L., Vallerand, R. J., Pelletier, L. G., & Ryan, R. M. (1991). Motivation and education: The self-determination perspective. *Educational Psychologist, 26*(3-4), 325-346.

Deckers, L. (2010). *Motivation: biological, psychological, and environmental* (3rd ed.). Boston, MA: Allyn & Bacon.

Degol, J. L., Wang, M. T., Zhang, Y., & Allerton, J. (2018). Do growth mindsets in math benefit females? Identifying pathways between gender, mindset, and motivation. *Journal of Youth and Adolescence, 47*(5), 976-990.

Denissen, J. J., Zarrett, N. R., & Eccles, J. S. (2007). I like to do it, I'm able, and I know I am: Longitudinal couplings between domain-specific achievement, self-concept, and interest. *Child Development, 78*(2), 430-447.

Dewey, J. (1913). *Interest and effort in education.* Boston: Houghton Mifflin.

Diener, C. I., & Dweck, C. S. (1978). An analysis of learned helplessness: Continuous changes in performance, strategy, and achievement cognitions following failure. *Journal of Personality and Social Psychology, 36*(5), 451-462.

Dietrich, J., Viljaranta, J., Moeller, J., & Kracke, B. (2017). Situational expectancies and task values: Associations with students' effort. *Learning and Instruction, 47*, 53-64.

Diseth, Å. (2011). Self-efficacy, goal orientations and learning strategies as mediators between preceding and subsequent academic achievement. *Learning and Individual Differences, 21*(2), 191-195.

Dowson, M., & McInerney, D. M. (2003). What do students say about their motivational goals?: Towards a more complex and dynamic perspective on student motivation. *Contemporary Educational Psychology, 28*(1), 91-113.

Durik, A. M., & Harackiewicz, J. M. (2007). Different strokes for different folks: How personal interest moderates the effects of situational factors on task interest. *Journal of Educational Psychology, 99*(3), 597-610.

Durik, A. M., Vida, M., & Eccles, J. S. (2006). Task values and ability beliefs as predictors of high school literacy choices: a developmental analysis. *Journal of Educational Psychology, 98*(2), 382-393.

Dweck, C. S. (1975). The role of expectations and attributions in the alleviation of learned helplessness. *Journal of Personality and Social Psychology, 31*(4), 674-685.

Dweck, C. S. (1986). Motivational processes affecting learning. *American Psychologist, 41*(10), 1040-1048.

Dweck, C. S. (1992). Article commentary: The study of goals in psychology. *Psychological Science, 3*(3), 165-167.

Dweck, C. S. (1999). Self-theories: *Their role in motivation, personality, and development.* Philadelphia: Taylor & Francis.

Dweck, C. S. (2006). *Mindset: The new psychology of success*. New York, NY.: Random House.

Dweck, C. S., & Elliott, E. S. (1983). Achievement motivation. In P. Mussen & E. M. Hetherington (Eds.), *Handbook of child psychology* (pp. 643-692). N. Y.: Wiley.

Dweck, C. S., & Leggett, E. L. (1988). A social-cognitive approach to motivation and personality. *Psychological Review, 95*(2), 256-273.

Dweck, C. S., & Repucci, N. D. (1973). Learned helplessness and reinforcement responsibility in children. *Journal of Personality and Social Psychology, 25*(1), 109-116.

Eccles, J. S. (1984). *Sex differences in achievement patterns*. In Nebraska symposium on motivation. University of Nebraska Press.

Eccles, J. S. (1987). Gender roles and women's achievement-related decisions. *Psychology of Women Quarterly, 11*(2), 135-172.

Eccles, J. S. (2009). Who am I and what am I going to do with my life? Personal and collective identities as motivators of action. *Educational Psychologist, 44*(2), 78-89.

Eccles, J. S., Adler, T. F., Futterman, R., Goff, S. B., Kaczala, C. M., Meece, J. L., et al. (1983). Expectancies, values, and academic behaviors. In J. T. Spence (Ed.), *Achievement and achievement motives: psychological and sociological perspectives* (pp. 75-146). San Francisco, CA: Freeman & Co.

Eccles, J. S., Adler, T. F., & Meece, J. L. (1984). Sex differences in achievement: A test of alternate theories. *Journal of Personality and Social Psychology, 46*(1), 26-43.

Eccles, J. S., & Midgley, C. (1989). Stage/environment fit: Developmentally appropriate classrooms for early adolescents. In R. Ames & C. Ames (Eds.), *Research on motivation in education* (Vol. 3, pp. 139-181). San Diego, C. A.: Academic Press.

Eccles, J. S., Midgley, C., & Adler, T. (1984). Grade-related changes in the school environment: Effects on achievement motivation. In J. G. Nicholls (Ed.), *The development of achievement motivation* (pp. 283-331). Greenwich, C. T.: JAI Press.

Eccles, J. S., & Wigfield, A. (1995). In the mind of the actor: The structure of adolescents' achievement task values and expectancy-related beliefs. *Personality and social Psychology Bulletin, 21*(3), 215-225.

Eccles, J. S., & Wigfield, A. (2002). Motivational beliefs, values, and goals. *Annual Review of Psychology, 53*(1), 109-132.

Eccles, J. S., Wigfield, A., Flanagan, C. A., Miller, C., Reuman, D. A., & Yee, D. (1989). Self-concepts, domain values, and self-esteem: Relations and changes at early adolescence. *Journal of*

Personality, 57(2), 283–310.

Eccles, J. S., Wigfield, A., Harold, R. D., & Blumenfeld, P. (1993). Age and gender differences in children's self-and task perceptions during elementary school. *Child Development, 64*(3), 830–847.

Eccles, J. S., Wigfield, A., & Schiefele, U. (1998). Motivation to succeed. In N. Eisenberg (Ed.), W. Damon (Series Ed.), *Handbook of child psychology: Vol. 3. Social, emotional, and personality development* (5th ed., pp. 1051–1071). N. Y.: Wiley.

Eden, D., & Aviram, A. (1993). Self-efficacy training to speed reemployment: Helping people to help themselves. *Journal of Applied Psychology, 78*(3), 352–360.

Edwards, A. L. (1959). *Edwards personal preference schedule manual.* New York: Psychological Corp.

Eisenberger, R., & Cameron, J. (1996). Detrimental effects of reward: Reality or myth? *American Psychologist, 51*(11), 1153–1166.

Eisenberg, N., Martin, C. L., & Fabes, R. A. (1996). Gender development and gender effects. In D. C. Berliner & R. C. Calfee (Eds.), *Handbook of educational psychology* (pp. 358–396). N. Y.: Simon & Schuster Macmillan.

Elliot, A. (1997). Integrating the "classic" and "contemporary" approaches to achievement motivation: A hierarchical model of approach and avoidance achievement motivation. In M. Maehr & P. Pintrich (Eds.), *Advances in motivation and achievement* (Vol. 10, pp. 243–279). Greenwich, C. T.: JAI Press.

Elliot, A. (1999). Approach and avoidance motivation and achievement goals. *Educational Psychologist, 34*(3), 169–190.

Elliot, A., & Church, M. (1997). A hierarchical model of approach and avoidance achievement motivation. *Journal of Personality and Social Psychology, 72*(1), 218–232.

Elliot, A., & Harackiewicz, J. (1996). Approach and avoidance goals and intrinsic motivation: A mediational analysis. *Journal of Personality and Social Psychology, 70*(3), 461–475.

Elliot, A., Maier, M. A., Moller, A. C., Friedman, R., & Meinhardt, J. (2007). Color and psychological functioning: the effect of red on performance attainment. *Journal of Experimental Psychology: General, 136*(1), 154–168.

Elliot, A., & McGregor, H. (1999). Test anxiety and the hierarchical model of approach and avoidance achievement motivation. *Journal of Personality and Social Psychology, 76*(4), 628–644.

Elliot, A., & McGregor, H. (2001). A 2×2 achievement goal framework. *Journal of Personality and*

Social Psychology, 80(3), 501-519.

Elliot, A. J., Murayama, K., & Pekrun, R. (2011). A 3×2 achievement goal model. *Journal of Educational Psychology, 103*(3), 632-648.

Elliott, E. S., & Dweck, C. S. (1988). Goals: An approach to motivation and achievement. *Journal of Personality and Social Psychology, 54*(1), 5-12.

Emmer, E., & Hickman, J. (1990, April). *Teacher decision making as a function of efficacy, attribution, and reasoned action*. Paper presented at the Annual Meeting of the American Educational Research Association, Boston.

Engeser, S., & Rheinberg, F. (2008). Flow, performance and moderators of challenge-skill balance. *Motivation and Emotion, 32*(3), 158-172.

Epstein, J. L. (1989). Family structures and student motivation: A developmental perspective. In C. Ames, & R. Ames (Eds.), *Research on motivation in education: Vol. 3. Goals and cognitions*. Orlando: Academic Press.

Erez, M. (1977). Feedback: A necessary condition for the goal setting-performance relationship. *Journal of Applied Psychology, 62*(5), 624-627.

Erez, M. (1986). The congruence of goal setting strategies with socio-cultural values, and its effects on performance. *Journal of Management, 12*(4), 588-592.

Eswara, H. S. (1972). Administration of reward and punishment in relation to ability, effort and performance. *The Journal of Social Psychology, 87*(1), 139-140.

Farkas, M. S., & Grolnick, W. S. (2010). Examining the components and concomitants of parental structure in the academic domain. *Motivation and Emotion, 34*(3), 266-279.

Feather, N. T. (1961). The relationship of persistence at a task to expectation of success and achievement related motives. *Journal of Abnormal and Social Psychology, 63*(3), 552-561.

Fennema, E., & Sherman, J. (1977). Sex-related differences in mathematics achievement, spatial visualization and affective factors. *American Educational Research Journal, 14*(1), 51-71.

Festinger, L. (1957). *A theory of cognitive dissonance*. Stanford University Press.

Finney, S. J., Pieper, S. L., & Barron, K. E. (2004). Examining the psychometric properties of the achievement goal questionnaire in a general academic context. *Educational and Psychological Measurement, 64*(2), 365-382.

Flake, J. K. (2012). Measuring cost: The forgotten component of expectancy-value theory (Unpublished master's thesis). James Madison Univerisity, Harrisonburg, VA.

Flowerday, T., Schraw, G., & Stevens, J. (2004). The role of choice and interest in reader engagement.

Journal of Experimental Education, 72(2), 93–114.

Ford, M. (1992). *Motivating humans: Goals, emotions, and personal agency beliefs.* Newbury Park, CA: Sage.

Fortier, M. S., Vallerand, R. J., & Guay, F. (1995). Academic motivation and school performance: toward a structural model. *Contemporary Educational Psychology, 20*(3), 257–274.

Fosco, E., & Geer, J. H. (1971). Effects of gaining control over aversive stimuli after differing amounts of no control. *Psychology Reports, 29*, 1153–1154.

Fowler, J. W., & Peterson, P. L. (1981). Increasing reading persistence and altering attributional style of learned helpless children. *Journal of Educational Psychology, 73*(2), 251–260.

Franken, R. (1982). *Human motivation.* Pacific Grove, C. A.: Brooks/Cole Publishing Co.

Franken, R. (1994). *Human motivation* (3rd ed.). Pacific Grove, C. A.: Brooks/Cole Publishing Co.

Frayne, C. A., & Latham, G. P. (1987). Application of social learning theory to employee self-management of attendance. *Journal of Applied Psychology, 72*(3), 387–392.

Fredricks, J. A., & Eccles, J. S. (2002). Children's competence and value beliefs from childhood through adolescence: growth trajectories in two male-sex-typed domains. *Developmental Psychology, 38*(4), 519–533.

Fredrickson, B. L. (2001). The role of positive emotions in positive psychology: The broaden-and-build theory of positive emotions. *American Psychologist, 56*(3), 218–226.

Frenzel, A. C., Pekrun, R., & Goetz, T. (2007). Girls and mathematics—A "hopeless" issue? A control-value approach to gender differences in emotions towards mathematics. *European Journal of Psychology of Education, 22*(4), 497–514.

Freud, S. (1915). *A general introduction to psychoanalysis.* New York: Washington Square Press.

Frick, R. W. (1992). Interestingness. *British Journal of Psychology, 83*(1), 113–128.

Frieze, I. H. (1976). Causal attributions and information seeking to explain success and failure. *Journal of Research in Personality, 10*(3), 293–305.

Frodi, A., Bridges, L., & Grolnick, W. S. (1985). Correlates of mastery-related behavior: A short term longitudinal study of infants in their second year. *Child Development, 56*(5), 1291–1298.

Gable, R. K., & Wolf, M. B. (1993). *Instrument development in the affective domain* (2nd ed.). Boston: Kluwer Academic Publishers.

Gagné, M., & Deci, E. L. (2005). Self-determination theory and work motivation. *Journal of Organizational Behavior, 26*(4), 331–362.

Gallagher, M. W., & Lopez, S. J. (2007). Curiosity and well-being. *Journal of Positive Psychology,*

2(4), 236-248.

Garner, R., Gillingham, M. G., & White, C. S. (1989). Effects of 'seductive details' on macroprocessing and microprocessing in adults and children. *Cognition and instruction, 6*(1), 41-57.

Gaspard, H., Dicke, A. L., Flunger, B., Schreier, B., Häfner, I., Trautwein, U., & Nagengast, B. (2015). More value through greater differentiation: gender differences in value beliefs about math. *Journal of Educational Psychology, 107*(3), 663-677.

Gaspard, H., Häfner, I., Parrisius, C., Trautwein, U., & Nagengast, B. (2017). Assessing task values in five subjects during secondary school: Measurement structure and mean level differences across grade level, gender, and academic subject. *Contemporary Educational Psychology, 48*, 67-84.

Gatchel, R. J., Paulus, P. B., & Maples, C. W. (1975). Learned helplessness and self-reported affect. *Journal of Abnormal Psychology, 84*(6), 732-734.

Geen, R. G., Beatty, W. W., & Arkin, R. M. (1984). *Human motivation: physiological, behavioural and social approaches.* Massachusetts: Allyn and Bacon, Inc.

Gibson, S., & Dembo, M. (1984). Teacher efficacy: A construct validation. *Journal of Educational Psychology, 76*(4), 569-582.

Gibson, C. B., Randel, A. E., & Earley, P. C. (2000). Understanding group efficacy an empirical test of multiple assessment methods. *Group and Organization Management, 25*(1), 67-97.

Gist, M. E. (1987). Self-efficacy: Implications for organizational behavior and human resource management. *The Academy of Management Review, 12*(3), 472-485.

Gist, M. E., & Mitchell, T. R. (1992). Self-efficacy: A theoretical analysis of its determinants and malleability. *Academy of Management Review, 17*(2), 183-211.

Gillet, N., Morin, A. J., & Reeve, J. (2017). Stability, change, and implications of students' motivation profiles: A latent transition analysis. *Contemporary Educational Psychology, 51*, 222-239.

Gillet, N., Vallerand, R. J., & Lafreniere, M. A. K. (2012). Intrinsic and extrinsic school motivation as a function of age: The mediating role of autonomy support. *Social Psychology of Education, 15*(1), 77-95.

Goddard, R. D. (2001). Collective efficacy: A neglected construct in the study of schools and student achievement. *Journal of Educational Psychology, 93*(3), 467-476.

Goddard, R. D. (2002). A theoretical and empirical analysis of the measurement of collective efficacy: the development of a short form. *Educational and Psychological Measurement, 62*(1), 97-110.

Goddard, R. D., Hoy, W. K., & Woolfolk Hoy, A. (2000). Collective teacher efficacy: Its meaning, measure, and impact on student achievement. *American Educational Research Journal, 37*(2),

479-507.

Gonzalez-Cutre, D., Romero-Elias, M., Jimenez-Loaisa, A., Beltran-Carrillo, V. J., & Hagger, M. S. (2020). Testing the need for novelty as a candidate need in basic psychological needs theory. *Motivation and Emotion, 44*(2), 295-314.

Gottfried, A. E. (1985). Academic intrinsic motivation in elementary and junior high school students. *Journal of Educational Psychology, 77*(6), 631-645.

Gottfried, A. E., Fleming, J. S., & Gottfried, A. W. (2001). Continuity of academic intrinsic motivation from childhood through late adolescence: A longitudinal study. *Jounal of Educational Psychology, 93*(1), 3-13.

Graham, S., & Harris, K. R. (1989). Improving learning disabled students' skills at composing essays: Self-instructional strategy training. *Exceptional Children, 56*(3), 201-214.

Grant, H., & Dweck, C. S. (2003). Clarifying achievement goals and their impact. *Journal of Personality and Social Psychology, 85*(3), 541-553.

Greene, B. A., DeBacker, T. K., Ravindran, B., & Krows, A. J. (1999). Goals, values, and beliefs as predictors of achievement and effort in high school mathematics classes. *Sex Roles, 40*(5), 421-458.

Greene, B. A., & Miller, R. B. (1996). Influences on achievement: Goals, perceived ability, and cognitive engagement. *Contemporary Educational Psychology, 21*(2), 181-192.

Greene, D., & Lepper, M. R. (1974). Effects of extrinsic rewards on children's subsequent intrinsic interest. *Child Development, 45*, 1141-1145.

Grolnick, W. S., Raftery-Helmer, J. N., Marbell, K. N., Flamm, E. S., Cardemil, E. V., & Sanchez, M. (2014). Parental provision of structure: Implementation and correlates in three domains. *Merrill-Palmer Quarterly (1982-), 60*(3), 355-384.

Grolnick, W. S., & Ryan, R. M. (1987). Autonomy in children's learning: An experimental and individual difference investigation. *Journal of Personality and Social Psychology, 52*(5), 890-898.

Grolnick, W. S., & Ryan, R. M. (1989). Parent styles associated with children's self-regulation and competence in school. *Journal of Educational Psychology, 81*(2), 143-154.

Grolnick, W. S., Ryan, R. M., & Deci, E. L. (1991). The inner resources for school achievement: Motivational mediators of children's perceptions of their parents. *Journal of Educational Psychology, 83*(4), 508-517.

Grossnickle, E. M. (2016). Disentangling curiosity: Dimensionality, definitions, and distinctions from interest in educational contexts. *Educational Psychology Review, 28*(1), 23-60.

Gruber, M. J., Gelman, B. D., & Ranganath, C. (2014). States of curiosity modulate hippocampus-dependent learning via the dopaminergic circuit. *Neuron, 84*(2), 486-496.

Guay, F., & Vallerand, R. J. (1997). Social context, student's motivation, and academic achievement: toward a process model. *Social Psychology of Education, 1*(3), 211-233.

Guo, J., Nagengast, B., Marsh, H. W., Kelava, A., Gaspard, H., Brandt, H., ... & Trautwein, U. (2016). Probing the unique contributions of self-concept, task values, and their interactions using multiple value facets and multiple academic outcomes. *AERA open, 2*(1), 1-20.

Guzzo, R. A., Yost, P. R., Campbell, R. J., & Shea, G. P. (1993). Potency in groups: Articulating a construct. *British Journal of Social Psychology, 32*(1), 87-106.

Haerens, L., Aelterman, N., Van den Berghe, L., De Meyer, J., Soenens, B., & Vansteenkiste, M. (2013). Observing physical education teachers' need-supportive interactions in classroom settings. *Journal of Sport and Exercise Psychology, 35*(1), 3-17.

Haerens, L., Aelterman, N., Vansteenkiste, M., Soenens, B., & Van Petegem, S. (2015). Do perceived autonomy-supportive and controlling teaching relate to physical education students' motivational experiences through unique pathways? Distinguishing between the bright and dark side of motivation. *Psychology of Sport and Exercise, 16*(Part 3), 26-36.

Hamilton, J. O. (1974). Motivation and risk-taking behavior: A test of Atkinsm's theory. *Journal of Personality and Social Psychology, 29*, 856-864.

Hardre, P. L., & Reeve, J. (2003). A motivational model of rural students' intentions to persist in, versus drop out of, high school. *Journal of Educational Psychology, 95*(2), 347.

Harackiewicz, J. M., Barron, K., Carter, S., Lehto, A., & Elliot, A. (1997). Predictors and consequences of achievement goals in the college classroom: Maintaining interest and making the grade. *Journal of Personality and Social Psychology, 73*(6), 1284-1295.

Harackiewicz, J. M., Barron, K., & Elliot, A. (1998). Rethinking achievement goals: When are they adaptive for college students and why? *Educational Psychologist, 33*(1), 1-21.

Harackiewicz, J. M., Barron, K. E., Pintrich, P. R., Elliot, A. J., & Thrash, T. M. (2002). Revision of achievement goal theory: Necessary and illuminating. *Journal of Educational Psychology, 94*(3), 638-645.

Harackiewicz, J. M., Barron, K. E., Tauer, J. M., Carter, S. M., & Elliot, A. (2000). Short-term and long-term consequences of achievement goals: Predicting interest and performance over time. *Journal of Educational Psychology, 92*(2), 316-330.

Harackiewicz, J. M., Durik, A. M., Barron, K. E., Linnenbrink-Garcia, L., & Tauer, J. M. (2008).

The role of achievement goals in the development of interest: Reciprocal relations between achievement goals, interest, and performance. *Journal of Educational Psychology, 100*(1), 105-122.

Harackiewicz, J. M., & Hulleman, C. S. (2010). The importance of interest: The role of achievement goals and task values in promoting the development of interest. *Social and Personality Psychology Compass, 4*(1), 42-52.

Harackiewicz, J. M., Rozek, C. S., Hulleman, C. S., & Hyde, J. S. (2012). Helping parents to motivate adolescents in mathematics and science: An experimental test of a utility-value intervention. *Psychological Science, 23*(8), 899-906.

Hardre, P. L., & Reeve, J. (2003). A motivational model of rural students' intentions to persist in, versus drop out of, high school. *Journal of Educational Psychology, 95*(2), 347-356.

Harlow, H. F. (1958). The nature of love. *American Psychologist, 13*(12), 673-685.

Harp, S. F., & Mayer, R. E. (1998). How seductive details do their damage: A theory of cognitive interest in science learning. *Journal of Educational Psychology, 90*(3), 414.

Harter, S. (1978). Effectance motivation reconsidered: Toward a developmental model. *Human Development, 21*(1), 34-64.

Harter, S. (1981). A new self-report scale of intrinsic versus extrinsic orientation in the classroom: Motivational and informational components. *Developmental Psychology, 17*(3), 300-312.

Harter, S. (1982). The perceived competence scale for children. *Child Development, 53*(1), 87-97.

Harter, S. (1983). Developmental perspectives on the self-system. In E. M. Hetherington (Ed.), P. H. Mussen (Series Ed.), *Handbook of child psychology: Vol 4. Socialization, personality, and social development* (4th ed., pp. 275-385). N. Y.: Wiley.

Harter, S. (1985). *Manual for the self-perception profile for children* (revision of the perceived competence scale for children). University of Denver.

Harter, S. (1998). The development of self-representations. In W. Damon & N. Eisenberg (Ed.), *Handbook of child psychology: Social, emotional, and personality development* (pp. 553-617). John Wiley & Sons, Inc.

Harter, S., & Jackson, B. K. (1992). Trait vs. nontrait conceptualizations of intrinsic/extrinsic motivational orientation. *Motivation and Emotion, 16*(3), 209-230.

Harter, S., Whitesell, N. R., & Kowalski, P. (1992). Individual differences in the effects of educational transitions on young adolescent's perceptions of competence and motivational orientation. *American Educational Research Journal, 29*(4), 777-807.

Hebb, D. O. (1949). *Organization of behavior: A neuropsychological theory*. N. Y.: John Wiley and Sons.

Hebb, D. O. (1955). Drives and the Conceptual Nervous System. *Psychological Review*, 62, 243-254.

Heckhausen, H. (1991). *Motivation and action*. N.Y.: Springer-Verlag.

Heider, F. (1958). *The psychology of interpersonal relations*. N. Y.: Wiley.

Henson, R. K. (2000). The relationship between means-end task analysis and context specific and global self efficacy in emergency certification teachers: Exploring a new model of teacher efficacy. Paper presented at the annual meeting of American Educational Research Association. New Orleans, Louisiana.

Herbart, J. F. (1806). General theory of pedagogy, derived from the purpose of education. In J. F. Herbart (Ed.), *Writings on education* (Vol. 2, pp. 9-155). Dusseldorf: Kuepper.

Hidi, S. (1990). Interest and its contribution as a mental resource for learning. *Review of Educational Research*, 60(4), 549-571.

Hidi, S. (1995). A reexamination of the role of attention in learning from text. *Educational Psychology Review*, 7(4), 323-350.

Hidi, S. (2001). Interest, reading, and learning: Theoretical and practical considerations. *Educational Psychology Review*, 13(3), 191-209.

Hidi, S., & Baird, W. (1986). Interestingness-a neglected variable in discourse processing. *Cognitive Science*, 10(2), 179-194.

Hidi, S., & Baird, W. (1988). Strategies for increasing text-based interest and students' recall of expository texts. *Reading Research Quarterly*, 23(4), 465-483.

Hidi, S., & Harackiewicz, J. M. (2000). Motivating the academically unmotivated: A critical issue for the 21st century. *Review of Educational Research*, 70(2), 151-179.

Hidi, S., & Renninger, K. A. (2006). The four-phase model of interest development. *Educational Psychologist*, 41(2), 111-127.

Hiroto, D. S. (1974). Locus of control and learned helplessness. *Journal of Experimental Psychology*, 102(2), 189-193.

Hiroto, D. S., & Seligman, M. E. P. (1975). Generality of learned helplessness in man. *Journal of Personality and Social Psychology*, 31(2), 311-327.

Hoffmann, L. (2002). Promoting girls' interest and achievement in physics classes for beginners. *Learning and instruction*, 12(4), 447-465.

Howell, R. T., Chenot, D., Hill, G., & Howell, C. J. (2011). Momentary happiness: The role of psychological need satisfaction. *Journal of Happiness Studies, 12*(1), 1–15.

Hull, C. L. (1943). *Principles of behavior*. N. Y.: Appleton–Century Crofts.

Hull, C. L. (1952). *A behavior system: An introduction to behavior theory concerning the individual organism*. New Haven, CT: Yale University Press.

Hulleman, C. S., Durik, A. M., Schweigert, S., & Harackiewicz, J. M. (2008). Task values, achievement goals, and interest: An Integrative analysis. *Journal of Educational Psychology, 100*(2), 398–416.

Hulleman, C. S., & Harackiewicz, J. M. (2009). Promoting interest and performance in high school science classes. *Science, 326*, 1410–1412.

Hulleman, C. S., Schrager, S. M., Bodmann, S. M., & Harackiewicz, J. M. (2010). A meta–analytic review of achievement goal measures: Different labels for the same constructs or different constructs with similar labels? *Psychological Bulletin, 136*(3), 422.

Ilardi, B. C., Leone, D., Kasser, T., & Ryan, R. M. (1993). Employee and supervisor ratings of motivation: Main effects and discrepancies associated with job satisfaction and adjustment in a factory setting. *Journal of Applied Social Psychology, 23*(21), 1789–1805.

Iran–Nejad, A. (1987). Cognitive and affective causes of interest and liking. *Journal of Educational Psychology, 79*(2), 120–130.

Isaacson, R. L. (1964a). *Basic readings in neuropsychology*. N. Y.: Harper & Row.

Isaacson, R. L. (1964b). Relation between n Achievement, Test Anxiety, and curricular choices. *The Journal of Abnormal and Social Psychology, 68*(4), 447.

Iyengar, S. S., & Lepper, M. R. (2000). When choice is demotivating: Can one desire too much of a good thing? *Journal of Personality and Social Psychology, 79*(6), 995–1006.

Izard, C. E. (2007). Basic emotions, natural kinds, emotion schemas, and a new paradigm. *Perspectives on Psychological Science, 2*(3), 260–280.

Jackson, D. N. (1987). *Personality Research Form–Form E*. Port Huron, MI: Sigma Assessment Systems, Inc.

Jackson, S. A., & Marsh, H. (1996). Development and validation of a scale to measure optimal experience: The Flow State Scale. *Journal of Sport and Exercise Psychology, 18*(1), 17–35.

Jacobs, J. E., Lanza, S., Osgood, D. W., Eccles, J. S., & Wigfield, A. (2002). Changes in children's self–competence and values: Gender and domain differences across grades one through twelve. *Child Development, 73*(2), 509–527.

Jagacinski, C. M., Kumar, S., & Kokkinou, I. (2008). Challenge seeking: The relationship of achievement goals to choice of task difficulty level in ego–involving and neutral conditions.

Motivation and Emotion, 32(4), 310–322.

James, W. (1884). What is an emotion? *Mind, 9,* 188–255.

James, W. (1890). *The principles of psychology.* New York: Cosimo, Inc.

Jang, H., Kim, E. J., & Reeve, J. (2016). Why students become more engaged or more disengaged during the semester: A self-determination theory dual-process model. *Learning and Instruction, 43,* 27–38.

Jang, H., Reeve, J., & Deci, E. L. (2010). Engaging students in learning activities: It is not autonomy support or structure but autonomy support and structure. *Journal of Educational Psychology, 102*(3), 588.

Jang, H., Reeve, J., Ryan, R. M., & Kim, A. (2009). Can self-determination theory explain what underlies the productive, satisfying learning experiences of collectivistically oriented Korean students? *Journal of Educational Psychology, 101*(3), 644–661.

Jerusalem, M., & Schwarzer, R. (1992). Self-efficacy as a resource factor on stress appraisal processes. In R. Schwarzer (Ed.), *Self-efficacy: Thought control of action* (pp.195–213). Washington, D. C.: Hemisphere.

Jiang, Y. (2015). *The Role of Perceived Cost in Students' Academic Motivation and Achievement.* Doctoral dissertation. Korea University.

Jiang, Y., Bong, M., & Kim, S. (2015). Conformity of Korean adolescents in their perceptions of social relationships and academic motivation. *Learning and Individual Differences, 40,* 41–54.

Jiang, Y., Rosenzweig, E. Q., & Gaspard, H. (2018). An expectancy-value-cost approach in predicting adolescent students' academic motivation and achievement. *Contemporary Educational Psychology, 54,* 139–152.

Jiang, Y., Song, J., Lee, M., & Bong, M. (2014). Self-efficacy and achievement goals as motivational links between perceived contexts and achievement. *Educational Psychology, 34*(1), 92–117.

Joët, G., Usher, E. L., & Bressoux, P. (2011). Sources of self-efficacy: An investigation of elementary school students in France. *Journal of Educational Psychology, 103*(3), 649–663.

Jones, E. E., & Davis, K. E. (1965). From acts to dispositions. In L. Berkowitz (Ed.), *Advances in experimental social psychology, 2.* N. Y.: Academic Press.

Jones, S. L., Nation, J. R., & Massad, P. (1977). Immunization against learned helplessness in man. *Journal of Abnormal Psychology, 86*(1), 75–83.

Kanfer, F. H. (1970). Self-regulation: Research, issues, and speculations. In C. Neuringer & J. Michaels (Eds.), *Behavior modification and clinical psychology.* N. Y.: Appleton-century-Crofts.

Kang, M. J., Hsu, M., Krajbich, I. M., Loewenstein, G., McClure, S. M., Wang, J. T. Y., & Camerer, C. F. (2009). The wick in the candle of learning: Epistemic curiosity activates reward circuitry and enhances memory. *Psychological Science, 20*(8), 963–973.

Kaplan, A., & Middleton, M. J. (2002). Should childhood be a journey or a race? A response to Harachiewicz et al. (2002). *Journal of Educational Psychology, 94*(3), 646–648.

Karabenick, S. (2004). Perceived achievement goal structure and college student help seeking. *Journal of Educational Psychology, 96*(3), 569–581.

Karabenick, S. A., & Youssef, Z. I. (1968). Performance as a function of achievement level and perceived difficulty. *Journal of Personality and Social Psychology, 10*(4), 414–419.

Kashdan, T. B., Rose, P., & Fincham, F. D. (2004). Curiosity and exploration: Facilitating positive subjective experiences and personal growth opportunities. *Journal of Personality Assessment, 82*(3), 291–305.

Kashdan, T. B., & Silvia, P. J. (2009). Curiosity and interest: The benefits of thriving on novelty and challenge. In S. J. Lopez & C. R. Snyder (Eds.), *The Oxford handbook of positive psychology* (2nd ed., pp. 367–374). Oxford, UK: Oxford University Press.

Kashdan, T. B., & Steger, M. F. (2007). Curiosity and pathways to well-being and meaning in life: Traits, states, and everyday behaviors. *Motivation and Emotion, 31*(3), 159–173.

Kashdan, T. B., & Yuen, M. (2007). Whether highly curious students thrive academically depends on perceptions about the school learning environment: A study of Hong Kong adolescents. *Motivation and Emotion, 31*(4), 260–270.

Kasser, V., & Ryan, R. M. (1999). The relation of psychological needs for autonomy and relatedness to vitality, well-being, and mortality in a nursing home. *Journal of Applied Social Psychology, 29*(5), 935–954.

Kelly, G. A. (1955). *The psychology of personal constructs.* New York: W. W. Norton.

Kelley, H. H. (1967). Attribution theory in social psychology. In D. Levine (Ed.), *Nebreska symposium on motivation* (Vol. 15, pp. 192–238). Lincoln: University of Nebraska Press.

Kidd, C., & Hayden, B. Y. (2015). The psychology and neuroscience of curiosity. *Neuron, 88*(3), 449–460.

Kim, A. (2002). Taxonomy of student motivation. Paper presented at the Annual Meeting of the American Educational Research Association, April, New Orleans, Louisiana.

Kim, A., & Clifford, M. M. (1988). Goal Source, goal difficulty, and individual difference variables as predictors of response to failure. *British Journal of Educational Psychology, 58*(1), 28–43.

Kim, A., & Park, I. (2000). Hierarchical structure of self-efficacy in terms of generality levels and its relationships to academic performance: general, academic, domain-specific, and subject-specific self-efficacy. Paper presented at the annual meeting of the American Educational Research Association, New-Orleans, Louisiana, April.

Kim, S. (1999). Inference: A cause of story interestingness. *British Journal of Psychology, 90*(1), 57-71.

Kim, S. (2013). Neuroscientific model of motivational process. *Frontiers in Psychology, 4*, 98.

Kim, S., Hwang, S., & Lee, M. (2018). The benefits of negative yet informative feedback. *PLoS one, 13*(10), e0205183.

Kim, S., Jiang, Y., & Song, J. (2015). The effects of interest and utility value on mathematics engagement and achievement. In K. A. Renninger, M. Nieswandt, & S. Hidi (Eds.), *Interest in mathematics and science learning* (pp. 63-78). Washington, DC: American Educational Research Association.

Kim, S., Lee, M. J., Chung, Y., & Bong, M. (2010). Comparison of brain activation during norm-referenced versus criterion-referenced feedback: The role of perceived competence and performance-approach goals. *Contemporary Educational Psychology, 35*(2), 141-152.

Kim, S., Reeve, J. M., & Bong, M. (2016). Introduction to motivational neuroscience. In S. Kim, J. M. Reeve, & M. Bong (Eds.), *Recent developments in neuroscience research on human motivation* (Volume 19 of the Advances in motivation and achievement book series) (pp. 1-19). Bingley UK: Emerald Group Publishing.

Kim, S., Yoon, M., Whang, S., Tversky, B., & Morrison, J. (2007). The effect of animation on comprehension and interest. *Journal of Computer Assisted Learning, 23*(3), 260-270.

Kintsch, W. (1980). Learning from text, levels of comprehension, or: Why would read a story anyway. *Poetics, 9*, 7-98.

Kirkham, J., Chapman, E., & Wildy, H. (2019). Factors considered by Western Australian Year 10 students in choosing Year 11 mathematics courses. *Mathematics Education Research Journal, 32*(4), 719-741.

Klassen, R. M., Perry, N. E., & Frenzel, A. C. (2012). Teachers' relatedness with students: An underemphasized component of teachers' basic psychological needs. *Journal of Educational Psychology, 104*(1), 150-165.

Klein, D. C., Fencil-Morse, E., & Seligman, M. E. P. (1976). Learned helplessness, depression, and the attribution of failure. *Journal of Personality and Social Psychology, 33*(5), 508-515.

Kohn, A. (1996). By all available means: Cameron and Pierce's defense of extrinsic motivators. *Review of Educational Research, 66*(1), 1-4.

Kosovich, J. J., Hulleman, C. S., Phelps, J., & Lee, M. (2019). Improving algebra success with a utility-value intervention. *Journal of Developmental Education, 42*(2), 2-10.

Krapp, A., Hidi, S., & Renninger, K. A. (1992). Interest, learning and development. In K. A. Renninger, S. Hidi, & A. Krapp (Eds.), *The role of interest in learning and development* (pp. 3-25). Hillsdale, N. J.: Erlbaum.

Kruglanski, A. W. (1975). The endogenous-exogenous partition in attribution theory. *Psychological Review, 82*(6), 387-406.

Kuhl, J. (1981). Motivational and functional helplessness: The moderating effect of state versus action orientation. *Journal of Personality and Social Psychology, 40*(1), 155-170.

Kuhl, J. (1984). Volitional aspects of achievement motivation and learned helplessness: Toward a comprehensive theory of action control. In B. A. Maher & W. A. Maher (Eds.), *Progress in experimental personality research* (pp. 99-171). N. Y.: Academic Press.

Kurz, T. (2001). An exploration of the relationship among teacher efficacy, collective teacher efficacy, and goal consensus. Texas A & M University Ph. D dissertation.

La Guardia, J., Ryan, R. M., Couchman, C., & Deci, E. L. (2000). Within-person variation in security of attachment: A self-determination theory perspective on attachment, need fulfillment, and well-being. *Journal of Personality and Social Psychology, 79*(3), 367-384.

Lange, C. G. (1885/1912). The mechanism of the emotions. In Rand, B. (Ed.), *The classical psychologists* (pp. 672-684). Boston: Houghton Mifflin.

Langer, E. J. (1992). Matters of mind: Mindfulness/mindlessness in perspective. *Consciousness and Cognition, 1*(3), 289-305.

Latham, G. P., Erez, M., & Locke, E. A. (1988). Resolving scientific disputes by the joint design of crucial experiments by the antagonists: Application to the Erex-Latham dispute regarding participation in goal setting. *Journal of Applied Psychology (Monograph), 73*(4), 753-772.

Latham, G. P., & Frayne, C. A. (1989). Self-management training for increasing job attendance: A follow-up and a replication. *Journal of Applied Psychology, 74*(3), 411-416.

Latham, G. P., & Lee, T. W. (1986). Goal setting. In E. A. Locke (Ed.), *Generalizing from laboratory to field settings.* Lexington, M. A.: Lexington Books.

Latham, G. P., & Locke, E. A. (1991). Self-regulation through goal setting. *Organizational Behavior and Human Decision Processes, 50*(2), 212-247.

Latham, G. P., & Locke, E. A. (2007). New developments in and directions for goal-setting research. *European Psychologist, 12*(4), 290-300.

Latham, G. P., Winters, D. C., & Locke, E. A. (1991). Cognitive and motivational mediators of the effects of participation on performance. Unpublished Manuscript, University of Toronto.

Lau, S., & Nie, Y. (2008). Interplay between personal goals and classroom goal structures in predicting student outcomes: A multilevel analysis of person-context interactions. *Journal of Educational Psychology, 100*(1), 15-29.

LeDoux, J. E. (1996). *The Emotional Brain*. N. Y.: Simon & Schuster.

Lee, C., & Bobko, P. (1994). Self-efficacy beliefs: Comparison of five measures. *Journal of Applied Psychology, 79*(3), 364-369.

Lee, J., Bong, M., & Kim, S. I. (2014). Interaction between task values and self-efficacy on maladaptive achievement strategy use. *Educational Psychology, 34*(5), 538-560.

Lee, M., & Bong, M. (2016). In their own words: Reasons underlying the achievement striving of students in schools. *Journal of Educational Psychology, 108*(2), 274-294.

Lee, W., Lee, M. J., & Bong, M. (2014). Testing interest and self-efficacy as predictors of academic self-regulation and achievement. *Contemporary Educational Psychology, 39*(2), 86-99.

Lepper, M. R. (1973). Dissonance, self-perception, and honesty in children. *Journal of Personality and Social Psychology, 25*(1), 65-74.

Lepper, M. R., Corpus, J. H., & Iyengar, S. S. (2005). Intrinsic and extrinsic motivational orientations in the classroom: Age differences and academic correlated. *Journal of Educational Psychology, 97*(2), 184-196.

Lepper, M. R., & Greene, D. (1975). Turning play into work: Effects of adult surveillance and extrinsic rewards on children's intrinsic motivation. *Journal of Personality and Social Psychology, 31*(3), 479-486.

Lepper, M. R., & Greene, D. (1978). *The hidden costs of reward: New perspectives on the psychology of human motivation*. Hillsdale, N. J.: Erlbaum.

Lepper, M. R., Greene, D., & Nisbett, R. E. (1973). Undermining children's intrinsic interest with extrinsic rewards: A test of the "overjustification" hypothesis. *Journal of Personality and Social Psychology, 28*(1), 129-137.

Lepper, M. R., & Henderlong, J. (2000). Turning "play" into work and "work" into play: 25 years of research on intrinsic versus extrinsic motivation. In C. Sansone & J. M. Harackiewicz (Eds.), *Intrinsic and extrinsic motivation: The search for optimal motivation and performance* (pp. 257-

310). N. Y.: Academic Press.

Lepper, M. R., & Hodell, M. (1989). Intrinsic motivation in the classroom. In C. Ames & R. E. Ames (Eds.), *Research on motivation in education* (Vol. 3, pp. 73-105). New York: Academic Press.

Lepper, M. R., Keavney, M., & Drake, M. (1996). Intrinsic motivation and extrinsic rewards: A commentary on Cameron and Pierce's meta-analysis. *Review of Educational Research, 66*(1), 5-32.

Levesque, C., Zuehlke, A. N., Stanek, L. R., & Ryan, R. M. (2004). Autonomy and Competence in German and American University Students: A Comparative Study Based on Self-Determination Theory. *Journal of Educational Psychology, 96*(1), 68-84.

Lewin, K. (1935). *A dynamic theory of personality.* McGraw Hill, New York.

Linnenbrink, E. A. (2005). The dilemma of performance-approach goals: The use of multiple goal contexts to promote students' motivation and learning. *Journal of Educational Psychology, 97*(2), 197-213.

Lipstein, R. L., & Renninger, K. A. (2007). Interest for writing: How teachers can make a difference. *English Journal, 96*(4), 79-85.

Litman, J. A. (2010). Relationships between measures of I- and D-type curiosity, ambiguity tolerance, and need for closure: An initial test of the wanting-liking model of information-seeking. *Personality and Individual Differences, 48*(4), 397-402.

Litman, J. A., Hutchins, T. L., & Russon, R. K. (2005). Epistemic curiosity, feeling-of-knowing, and exploratory behaviour. *Cognition & Emotion, 19*(4), 559-582.

Litman, J. A., & Jimerson, T. L. (2004). The measurement of curiosity as a feeling of-deprivation. *Journal of Personality Assessment, 82*(2), 147-157.

Locke, E. A. (1967). Relationship of goal level to performance level. *Psychological Reports, 20*, 1068.

Locke, E. A. (1968). Towards a theory of task motivation and incentives. *Organizational Behaviour and Human Performance, 3*(2), 157-189.

Locke, E. A., Frederick, E., Lee, C., & Bobko, P. (1984). Effect of self-efficacy, goals, and task strategies on task performance. *Journal of Applied Psychology, 69*(2), 241-251.

Locke, E. A., & Latham, G. P. (1990a). *A theory of goal setting and task performance.* Englewood Cliffs, N. J.: Prentice Hall.

Locke, E. A., & Latham, G. P. (1990b). Work Motivation and satisfaction: light at the end of the tunnel. *Psychological Science, 1*(4), 240-246.

Locke, E. A., & Latham, G. P. (2002). Building a practically useful theory of goal setting and task motivation: A 35-year odyssey. *American Psychologist, 57*(9), 705-717.

Locke, E. A., & Latham, G. P. (2006). New directions in goal-setting theory. *Current Directions in Psychological Science, 15*(5), 265-268.

Locke, E. A., Shaw, K. N., Saari, L. M., & Latham, G. P. (1981). Goal setting and task performance: 1969-1980. *Psychological Bulletin, 90*(1), 125-152.

Loewenstein, G. (1994). The psychology of curiosity: A review and reinterpretation. *Psychological Bulletin, 116*(1), 75-98.

Luttrell, V. R., Callen, B. W., Allen, C. S., Wood, M. D., Deeds, D. G., & Richard, D. C. (2010). The mathematics value inventory for general education students: Development and initial validation. *Educational and Psychological Measurement, 70*(1), 142-160.

Maatta, S., Nurmi, J. N., & Stattin, H. (2007). Achievement orientations, school adjustment, and well-being: A longitudinal study. *Journal of Research of Adolescence, 17*(4), 789-812.

Maier, S. F., & Seligman, M. E. P. (1976). Learned helplessness: Theory and evidence. *Journal Experimental Psychology, 105*(1), 3-46.

Mandler, G. (1982). The structure of value: Accounting for taste. In M.S. Clark & S.T. Fiske (Eds.), *Affect and cognition* (pp. 3-36). Hillsdale, NJ: Lawrence Erlbaum Associates.

Mandler, G., & Sarason, S. B. (1952). A study of anxiety and learning. *The Journal of Abnormal and Social Psychology, 47*(2), 166.

Marsh, H. W. (1986). Global self-esteem: Its relation to specific facets of self-concept and their importance. *Journal of Personality and Social Psychology, 51*(6), 1224-1236.

Marsh, H. W. (1987). The big-fish-little-pond effect on academic self-concept. *Journal of Educational Psychology, 79*(3), 280-295.

Marsh, H. W. (1989). Age and sex effects in multiple dimensions of self-concept: Preadolescence to early adulthood. *Journal of educational Psychology, 81*(3), 417.

Marsh, H. W. (1990a). Influences of internal and external frames of reference on the formation of math and English self-concepts. *Journal of Educational Psychology, 82*(1), 107-116.

Marsh, H. W. (1990b). The structure of academic self-concept: The Marsh/Shavelson model. *Journal of Educational Psychology, 82*(4), 623-636.

Martela, F., & Ryan, R. M. (2020). Distinguishing between basic psychological needs and basic wellness enhancers: the case of beneficence as a candidate psychological need. *Motivation and Emotion, 44*(1), 116-133.

Martin, A. J., & Jackson, S. A. (2008). Brief approaches to assessing task absorption and enhanced subjective experience: Examining "short" and "core" flow in diverse performance domains. *Motivation and Emotion, 32*(3), 141-157.

Martocchio, J. J. (1994). Effects of conceptions of ability on anxiety, self-efficacy, and learning in training. *Journal of Applied Psychology, 79*(6), 819-825.

Maruyama, G. (1982). How should attributions be measured? A reanalysis of data from Elig and Frieze. *American Educational Research Journal, 19*(4), 552-558.

Marvin, C. B., & Shohamy, D. (2016). Curiosity and reward: Valence predicts choice and information prediction errors enhance learning. *Journal of Experimental Psychology: General, 145*(3), 266-272.

Maslow, A. H. (1954). *Motivation and personality* (3rd ed.). N. Y.: Harper & Row. (Reprinted 1987 by Harper & Row, Publishers, Inc.)

Matsui, M. J., Okada, A., & Inoshita, O. (1983). Mechanism of feedback affecting task performance. *Organizational Behavior and Human Performance, 31*(1), 114-122.

Mayer, J. D., Faber, M. A., & Xu, X. (2007). Seventy-five years of motivation measures (1930~2005): A descriptive analysis. *Motivation and Emotion, 31*(2), 83-103.

Mayers, P. (1978). Flow in adolescence and its relation to school experience. Unpublished doctoral dissertation, University of Chicago.

McClelland, D. C. (1958). Methods of measuring human motivation. In J. W. Atkinson (Ed.), *Motives in fantasy, action and society*. Princeton: Van Nostrand.

McClelland, D. C. (1965). N achievement and entrepreneurship: A longitudinal study. *Journal of personality and Social Psychology, 1*(4), 389.

McClelland, D. C., Atkinson, J. W., Clark, R. A., & Lowell, E. L. (1953). *The achievement motive*. New York: Appleton-Centry-Crofts.

McCrae, R. R. (1996). Social consequences of experiential openness. *Psychological Bulletin, 120*(3), 323-337.

McDaniel, M. A., Waddill, P. J., Finstad, K., & Bourg, T. (2000). The effects of text-based interest on attention and recall. *Journal of Educational Psychology, 92*(3), 492-502.

McDougall, W. (1908). *An introduction to social psychology*. Boston: John W. Luce & Co.

McMahan, I. D. (1973). Relationship between causal attributions and expectancy of success. *Journal of Personality and Social Psychology, 28*(1), 108-114.

McNabb, T. (1986). The effects of strategy and effort attribution training on the motivation of subjects differing in perceived math competence and attitude toward strategy and effort. Doctoral dissertation, University of Iowa, Iowa City, Iowa.

Meece, J. L. (1991). The classroom context and students' motivational goals. In M. Maehr & P. Pintrich (Eds.), *Advances in motivation and achievement* (Vol. 7, pp. 261–286). Greenwich, C. T.: JAI Press.

Meece, J. L., Blumenfield, P. C., & Hoyle, R. H. (1988). Students' goal orientations and cognitive engagement in classroom activities. *Journal of Educational Psychology, 80*(4), 514–523.

Meece, J. L., & Holt, K. (1993). A pattern analysis of students' achievement goals. *Journal of Educational Psychology, 85*(4), 582–590.

Meece, J. L., Wigfield, A., & Eccles, J. S. (1990). Predictors of math anxiety and its influence on young adolescents' course enrollment intentions and performance in mathematics. *Journal of Educational Psychology, 82*(1), 60.

Mesch, D. J., Farh, J., & Podsakoff, P. M. (1989). Effects of feedback sign on group goal setting, strategies, and performance: An empirical examination of some control theory hypothesis. Paper presented to the Organizational Behavior Division at the annual meeting of the Academy of Management. Washington, D. C.

Meyer, J. P., Becker, T. E., & Vandenberghe, C. (2004). Employee commitment and motivation: A conceptual analysis and integrative model. *Journal of Applied Psychology, 89*(6), 991–1007.

Meyer, J., Fleckenstein, J., & Koller, O. (2019). Expectancy value interactions and academic achievement: Differential relationships with achievement measures. *Contemporary Educational Psychology, 58*, 58–74.

Middleton, M., & Midgley, C. (1997). Avoiding the demonstration of lack of ability: An underexplored aspect of goal theory. *Journal of Educational Psychology, 89*(4), 710–718.

Midgley, C., Anderman, E., & Hicks, L. (1995). Differences between elementary and middle school teachers and students: A goal theory approach. *Journal of Early Adolescence, 15*(1), 90–133.

Midgley, C., Feldaufer, H., & Eccles, J. S. (1989). Change in teacher efficacy and sstudents' self- and task-related beliefs in mathematics during the transition to junior high school. *Journal of Educational Psychology, 81*(2), 247–258.

Midgley, C., Kaplan, A., & Middleton, M. (2001). Performance-approach goals: Good for what, for whom, under what circumstances, and at what cost? *Journal of Educational Psychology, 93*(1), 77–86.

Midgley, C., Maehr, M., Hicks, L., Roeser, R., Urdan, T., Anderman, E., et al. (1997). *Patterns of adaptive learning survey (PALS)*. Ann Arbor, M. I.: University of Michigan.

Midgley, C., Maehr, M. L., Hruda, L. Z., Anderman, E., Anderman, L., Freeman, K. E., & Urdan, T. (2000). *Manual for the patterns of adaptive learning scales*. Ann Arbor: University of Michigan.

Midgley, C., & Urdan, T. (2001). Academic self-handicapping and achievement goals: A further examination. *Contemporary Educational Psychology, 26*(1), 61-75.

Mikulincer, M. (1994). *Human learned helplessness: A coping perspective*. New York: Plenum Press.

Miller, G. A., Galanter, E., & Pribram, K. H. (1960). *Plans and the structure of behavior*. N. Y.: Holt, Rinehart & Winston.

Miller, I. W., & Norman, W. (1979). Learned helplessness in humans: A review and attribution theory model. *Psychological Bulletin, 86*(1), 93-118.

Miller, R. B., Greene, B. A., Montalvo, G. P., Ravindran, B., & Nichols, J. D. (1996). Engagement in academic work: The role of learning goals, future consequences, pleasing others, and perceived ability. *Contemporary educational psychology, 21*(4), 388-422.

Miserandino, M. (1996). Children who do well in school: Individual differences in perceived competence and autonomy in above-average children. *Journal of Educational Psychology, 88*(2), 203-214.

Mitchell, M. (1993). Situational interest: Its multifaceted structure in the secondary school mathematics classroom. *Journal of Educational Psychology, 85*(3), 424-436.

Mone, M. A., Baker, D. D., & Jeffries, F. (1995). Predictive validity and time dependency of self-efficacy, self-esteem, personal goals, and academic performance. *Educational and Psychological Measurement, 55*(5), 716-727.

Multon, K. D., Brown, S. D., & Lent, R. W. (1991). Relation of self-efficacy beliefs to academic outcomes: A meta analytic investigation. *Journal of Counseling Psychology, 38*(1), 30-38.

Mundell, C. E. (2000). The role of perceived skill, perceived challenge, and flow in the experience of positive and negative affect. Dissertation Abstracts International: Section B: The Science and Engineering, 61, 2802.

Murayama, K., & Elliot, A. J. (2009). The joint influence of personal achievement goals and classroom goal structures on achievement-relevant outcomes. *Journal of Educational Psychology, 102*(2), 432-447.

Murray, H. A. (1938). *Explorations in personality*. N. Y.: Oxford University Press.

Murray, H. A. (1943). *Thematic apperception test*. Cambridge: Harvard University Press.

Mussel, P. (2013). Introducing the construct curiosity for predicting job performance. *Journal of Organizational Behavior, 34*(4), 453-472.

Nagengast, B., Marsh, H. W., Scalas, L. F., Xu, M. K., Hau, K. T., & Trautwein, U. (2011). Who took the "×" out of expectancy-value theory? A psychological mystery, a substantive-methodological synergy, and a cross-national generalization. *Psychological Science, 22*(8), 1058-1066.

Nagengast, B., Trautwein, U., Kelava, A., & Lüdtke, O. (2013). Synergistic effects of expectancy and value on homework engagement: The case for a within-person perspective. *Multivariate Behavioral Research, 48*(3), 428-460.

Nagy, G., Trautwein, U., Baumert, J., Köller, O., & Garrett, J. (2006). Gender and course selection in upper secondary education: Effects of academic self-concept and intrinsic value. *Educational Research and Evaluation, 12*(4), 323-345.

Ng, J. Y., Ntoumanis, N., Thøgersen-Ntoumani, C., Deci, E. L., Ryan, R. M., Duda, J. L., & Williams, G. C. (2012). Self-determination theory applied to health contexts: A meta-analysis. *Perspectives on Psychological Science, 7*(4), 325-340.

Nicholls, J. G. (1978). The development of the concept of effort and ability, perception of own attainment, and the understanding that difficult tasks require more ability. *Child Development, 49*(3), 800-814.

Nicholls, J. G. (1984). Achievement motivation: Conceptions of ability, subjective experience, task choice, and performance. *Psychological Review, 91*(3), 328-346.

Nicholls, J. G. (1989). *The competitive ethos and democratic education*. Cambridge, M. A.: Harvard University Press.

Nicholls, J. G. (1990). What is ability and why are we mindful of it? A developmental perspective. In R. J. Sternberg & J. kolligian, Jr. (Eds.), *Competence considered* (pp. 11-40). Yale University Press.

Nicholls, J. G., & Miller, A. T. (1983). The differentiation of the concepts of difficulty and ability. *Child Development, 54*(4), 951-959.

Nicholls, J. G., & Miller, A. T. (1984). Development and its discontents: The differentiation of the concept of ability. In J. Nicholls (Ed.), *Advances in Motivation and Achievement: The Development of Achievement Motivation* (pp. 185-218). Greenwich, C. T.: JAI Press.

Nie, Y., Chua, B. L., Yeung, A. S., Ryan, R. M., & Chan, W. Y. (2015). The importance of autonomy support and the mediating role of work motivation for well-being: Testing self-determination theory in a Chinese work organisation. *International Journal of Psychology, 50*(4), 245-255.

Nie, Y., Lau, S., & Liau, A. K. (2011). Role of academic self-efficacy in moderating the relation between task importance and test anxiety. *Learning and Individual Differences, 21*(6), 736-741.

Niemiec, C. P., & Ryan, R. M. (2009). Autonomy, competence, and relatedness in the classroom.

Theory and Research in Education, 7(2), 133-144.

Nolen, S. B., & Haladyna, T. M. (1990). Motivation and studying in high school science. *Journal of Research in Science Teaching, 27*(2), 115-126.

Nowicki, Jr, S., & Strickland, B. R. (1973). A locus of control scale for children. *Journal of Consulting and Clinical Psychology, 40*(1), 148-154.

Ormrod, J. E. (2004). *Human learning* (4th ed.). New Jersey: Upper Saddle River.

Otis, N., Grouzet, F. M. E., & Pelletier, L. G. (2005). Latent Motivational Change in an Academic Setting: A 3-Year Longitudinal Study. *Journal of Educational Psychology, 97*(2), 170-183.

Overmier, J. B., & Seligman, M. E. P. (1967). Effects of inescapable shock upon subsequent escape and avoidance responding. *Journal of Comparative and Physiological Psychology, 63*(1), 28-33.

Owen, S. V., & Froman, R. D. (1988). Development of a college academic self-efficacy scale. Paper presented at the annual meeting of the national council on Measurement in Deucation, New. Orleans, L.A.

Pajares, F. (1996). Self-efficacy beliefs in academic settings. *Review of Educational Research, 66*(4), 543-578.

Pajares, F. (2001). Toward a positive psychology of academic motivation. *The Journal of Educational Research, 95*(1), 27-35.

Pajares, F. (2002). Self-efficacy beliefs in academic contexts: An outline. Retrieved March 25, 2004 from http://www.emory.edu/EDUCATION/mfp/efftalk.html.

Pajares, F., Britner, S. L., & Valiante, G. (2000). Relation between achievement goals and self-beliefs of middle school students in writing and science. *Comtemporary Educational Psychology, 25*(4), 406-422.

Pajares, F., & Miller, M. D. (1994). Role of self-efficacy and self-concept beliefs in mathematical problem solving: A path analysis. *Journal of Educational Psychology, 86*(2), 193-203.

Pajares, F., & Miller, M. D. (1995). Mathematics self-efficacy and mathematics performances: The need for specificity of assessment. *Journal of Counseling Psychology, 42*(2), 190-198.

Parsons, J. E., Adler, T., & Meece, J. L. (1984). Sex differences in achievement: A test of alternate theories. *Journal of Personality and Social Psychology, 46*(1), 26-43.

Passer, M. W. (1977). Perceiving the causes of success and failure revisited: A multidimensional scaling approach. Unpublished doctoral dissertation, University of California at Los Angeles.

Patall, E. A. (2013). Constructing motivation through choice, interest, and interestingness. *Journal of Educational Psychology, 105*(2), 522-534.

Patrick, B. C., Hisley, J., & Kempler, T. (2000). "What's everybody so excited about?": The effects of teacher enthusiasm on student intrinsic motivation and vitality. *The Journal of experimental education, 68*(3), 217-236.

Patrick, H., Knee, C. R., Canevello, A., & Lonsbary, C. (2007). The role of need fulfillment in relationship functioning and well-being: A self-determination theory perspective. *Journal of Personality and Social Psychology, 92*(3), 434-457.

Payne, S. C., Youngcourt, S. S., & Beaubien, J. M. (2007). A meta-analytic examination of the goal orientation nomological net. *Journal of Applied Psychology, 92*(1), 128-150.

Pelletier, L. G., Seéguin-Lévesque, C., & Legault, L. (2002). Pressure from above and pressure from below as determinants of teachers' motivation and teaching behaviors. *Journal of Educational Psychology, 94*(1), 186-196.

Perez, T., Cromley, J. G., & Kaplan, A. (2014). The role of identity development, values, and costs in college STEM retention. *Journal of educational psychology, 106*(1), 315.

Perry, R. P., & Penner, K. S. (1990). Enhancing academic achievement in college students through attributional retraining and instruction. *Journal of Educational Psychology, 82*(2), 262-271.

Phares, E. J. (1976). *Locus of control in personality*. Morristown, N. J.: General Learning Press.

Phillips, D. A., & Zimmerman, M. (1990). The developmental course of perceived competence and incompetence among competent children. In R. J. Sternberg & J. Kolligian, Jr. (Eds.), *Competence considered* (pp. 41-66). New Haven, C. T.: Yale University Press.

Phillips, J. M., & Gully, S. M. (1997). Role of goal orientation, ability, need for achievement, and locus of control in the self-efficacy and goal-setting process. *Journal of Applied Psychology, 82*(5), 792-802.

Piaget, J. (1977). *The development of thought: Equilibration of cognitive structures*. New York: Viking.

Pintrich, P. R. (2000). An achievement goal theory perspective on issues in motivation terminology, theory, and research. *Contemporary Educational Psychology, 25*(1), 92-104.

Pintrich, P. R., & De Groot, E. (1990). Motivational and self-regulated learning components of classroom academic performance. *Journal of Educational Psychology, 82*(1), 33-40.

Pintrich, P. R., & Garcia, T. (1991). Student goal orientation and self-regulation in the college classroom. In M. L. Maehr & P. R. Pintrich (Eds.), *Advanced in motivation and achievement: Goals and self-regulatory processes* (Vol. 7., pp. 371-402). Greenwich, C. T.: JAI Press.

Pintrich, P. R., & Schrauben, B. (1992). Students' motivational beliefs and their cognitive engagement inclassroom tasks. In D. Schunk & J. Meece (Eds.), *Student perceptions in the classroom: Causes and consequences* (pp. 149–183). Hillsdale, NJ: Lawrence Erlbaum.

Pintrich, P. R., & Schunk, D. H. (2002). *Motivation in education: Theory, research, and applications* (2nd ed.). Upper Saddle, N. J.: Prentice-Hall, Inc.

Pintrich, P. R., Smith, D. A., Garcia, T., & McKeachie, W. J. (1993). Reliability and predictive validity of the Motivated Strategies for Learning Questionnaire (MSLQ). *Educational and Psychological Measurement, 53*(3), 801–813.

Prentice, M., Jayawickreme, E., & Fleeson, W. (2020). An experience sampling study of the momentary dynamics of moral, autonomous, competent, and related need satisfactions, moral enactments, and psychological thriving. *Motivation and Emotion, 44*(2), 244–256.

Putwain, D. W., & Daniels, R. A. (2010). Is the relationship between competence beliefs and test anxiety influenced by goal orientation?. *Learning and Individual Differences, 20*(1), 8–13.

Putwain, D. W., Nicholson, L. J., Pekrun, R., Becker, S., & Symes, W. (2019). Expectancy of success, attainment value, engagement, and achievement: A moderated mediation analysis. *Learning and Instruction, 60*, 117–125.

Rawsthorne, L. J., & Elliot, A. J. (1999). Achievement goals and intrinsic motivation: A meta-analytic review. *Personality and Social Psychology Review, 3*, 326–344.

Reeve, J. (1998). Autonomy support as an interpersonal motivating style: Is it teachable? *Contemporary Educational Psychology, 23*(3), 312–330.

Reeve, J. (2002). Self-determination theory applied to educational settings. In E. L. Deci & R. M. Ryan (Eds.), *Handbook of self-determination research* (pp. 184–203). Rochester, N. Y.: University of Rochester Press.

Reeve, J. (2005). *Understanding Motivation and Emotion* (4th ed.). N. Y.: Wiley.

Reeve, J. (2009). *Understanding Motivation and Emotion* (5th ed.). N. Y.: Wiley.

Reeve, J., Deci, E. L., & Ryan, R. M. (2003). Self-sdetermination theory: A dialectical framework for understanding the sociocultural influences on student motivation. In D. M. McInerney & S. Van Etten (Eds.), *Research on sociocultural influences on motivation and learning: Big theories revisited* (Vol. 4). Greenwhich, C. T.: Information Age Press.

Reeve, J., & Jang, H. (2006). What teachers say and do to support students' autonomy during a learning activity. *Journal of Educational Psychology, 98*(1), 209–218.

Reeve, J., Jang, H., Carrell, D., Jeon, S., & Barch, J. (2004). Enhancing students' engagement by increasing teachers' autonomy support. *Motivation and Emotion, 28*(2), 147–169.

Reeve, J., Jang, H., Hardre, P., & Omura, M. (2002). Providing a rationale in an autonomy-supportive way as a strategy to motivate others during an uninteresting activity. *Motivation and Emotion, 26*(3), 183-207.

Reis, H. T., Sheldon, K. M., Gable, S. L., Roscoe, J., & Ryan, R. M. (2000). Daily well-being: The role of autonomy, competence, and relatedness. *Personality and Social Psychology Bulletin, 26*(4), 419-435.

Renninger, K. A. (1984). Object-child relations: Implications for both learning and teaching. *Children's Environments Quarterly, 1*(2), 3-6.

Renninger, K. A., Hidi, S., & Krapp, A. (1992). *The role of interest in learning and development.* Hillsdale N. J.: Erlbaum.

Renninger, K. A., & Wozniak, R. H. (1985). Effect of interest on attentional shift, recognition, and recall in young children. *Developmental Psychology, 21*(4), 624-632.

Rescorla, R. A., & Wagner, A. R. (1972). A theory of Pavlovian conditioning: variations in the effectiveness of reinforcement and nonreinforcement. In A. H. Black & W. F. Prokasy (Eds.), *Classical conditioning II: Current research and theory* (pp. 64-99). New York: Appleton-Century-Crofts.

Rest, S., Nierenberg, R., Weiner, B., & Heckhausen, H. (1973). Further evidence concerning the effects on perceptions of effort and ability on achievement evaluation. *Journal of Personality and Social Psychology, 28*(2), 187-191.

Reynolds, A. J., & Walberg, H. J. (1992). A structural model of science achievement and attitude: An extension to high school. *Journal of Educational Psychology, 84*(3), 371-382.

Riggs, I. M., & Enochs, L. G. (1990). Toward the development of an elementary teacher's science teaching efficacy belief instrument. *Science Education, 74*(6), 625-637.

Riggs, M. L., Warka, J., Babasa, B., Betancourt, R., & Hooker, S. (1994). Development and validation of self-efficacy and outcome expectancy scales for job-related application. *Educational and Psychological Measurement, 54*(3), 793-802.

Rogat, T., Witham, S., & Chinn, C. (2014). Teachers' autonomy-relevant practices within an inquiry-based science curricular context: Extending the range of academically significant autonomy-supportive practices. *Teachers College Record, 116*(7), 1-46.

Rosenbaum, R. M. (1972). A dimensional analysis of the perceived causes of success and failure. Unpublished doctoral dissertation, University of California, Los Angeles.

Rosenberg, M. (1965). *Society and the adolescent self-image. Princeton.* NJ: Princeton University

Press.

Rosenberg, M. (1979). *Conceiving the self*. New York: Basic.

Roth, G., Assor, A., Kanat-Maymon, Y., & Kaplan, H. (2007). Autonomous motivation for teaching: How self-determined teaching may lead to self-determined learning. *Journal of Educational Psychology, 99*(4), 761-774.

Roth, S., & Bootzin, R. R. (1974). The effects of experimentally induced expectancies of external control: A investigation of learned helplessness. *Journal of Personality and Social Psychology, 29*(2), 253-264.

Roth, S., & Kubal, L. (1975). Effects of noncontingent reinforcement on tasks of differing importance: Facilitation and learned helplessness. *Journal of Personality Social Psychology, 32*(4), 680-691.

Rotter, J. B. (1954). *Social learning and clinical psychology*. Englewood Cliffs, N. J.: Prentice-Hall.

Rotter, J. B. (1966). Generalized expectancies for internal versus external control of reinforcement. *Psychological Monographs: General & Applied, 80*, 1-28.

Ruble, D. N., & Frey, K. S. (1991). Changing patterns of comparative behavior as skills are acquired: A functional model of self-evaluation. In J. Suls & T. A. Wills (Eds.), *Social comparison: Contemporary theory and research* (pp. 79-113). Lawrence Erldaum Associates, InC.

Ryan, R. M. (1982). Control and information in the intrapersonal sphere: An extension of cognitive evaluation theory. *Journal of Personality and Social Psychology, 43*(3), 450-461.

Ryan, R. M. (1995). Psychological needs and the facilitation of integrative processes. *Journal of Personality, 63*(3), 397-427.

Ryan, R. M., & Connell, J. P. (1989). Perceived locus of causality and internalization: Examining reasons for acting in two domains. *Journal of Personality and Social Psychology, 57*(5), 749-761.

Ryan, R. M., & Deci, E. L. (1996). When paradigms clash: Comments on Cameron and Pierce's claim that rewards do not undermine intrinsic motivation. *Review of Educational Research, 66*(1), 33-38.

Ryan, R. M., & Deci, E. L. (2000a). Intrinsic and extrinsic motivations: Classic definitions and new directions. *Comtemporary Educational Psychology, 25*(1), 54-67.

Ryan, R. M., & Deci, E. L. (2000b). Self-determination theory and the facilitation of intrinsic motivation, social development, and well-being. *American Psychologist, 55*(1), 68-78.

Ryan, R. M., & Deci, E. L. (2002). Overview of self-determination theory: An organismic dialectical perspective. *Handbook of self-determination research* (pp. 3-33). The University of Rochester Press.

Ryan, R. M., & Deci, E. L. (2017). *Self-determination theory: Basic psychological needs in motivation, development, and wellness.* New York, NY: The Guilford Press.

Ryan, R. M., Deci, E. L., & Grolnick, W. S. (1995). Autonomy, relatedness, and the self: Their relation to development and psychopathology. In D. Cicchetti & D. J. Cohen (Eds.), *Developmental psychopathology, Vol. 1. Theory and methods* (pp. 618–655). John Wiley & Sons.

Ryan, R. M., & Grolnick, W. S. (1986). Origins and pawns in the classroom: Self-report and projective assessments of individual differences in children's perceptions. *Journal of Personality and Social Psychology, 50*(3), 550–558.

Ryan, R. M., & Lynch, J. (1989). Emotional autonomy versus detachment: Revisiting the vicissitudes of adolescence and young adulthood. *Child Development, 60*(2), 340–356.

Ryan, R. M., Stiller, J., & Lynch, J. H. (1994). Representations of relationships to teachers, parents, and friends as predictors of academic motivation and self-esteem. *Journal of Early Adolescence, 14*(2), 226–249.

Safavian, N. (2019). What makes them persist? Expectancy-value beliefs and the math participation, performance, and preparedness of hispanic youth. *AERA Open, 5*(3), 1–17.

Salancik, G. R. (1977). Commitment and the control of organizational behavior and belief. In B. M. Staw and G. R. Salancik (Eds.), *New directions in organizational behavior.* Chicago: St. Clair Press.

Sampson, R. J., Raudenbush, S. W., & Earls, F. (1997). Neighborhoods and violent crime: A multilevel study of collective efficacy. *Science, 277,* 918–924.

Sansone, C., & Smith, J. L. (2000). Interest and self-regulation: The relation between having to and wanting to. In C. Sansone, & J. M. Harackiewicz (Eds.), *Intrinsic and extrinsic motivation: The search for optimal motivation and performance* (pp. 341–372). New York: Academic Press.

Schack, G. D. (1986). Creative productivity and self-efficacy in children. Unpublished doctoral dissertation, University of Connecticut, Storrs.

Schacter, S., & Singer, J. (1962). Cognitive, social and physiological determinants of emotional state. *Psychological Review, 69*(5), 378–399.

Schiefele, U. (1996). Topic interest, text representation, and quality of experience. *Contemporary Educational Psychology, 21*(1), 3–18.

Schiefele, U., & Krapp, A. (1996). Topic interest and free recall of expository text. *Learning and Individual Differences, 8*(2), 141–160.

Schiefele, U., Krapp, A., & Winteler, A. (1992). Interest as a predictor of academic achievement: A meta-analysis of research. In K. A. Renninger, S. Hidi, & A. Krapp (Eds.), *The role of interest in learning and development* (pp. 183-211). Hillsdale, NJ: Erlbaum.

Schraw, G., Flowerday, T., & Lehman, S. (2001). Increasing situational interest in the classroom. *Educational Psychology Review, 13*(3), 211-224.

Schulz, L. E., & Bonawitz, E. B. (2007). Serious fun: preschoolers engage in more exploratory play when evidence is confounded. *Developmental Psychology, 43*(4), 1045-1050.

Schunk, D. H. (1982). Effects of effort attributional feedback on children's perceived self-efficacy and achievement. *Journal of Educational Psychology, 74*(4), 548-556.

Schunk, D. H. (1983). Ability versus effort attributional feedback: Differential effects on self-efficacy and achievement. *Journal of Educational Psychology, 75*(6), 848-856.

Schunk, D. H. (1984). Self-efficacy perspective on achievement behavior. *Educational Psychology, 19*(1), 48-58.

Schunk, D. H. (1987). Peer models and children's behavioral change. *Review of Educational Research, 57*(2), 149-174.

Schunk, D. H. (1989). Self-efficacy and achievement behaviors. *Educational Psychology Review, 1*(3), 173-208.

Schunk, D. H. (1991). Goal setting and self-evaluation: A social cognitive perspective on self-regulation. In M. L. Maehr & P. R. Pintrich (Eds.), *Advances in achievement and motivation* (Vol. 7, pp. 85-113). Greenwich, CT: JAI.

Schunk, D. H., & Cox, P. D. (1986). Strategy training and attributional feedback with learning disabled students. *Journal of Educational Psychology, 78*(3), 201-209.

Schunk, D. H., & Hanson, A. R. (1985). Peer models: Influence on children's self-efficacy and achievement. *Journal of Educational Psychology, 77*(3), 313-322.

Schunk, D. H., & Pajares, F. (2001). The development of academic self-efficacy. In A. Wigfield & J. S. Eccles (Eds.), *Development of achievement motivation* (pp. 15-31). San Diego, C. A.: Academic Press.

Sears, P. S. (1941). Level of aspiration in relation to some variables of personality: clinical studies. *Journal of Social Psychology, 14*(2), 311-336.

Seijts, G. H., Latham, G. P., Tasa, K., & Latham, B. W. (2004). Goal setting and goal orientation: An integration of two different yet related literatures. *Academy of Management Journal, 47*(2), 227-239.

Seligman, M. E. P. (1972). Learned helplessness. *Annual review of Medicine, 23*(1), 407-412.

Seligman, M. E. P., & Grove, D. (1970). Non-transient learned helplessness. *Psychonomic Science,* *19*(3), 191-192.

Seligman, M. E. P., & Maier, S. F. (1967). Failure to escape traumatic shock. *Journal of Experimental* *Psychology, 74*(1), 1-9.

Seligman, M. E. P., Maier, S. F., & Geer, J. (1968). The alleviation of learned helplessness in the dog. *Journal of Abnormal Psychology, 73*, 256-262.

Shamir, B. (1990). Calculation, Values, and Identities: The sources of collectivistic work motivation. *Human Relations, 43*(3), 313-332.

Shavelson, R. J., Hubner, J. J., & Stanton, G. C. (1976). Self-concept: Validation of construct interpretations. *Review of Educational Research, 46*(3), 407-441.

Shea, G. P., & Guzzo, R. A. (1987). Group effectiveness: What really matter? *Sloan Management* *Review, 28*(3), 25-31.

Sheldon, K. M., & Elliot, A. (1999). Goal striving, need satisfaction, and longitudinal well-being: The self-concordance model. *Journal of Personality and Social Psychology, 76*(3), 482-497.

Sheldon, K. M., & Kasser, T. (1995). Coherence and congruence: Two aspects of personality integration. *Journal of Personality and Social Psychology, 68*(3), 531-543.

Sheldon, K. M., & Lyubomirsky, S. (2007). Is it possible to become happier? (And if so, how?). *Social* *and Personality Psychology Compass, 1*(1), 129-145.

Sheldon, K. M., Ryan, R. M., & Reis, H. T. (1996). What makes for a good day? Competence and autonomy in the day and in the person. *Personality and Social Psychology Bulletin, 22*(12), 1270-1279.

Shell, D. F., & Husman, J. (2008). Control, motivation, affect and strategic self-regulation in the college classroom: A multidimensional phenomenon. *Journal of Educational Psychology, 100*(2), 443-459.

Sherer, M., & Adams, C. H. (1983). Construct validation of the self-efficacy scale. *Psychological* *Reports, 53*(3), 899-902.

Sherer, M., Maddux, J. E., Mercandante, B., Prentice-Dunn, S., Jacobs, B., & Rogers, R. W. (1982). The self-efficacy scale: Construction and validation. *Psychological Reports, 51*(2), 663-671.

Shin, D. D., & Kim, S. (2019). Homo Curious: Curious or Interested? *Educational Psychology Review,* *31*(4), 853-874.

Shin, D. D., Lee, H. J., Lee, G., & Kim, S. (2019). The role of curiosity and interest in learning and motivation. In K. A. Renninger & S. Hidi (Eds.), *The Cambridge handbook of motivation and learning* (pp. 443–464). Cambridge, UK: Cambridge University Press.

Shin, D. D., Lee, M., Ha, J. E., Park, J. H., Ahn, H. S., Son, E., Chung, Y., & Bong, M. (2019). Science for all: Boosting the science motivation of elementary school students with utility value intervention. *Learning and Instruction, 60*, 104–116.

Simpkins, S. D., Davis-Kean, P. E., & Eccles, J. S. (2006). Math and science motivation: A longitudinal examination of the links between choices and beliefs. *Developmental Psychology, 42*(1), 70–83.

Skaalvik, E. M. (1997). Self-enhancing and self-defeating ego orientations: Relations with task and avoidance orientation, achievement, self-perceptions, and anxiety. *Journal of Educational Psychology, 89*(1), 71–81.

Skaalvik, E. M., Federici, R. A., Wigfield, A., & Tangen, T. N. (2017). Students' perceptions of mathematics classroom goal structures: implications for perceived task values and study behavior. *Social Psychology of Education, 20*(3), 543–563.

Skinner, B. F. (1938). *The behavior of organisms.* N. Y.: Appleton Century Crofts.

Skinner, B. F. (1953). *Science and human behavior.* New York: Macmillan.

Slemp, G. R., Kern, M. L., Patrick, K. J., & Ryan, R. M. (2018). Leader autonomy support in the workplace: A meta-analytic review. *Motivation and Emotion, 42*(5), 706–724.

Soenens, B., & Vansteenkiste, M. (2005). Antecedents and outcomes of self-determination in 3 life domains: The role of parents' and teachers' autonomy support. *Journal of Youth and Adolescence, 34*(6), 589–604.

Soenens, B., & Vansteenkiste, M. (2010). A theoretical upgrade of the concept of parental psychological control: Proposing new insights on the basis of self-determination theory. *Developmental Review, 30*(1), 74–99.

Song, J., & Chung, Y. (2020). Reexamining the interaction between expectancy and task value in academic settings. *Learning and Individual Differences, 78*, Article 101839. https://doi.org/10.1016/j.lindif.2020.101839

Song, J., & Jiang, Y. (2019). The distinct roles of proximal and distal utility values in academic behaviors: Future time perspective as a moderator. *Frontiers in Psychology, 10*, Article 1061. doi: 10.3389/fpsyg.2019.01061

Song, J., Kim, S., & Bong, M. (2019). The more interest, the less effort cost perception and effort avoidance. *Frontiers in Psychology, 10*, Article 2146. doi: 10.3389/fpsyg.2019.02146

Spence, J. T., & Helmreich, R. L. (1983). Achievement-related motives and behaviors. In J. T. Spence, *Achievement and achievement motives: psychological and sociological perspectives* (pp. 7–74).

San Francisco: Freeman.

Spinath, B., & Spinath, F. M. (2005). Longitudinal analysis of the link between learning motivation and competence beliefs among elementary school children. *Learning and Instruction, 15*(2), 87-102.

Spinath, B., & Steinmayr, R. (2008). Longitudinal analysis of intrinsic motivation and competence beliefs: Is there a relation over time? *Child Development, 79*(5), 1555-1569.

Stahl, A. E., & Feigenson, L. (2015). Observing the unexpected enhances infants' learning and exploration. *Science, 348*, 91-94.

Stipek, D. J. (1984). Young children's performance expectations: Logical analysis or wishful thinking? In Nicholls, J. G. (Ed.), *Advances in Motivation and Achievement: Vol 3. The Development of Achievement Motivation* (pp. 33-56). Greenwich, CT: JAI Press.

Stipek, D., & MacIver, D. (1989). Developmental change in children's assessment of intellectual competence. *Child Development, 60*(3), 521-538.

Su, Y. L., & Reeve, J. (2011). A meta-analysis of the effectiveness of intervention programs designed to support autonomy. *Educational Psychology Review, 23*(1), 159-188.

Swan, G. E., & Carmelli, D. (1996). Curiosity and mortality in aging adults: A 5-year follow-up of the Western Collaborative Group Study. *Psychology and Aging, 11*(3), 449-453.

Taylor, G., Jungert, T., Mageau, G. A., Schattke, K., Dedic, H., Rosenfield, S., & Koestner, R. (2014). A self-determination theory approach to predicting school achievement over time: The unique role of intrinsic motivation. *Contemporary Educational Psychology, 39*(4), 342-358.

Tennen, H., & Eller, S. J. (1977). Attributional components of learned helplessness and facilitation. *Journal of Personality and Social Psychology, 35*(4), 265-271.

Thoman, D. B., Sansone, C., & Pasupathi, M. (2007). Talking about interest: Exploring the role of social interaction for regulating motivation and the interest experience. *Journal of Happiness Studies, 8*(3), 335-370.

Thornton, J. W., & Jacobs, P. D. (1972). The facilitating effects of prior inescapable unavoidable stress on intellectual performance. *Psychonomic Science, 26*(4), 185-187.

Tolman, E. C. (1932). *Purposive behavior in animals and men.* N. Y.: Apple-Centry-Crofts. (Reprinted 1949, 1951, University of California Press, Berkeley).

Trautwein, U., Ludtke, O., Kastens, C., & Koller, O. (2006). Effort on homework in grades 5-9: Development, motivational antecedents, and the association with effort on classwork. *Child Development, 77*(4), 1094-1111.

Trautwein, U., Ludtke, O., Nagy, N., Lenski, A., Niggli, A., & Schnyder, I. (2015). Using individual interest and conscientiousness to predict academic effort: Additive, synergistic, or compensatory effects? *Journal of Personality and Social Psychology, 109*(1), 142-162.

Trautwein, U., Marsh, H. W., Nagengast, B., Ludtke, O., Nagy, G., & Jonkmann, K. (2012). Probing for the multiplicative term in modern expectancy-value theory: A latent interaction modeling study. *Journal of Educational Psychology, 104*(3), 763-777.

Tschannen-Moran, M., & Woolfolk Hoy, A. (2001). Teacher efficacy: capturing an elusive construct. *Teaching and Teacher Education, 17*(7), 783-805.

Tschannen-Moran, M., Woolfolk Hoy, A., & Hoy, W. K. (1998). Teacher efficacy: Its meaning and measure. *Review of Educational Research, 68*(2), 202-248.

Turner, J. C., Midgley, C., Meyer, D. K., Gheen, M. H., Anderman, E., Kang, Y., et al. (2002). The classroom environment and students' reports of avoidance strategies in mathematics: A multimethod study. *Journal of Educational Psychology, 94*(1), 88-106.

Urdan, T. (2004). Predictors of academic self-handicapping and achievement: Examining achievement goals, classroom goal structures, and culture. *Journal of Educational Psychology, 96*(2), 251-264.

Urdan, T., & Mestas, M. (2006). The goals behind performance goals. *Journal of Educational Psychology, 98*(2), 354-365.

Urdan, T., & Midgley, C. (2003). Changes in the perceived classroom goal structure and pattern of adaptive learning during early adolescence. *Comtemporary Educational Psychology, 28*(4), 524-551.

Usher, E. L. (2009). Sources of middle school students' self-efficacy in mathematics: A qualitative investigation. *American Educational Research Journal, 46*(1), 275-314.

Usher, E. L., & Pajares, F. (2008). Sources of self-efficacy in school: Critical review of the literature and future directions. *Review of Educational Research, 78*(4), 751-796.

Vallerand, R. J. (1997). Toward a hierarchical model of intrinsic and extrinsic motivation. In M. Zanna (Ed.), *Advances in experimental social psychology* (pp. 271-360). N. Y.: Academic Press.

Vallerand, R. J., Fortier, M. S., & Guay, F. (1997). Self-determination and persistence in a real-life setting: Toward a motivational model of high school drop out. *Journal of Personality and Social Psychology, 72*(5), 1161-1176.

Vallerand, R. J., & Reid, G. (1984). On the causal effects of perceived competence on intrinsic motivation: A test of cognitive evaluation theory. *Journal of Sport Psychology, 6*(1), 94-102.

Vancouver, J. B., Thompson, C. M., & Williams, A. A. (2001). The changing signs in the relationships among self-efficacy, personal goals, and performance. *Journal of Applied Psychology, 86*(4), 605-620.

Van den Broeck, A., Ferris, D. L., Chang, C. H., & Rosen, C. C. (2016). A review of self-determination theory's basic psychological needs at work. *Journal of Management, 42*(5), 1195-1229.

Vandenkerckhove, B., Soenens, B., Van der Kaap-Deeder, J., Brenning, K., Luyten, P., & Vansteenkiste, M. (2019). The role of weekly need-based experiences and self-criticism in predicting weekly academic (mal) adjustment. *Learning and Individual Differences, 69*, 69-83.

Van der Kaap-Deeder, J., Vansteenkiste, M., Soenens, B., & Mabbe, E. (2017). Children's daily well-being: The role of mothers', teachers', and siblings' autonomy support and psychological control. *Developmental Psychology, 53*(2), 237.

Vansteenkiste, M., Lens, W., Elliot, A. J., Soenens, B., & Mouratidis, A. (2014). Moving the achievement goal approach one step forward: Toward a systematic examination of the autonomous and controlled reasons underlying achievement goals. *Educational Psychologist, 49*(3), 153-174.

Vansteenkiste, M., Lens, W., Soenens, B., & Luyckx, K. (2006). Autonomy and relatedness among chinese sojourners and applicants: Conflictual or independent predictors of well-being and adjustment? *Motivation and Emotion, 30*(4), 273-282.

Vansteenkiste, M., Mouratidis, A., & Lens, W. (2010a). Detaching reasons from aims: Fair play and well-being in soccer as a function of pursuing performance-approach goals for autonomous or controlling reasons. *Journal of Sport & Exercise Psychology, 32*, 217-242.

Vansteenkiste, M., Smeets, S., Lens, W., Soenens, B., Matos, L., & Deci, E. L. (2010b). Autonomous and controlled regulation of performance-approach goals: Their relations to perfectionism and educational outcomes. *Motivation and Emotion, 34*, 333-353.

Vansteenkiste, M., & Ryan, R. M. (2013). On psychological growth and vulnerability: basic psychological need satisfaction and need frustration as a unifying principle. *Journal of Psychotherapy Integration, 23*(3), 263.

Vansteenkiste, M., Ryan, R. M., & Soenens, B. (2020). Basic psychological need theory: Advancements, critical themes, and future directions. *Motivation and Emotion, 44*(1), 1-31.

Vansteenkiste, M., Sierens, E., Soenens, B., Luyckx, K., & Lens, W. (2009). Motivational profiles from a self-determination perspective: the quality of motivation matters. *Journal of Educational Psychology, 101*(3), 671-688.

Vansteenkiste, M., Sierens, E., Goossens, L., Soenens, B., Dochy, F., Mouratidis, A., ... & Beyers,

W. (2012). Identifying configurations of perceived teacher autonomy support and structure: Associations with self-regulated learning, motivation and problem behavior. *Learning and Instruction, 22*(6), 431-439.

Vansteenkiste, M., Simons, J., Lens, W., Sheldon, K. M., & Deci, E. L. (2004). Motivating learning, performance, and persistence: The synergistic effects of intrinsic goal contents and autonomy-supportive contexts. *Journal of Personality and Social Psychology, 87*(2), 246-260.

Vansteenkiste, M., Zhou, M., Lens, W., & Soenens, B. (2005). Experiences of autonomy and control among chinese learners: Vitalizing or immobilizing? *Journal of Educational Psychology, 97*(3), 468-483.

Vasquez, A. C., Patall, E. A., Fong, C. J., Corrigan, A. S., & Pine, L. (2016). Parent autonomy support, academic achievement, and psychosocial functioning: A meta-analysis of research. *Educational Psychology Review, 28*(3), 605-644.

Vispoel, W. P., & Chen, P. (1990). Measuring self-efficacy: The state of the art. Paper presented at the annual meeting of the American Educational Research Association, Boston, MA.

Von Stumm, S., Hell, B., & Chamorro-Premuzic, T. (2011). The hungry mind. *Perspectives on Psychological Science, 6*, 574-588.

Vroom, V. H. (1964). *Work and motivation*. N. Y.: Wiley.

Wallace, T. L., Sung, H. C., & Williams, J. D. (2014). The defining features of teacher talk within autonomy-supportive classroom management. *Teaching and Teacher Education, 42*, 34-46.

Watt, H. M. (2004). Development of adolescents' self-perceptions, values, and task perceptions according to gender and domain in 7th through 11th grade Australian students. *Child Development, 75*(5), 1556-1574.

Weiner, B. (1974). Achievement motivation as conceptualized by an attribution theorist. In B. Weiner (Ed.), *Achievement motivation and attribution theory* (pp. 3-48). Morristown, N. J.: General Learning Press.

Weiner, B. (1979). A theory of motivation for some classroom experiences. *Journal of Educational Psychology, 71*, 3-25.

Weiner, B. (1983). Principles for a theory of student motivation and their practice within an attributional framework. In R. Ames & C. Ames (Eds.), *Student motivation* (Vol. 1). N. Y.: Academic Press.

Weiner, B. (1985). "Spontaneous" causal search. *Psychological Bulletin, 97*(1), 74-84.

Weiner, B. (1992). *Human motivation: metaphors, theories, and research*. Newbury Park, C. A.: Sage.

Weiner, B. (2000). Intrapersonal and Interpersonal Theories of motivation from an attributional perspective. *Educational Psychology Review, 12*(1), 1–14.

Weiner, B. (2010). The development of an attribution-based theory of motivation: A history of ideas. *Educational Psychologist, 45*(1), 28–36.

Weiner, B. (2018). The legacy of an attribution approach to motivation and emotion: A no-crisis zone. *Motivation Science, 4*(1), 4–14.

Weiner, B., Frieze, I., Kukla, A., Reed, L., Rest, S., & Rosenbaum, R. M. (1971). *Perceiving the causes of success and failure.* Morristown, N. J.: General Learning Press.

Weiner, B., Heckhausen, H., Meyer, W. U., & Cook, R. E. (1972). Causal ascriptions and achievement motivation: A conceptual analysis of effort and reanalysis of locus of control. *Journal of Personality and Social Psychology, 21*(2), 239–248.

Weiner, B., & Kukla, A. (1970). An attributional analysis of achievement motivation. *Journal of Personality and Social Psychology, 15*(1), 1–20.

Weiner, B., Nierenberg, R., & Goldstein, M. (1976). Social learning (locus of control) versus attributional (causal stability) interpretations of expectancy of success. *Journal of Personality, 44*(1), 52–68.

Weiner, B., Russell, D., & Lerman, D. (1978). Affective consequences of causal ascriptions. In J. H. Harvey, W. J. Ickes, & R. F. Kidd (Eds), *New directions in attribution research* (Vol. 2). Hillsdale. N. J.: Lawrence Erlbaurn Associates Inc., pp. 59–88.

Weiner, I. B. (1992). *Psychological disturbance in adolescence.* John Wiley & Sons.

Weinstein, N., & Ryan, R. M. (2011). A self-determination theory approach to understanding stress incursion and responses. *Stress and Health, 27*(1), 4–17.

Weldon, E., & Weingart, L. R. (1993). Group goals and group performance. *British Journal of Social Psychology, 32*(4), 307–334.

Wentzel, K. (1989). Adolescent classroom goals, standards for performance, and academic achievement: An interactionist perspective. *Journal of Educational Psychology, 81*(2), 131–142.

Wentzel, K. (1996). Social goals and social relationships as motivators of school adjustment. In J. Juvonen & K. R. Wentzel (Eds.), *Social motivation: Understanding children's school adjustment* (pp. 226–247). Cambridge, England: Cambridge University Press.

Wentzel, K. (1998). Social relationships and motivation in middle school: The role of parents, teachers, and peers. *Journal of Educational Psychology, 90*(2), 202–209.

White, R. W. (1959). Motivation reconsidered: The concept of competence. *Psychological Review,*

66, 297-333.

Wigfield, A. (1994). Expectancy-value theory of achievement motivation: A developmental perspective. *Educational Psychology Review, 6*(1), 49-78.

Wigfield, A., Byrnes, J. P., & Eccles, J. S. (2006). Development During Early and Middle Adolescence. In P. A. Alexander & P. H. Winne (Eds.), *Handbook of educational psychology* (pp. 87-113). Lawrence Erlbaum Associates Publishers.

Wigfield, A., & Eccles, J. S. (1992). The development of achievement task values: A theoretical analysis. *Developmental Review, 12*(3), 265-310.

Wigfield, A., & Eccles, J. S. (2000). Expectancy-value theory of motivation. *Comtemporary Educational Psychology, 25*, 68-81.

Wigfield, A., & Eccles, J. S. (2002). The development of competence beliefs, expectancies for success, and achievement values from childhood through adolescence. In A. Wigfield & J. Eccles (Eds.), *Development of achievement-motivation* (pp. 91-120). San Diego, CA: Academic Press.

Wigfield, A., Eccles, J. S., MacIver, D., Reuman, D., & Midgley, C. (1991). Transitions during early adolescence: Changes in children's domain-specific self-perceptions and general self-esteem across the transition to junior high school. *Developmental Psychology, 27*(4), 552-565.

Wigfield, A., Eccles, J., & Pintrich, P. (1996). Development between the ages of 11 and 25. In D. C. Berliner & R. C. Calfee (Eds.), *The handbook of educational psychology* (pp. 148-185). N. Y.: Macmillan.

Wigfield, A., Eccles, J. S., Yoon, K. S., Harold, R. D., Arbreton, A. J., Freedman-Doan, C., & Blumenfeld, P. C. (1997). Change in children's competence beliefs and subjective task values across the elementary school years: A 3-year study. *Journal of Educational Psychology, 89*(3), 451.

Wigfield, A., Rosenzweig, E. Q., & Eccles, J. (2017). Achievement values: Interactions, interventions, and future directions. In A. Elliot, C. Dweck, & D. Yeager (Eds.), *Handbook of competence and motivation: Theory and application* (2nd ed., pp. 116-134). New York: Guilford Press.

Williams, J. E. (1996). Promoting rural students' academic achievement: An examination of self-regulated learning strategies. Paper presented at the annual meeting of the American Educational Research Association, San Francisco, CA.

Williams, J. E., & Coombs, W. T. (1996). An analysis of the reliability and validity of Bandura's Multidimensional Scales of Perceived Self-Efficacy. Paper presented at the annual meeting of the American Educational Research Association. New York, N. Y.

Wilson, T. D., & Linville, P. W. (1985). Improving the performance of college freshmen with attributional techniques. *Journal of Personality and Social Psychology, 49*(1), 287-293.

Wolters, C. (2004). Advancing Achievement goal theory: Using goal structures and goal orientations to predict students' motivation, cognition, and achievement. *Journal of Educational Psychology, 96*(2), 236-250.

Woo, Y., Song, J., Jiang, Y., Cho, C., Bong, M., & Kim, S. (2015). Effects of informative and confirmatory feedback on brain activation during negative feedback processing. *Frontiers in Human Neuroscience 9*, 378.

Wood, R. E., Mento, A. J., & Locke, E. A. (1987). Task complexity as a moderator of goal effects: A meta-analysis. *Journal of Applied Psychology, 72*(3), 416-425.

Woodworth, R. S. (1918). *Dynamic psychology.* New York: Columbia University Press.

Woolfolk, A. E. (2001). *Educational psychology* (8th ed.). Boston: Allyn & Bacon.

Woolfolk, A. E., & Hoy, W. K. (1990). Prospective teachers' sense of efficacy and beliefs about control. *Journal of Educational Psychology, 82*(1), 81-91.

Wong, P. T., & Weiner, B. (1981). When people ask "why" questions, and the heuristics of attributional search. *Journal of Personality and Social Psychology, 40*(4), 650-663.

Wortman, C. B., & Brehm, J. (1975). Responses to incontrollable outcomes: an integration of reactance theory and the learned helplessness model. In L. Berkowitsz (Ed.), *Advance in Experimental Social Psychology* (Vol. 8). N. Y.: Academic Press.

Wright, P. M., Hollenbeck, J. R., Wolf, S., & McMahan, G. C. (1995). The effects of varying goal difficulty operationalizations on goal setting outcomes and processes. *Organizational Behavior and Human Decision Processes, 61*(1), 28-43.

Wright, P. M., & Kacmar, K. M. (1994). Goal specificity as a determinant of goal commitment and goal change. *Organizational Behavior and Human Decision Processes, 59*(2), 242-260.

Yerkes, R. M., & Dodson, J. D. (1908). The relation of strength of stimulus to rapidity of habit-formation. *Journal of Comparative Neurology and Psychology, 18*, 459-482.

Yu, S., Levesque-Bristol, C., & Maeda, Y. (2018). General need for autonomy and subjective well-being: A meta-analysis of studies in the US and East Asia. *Journal of Happiness Studies, 19*(6), 1863-1882.

Zeldin, A. L., & Pajares, F. (2000). Against the odds: Self-efficacy beliefs of women in mathematical, scientific, and technological careers. *American Educational Research Journal, 37*(1), 215-246.

Zimmerman, B. J. (1989). A social cognitive view of self-regulated academic learning. *Journal of*

Educational Psychology, 81(3), 329-339.

Zimmerman, B. J., Bandura, A., & Martinez-Pons, M. (1992). Self-motivation for academic attainment: The role of self-efficacy beliefs and personal goal setting. *American Educational Research Journal, 29*(3), 663-676.

Zimmerman, B. J., & Martinez-Pons, M. (1988). Construct validation of a strategy model of student self-regulated learning. *Journal of Educational Psychology, 80*(3), 284-290.

Zimmerman, B. J., & Martinez-Pons, M. (1990). Student differences in self-regulated learning: Relating grade, sex, and giftedness to self-efficacy and strategy use. *Journal of Educational Psychology, 82*(1), 51-59.

🌱 찾아보기

인명

내용

저자 소개

김아영(Ahyoung Kim)

이화여자대학교 교육심리학 학사

미국 University of Iowa 교육측정 및 통계 석사, 교육심리학 박사

미국 University of Iowa 방문조교수

이화여자대학교 심리학과 교수

한국교육심리학회 회장

현 이화여자대학교 심리학과 명예교수

　　한국교육&심리연구소 소장

〈주요 저서 및 역서〉

김아영(2010). 학업동기: 이론, 연구와 적용. 서울: 학지사

김아영(2018). 실패는 나의 힘: 성공을 위한 실패학. 서울: 초이스북

김아영 외(2018, 공역). 동기와 정서의 이해. 서울: 박학사 [원전: Reeve, J. (2015) *Motivation and emotion* (6th ed.). John Wiley & Sons.]

김성일(Sung-il Kim)

고려대학교 심리학 학사

미국 Utah State University 인지심리학 석사, 박사

미국 University of Nebraska-Lincoln 교육심리학과 조교수

광운대학교 산업심리학과 부교수

한국교육심리학회 회장

현 고려대학교 교육학과 교수, 사범대학장, 교육대학원장

　　Frontiers in Psychology 부편집위원장

〈주요 논문〉

Kim, S. (2013). Neuroscientific model of motivational process. *Frontiers in Psychology*. 4:98. doi:10.3389/fpsyg.2013.00098

Kim, S., Reeve, J., & Bong, M. (Eds.). (2016). *Advances in motivation and achievement: Vol. 19. Recent developments in neuroscience research on human motivation*. Bingley, United Kingdom: Emerald Press.

Shin, D. D., & Kim, S. (2019). Homo curious: Curious or interested? *Educational Psychology Review, 31*, 853-874.

봉미미(Mimi Bong)

이화여자대학교 교육공학 학사
미국 Columbia University Teachers College 교육공학 석사
미국 University of Southern California 교육심리학 박사
미국 University of South Carolina 교육심리학과 부교수
이화여자대학교 교육공학과 부교수
현 고려대학교 교육학과 교수
   Journal of Experimental Education 편집위원장

〈주요 논문〉

Bong, M. (2001). Between-and within-domain relations of academic motivation among middle and high school students: Self-efficacy, task-value, and achievement goals. *Journal of Educational Psychology, 93*(1), 23-34.

Bong, M., & Skaalvik, E. M. (2003). Academic self-concept and self-efficacy: How different are they really? *Educational Psychology Review, 15*(1), 1-40.

Lee, M., & Bong, M. (2016). In their own words: Reasons underlying the achievement striving of students in schools. *Journal of Educational Psychology, 108*(2), 274-294.

조윤정(Yoonjung Cho)

서울대학교 소비자아동학 학사
서울대학교 교육심리학 석사
미국 University of Texas at Austin 교육심리학 박사
미국 Oklahoma State University 교육심리학과 부교수
한국교육심리학회 **교육심리연구** 편집위원장
현 성신여자대학교 교육학과 교수
   Learning and Instruction 부편집위원장

〈주요 논문〉

Cho, Y., Weinstein, C. E., & Wicker, F. W. (2011). Perceived competence and autonomy as moderators of the effects of achievement goal orientations. *Educational Psychology, 31*(4), 393-411.

Cho, Y., & Shim, S. S. (2013). Predicting teachers' achievement goals for teaching: The role of perceived school goal structure and teachers' sense of efficacy. *Teaching and Teacher Education, 32*, 12-21.

Cho, Y., & Kim, M. (2019). Achievement goal pursuit during the transition from middle school to high school: Its antecedents and consequences from a self-determination perspective. *Educational Psychology, 39*(8), 984-1004.

학습동기 –이론 및 연구와 적용–

MOTIVATION IN LEARNING

–Theory, Research, and Applications–

2022년 3월 5일 1판 1쇄 인쇄
2022년 3월 10일 1판 1쇄 발행

지은이 • 김아영 · 김성일 · 봉미미 · 조윤정
펴낸이 • 김진환
펴낸곳 • ㈜ **학지사**

　　　　04031 서울특별시 마포구 양화로 15길 20 마인드월드빌딩
대표전화 • 02-330-5114　　팩스 • 02-324-2345
등록번호 • 제313-2006-000265호

홈페이지 • http://www.hakjisa.co.kr
페이스북 • https://www.facebook.com/hakjisa

ISBN 978-89-997-2607-1 93370

정가 23,000원

출판 · 교육 · 미디어기업 **학지사**

간호보건의학출판 **학지사메디컬** www.hakjisamd.co.kr
심리검사연구소 **인싸이트** www.inpsyt.co.kr
학술논문서비스 **뉴논문** www.newnonmun.com
교육연수원 **카운피아** www.counpia.com